La Traversée des apparences

Virginia n'a que treize ans en 1895 à la mort de sa mère. Elle va vivre, comme Rachel, l'héroïne de son premier roman *La Traversée des apparences,* entourée de ses tantes « ces ê... es fabuleux et fanatiques » ... s. Rachel, c'est Virgini ... é hostile et moqueus ... r « hybride et inachevé ... s angoisses, les mêmes ... de souffrances et de ... Dans *La Traversée des a*... bateau, avec son pè... ceux-ci, sa jolie tante ... ans, ne connaît rien ... de l'amour. Elle joue du piano dans le vague espoir d'un événement inattendu. Prisonnière encore du cocon qui la protège, elle traverse l'existence, inerte, somnolente, presque inanimée. Tout en elle est réserve, isolement. Elle gît comme une princesse endormie jusqu'au baiser qu'un homme lui donnera un jour de tempête. Mais cet éveil à la vie, loin d'être bienheureux, la plonge dans des cauchemars sans fin. La prémonition de l'eau et de la noyade l'enveloppe de terreur.

Virginia a vécu toutes ces visions quand elle commence à écrire en 1912, après son mariage avec Leonard Woolf. Elle travaille précisément à *La Traversée des apparences* qu'elle achève en mars 1913. De plus en plus déprimée et malade, elle est hospitalisée. Elle va vivre des jours atroces, en proie aux plus violentes hallucinations. En septembre, elle tente même de se suicider en avalant cent cachets de véronal. L'année suivante voit venir un apaisement.

En janvier, elle a décidé de tenir un *Journal* qui sera le baromètre de sa santé, un moyen pour elle de contrôler son équilibre, de se prouver qu'elle reste maîtresse d'elle-même. Hélas ! un mois plus tard c'est la rechute : maux de tête, insomnie, agressivité la conduisent de nouveau dans une maison de santé. Quand elle revient chez elle, quatre infirmières la surveillent en permanence. C'est au milieu de cette folie que va paraître *La Traversée des apparences*, le 26 mars 1915. En avril, son aliénation atteint son maximum. Elle délire. A partir du mois de novembre elle reprend progressivement conscience et

(Suite au verso.)

une vie normale. Les moments d'égarement s'espacent, sa lucidité lui revient. Elle peut enfin profiter de l'accueil chaleureux que la presse a fait à son premier roman. Et de bonnes critiques c'était, écrit son neveu Quentin Bell dans l'étude qu'il lui a consacrée, « une sorte de certificat de bonne santé d'esprit ». On parle de son humour, de l'acuité de ses émotions, de sa profonde originalité, de son génie ! C'est un « cygne sauvage », écrit le journaliste de l'*Observer.*

La grande crise est passée. La plus grande crise de sa vie si l'on excepte la crise finale qui la conduira au suicide vingt-six ans plus tard. Virginia Woolf écrira encore d'autres romans, *La Chambre de Jacob, Mrs. Dalloway, Promenade au phare, Orlando, Les Vagues*, elle continuera la rédaction de son *Journal* presque jusqu'à sa mort mais aucun de ses livres ne sera aussi prémonitoire que *La Traversée des apparences.*

Virginia Woolf charge son personnage des mêmes symptômes qu'elle. Lorsque Rachel, les sens dégourdis par ce baiser reçu un jour de grand vent, tombe amoureuse, elle découvre que l'amour est une fatalité et elle est la proie, en apparence, d'une fièvre tropicale, en réalité de la folie. Les divagations de Rachel sont déjà les révélateurs de l'errance mentale de Virginia. L'écrivain raconte sa souffrance, sa torture, sa raison qui chancelle. « Complètement retranchée, sans aucune communication avec le reste du monde, elle était désormais seule avec son corps. » Virginia-Rachel traversent les apparences et ce passage d'un monde à l'autre les emporte vers la folie et la mort. Ainsi Virginia Woolf le 28 mars 1941 à 11 heures 30, après avoir écrit deux lettres, l'une à Vanessa, sa sœur, l'autre à son mari, quitte la maison de Monks House. Déposant sa canne au bord de la rivière, enveloppée de son grand manteau, les poches remplies de pierres, elle se laisse glisser, comme Rachel, « dans une eau profonde, visqueuse, qui finalement se refermait sur elle.

Virginia et Rachel se sont tuées pour échapper à la folie. Dans sa dernière lettre adressée à Leonard, Virginia Woolf écrivait : « J'ai la certitude que je redeviens folle. Je me sens incapable d'affronter de nouveau une de ces terribles crises. Et cette fois-ci je ne m'en remettrai pas... Je fais donc ce qui me paraît le mieux. »

Nicole Chardaire

VIRGINIA WOOLF

La Traversée des apparences

TRADUIT DE L'ANGLAIS PAR LUDMILA SAVITZKY

Préface de Julie Pavesi

FLAMMARION

ŒUVRES DE VIRGINIA WOOLF

Dans Le Livre de Poche :

MRS. DALLOWAY.
LA PROMENADE AU PHARE.
ORLANDO *(Série Biblio).*

Titre original :

THE VOYAGE OUT

Éditeur original :
DUCKWORTH, Londres, 1915.

PRÉFACE

à Jeanne.

Des fragments frissonnants

« Quelle arlequinade, un assortiment de pièces et de morceaux, ici simple et sévère, là frivole et superficiel, ici pareil à la vérité de Dieu, là coulant librement comme je pouvais le souhaiter... » C'est ainsi qu'en 1920, Virginia Woolf parle de son premier roman, paru cinq ans plus tôt : *The Voyage out.* Mentionné pour la première fois en 1907 dans sa correspondance, sous le titre : *Melymbrosia,* ce premier roman lui demanda sept années de travail; sept années pendant lesquelles elle en discute avec ses amis, leur montrant des parties du manuscrit, demandant des avis (ce qu'elle ne fera plus jamais par la suite); sept années pour écrire ce voyage sur un bateau « emblème de la solitude humaine », où des personnages (tranquilles passagers, écumeurs, explorateurs) flottent entre deux mondes : celui des apparences et celui de la « réalité ».

En août 1912, Virginia Stephen a épousé Leonard Woolf qui la dépeint en février 1913, écrivant « avec une sorte d'intensité fiévreuse ». C'est qu'elle termine ce long roman duquel, dès 1908, elle disait : « Je réalise une symétrie au moyen d'une infinité de désaccords, montrant toutes les traces du passage de l'esprit dans le monde; je réalise à la fin une sorte de tout fait de fragments frissonnants; pour moi, ce me semble le processus naturel, le vol de la pensée. »

Au début de mars 1913, le roman est achevé et le 12 avril, Gerald Duckworth (le demi-frère de Virginia Woolf) fait savoir qu'il accepte de le publier. Mais, depuis janvier, Virginia a des maux de tête, des insomnies; elle se demande « si son art qui fait le sens et le but de toute sa vie, est idiot, s'il ne va pas être mis en pièces par une volée de rires cruels ». En juillet, « l'insomnie, la dépression et son sentiment de culpabilité, son dégoût de la nourriture se sont accrus à un point effrayant ». Et pendant qu'elle est en traitement dans la maison de santé de Jean Thomas à Twickenham, sa sœur Vanessa écrit à Roger Fry : « Son souci de ce que les gens penseront de son roman semble être vraiment l'entière cause de sa dépression. » Elle demeure à Twickenham du 25 juillet au 11 août et en sort désespérée. Elle continue « à imaginer que les gens se moquent d'elle, elle se sent accablée par un sentiment de culpabilité pour laquelle elle doit être punie (...) son corps est monstrueux, la bouche sordide et le sordide ventre exigeant une matière ennemie de la nourriture (...) la seule ressource est de refuser de manger. Elle a toutefois assez de raison pour reconnaître sa propre déraison. » (Toutes ces citations sont tirées du tome II de la *Biographie* de Quentin Bell, éd. Stock; de même pour celles qui suivent, sauf indication.)

Le 7 septembre, Leonard et Virginia consultent

le docteur Wright qui conseille à Virginia d'accepter le fait qu'elle est malade et prescrit un nouveau séjour dans une maison de santé. « Pensant qu'elle n'avait rien, que ses angoisses et son insomnie étaient simplement dues à ses propres fautes, fautes dont elle devait venir à bout sans assistance médicale, Virginia garda le silence. » Et le soir même, elle avale cent cachets de véronal : dose mortelle. Elle est sauvée *in extremis.*

« C'est le roman qui l'a brisée. Elle l'a terminé et a reçu les épreuves pour correction. (...) Elle ne pouvait dormir et s'imaginait que tout le monde allait se moquer d'elle. » (Lettre de Jean Thomas à Violet Dickinson, du 14 septembre 1913.)

Après une période où elle est tour à tour déprimée et agitée, Virginia se remet très lentement. Août 1914 : c'est la déclaration de guerre; en décembre, elle est apparemment remise. On nous dit qu'elle suit des cours de cuisine, s'en amuse, se remet à écrire et à tenir un journal de façon régulière : « C'est celui d'une femme parfaitement saine d'esprit, qui mène une existence tranquille mais normale. » En janvier 1915, elle y note qu'elle a parlé de son roman avec Janet Case (le roman n'est pas encore paru) et que « tout le monde, je le prédis, m'assurera que c'est la chose la plus brillante qu'ils aient jamais lue, et qu'ils condamneront dans le privé, comme il mérite assurément de l'être ».

Soudain, à la fin de février, son état empire très vite. « C'était très différent de la première phase de sa maladie. (...) Elle entra alors dans un état de manie verbeuse, parlant à tort et à travers, de façon incohérente et continue jusqu'au moment où elle tomba dans le charabia, pour finir par sombrer dans le coma. »

Le 25 mars, veille de la publication de *The Voyage out*, on l'emmène dans une maison de santé pour une semaine, pendant laquelle Leonard aménage leur nouveau logis : Hogarth House. Dès qu'on l'y a installée, elle devient « violente, elle hurle et sa folie atteint son paroxysme et une animosité virulente envers Leonard lui-même ». A la fin de juin, Vanessa écrit : « Il semble qu'elle ait purement et simplement épuisé son cerveau », et Quentin Bell : « Après deux ans d'aliénation mentale, il apparaissait que son esprit et son caractère étaient affectés de façon permanente. »

Pourtant, lorsqu'en mars le roman avait été livré au public, il avait été très bien accueilli, on avait parlé de « génie » et le critique de l'*Observer* avait écrit : « Quelque chose de plus grand que le talent colore l'habileté de ce livre. » Quand, durant l'été 1915, Virginia l'apprit, elle « en fut soulagée. Ses romans étaient très proches de ses propres imaginations personnelles; elle avait toujours le sentiment que, pour le monde extérieur, ils pourraient apparaître vraiment fous. Son appréhension de la moquerie impitoyable du monde contenait en elle la crainte plus profonde que son art, et par conséquent son moi, ne fût une sorte d'imposture, le rêve d'une idiote, sans valeur pour quiconque. Pour elle, une notice favorable était une sorte de certificat de santé d'esprit. C'est un point auquel il faut penser quand on considère son extrême sensibilité à la critique, sensibilité que l'on peut regarder comme morbide, et qui *l'était*, en ce sens qu'elle provenait d'un état de maladie. » Ceci, c'est ce qu'écrit son neveu, Quentin Bell.

« Une sorte de tout fait de fragments

frissonnants... » : le « rêve d'une idiote » ?... Qu'en est-il donc de cette « maladie » ?

Un état de maladie

Dès l'âge de treize ans, à la mort de sa mère, Virginia Woolf eut sa « première » crise. « Ici se place un grand intervalle de néant, une sorte de mort positive que l'on ne peut décrire, dont Virginia elle-même ne sut pas grand-chose – c'est-à-dire dont elle ne se rappela pas grand-chose – et qui est pourtant d'une importance vitale pour son histoire. Elle sut dès lors qu'elle avait été folle et qu'elle pourrait l'être de nouveau. (...) Elle devenait péniblement surexcitable et nerveuse puis tombait dans une dépression affreuse. Les gens la terrifiaient : elle s'empourprait si quelqu'un lui parlait et elle était incapable d'affronter un étranger dans la rue. »

Une seconde crise la secoua en 1904, à la mort de son père. « Son chagrin était quelque chose qui lui donnait une impression d'isolement, une impression de peur. » Elle entend des voix, refuse de s'alimenter et se jette par une fenêtre pas très haute, heureusement. C'est alors qu'elle entend les oiseaux chanter en grec et que le roi Édouard VII, « tapi dans les azalées, use du langage le plus ordurier ». (Ce roi d'Angleterre, sous les fleurs... mortuaires ?)

Puis ce fut la crise de 1913, après *The voyage out.* Elle aura une quatrième crise en 1941, alors qu'elle achève *Entre les actes,* et se noiera dans la rivière Ouse, laissant sa canne plantée dans la boue, avant d'aller vers les profondeurs, les poches pleines de grosses pierres.

Nous savons aussi qu'après chacun de ses livres, elle souffrit d'angoisse et de dépression. Pour le premier, celui qui nous intéresse ici, « elle avait joué avec le feu », écrit Quentin Bell. « Dans les derniers chapitres, elle avait réussi à tirer des profondeurs certains des démons installés, énormes et horribles, dans son esprit et elle était allée trop loin pour sa tranquillité. Ce roman et l'effort final de le livrer au monde l'avaient entraînée au-delà des bornes de la santé d'esprit. »

La question de savoir pourquoi Virginia Woolf ne s'est jamais tournée vers la psychanalyse a été souvent soulevée, puisqu'en mai 1914, Leonard avait lu *L'interprétation des rêves* et *La Psychopathologie de la vie quotidienne,* avant que la Hogarth Press ne devienne l'éditeur des ouvrages de Freud en langue anglaise. Quentin Bell pense que si « Leonard avait lu Freud deux ans plus tôt, l'histoire médicale de Virginia en aurait été différente. On peut se demander toutefois », continue-t-il, « si celle-ci aurait pu être psychanalysée ou si l'analyse aurait été un traitement approprié. Les psychanalystes répugnent d'ordinaire à traiter des malades qui ont été réellement fous... » et à Viviane Forrester (*Virginia Woolf,* la Quinzaine littéraire éd.) il ajoute : « J'ai parlé de cela à Leonard et il m'a dit qu'elle ne voulait pas être psychanalysée. » Dans le même livre, John Lehmann dit : « On ne guérit pas ce genre de maladie avec la psychanalyse... Je crois que Leonard avait peur d'introduire une troisième personne : un psychanalyste. Il craignait que les symptômes reparaissent si Virginia parlait de sa folie à une troisième personne : un étranger. » Et Alix Strachey, psychanalyste, (toujours à Viviane Forrester) : « Je crois qu'elle était une sorte de maniaco-dépressive. Pas seulement névrosée. Selon moi, il valait mieux ne pas tenter une analyse. Ce fut discuté. Certains jugaient qu'il fallait essayer. Je trouvais le risque beaucoup trop grand. »

Tout cela, c'est ce qui est *dit* à ce propos. D'autre part, il est vrai qu'en 1928 encore, au début de son essai consacré à Dostoïevski, Freud déclarait : « La psychanalyse doit malheureusement mettre bas les armes devant le problème que constitue la création littéraire. » Beaucoup pensaient alors que les sources de l'inspiration étaient si bien enfouies qu'elles échappaient à la psychanalyse et que, d'ailleurs, tout artiste qui s'y lancerait risquerait de voir se tarir ces sources. Peut-être Virginia Woolf pensa-t-elle à tout cela ? Il faut pourtant signaler ici qu'elle a été parmi les écrivains signataires de ce manifeste remis à Freud le jour de son anniversaire, en 1936, où il était déclaré qu'il avait atteint « des vérités qui semblaient dangereuses, car elles révélaient ce qui avait été anxieusement dissimulé, et illuminaient d'obscurs recoins ».

Ce n'est pas cette curiosité que craignait tant son entourage, qui me pousse à parler ici, brièvement, des « crises » de Virginia Woolf. C'est qu'il semble devenu urgent de trouver le fil qui relie ces « crises » à son travail d'écrivain. Toute sa vie, elle a été harcelée par la menace des « crises » et par la terrible souffrance que celles-ci entraînaient, jusqu'à son suicide. Et cet « état de maladie » apparaît comme si fortement lié à l'élaboration de son œuvre (« Ecrire, la grande consolation et le fléau ») que le désir de lumière est grand sur cette inquiétante tresse à deux fils (folie-écriture) qui brille dans le noir, le vague des déclarations de ses proches et les brumes de la peur.

Je ne peux que relater les faits (en attendant la *Pathographie de Virginia Woolf* par la psychiatre japonaise Mikayo Kamiya) et aussi y penser, y songer ardemment, comme au plus important, à la clef de l'énigme, à ma manière, suivant en cela les conseils de Virginia Woolf elle-même à tout lecteur : « Le seul conseil en effet qu'une personne puisse donner à une autre à propos de la lecture, c'est de ne demander aucun conseil, de suivre son propre instinct, d'user de sa propre raison, d'en arriver à ses propres conclusions. (...) Si vous ouvrez votre esprit aussi large que possible, des signes, des indices d'une finesse imperceptible dans le tour et le détour des premières phrases vont vous mettre en présence d'un être humain différent de tous les autres. » (*L'art du roman*, Seuil)

« Ce que je veux, écrit Virginia Woolf, c'est plonger dans les profondeurs. »

Plonger dans les profondeurs

Dès les premières pages de ce livre, elle en pressent les découvertes : « Il s'agissait des profondeurs inexplorées de l'océan... des monstres blancs, nus, aveugles, qui se tiennent lovés sur les arêtes de sable au fond de la mer, et ils exploseraient si on les remontait à la surface : faute de pression suffisante, leurs flancs éclateraient, dispersant au vent leurs entrailles. Ainsi nous annonce-t-elle que les profondeurs sont peuplées de monstres, qui ne peuvent être ni soupçonnés, ni vus bien sûr, de la surface. A la fin du livre, Rachel, « pelotonnée au fond de la mer », « sans aucune communication avec le reste du monde » et désormais « seule avec son corps », observe les monstres en face : « ... visions rouges, rapides, brûlantes, qui se succèdent devant ses yeux. Il était, semble-t-il, d'une importance énorme pour elle de s'attacher à ces visions et d'en pénétrer le sens; mais chaque fois, elle arrivait une seconde en retard pour entendre ou pour voir quelque chose qui devait tout expliquer ». Car il faut encore « remonter suffisamment en arrière pour que tout devienne intelligible ».

Virginia Woolf plonge dans les profondeurs du temps, de monstre en monstre, toujours plus loin, explorant l'inconscient et participant totalement aux découvertes de son temps car, écrit Freud dans son livre sur *Gradiva* : « Les auteurs d'œuvres d'imagination sont de précieux collègues et leur témoignage doit être tenu en haute estime car ils ont le don de connaître beaucoup de choses qui se passent entre ciel et terre et dont nous n'avons aucune idée. (...) Ils font appel à des sources qui ne sont pas encore accessibles à la science. » Franchissant les frontières mouvantes au-delà desquelles c'est encore la nuit, Virginia Woolf devient-elle « l'éclaireur de la science » ?

Rachel, tombant « dans une eau profonde, visqueuse, qui se referme sur elle », à la rencontre des monstres, seuls à pouvoir donner la « clef de l'énigme », arrive au terme du voyage et – tenant la clef ? le mot ? – ne pourra rien communiquer que les humains qui continuent à vivre puissent entendre – car ici, Rachel meurt. Et ici, Virginia Woolf écrit « avec une sorte d'intensité fiévreuse » et émergeant, épuisée, sombre dans l'angoisse, la dépression, la crise. Voici le livre livré.

Mais les monstres ? Ceux qui ne donnent le fin mot qu'à un prix énorme et incalculable, un prix sans prix ? Ils ont d'inquiétants visages, au fond de l'eau : celui d'une vieille femme qui joue aux cartes; dans un tunnel sous la Tamise, ceux de vieilles femmes encore, accroupies, et jouant aussi aux cartes et « l'eau suinte entre les briques »; celui d'une autre vieille femme – la même peut-être – brandissant un couteau et tranchant la tête d'un homme (« La voilà qui tombe »...), un homme, avec des mulets...

Visions proches de celles d'Antonin Artaud :

« Il y a un couteau que je n'oublie pas.

« Mais c'est un couteau à mi-chemin entre les rêves et que je maintiens au-dedans de moi-même, que je ne laisse pas venir à la frontière des sens clairs. » (*Le Bilboquet*)

Et comme s'il parlait avec Goya, avec Rachel :

« Mais ailleurs, il y a cette femme vue de dos qui représente assez bien la silhouette conventionnelle de la sorcière. Mais son *poids* est en dehors des conventions et des formules. (...) et sur la perspective même qui part de l'œil, s'éparpille un merveilleux jeu de cartes qui est comme en suspension dans une eau. La lumière des profondeurs accroche le coin des cartes. » (*L'Art et la Mort*)

Couteau, sorcière et jeu de cartes, ténèbres et profondeurs aquatiques : visions de « plongées »... « Dès que je m'arrête de travailler, il me semble que je m'enfonce, que je m'enfonce. Et, comme toujours, je suis persuadée que si je plonge plus avant j'atteindrai la vérité. C'est la seule compensation : une sorte de noblesse, de solennité. »

Etrange démarche, et fulgurante après une longue inquiétude, vers d'étranges sources, pour une révélation unitaire du monde. Parce qu'il lui faut affronter ce vide, s'enfoncer toujours plus solitaire vers la contemplation du « fond du vase » pour pouvoir saisir la *réalité*, en un moment infime, moment « de vision », éclair qui touche et révèle ce qui n'est pas exprimable. Afin d'y parvenir, elle doit obstinément et totalement se perdre à tout et en tout; et courir le risque de perdre le chemin de la surface, de la vie « cette lumière qui court à la surface ». Alors elle a peur et elle a « crise ». (Toujours ce mot : « crise »... mais depuis la pythie à la bouche pleine de laurier et les sorcières médiévales, jusqu'à toutes ces hystériques de maintenant, de toujours et partout, l'histoire des femmes n'est-elle pas jalonnée de crises ?) Et Rachel, « pelotonnée au fond de la mer », solitaire dans cet océan du vide au-delà du temps, ne veut, ne peut plus être que là, seule, à jamais.

On voit la dimension que peut prendre la crise qui terrassa Virginia Woolf à la sortie, la naissance au monde, de *La Traversée des apparences;* c'est ici que commence son destin d'exploratrice des profondeurs, son destin officiel si l'on peut dire. Et chacun de ses voyages suivants sera si périlleux, qu'il entraînera avec le livre, la crise et le délire (ceux-ci entraînant celui-là), jusqu'à ce que, écrivant *Entre les actes*, elle entre dans l'eau pour le dernier voyage, déterminée à ne plus revenir, avec des cailloux dans ses poches; rejoignant ses mots (« plonger dans les profondeurs »), rejoignant Rachel, l'héroïne de son premier roman.

Ainsi, dans ce roman, Virginia Woolf pressent, prophétise sa vie à venir, vie d'écrivain, et sa mort, d'une manière bouleversante. « Ce pavillon bleu prenait l'air d'un sinistre présage et l'instant était de ceux où l'on a des pressentiments », lit-on dans les premières pages. Et l'émotion saisit le lecteur.

Toute sa vie, Virginia Woolf est repartie vers les profondeurs, en ces voyages qui participent de la mort.

« Oh ! glissement dans l'eau, oh ! l'admirable glissement, on hésite à remonter », dit Michaux au bord de la nuit. Et puis : « La nuit me laisse cadavre. Il faut le ranimer. » (*La nuit remue)* Et en 1915, « il semble qu'elle ait purement et simplement épuisé son cerveau », écrit Vanessa. Mais à ce livre-là de sa vie, Virginia refera tout à fait surface.

Puis après chaque plongée, chaque livre, le retour à la vie sera miraculeux en proportion avec le risque couru.

La sensation de l'eau courante

Quel est-il donc, ce livre, retour d'un tel voyage ?

« Un aperçu de la poignante réalité sous la terne apparence », selon Clive Bell. « La préparation à la maturité d'une jeune fille inexpérimentée », pour Winifred Holtby; préparation qui est « un prélude non seulement à la vie mais à la mort. » Pour David Daiches, c'est le « développement de l'héroïne de l'immaturité vers la maturité et la mort »; Blackstone y voit la découverte de l'amour et son analyse. Pour Jean Guignet : « Sur ce vaisseau, « emblème de la solitude de la vie humaine », les personnages échappent au milieu spatio-temporel où s'inscrivent les événements en même temps que nous y inscrivons notre vie pour n'être plus que des centres sensibles, des consciences réduites à ce qu'il y a d'intérieur. (...) Le montage consiste ici en une exclusion du monde extérieur. »

Ce que voulait Virginia Woolf, c'est « donner la sensation de l'eau courante... »

Le livre est d'autant plus difficile à résumer...

Par le prétexte d'une croisière en bateau, Rachel, jeune-fille-fleuve qui chante quand elle est seule, prend le départ, explorant le monde autour d'elle, paysages, gens, livres et plus loin, plus périlleux, innocente et en pleine mer, plonge de l'autre côté des apparences, visitant « la vraie réalité » (après avoir goûté l'amour qui opacifie et c'est douloureux, au lieu d'augmenter la transparence). Grâce à ces moyens qui « révèlent le caché, réparent le fêlé » : la musique, le sommeil, le rêve, la mort, Rachel-fleuve se perd dans la mer et pénètre la réalité qui unifie toute diversité – car la mer recouvre les multiples et incessantes vagues.

A côté de Rachel, il y a Helen, sa tante encore jeune, belle. Helen ne quitte pas Rachel des yeux, elle l'observe, attentive, inquiète, moqueuse, jalouse, tourmentée, rieuse, eau courante elle aussi emportée, mais observant toujours : avec « ses grands yeux ». Etrangement moins présente et plus observante encore, d'abord lorsque la jeune fille est amoureuse, ensuite lorsqu'elle devient mer et puis morte. Là, Helen la perdra de vue et Terence – qui aime Rachel – lâche sa main, « froide sur la couverture ». Rachel est passée de l'autre côté, elle est « la mer, le ciel », lieu de toute fusion, où il n'y a ni temps, ni limites, ni différences, où deux amoureux enfin, sont l'amour.

Et Terence, sur le rivage, réalisant que sa vie sera sans Rachel, pousse un grand cri : « Rachel ! Rachel ! », d'autant plus douloureux qu'il restera sans réponse. Car la mort est aussi silence, tas de cadavres après la bataille et pourriture, départ, absence – et refus.

Comme si, à quelqu'un qu'on regarde dans les yeux, soudain on demandait — se heurtant désespérément à la barrière de l'iris coloré, du blanc de l'œil finement veiné, qui, trop longtemps regardés, n'expriment plus rien — : Mais derrière? Qu'y a-t-il vraiment, derrière? Et que ce quelqu'un, obligeamment, de sa plume acérée se fende l'œil, offrant l'intérieur, la pulpe des sentiments, des émotions, la clef de l'énigme. Pourrait-on alors goûter à la pulpe et savoir? Y verrait-on d'autres reflets? Aurait-on d'inouïes révélations? ou bien seulement devant soi un rictus de souffrance, du sang, un visage défiguré, aveuglé, brouillé et rien de ce qu'on rêvait, imaginait, espérait; ou bien rien qu'un silence insoutenable, rien qu'une « main froide sur la couverture », une absence définitive en forme de question à tout jamais posée, ou bien encore : rien?

Ceci est ce qui reste, la dernière page du livre tournée. Mais Virginia Woolf de s'écrier, avec la voix de ses personnages : « Grâce au Ciel, on ne prend jamais au sérieux un romancier! » Pourtant, « je crois qu'il y a des choses dont nous ne savons rien et le monde peut changer d'un instant à l'autre et il peut se produire toute sorte de choses ». Et puis il y a cette idée... « Cette idée que personne n'est capable de saisir, que chacun prétend saisir, qui échappe sans cesse, une idée très belle, semblable à un papillon ». Tendez la main et courez! Courez... vers ce rien, papillon, lueur, éclat, scintillement... illumination couleur de trace.

Rien? Rien... n'est-ce pas la liberté à portée de

la main? la création possible? et ce papillon... Ecoutez : « Chaque mot en naissant lui semblait aussitôt plonger d'une poussée dans une mer inconnue. Hypnotisée par les ailes du papillon, terrorisée d'avoir découvert dans la vie une possibilité redoutable, elle demeura ainsi quelque temps encore. Quand le papillon se fut envolé, elle se leva et ses deux livres sous le bras, reprit le chemin de la maison, presque comme un soldat qui va affronter la bataille. » Rachel plonge. Virginia Woolf s'enfonce...

Mais du côté des apparences, la vie continue. Toute question est poussée plus loin par les flots de vie et d'autres fleuves coulent, même s'ils s'égarent avant la mer; – la mer qui est toujours là, bleue, bleue, enrageante de bleu, constellée de bateaux solitaires, la mer recouvrant les vagues sans cesse, la mer comme une question qu'on doit éviter si l'on veut continuer à vivre, continuer... Une question qui devient vite si embarrassante, angoissante, gigantesque – plongeur qui fait un « plat », on s'y claque la tête sans rien faire éclater ni pouvoir faire gicler une vérité. « Qu'est-ce que la vérité? » se demande Rachel. « Voilà ce que je voudrais savoir. Quelle est la vérité dans tout cela? » Ailleurs, Terence propose : « La vérité, c'est qu'on n'est jamais seul et qu'on n'est jamais avec les autres. (...) Quelque chose dans le genre des bulles. » Et si deux bulles se touchaient et éclataient? « Alors-alors-alors... cela deviendrait un monde é-norme. »

Mais non, les collisions de bulles sont rares, la « sensation de l'eau courante » s'empare du lecteur et la vie continue dans les horizons étroits et clos où la vie des humains, « pour être ce qu'elle est, doit se passer », comme dit Michaux. Horizons clos à l'intérieur desquels le vide où s'engouffre Virginia Woolf est ignoré, renié, colmaté d'occupations et préoccupations, car il effraie, c'est très connu. Il est silence, espace sans limites, eaux infinies, repaire de monstres; devant la brèche qu'il fait dans l'esprit, les vivants reculent, se bouchent les yeux, se recroquevillent sur de grandes idées et de toutes petites, fuient, masquent tout ce qui le ferait soupçonner. Mais après tout, c'est une très ancienne histoire et qui veut savoir et va voir, est puni : coupable. Une vieille histoire de pouvoir et les vivants plient. Sauf quelques-uns parmi lesquels Virginia Woolf : ce qui fait cette histoire si formidable.

Dès *La Traversée des apparences*, la question-mer est posée : « L'étrange, c'était de ne pas savoir où l'on va, ni ce qu'on cherche, d'avancer aveuglément, souffrant si fort en secret, dans la consternation, l'inexpérience, l'ignorance. » « Tout ce dont on a envie se trouve de l'autre côté », dit Rachel. « Je veux savoir ce qui se passe derrière » car « nous tâchons de saisir ce qui existe derrière les choses, n'est-ce pas ? » se précise-t-elle, déjà hypnotisée par les ailes du papillon. Et terrorisée.

La question-mer – sujet de ce livre – contient toutes celles qui seront les thèmes de l'œuvre de Virginia Woolf : qu'est-ce que la vie ? la mort ? l'amour ? le temps ? Comment vaincre le chaos ? Peut-on saisir le monde dans sa totalité, sa perfection ? Questions qui la mèneront vers les profondeurs interdites, suivant des yeux, de l'esprit, des doigts, l'insaisissable papillon, navigatrice fabuleuse portée par la transe, le « moment d'être », la vision. (On songe à l'extase divine qui mène le « transporté » là où il ne vit que par la fine pointe de son âme.)

Mais alors, comment dire, écrire, le voyage ? Où sont les mots pour cela ? Est-il possible d'exprimer ces moments où, l'espace d'un instant (instant qui est explosion, déchirure), on saisit la vraie réalité, moments non contrôlés, illuminés, où l'on est seul entre les mondes, entre les eaux ? « Ai-je en moi le pouvoir d'exprimer la vraie réalité ? Ou bien ne puis-je écrire que des essais sur moi-même ? » se demandera Virginia Woolf.

C'est que la seule et véritable héroïne de ce roman est Virginia Woolf elle-même, avec sa question, son tourment face à l'écoulement du temps et aussi face au « courant qu'elle essaie de représenter, la vie même qui s'écoule »; avec cet élan pour passer hors des apparences et trouver, de l'autre côté, la liberté.

La liberté : conscience d'une faille, fissure, cassure par où plonger ailleurs, jusqu'au « fond du vase » et avec terreur. Cette fissure, comment l'écrire ? « Quelque chose de central et de rayonnant, quelque chose qui montait et bouillonnait » ? (*Mrs. Dalloway)* Un « mystère accablant » ? Ou « le bruit de la mer déferlant audessus de la tête » de Rachel ?

« J'adore la musique; cela exprime tout ce qu'on ne saurait dire soi-même »

Les scènes du roman se succèdent, eau qui court de page en page, à un rythme très particulier.

D'une écriture en vertige – en tourbillon, centre de vie, violence et bruit, illustrant la dispersion – au silence. Silence du monologue intérieur, de cette voix qui parle en nous sans jamais aucune interruption et sans bruit, sans un son : langage fluide, écriture ailée, fugace, subtile comme l'eau qui goutte, jaillit, sourd, perle, se répand, roule, ruisselle, se perd, sombre et rejaillit. Et les silences, coupant les tourbillons, donnent au livre le temps fort de son rythme. Rythme qui va de mille voix bruissantes, bruit des vagues, à une seule voix muette.

De même dans son délire, Virginia Woolf quand elle « est folle » passe du mutisme (« Elle parlait à peine, affirmait que son état venait de sa culpabilité » dit Leonard Woolf à Viviane Forrester) à la voix violente, agressive, la confusion, les mots incohérents (« Elle se mit à parler sans arrêt, je crois qu'elle a parlé presque sans interruption pendant deux ou trois jours »), voix des humains, tumultueux courant sonore –, avant de sombrer dans le coma.

Et le lecteur doit se faire danseur et il a le souffle coupé à force de danser à cette sauvage et savante musique foisonnante quand soudain : il ferme les yeux, reste sur place, immobile. Silence et tambours lointains pour le soliloque, la réflexion, la contemplation intérieure, trop aiguë et mouvante : avant d'être repris à nouveau par le bruit des vagues, des autres, « ce qu'ont dit ces hommes et ces femmes », parlant tous à la fois ou se chuchotant des mots, des mots... à l'oreille. Et le silence coupe jusqu'au prochain tourbillon.

Les choses tues

Au-delà du monologue et des voix vibrantes, il y a le gouffre des choses tues.

Dans la *Biographie* de Quentin Bell, nous

apprenons que Virginia Woolf a beaucoup parlé de sa « culpabilité ». De quoi se sent-elle coupable? D'écrire? D'avoir des désirs? (« Mon père aurait aujourd'hui quatre-vingt-seize ans... Sa vie aurait mis fin à la mienne. ») D'être froide? frigide? (« Du point de vue de la vie sexuelle, on ne peut pas dire que c'était une femme complète. Elle était froide. Elle n'était pas normale à ce point de vue », explique Quentin Bell à Viviane Forrester.) De quel crime? (« J'ai... j'ai commis un crime », dira Septimus.) Coupable d'écouter ces voix et d'en « faire un poème »? Coupable de révéler les choses tues, de parler, d'*élever* la voix? sa voix... qui plaide la cause des femmes, c'est-à-dire la sienne, tout au long de ce livre. Et le chemin : voix (élevée)-peur (elle avait de « foudroyants accès de peur »)-culpabilité-punition-folie, prend un autre visage.

L'itinéraire de Rachel est, à ce point de vue, révélateur : « Sa vie lui apparut pour la première fois comme une chose rampante, prisonnière, soigneusement confinée entre de hautes murailles, tantôt repoussée à l'écart, tantôt plongée dans l'obscurité, décolorée, estropiée à jamais, — sa vie, la seule chance qui lui fût donnée. » « Il ne te reste qu'à te lancer et à devenir quelqu'un pour ton propre compte », lui dit Helen et « l'image de sa personnalité propre, de soi-même comme entité réelle, perpétuelle, différente de toutes les autres, irrépressible autant que la mer ou le vent, se projeta en un éclair dans l'esprit de Rachel et l'idée de vivre la bouleversa profondément. — Je peux être moi-même, bégaya-t-elle ».

Rachel, dont les yeux sont « comme une eau sans reflet » et qui, « flottante, émotive », n'est « à en juger par son expression, guère plus qu'un coquillage ». « Est-ce qu'elle raisonne? Est-ce qu'elle sent? Ou bien n'est-elle qu'une sorte d'escabeau? » C'est que son esprit « évolue sur un mode fort semblable à celui de l'eau mouvante » et « ce n'est pas qu'elle manque de choses à dire, mais elle n'arrive pas à les exprimer ». « Des idées absurdes lui passaient par la tête : comme quoi, par exemple, si l'on pouvait remonter suffisamment en arrière, tout deviendrait intelligible. »

La voici sur la piste des choses tues, entassées dans le silence au-delà du silence, dans l'oubli profond comme la mer. Pour elle désormais, un seul chemin : « Etre précipitée dans la mer, baignée, ballottée par les eaux, promenée parmi les racines du monde. (...) Elle se leva d'un bond et se mit à aller et venir, bousculant, repoussant chaises et table comme si vraiment elle se débattait au fond de l'eau. Elle semblait se frayer un passage et écarter triomphalement les obstacles qui pouvaient entraver sa progression à travers l'existence. »

Lorsque, dans l'eau profonde, le monde extérieur se sera retiré très loin, c'en sera « fini du sentiment d'irréalité » : l'« atroce torture ». Là enfin, l'amour est possible, l'unité du monde, c'est « la certitude parfaite, la paix. (...) C'était la mort. Ce n'était rien. Elle avait cessé de respirer, voilà tout. C'était le bonheur parfait. Ils venaient d'obtenir ce qu'ils avaient toujours souhaité –, l'union qu'ils n'avaient pu réaliser quand ils étaient en vie. »

La mort, ou les noces de Rachel avec Terence. N'est-ce pas là une description des plus dramatiques, troublante, significative, du sort qui est fait aux femmes? « Ils disent qu'il y a deux irreprésentables, la mort et le sexe féminin », écrit Hélène

Cixous. « Car ils ont besoin que la féminité soit associée à la mort. » (*La jeune née,* 10 x 18.)

Mais comme on sait déjà, l'eau court encore et toujours, et au regard du bruit des vagues, ces événements paraissent « lointains, irréels » et, à nouveau, le ciel reprend son bleu « profond, solennel ». Chacun s'occupe à de très précieuses activités : ramasser son livre, sa pelote, aller au lit.

« *Je plonge, éléphant dans la jungle* »

En intégrant les symboles féminins dans l'univers où elle vit, par une dangereuse écoute d'elle-même, pour une perception directe, immédiate, intuitive et expérimentale, grâce à toutes les associations d'idées et réflexions, Virginia Woolf a travaillé à une appréhension théorique de la réalité féminine. Ainsi, lorsqu'elle se demande comment relier le moi intérieur au mouvement extérieur des choses; lorsqu'elle prétend que la connaissance est spontanéité, sexe, passion individuelle, multiplicité. Lorsque, comme Margaret Mead, elle pense qu'on ne libérera les femmes qu'en accumulant un nombre toujours plus grand d'informations sur elles, afin de mettre au jour les aspects essentiels de la féminité.

Tout cela est clairement exprimé dans *La Traversée des apparences* où Virginia Woolf pose des jalons pour reconstruire au soleil l'histoire parallèle, méconnue, assassinée des femmes. Mise au soleil qui aujourd'hui, soixante ans après la sortie de ce livre, menace cet ordre masculin dont Rachel « n'avait jamais douté qu'il fût juste et fondé sur une échelle idéale des valeurs »; Rachel, « boule de duvet de chardon, effleurant d'un baiser la mer, montant, redescendant, s'en allant à perte de vue » et « montant et descendant au gré de la vague qui la portait »...

Virginia Woolf a été parmi les premières à prendre conscience, à prendre parti, à participer à l'émergence de l'autre Histoire; travail de taupe. « Qu'est-ce que vous regardez ? » demande Rachel à Terence au début du livre. « Des êtres humains », répond l'écrivain. « Je veux écrire un roman sur le Silence, sur les choses que les gens ne disent pas. Mais c'est d'une difficulté énorme. (...) On ne souhaite pas être une chose, on veut seulement être admis à la voir. » Et puis, magnifique : « Je plonge, éléphant dans la jungle, dénudant les buissons au passage... rugissant d'innombrables paroles, des mots merveilleux pour nommer des choses innombrables, courant sur la pente et disant des bêtises tout haut, pour moi-même, disant les routes et les feuilles, et les lumières et les femmes qui paraissent dans la nuit – et les femmes... »

La passeuse

La traversée, le voyage « hors » est écrit. Et nous, lecteurs (moi, la dernière venue), franchissant les vieilles frontières infranchissables, embarqués sur le bateau fantôme, sur les vagues naviguant et regardant dessous, tout cela qui remue tant et bouge –, après le livre, naviguons encore dans l'espoir fou que les froides eaux de la mort vont devenir eaux de la vie. La traversée est alors sans cesse à entreprendre; Virginia Woolf en est la passeuse et ce livre son adresse et un singulier guide.

Mais que lit-on dans un guide, sinon rien que ce qu'on y cherche ? Dans les pages de celui-ci, on peut toujours, si l'on veut, lire l'histoire d'une jeune fille qui va vers la maturité mais peut-être (surtout) ne faudrait-il pas oublier que cette femme qui l'a écrit voulait écrire « comme une femme qui a oublié qu'elle est femme », ne voulait être ni « célèbre » ni « grande », mais continuer à être « aventureuse, à changer, à suivre (son) esprit et (ses) yeux », et qu'elle a dit quelque part que la « grande affaire est de se libérer soi-même : trouver ses vraies dimensions, ne pas se laisser gêner ».

Et silencieuse (plus jamais, elle ne parlera à ses amis du livre qu'elle est en train de naître), infiniment solitaire, une plume pour barque et rame, elle voyage vers le fond, fend les eaux de l'inconscient et parmi monstres, souffrances et jouissances, ouvre le rideau qui cache l'événement intérieur.

Et je la vois, sur les photos, avec ses cigarettes,
avec sa voix, disent-ils, de plus en plus aiguë
et dégringolant en cascade de rire.
Avec ses vêtements, bizarres, disent-ils,
et sa démarche, étrange, paraît-il,
et sa timidité « prodigieuse ».
J'entends les rires des passants.
Je la vois, avec ses grands chapeaux,
sur la plage devant la mer,
– immense langue bleue –
et à ses pieds : l'écume.
La passeuse avec ses mots.

Julie Pavesi.

Mr Ambrose, oncle Ridley
Mrs Ambrose Helen
Miss Rachel Vinrace (nièce des précédents)
24 ans

Mr Pepper William
Willoughby } père de Rachel
Vinrace } beau frère d'Helen

CHAPITRE PREMIER

LES rues qui mènent du Strand à l'Embankment sont fort étroites; aussi vaut-il mieux s'abstenir d'y marcher bras dessus, bras dessous. Si vous persistez, vous obligerez les saute-ruisseau à s'élancer d'un bond dans la boue et les jeunes dactylos à piétiner d'impatience derrière vous. Dans les rues de Londres, où la beauté passe sans qu'on lui rende hommage, l'originalité est une contravention qui se paie; il est donc préférable de ne pas y montrer une taille très au-dessus de la moyenne, ou un long manteau bleu, ou une main gauche qui bat la mesure.

Un après-midi du début d'octobre, à l'heure où la circulation s'accélère, un homme très grand, ayant une dame à son bras, suivait le bord du trottoir. Des regards courroucés venaient les frapper dans le dos. Les petits personnages affairés – (auprès de ce couple, en effet, la plupart des gens paraissaient petits) – décorés de stylographes, chargés de serviettes, avaient des rendez-vous à ne pas manquer, des salaires à gagner chaque semaine, ce qui justifiait en partie leur façon hostile de considérer la stature de Mr. Ambrose et le manteau de Mrs. Ambrose. Cependant, par une sorte de magie, cet homme et cette femme demeuraient inaccessibles à la malveillance publique. Pour l'homme, ses lèvres mobiles laissaient deviner que cette magie, c'était la pensée; pour la femme, son regard fixé droit devant elle et comme pétrifié au-dessus du niveau normal montrait que c'était le chagrin. Seul le mépris de tout ce qui se trouvait sur son passage lui permettait de retenir ses larmes; être effleurée par les gens qui la dépassaient lui était manifestement une souffrance. Après avoir pendant quelques instants observé d'un œil stoïque la circulation sur le quai, elle tira son mari par la manche et ils traversèrent entre deux brusques rafales d'automobiles. Une fois en sécurité sur le trottoir opposé, elle dégagea doucement son bras et décontracta en même temps ses lèvres qui se mirent à trembler. Des larmes roulèrent sur ses joues et, les coudes appuyés à la balustrade, elle protégea son visage contre les regards indiscrets. Mr. Ambrose, cherchant à la consoler, lui tapota l'épaule, mais elle ne fit pas mine de s'y prêter. Alors, gêné de rester là, à côté d'une souffrance plus vive que la sienne, il se croisa les bras derrière le dos et commença à déambuler le long du trottoir.

Le quai présente par endroits des saillies qui rappellent les chaires d'église, mais les prédicateurs y sont remplacés par des gamins qui balancent des ficelles, jettent des cailloux, font partir en croisière des boulettes de papier. Prompts à déceler tout détail insolite, ils furent d'abord assez impressionnés par l'aspect de Mr. Ambrose. Le plus déluré cependant lui lança : « Barbe-Bleue! » Mr. Ambrose, craignant de les voir importuner sa femme, leva sa canne sur eux; là-dessus, ils décidèrent qu'il n'était que grotesque et quatre voix au lieu d'une reprirent en chœur : « Barbe-Bleue ! »

Bien que Mrs. Ambrose demeurât immobile plus longtemps qu'il ne paraissait naturel, les gamins la laissèrent en paix. Il y a toujours, près du pont de Waterloo, des gens qui regardent le fleuve. Par les beaux après-midi, les couples s'y attardent à bavarder pendant des demi-heures entières; la plupart des promeneurs consacrent trois minutes à la contemplation; quand ils ont comparé leurs impressions avec des impressions précédentes ou prononcé un jugement, ils reprennent leur chemin. Certains jours, les immeubles, les églises, les hôtels de Westminster rappellent la silhouette de Constantinople dans la brume; le fleuve apparaît tantôt somptueusement pourpre, tantôt couleur de boue, tantôt étincelant et bleu comme la mer. Cela vaut toujours la peine de se pencher sur lui pour voir ce qui s'y passe. Mais le regard de cette femme ne s'élevait ni ne s'abaissait. Depuis qu'elle était là, elle ne voyait qu'une seule chose : un rond irisé qui flottait, avec un brin de paille au milieu. La paille et le rond passaient et repassaient derrière le tremblant écran d'une grosse larme qui s'enflait, qui montait, qui finit par tomber dans le fleuve.

A ce moment, une voix toute proche vint frapper son oreille :

> *Lars Porsenna de Clusium,*
> *Par les neuf dieux jura,*

puis, plus faiblement à mesure que le récitant s'éloignait :

Que la noble maison de Tarquin
Ne souffrirait plus d'injustice.

Il lui faudrait revenir à tout cela, elle le savait bien, mais pour l'instant elle avait besoin de pleurer. Cachant son visage, elle sanglotait maintenant avec moins de nervosité. Ses épaules se soulevaient et s'abaissaient sur un rythme très régulier. C'est ainsi que son mari la trouva quand il vint la rejoindre après avoir marché jusqu'au sphinx de pierre polie et s'être heurté au passage contre un marchand de cartes postales. La strophe s'interrompit aussitôt. Il s'approcha, lui posa la main sur l'épaule et dit : « Ma chérie. » Son intonation était suppliante. Mais elle écarta de lui son visage fermé, ce qui voulait dire : « Il est impossible que vous compreniez. »

Comme il restait là cependant, force lui fut de s'essuyer les yeux et de les lever jusqu'au niveau des cheminées d'usine sur la rive opposée. Elle discerna aussi les arches du pont et les voitures qui défilaient au-dessus, comme une kyrielle d'animaux dans une galerie de tir. Elles n'apparaissaient qu'estompées, d'ailleurs; pour arriver à distinguer les objets, il lui fallait évidemment cesser de pleurer et se remettre en marche.

« Je préfère marcher », dit-elle, alors que son mari faisait signe à un fiacre déjà occupé par deux hommes d'affaires.

L'action de marcher avait rompu la fixité de son état d'esprit. Les automobiles lancées à toute vitesse, plus semblables à des araignées lunaires qu'à des objets terrestres, les camions grondants, les fiacres tintinnabulants, les petits cabriolets noirs ramenaient sa pensée vers le monde dans lequel elle vivait. Quelque part, là-haut, au-dessus des pignons, où les fumées s'élevaient en colline pointue, ses enfants la réclamaient, puis se laissaient rassurer. Mais devant la masse de rues, de places, d'édifices publics qui la séparaient d'eux, elle se disait surtout que Londres avait fait vraiment peu de chose pour se faire aimer d'elle, bien que, sur les quarante années de sa vie, elle en eût passé trente dans une de ses rues. Elle déchiffrait aisément la foule qui la côtoyait : les riches qui, à cette heure, couraient de l'une à l'autre de leurs maisons respectives, les travailleurs enragés qui se précipitaient tout droit à leurs bureaux, les pauvres qui étaient malheureux et pleins d'une juste rancune. Déjà, malgré le soleil qui se montrait encore dans la brume, des vieux et des vieilles en guenilles s'en allaient, dodelinant de la tête, dormir sur des bancs. Dès que l'on renonçait à voir le vêtement de beauté qui recouvre les choses, on trouvait ce squelette.

Son humeur s'assombrit encore, quand une pluie fine se mit à tomber; les camions portant des noms de personnages spécialisés dans des entreprises bizarres – Sprules, fabricant de sciure, Grabb, qui ne rate pas un chiffon de papier –, lui faisaient l'effet de mauvaises plaisanteries; les amants sans gêne qui s'abritaient sous un même manteau lui paraissaient vulgaires, leur passion déjà éteinte; les marchandes de fleurs, bande allègre dont les propos valent toujours qu'on les écoute, n'étaient plus à ses yeux que des mégères avinées; les fleurs rouges, jaunes et bleues avaient beau presser leurs têtes les unes contre les autres, elles restaient sans éclat. Son mari lui-même, qui marchait à grands pas rythmés et agitait de temps en temps sa main libre, apparaissait tantôt comme un Viking, tantôt comme un Nelson en déroute; les mouettes avaient modifié ses caractéristiques.

« Ridley, si nous prenions une voiture? Si nous prenions une voiture, Ridley? »

Mrs. Ambrose dut élever la voix, car cette fois il était très loin d'elle.

Le cab avançant au trot régulier ne tarda pas à les faire sortir du West End pour les plonger dans un Londres qui leur apparut tel un grand centre manufacturier où les gens seraient occupés à fabriquer les objets, tandis que le West End avec ses lumières électriques, ses vitrines brillant d'un lustre doré, ses maisons d'un fini scrupuleux, ses figurines animées courant sur les trottoirs ou projetées sur des roues le long du pavé, représenterait le travail mis au point. Spontanément, une image surgit dans son esprit : celle d'un menu gland d'or terminant un ample manteau noir.

Observant qu'ils ne rencontraient pas d'autres fiacres, mais seulement des camions ou des tombereaux et que, sur mille personnes qu'elle voyait, pas une seule n'était un monsieur ou une dame, Mrs. Ambrose comprit que la pauvreté, en somme, est chose courante et que Londres est une ville d'innombrables indigents. Cette découverte l'émut. Elle se voyait traçant tous les jours de sa vie un cercle autour de Piccadilly Circus. Aussi fut-elle grandement soulagée quand ils passèrent devant un immeuble réservé par le Conseil du Comté de Londres aux écoles du soir.

« Dieu, que c'est sinistre! grogna Mr. Ambrose. Je plains ces malheureux! »

Le chagrin de quitter ses enfants, la misère, la pluie, tout cela rendait son cerveau semblable à une plaie qu'on fait sécher au grand air.

A ce moment, le cab dut s'arrêter, au risque d'être écrasé comme une coquille d'œuf. Le quai, d'abord assez large pour des boulets de canon et des escadrons entiers, n'était plus maintenant qu'un passage mal pavé, plein de relents de bière et de pétrole, embouteillé par des fourgons.

Tandis que son mari déchiffrait des affiches collées au mur de briques et annonçant les départs des bateaux pour l'Ecosse, Mrs. Ambrose s'efforçait en vain d'obtenir quelques renseignements. Ce monde, exclusivement occupé à gaver des fourgons avec des sacs, oblitéré à moitié, d'ailleurs, par un fin brouillard jaune, ne leur prêtait ni secours ni attention. Par miracle, un vieil homme s'approcha et, devinant la situation, s'offrit à les transporter jusqu'à leur bateau dans une petite barque qu'il gardait amarrée au bas de quelques marches. Non sans hésitation, ils s'en remirent à lui et prirent place dans le canot. Bientôt, ils dansaient sur les vagues, tandis que Londres, de chaque côté, se réduisait à deux rangées de maisons, carrées ou oblongues, disposées en série comme dans une avenue qu'un enfant fait avec ses cubes.

Le fleuve, mêlé d'une certaine quantité de vague lumière jaune, coulait avec force; de volumineuses péniches descendaient le courant, escortées par d'agiles remorqueurs. Les bateaux de la police filaient laissant tout derrière eux. Le vent suivait le fil de l'eau. Le canot qui les emmenait, avec des bonds et des courbettes, avançait perpendiculairement à la direction générale. Au milieu du courant, le vieil homme immobilisa ses mains sur les rames et, tandis que l'eau les dépassait dans sa suite, il leur confia que, jadis, il avait affaire à de nombreux passagers, mais qu'aujourd'hui ils se faisaient rares. On aurait cru qu'il parlait d'une époque où sa barque, amarrée parmi des roseaux, avait coutume de transporter des pieds délicats vers les pelouses de Rotherhithe.

« Il leur faut des ponts à présent », disait-il, désignant le monstrueux profil du Tower Bridge.

Accablée de tristesse, Helen considérait celui qui mettait toute cette eau entre elle et ses enfants. Accablée de tristesse, elle regardait le navire dont ils approchaient, à l'ancre au milieu du fleuve. On arrivait maintenant à déchiffrer son nom : *Euphrosyne.* Vaguement, dans le crépuscule, on distinguait les agrès, les mâts et le pavillon foncé que la brise déployait tout droit à l'arrière. Tandis que son canot accostait le vapeur, et que le vieil homme rentrait ses avirons, il expliqua avec un nouveau geste vers les hauteurs, que dans le monde entier les bateaux arboraient un pavillon semblable le jour où ils se préparaient à partir. Pour les deux voyageurs, ce pavillon bleu prenait l'air d'un présage sinistre et l'instant était de ceux où l'on a des pressentiments. Ils se levèrent cependant, rassemblèrent leurs effets et montèrent sur le pont.

En bas, dans la salle à manger du bateau de son père, Miss Rachel Vinrace, âgée de vingt-quatre ans, attendait avec nervosité son oncle et sa tante. D'abord, malgré leur proche parenté, elle ne gardait d'eux qu'un très vague souvenir; ensuite, c'étaient des personnes d'âge mûr et enfin, en tant que fille de son père, elle devait en quelque sorte faire face à l'obligation de s'occuper d'eux. Elle se préparait à cela comme les gens civilisés se préparent, en général, à la première rencontre avec d'autres gens civilisés, c'est-à-dire comme à quelque chose d'analogue à un inconvénient d'ordre physique : un soulier trop étroit ou une fenêtre à courants d'air. Elle n'avait déjà que trop bandé sa volonté en vue de cette réception. Occupée à disposer en ordre parfait les fourchettes auprès des couteaux, elle entendit une voix d'homme qui disait sur un ton lugubre :

« Par une nuit noire, on risquerait de piquer une tête dans cet escalier. »

Une voix de femme compléta :

« Et de se tuer. »

Sur ces derniers mots, la femme apparut dans le cadre de la porte. Avec sa taille élancée et ses grands yeux, drapée d'écharpes violettes, Mrs. Ambrose était romantique et belle, sinon rayonnante de sympathie; ses yeux avaient un regard direct qui scrutait ce qu'il rencontrait. Il y avait dans son visage beaucoup plus de chaleur que dans un visage grec, et d'autre part beaucoup plus de hardiesse que dans celui d'une jolie Anglaise du type courant.

« Oh! Rachel, dit-elle en serrant la main de la jeune fille, comment vas-tu?

– Bonjour, chérie », dit Mr. Ambrose, présentant son front pour y recevoir un baiser. Sa nièce apprécia d'instinct cette maigre silhouette anguleuse, la grande tête aux traits largement dessinés, les yeux pénétrants et pleins d'innocence.

« Prévenez Mr. Pepper », dit Rachel à la servante.

Le mari et la femme s'assirent du même côté de la table, faisant vis-à-vis à leur nièce.

« Mon père m'a priée de commencer, expliquait celle-ci, il est très occupé avec ses hommes... Vous connaissez Mr. Pepper? »

Un petit homme, tout penché de côté comme

certains arbres sous la bourrasque, venait de se glisser dans la pièce. Il salua Mr. Ambrose de la tête et serra la main de Helen.

« Courants d'air, fit-il, en relevant le col de sa veste.

– Toujours vos rhumatismes? » demanda Helen. Sa voix grave avait des inflexions captivantes, bien qu'elle prononçât ces mots d'un air absent, car le spectacle de la ville et du fleuve occupait encore son esprit.

« Quand on est rhumatisant, c'est pour toujours, je le crains, répondit Mr. Pepper. Cela dépend en partie du temps qu'il fait, quoique pas autant que certains sont portés à le croire.

– On n'en meurt pas, en tout cas, dit Helen.

– D'une façon générale, non.

– Du potage, oncle Ridley? demanda Rachel.

– Merci, chérie. » Et, tout en tendant son assiette, Mr. Ambrose soupira distinctement : « Ah! elle n'a rien de sa mère! »

Helen posa bruyamment son gobelet sur la table, mais un peu trop tard pour empêcher Rachel d'entendre ce mot et de rougir de confusion.

« Ils ont une façon d'arranger les fleurs, ces domestiques! » s'écria vivement la jeune fille. Elle attira vers elle un vase dont le bord imitait un plissé et commença à en retirer les petits chrysanthèmes serrés, les disposant avec soin sur la nappe.

Il y eut un silence.

« Vous avez connu Jenkinson, n'est-ce pas, Ambrose? demanda Mr. Pepper par-dessus la table.

– Jenkinson de Peterhouse[1]?

1. Peterhouse collège de l'Université de Cambridge.

– Il est mort, dit Pepper.

– Oh! mon Dieu. Oui, je l'ai connu; il y a une éternité de cela. C'était lui, le héros de cet accident de péniche, vous vous souvenez? Drôle de pistolet. Il a épousé une jeune marchande de tabac et s'est retiré dans les Fens. J'ignore ce qu'il a pu devenir.

– Boisson, drogues, répondit Mr. Pepper avec une sinistre concision. Il a laissé des commentaires quelconques. Un affreux galimatias, à ce qu'on m'a dit.

– C'était, certes, un homme remarquablement doué.

– Son introduction à Jellaby garde toute sa valeur; et c'est étonnant : ces ouvrages-là vieillissent si vite!

– Il avait une théorie relative aux planètes, n'est-ce pas? demanda Ridley.

– Une fêlure quelque part, vraisemblablement », dit Mr. Pepper en hochant la tête.

Tout à coup, la table se mit à vibrer. Une lumière, au-dehors, s'éclipsa. Au même instant, on entendit une sonnerie électrique qui se renouvela à plusieurs reprises.

« Nous voilà partis », dit Ridley.

Une ondulation perceptible quoique légère semblait se dérouler sous leurs pieds; elle s'arrêta; une autre, plus prononcée, lui succéda. Des lumières passaient en glissant sur la fenêtre dépourvue de rideaux. Le bateau exhala un gémissement prolongé, mélancolique.

« Nous voilà partis », fit Mr. Pepper.

D'autres bateaux, aussi tristes que le leur, faisaient écho sur le fleuve. On entendait distinctement l'eau glouglouter et siffler. Le bateau se soulevait au point que le steward qui apportait les assiettes se balança pour garder l'équilibre, tandis qu'il écartait la portière.

« Et Jenkinson, de Cats[1], vous êtes toujours en rapport avec lui ? demanda Ambrose.

– Autant que faire se peut, répondit Mr. Pepper, nous nous réunissons une fois par an. Cette année, il a eu le malheur de perdre sa femme; de ce fait, naturellement, notre rencontre a été pénible.

– Très pénible, acquiesça Ridley.

– Une de ses filles, qui n'est pas mariée, s'occupe, je crois, de son intérieur, mais ce n'est évidemment pas la même chose, à l'âge qu'il a. »

Les deux messieurs hochaient gravement la tête en épluchant leurs pommes.

« Il était question d'un livre, je crois ? interrogea Ridley.

– Il était question d'un livre, mais ce livre ne paraîtra jamais, dit Mr. Pepper avec une telle violence que les deux femmes levèrent les yeux. Son livre ne paraîtra jamais parce qu'un autre en a écrit un à sa place, continua Mr. Pepper avec une singulière âpreté d'accent. Voilà ce qu'on récolte à toujours remettre les choses, à collectionner des fossiles et à échafauder des arcades normandes sur ses étables à cochons.

– Je dois avouer que je comprends cela, dit Ridley, poussant un soupir mélancolique. J'ai un faible pour les gens qui ne se décident pas à commencer quelque chose.

– ... Laisser perdre ce qu'on a accumulé au cours de toute une existence ! poursuivait Mr. Pepper – il avait amassé de quoi remplir une grange.

1. Cats (abréviation de St-Catherine College), collège de l'Université de Cambridge.

– Quelques-uns d'entre nous sont exempts de ce vice, dit Ridley. Notre ami Miles vient de sortir un nouvel ouvrage. »

Mr. Pepper fit entendre un petit rire acide.

« D'après mes calculs, sa production est de deux volumes et demi par an, ce qui, compte tenu du temps qu'il a passé au berceau ou ailleurs, représente un effort méritoire.

– Oui, les prophéties du vieux Maître à son sujet se sont assez bien réalisées.

– C'est un de leurs trucs. Vous connaissez la collection de Bruce ? Impubliable, bien entendu.

– Je le crois volontiers, dit Ridley d'un air significatif.

– Pour un ecclésiastique, il était... curieusement libre.

– La pompe dans Neville's Row, par exemple ?

– Précisément. »

L'une et l'autre des deux femmes ayant, selon l'usage de leur sexe, bien appris à stimuler les propos masculins et à ne pas y prêter l'oreille, étaient libres de méditer sans se trahir, qui sur l'éducation des enfants, qui sur l'emploi des sirènes dans un opéra. Helen observait seulement que pour une maîtresse de maison, Rachel manquait un peu d'entrain et qu'elle aurait bien pu occuper ses mains à quelque ouvrage.

« Si nous... » finit-elle par suggérer; sur quoi toutes deux se levèrent et sortirent, non sans étonner quelque peu les messieurs qui jusque-là les avaient crues attentives, à moins qu'ils n'eussent oublié leur présence. Elles entendirent Ridley qui disait, regagnant son fauteuil :

« Ah ! il y aurait des histoires bien curieuses à évoquer dans tout ce passé ! »

Quand elles se retournèrent sur le pas de la

porte, Mr. Pepper leur parut avoir brusquement desserré ses vêtements et pris l'aspect d'un vieux singe débordant de vivacité et de malice.

La tête enveloppée de voiles, elles sortirent sur le pont. Le bateau descendait tranquillement au fil de l'eau, côtoyant les formes noires des navires à l'ancre. Londres n'était plus qu'un essaim de lumières sur lesquelles descendait un vélum jaune pâle.

Il y avait les lumières des grands théâtres, les lumières des longues rues, les lumières bordant les vastes zones de confort domestique, les lumières suspendues très haut dans le ciel.

Rien d'obscur ne viendrait abolir ces lumières, comme rien ne les avait abolies au cours des siècles. C'était effrayant de penser que cette ville perpétuerait ses feux toujours à la même place; effrayant du moins pour ceux qui, voguant vers l'aventure, la contemplaient comme un monde fermé, qui éternellement brûle, éternellement se cicatrise. Du pont du bateau, la ville apparaissait tapie dans sa lâcheté, bien installée dans son avarice.

« Tu ne vas pas prendre froid ? demanda Helen, tandis qu'elles se penchaient côte à côte sur le bastingage.

– Non, répondit Rachel. Que c'est beau ! » ajouta-t-elle au bout d'un instant.

On distinguait peu de chose : quelques mâts; ici, une ombre de rivage; là, une rangée de fenêtres illuminées... Elles essayèrent de marcher contre le vent.

« Ça souffle, ça souffle ! » haletait Rachel; le vent lui renfonçait les mots dans la gorge. Helen qui luttait à ses côtés se sentit soudain soulevée par le génie du mouvement; elle avançait avec force, les jupes enroulées autour de ses genoux, les deux mains retenant ses cheveux. Mais bientôt cette ivresse céda, le vent ne fut plus que brutal et glacé. A travers une fente du volet, elles distinguèrent d'abord de gros cigares qu'on fumait dans la salle à manger, puis Mr. Ambrose qui se rejetait violemment contre le dossier du fauteuil, tandis que les joues de Mr. Pepper formaient des plis qu'on eût dit taillés dans du bois. L'écho d'un gros rire parvint à leurs oreilles, mais le vent l'engloutit aussitôt. Sous une sèche lumière jaune, Mr. Pepper et Mr. Ambrose oubliaient les tumultes : ils se trouvaient à Cambridge, sans doute aux environs de 1875.

« Ce sont de vieux amis, dit Helen, souriant devant ce spectacle. Y a-t-il un coin où nous puissions nous installer ? »

Rachel ouvrit une porte et fit :

« On se croirait sur un palier plutôt que dans une pièce. »

Cela n'avait rien, en effet, de l'aspect stable et bien clos d'une chambre sur terre ferme. Une table était enracinée au centre avec des sièges plantés de chaque côté. Par bonheur, les soleils tropicaux avaient décoloré les tentures dont le ton n'était plus qu'un terne bleu-vert; le miroir, dans son cadre de coquillages, amoureusement fabriqué par le steward quand le temps stagnait lourd sur les mers du Sud, était plus bizarre que laid. Des coquillages contournés en corne de licorne, bordés d'une lèvre rouge, ornaient la cheminée drapée de peluche pourpre d'où pendait un certain nombre de pompons. Deux fenêtres donnaient sur le pont; la lumière faisant irruption dans cette pièce pendant que le bateau se laissait griller sur l'Amazone, avait réduit les couleurs des estampes sur la cloison d'en face à un jaune très pâle, de sorte que *Le Colisée* se distinguait à peine de *La reine Alexandra jouant avec ses épagneuls.* Près de la cheminée, deux fauteuils en osier vous invitaient à vous chauffer les mains devant une grille remplie de copeaux dorés. Une grande lampe pendait au-dessus de la table – une de ces lampes qui, par-delà les campagnes nocturnes, apparaissent au voyageur comme des phares de la civilisation.

« C'est curieux que les gens soient toujours de vieux amis de Mr. Pepper, commença Rachel avec une certaine nervosité, car son rôle était difficile, la pièce froide et Helen étrangement silencieuse.

– Qu'est-ce que cela peut te faire?

– Voilà à quoi il ressemble, dit Rachel, saisissant un poisson fossile dans une coupe et le présentant à sa tante.

– Tu es trop sévère, je pense. »

Pour se défendre, Rachel voulut aussitôt justifier ce qu'elle venait d'avancer.

« Je ne le connais pas, au fond », dit-elle, se retranchant derrière les faits, persuadée que les personnes mûres les préfèrent aux sentiments. Elle énuméra tout ce qu'elle savait de William Pepper : il venait toujours les voir le dimanche quand ils étaient chez eux; il avait des connaissances en toutes sortes de choses : mathématiques, histoire, grec, zoologie, économie politique, sagas d'Islande. Il transposait les poèmes persans en prose anglaise et la prose anglaise en iambes grecs; il était expert en numismatique et aussi... ah! oui : en circulation routière, croyait Rachel. S'il avait entrepris ce voyage, c'était soit pour pêcher des choses sous-marines, soit pour écrire sur l'itinéraire probable d'Ulysse, car en fin de compte sa marotte, c'était le grec.

« Je possède toutes ses brochures, disait Rachel. De petites brochures. De petits livres jaunes. »

Elle ne donnait pas l'impression de les avoir lus.

« A-t-il eu un amour dans sa vie ? » demanda Helen qui venait de se choisir un siège. La question parut tomber avec un à-propos inattendu.

« Son cœur est comme un morceau de vieux cuir à chaussures », déclara Rachel, rejetant le poisson. Mais devant l'insistance de Helen, il lui fallut avouer qu'elle n'avait jamais interrogé Mr. Pepper là-dessus.

« Je l'interrogerai, moi », déclara Helen. Puis elle changea de sujet.

« La dernière fois que je t'ai vue, tu étais en train d'acheter un piano. Tu te rappelles ? le piano, la pièce mansardée, les grandes plantes à piquants ?

– Oui. Et mes tantes qui prétendaient que le piano allait passer à travers le plancher. Pourtant, à leur âge, cela ne doit rien vous faire, d'être tué la nuit ?

– J'ai eu des nouvelles de tante Bessie dernièrement, dit Helen. Elle craint que tu ne t'abîmes les bras si tu t'obstines à faire tant d'exercices.

– Les muscles de l'avant-bras ?... et cela vous empêche de vous marier ?

– Ce n'est pas tout à fait ainsi qu'elle s'est exprimée, répliqua Mrs. Ambrose.

– Oh ! non, bien sûr, il n'y a pas de danger », dit Rachel avec un soupir.

Helen la regarda. Son visage dénotait plus de faiblesse que de résolution. Il échappait à l'insipidité, grâce à de grands yeux interrogateurs; mais, à ce moment, dans un espace clos, le manque de couleur et de contours définis le privaient de beauté. De plus, la parole hésitante de Rachel ou plutôt une tendance à mal choisir ses mots la faisait paraître moins mûre encore qu'il n'est normal à son âge. Mrs. Ambrose, qui jusque-là s'était contentée d'une conversation à bâtons rompus, réfléchissait maintenant que la perspective d'une intimité de trois ou quatre semaines à bord d'un bateau ne présentait vraiment rien d'attrayant. Les femmes de son âge l'ennuyaient en général; avec une jeune fille, pensait-elle, cela devait être pire. De nouveau, elle regarda Rachel. Mais oui ! il était manifeste qu'elle allait se montrer flottante, émotive, que tout ce qu'on pourrait lui dire ne laisserait pas plus de trace qu'un coup de bâton dans l'eau. Il n'y avait, chez les jeunes filles, rien qui offrît une prise, rien de solide, de permanent, de satisfaisant. Willoughby avait-il parlé de trois semaines ou de quatre ? Elle essayait de se le rappeler.

Mais à ce moment, la porte s'ouvrit devant un homme grand et fort qui s'avança vers Helen et lui serra la main avec une cordialité et une émotion particulières – Willoughby en personne, le père de Rachel, le beau-frère de Helen. Il aurait fallu une quantité considérable de chair pour prêter de l'embonpoint à une aussi forte charpente; aussi Willoughby n'était-il point gras. Son visage, également bien charpenté, semblait, par l'étroitesse des traits et la rougeur au creux des joues, mieux fait pour résister aux intempéries que pour exprimer ses émotions et ses sentiments ou à répondre à ceux d'autrui.

« C'est un grand plaisir que de vous avoir avec nous, dit-il, un plaisir pour nous deux. »

Rachel, obéissant au coup d'œil paternel, émit un murmure.

« Nous nous efforcerons de vous rendre ce voyage agréable, ainsi qu'à Ridley. Sa confiance nous honore. Pepper aura quelqu'un pour le contredire – ce que, pour ma part, je n'ose faire. Vous trouvez que cette enfant a grandi, n'est-ce pas ? Une vraie jeune femme, hein ? »

Sans quitter la main de Helen, il entoura d'un bras les épaules de Rachel, rapprochant ainsi les deux femmes d'une façon gênante; Helen cependant détourna le regard. Il demanda :

« Trouvez-vous qu'elle nous fasse honneur ?

– Oh ! oui.

– C'est que nous en attendons de grandes choses, reprit-il, serrant, puis relâchant le bras de sa fille. Mais parlons de vous. »

Ils prirent place côte à côte sur le petit canapé.

« Vous avez quitté vos enfants en bon état ? Les voilà d'âge à commencer leurs études, je pense ? A qui ressemblent-ils, à vous ou à Ambrose ? L'intelligence ne doit pas leur manquer, j'en suis sûr ! »

Helen, avec une animation accrue, expliqua que son fils avait six ans et sa fille dix. De l'avis général, le garçon lui ressemblait à elle et sa sœur à Ridley. Quant à l'intelligence, elle les jugeait assez éveillés; et, modestement, elle conta comment son fils, qu'on avait laissé seul un instant, s'était emparé d'une rondelle de beurre pour courir la déposer sur le feu, histoire de s'amuser, chose qu'elle comprenait parfaitement.

« Et il vous a fallu démontrer au petit coquin qu'on ne saurait tolérer les plaisanteries de ce genre, hein ?

– Un enfant de six ans ? Quel mal y a-t-il à cela ?

– Je suis décidément un père arriéré.

– Vous voulez rire, Willoughby; Rachel sait bien à quoi s'en tenir! »

Malgré tout le désir qu'éprouvait sans doute Willoughby de s'entendre apprécier par sa fille, celle-ci n'en fit rien. Ses yeux étaient comme une eau sans reflets, ses doigts occupés à jouer avec le poisson fossile, son esprit absent. Ses aînés se mirent à parler des dispositions à prendre pour le confort de Ridley : on placerait sa table loin des chaudières et de telle façon qu'il ne pût s'empêcher de regarder la mer, tout en restant à l'abri des gens qui passent. S'il ne prenait pas de repos pendant que ses livres étaient encore aux bagages, il n'aurait pas de vacances du tout, car une fois à Santa Marina – Helen le savait par expérience – il travaillerait du matin au soir; ses malles, disait-elle, étaient bourrées de livres.

« Laissez-moi faire », répétait Willoughby, décidé selon toute évidence à faire beaucoup plus qu'elle ne lui en demandait. On entendit Ridley et Mr. Pepper qui cherchaient à ouvrir la porte.

« Comment allez-vous, Vinrace? » fit Ridley, entrant et tendant une main molle comme si cette rencontre avait quelque chose de mélancolique pour eux deux, mais surtout pour lui-même.

Willoughby manifesta sa cordialité habituelle, tempérée de respect. Aucun propos ne fut échangé pour l'instant.

« Nous vous avons vus par la fenêtre, en train de rire, dit Helen. Mr. Pepper venait de raconter une bien bonne histoire.

– Bah! Il n'y avait pas de bonnes histoires là-dedans, répliqua son mari avec humeur.

– Toujours sévère dans vos jugements, Ridley? demanda Mr. Vinrace.

– Nous vous avions tellement assommées que vous êtes parties », dit Ridley, s'adressant directement à sa femme.

Comme c'était exact, Helen ne chercha pas à le nier; mais elle n'eut pas de chance avec sa nouvelle question : Est-ce devenu plus intéressant après notre départ? – car son mari répondit, les épaules affaissées :

« Plus lamentable encore. »

La situation, pour chacun, devenait fort gênante, comme le prouva la durée du silence contraint qui suivit. Mr. Pepper, il est vrai, amena une certaine diversion en sautant sur un siège et en rentrant ses pieds sous lui, à la manière d'une vieille fille qui aperçoit une souris : le courant d'air venait de lui cingler les chevilles. Ainsi ramassé sur lui-même, les bras autour des genoux; tirant sur son cigare, il avait l'air d'un Bouddha et, du haut de cette dignité, il commença un discours qu'il n'adressait à personne en particulier, puisque personne ne l'y invitait. Il s'agissait des profondeurs inexplorées de l'océan. Il exprima sa surprise d'apprendre que, sur les dix bateaux appartenant à Mr. Vinrace, en service régulier entre Londres et Buenos Aires, aucun n'était chargé d'effectuer des recherches relatives aux grands monstres blancs des abîmes.

« Non, non, riait Willoughby, les monstres de la terre me suffisent amplement! »

On entendit Rachel soupirer :

« Pauvres petites chèvres!

– Sans ces chèvres, il n'y aurait pas de musique, mon enfant; la musique dépend des chèvres », trancha le père. Mr. Pepper se lança dans la description des monstres blancs, nus, aveugles, qui se tiennent lovés sur les arêtes de sable au fond de la mer, et qui exploseraient si on les ramenait à la surface : faute de pression suffisante, leurs flancs éclateraient, dispersant au vent leurs entrailles. Il multipliait les détails et faisait un tel étalage d'érudition que Ridley finit par en avoir assez et le pria de se taire.

De tout cela, Helen tirait des conclusions à part soi, plutôt décourageantes : Pepper était un raseur, Rachel une fille mal dégrossie, prête sans nul doute à d'interminables confidences dont la première serait : « Tu comprends, je ne m'entends pas bien avec mon père. » Willoughby s'appliquait à aimer son pays et à bâtir son Empire; et parmi ces gens-là, elle périrait d'ennui. Cependant, en femme d'action qu'elle était, elle se leva et déclara qu'en ce qui la concernait, elle allait se coucher. A la porte, elle se retourna machinalement vers Rachel : étant du même sexe, n'allaient-elles pas se retirer ensemble? Rachel se leva, considéra Helen d'un air vague et dit avec son léger bégaiement :

« Je m'en vais t-t-triompher dans le vent. »

Les pires soupçons de Mrs. Ambrose se trouvaient confirmés. Elle s'engagea dans le couloir, projetée d'un côté à l'autre, repoussant les cloisons tantôt du bras droit, tantôt du bras gauche, et à chaque embardée elle s'exclamait avec conviction : « Zut! »

CHAPITRE II

Si mauvaise que pût être la nuit avec son roulis, ses odeurs salées, si mauvaise qu'elle eût été positivement dans le cas de Mr. Pepper qui n'avait pas assez de couvertures, le déjeuner du matin revêtit une certaine beauté. Le voyage commençait, et commençait sous d'heureux auspices, entre un tendre ciel bleu et une mer calme. Le sentiment de posséder des ressources non entamées encore, des choses inexprimées, qui attendaient d'être dites, rendait significative cette heure, de sorte que dans les années à venir, la traversée tout entière serait représentée peut-être par cette scène seule, à laquelle se mêlait, on ne savait pourquoi, le hurlement des sirènes sur le fleuve, la nuit précédente.

Les pommes, le pain et les œufs prêtaient à la table un aspect de gaieté. En passant le beurre à Willoughby, Helen arrêta sur lui son regard et pensa :

« Dire qu'elle vous a épousé et qu'elle a été heureuse probablement ! »

Elle suivit le chemin familier de sa pensée qui conduisait à toutes sortes de réflexions bien connues, en partant de cet étonnement de jadis :

pourquoi Theresa a-t-elle épousé Willoughby?
« Evidemment, on voit tout cela », se disait-elle, ce qui signifiait : « On voit qu'il est grand et fort, qu'il a une grosse voix retentissante et un poing, et une volonté opiniâtre, mais... » De là, elle glissa vers une minutieuse analyse se résumant par le mot « sentimental » qui, pour elle, voulait dire qu'il manquait de simplicité et de franchise dans l'expression de ses sentiments.

Ainsi, il parlait rarement des disparus, mais observait leurs anniversaires avec une solennité toute spéciale. Elle le soupçonnait de cruautés sans nom à l'égard de sa fille, comme, d'ailleurs, elle l'avait toujours soupçonné de brutaliser sa femme. Tout naturellement, elle en arrivait à comparer son propre destin avec celui de son amie, car la femme de Willoughby avait sans doute été la seule amie de Helen, et cette comparaison avait souvent servi de thème à leurs conversations. Ridley était un érudit et Willoughby un homme d'affaires, Ridley publiait son troisième volume de Pindare au moment où Willoughby lançait son premier bateau. Une nouvelle usine fut construite l'année même où les commentaires sur Aristote – (était-ce bien Aristote?) – paraissaient aux Presses Universitaires. Quant à Rachel... Elle la regarda, sans doute avec l'intention de terminer cet examen trop bien équilibré en décidant que Rachel ne saurait être comparée à ses enfants. Mais elle ne put que se dire : « Elle n'a vraiment pas l'air d'avoir plus de six ans. » Ce jugement se rapportait au contour du visage de la jeune fille, lisse et sans accidents; il ne la condamnait nullement par ailleurs, car, si Rachel parvenait un jour à penser, à sentir, à rire, à s'exprimer, au lieu de faire couler du lait d'une certaine hauteur comme pour voir quel genre de gouttes cela allait former, elle pourrait devenir intéressante, sinon exactement jolie. Elle ressemblait à sa mère comme une image dans l'eau, par un jour calme d'été, ressemble au visage éclatant qui se penche sur elle.

Entre-temps, Helen elle-même faisait l'objet d'une investigation, mais non de la part d'une de ses victimes. Mr. Pepper l'examinait; et ses méditations, se déroulant tandis qu'il découpait son toast en lamelles et beurrait proprement celles-ci, l'entraînaient à travers une portion considérable de son autobiographie. Un de ses regards scrutateurs confirma qu'il avait raison de trouver Helen belle. D'un geste plein de suavité, il lui passa la confiture. Elle était en train de dire des bêtises, mais ce n'était pas plus bête que les propos habituels qui s'échangent pendant le petit déjeuner : la circulation cérébrale, il l'avait appris à ses dépens, occasionne fréquemment des troubles à pareille heure. Il continuait à lui dire « non », par principe : il ne cédait jamais à une femme en considération de son sexe. C'est à ce moment que, les yeux baissés sur son assiette, il se plongea dans l'autobiographie. Il ne s'était pas marié pour la raison suffisante qu'il n'avait jamais rencontré de femme qui lui imposât le respect. Condamné à passer dans une gare de Bombay les années où la jeunesse est encore impressionnable, il n'avait fréquenté que des femmes de couleur, des femmes de militaires ou de fonctionnaires, alors que son idéal, c'était une femme qui comprendrait le grec, sinon le persan, qui aurait le teint clair et n'attacherait pas d'importance aux menus objets qu'il laissait tomber en se déshabillant. Tout cela étant donné, il avait contracté des habitudes dont il n'était nullement prêt à rougir. Chaque jour, il passait quelques minutes à apprendre des choses par cœur; il ne prenait jamais un billet sans en noter le numéro; il dédiait janvier à Pétrone, février à Catulle, mars aux vases étrusques, par exemple; on ne pouvait nier qu'il eût fait du bon travail aux Indes; il n'y avait rien à déplorer dans son existence, sauf des imperfections fondamentales que nul homme sage ne déplore pendant qu'il vit encore dans le présent. Parvenu à cette conclusion, il leva brusquement les yeux et sourit. Rachel surprit son regard.

« Vous venez de retourner quelque chose trente-sept fois dans votre bouche, il me semble! » pensa-t-elle, ajoutant poliment à haute voix :

« Vos jambes ne vous ennuient pas trop ce matin, Mr. Pepper?

– Mes omoplates? » demanda-t-il, remuant le dos d'un air dolent. Puis, contemplant en face de lui la vitre arrondie qui laissait apparaître le bleu du ciel et de la mer, il soupira :

« La beauté n'exerce aucun effet sur l'acide urique, que je sache! »

En même temps, il sortit de sa poche un petit volume relié en parchemin et le posa sur la table. C'était évidemment une invitation à le questionner, aussi Helen lui demanda-t-elle le titre de l'ouvrage. Elle obtint non seulement une réponse, mais encore une dissertation sur la meilleure façon de construire les routes. Après avoir commencé par les Grecs, qui, selon lui, avaient rencontré de nombreuses difficultés, Mr. Pepper passa aux Romains, puis à l'Angleterre et au système rationnel qu'il ne tarda pas à déclarer mauvais, pour dénoncer enfin les constructeurs actuels en général, et en particulier ceux des routes de Richmond Park où il avait coutume de faire un tour à bicyclette chaque matin avant son petit déjeuner. Il y mettait une telle frénésie que les cuillers en résonnaient presque contre les tasses à café, tandis que la mie d'au moins quatre petits pains s'accumulait en monticule près de son assiette.

« Des cailloux! résuma-t-il en déposant avec rage une nouvelle boulette de pain sur le tas. Ils réparent les routes d'Angleterre avec des cailloux! Je les avais prévenus : « A la première chute de « pluies, votre route deviendra un bourbier. » Et que de fois n'ai-je pas eu raison! Mais croyez-vous qu'ils m'écoutent quand je leur parle, quand je leur signale les conséquences que cela entraîne pour le porte-monnaie du public, quand je leur conseille de lire Corypheus! Pas le moins du monde! Ils ont d'autres intérêts à défendre... Non, Mrs. Ambrose, vous ne sauriez vous faire une idée de la bêtise humaine tant que vous n'aurez pas siégé dans un conseil municipal. »

Et le petit homme la fixa de l'œil avec une féroce énergie.

« J'ai eu des domestiques, dit Mrs. Ambrose, le regard concentré. En ce moment, j'ai une nurse, une brave femme, pas plus mal que les autres, mais qui s'est mis en tête de faire dire des prières à mes enfants. Jusqu'ici, grâce à mes soins, ils se représentaient Dieu comme une espèce de morse; mais à présent que j'ai le dos tourné... Ridley, s'écria-t-elle, faisant pivoter son buste vers son mari, qu'allons-nous faire si en rentrant nous les trouvons en train de réciter l'oraison dominicale? »

Ridley émit le son qui se transcrit par « *tch* ».

Mais Willoughby, qui manifestait par un léger balancement du corps le malaise qu'il éprouvait à écouter ces propos, observa non sans embarras :

« Il me semble, Helen, qu'un peu de religion ne fait de mal à personne.

– J'aimerais encore mieux que mes enfants soient menteurs », répliqua Helen et, tandis que Willoughby se disait que sa belle-sœur était décidément plus originale qu'il n'en avait le souvenir, elle repoussa sa chaise et s'élança dans l'escalier. Une seconde après, on l'entendit crier :

« Oh ! regardez, nous sommes en pleine mer ! »

Ils la suivirent sur le pont. Les fumées, les maisons avaient disparu, le bateau avançait sur une vaste étendue neuve et claire, quoique pâle encore sous la lumière du matin. Une ligne d'ombre très mince s'effilait à l'horizon, pas assez solide, semblait-il, pour supporter le poids de Paris qui pourtant reposait sur elle. Ils étaient libérés des routes, libérés de l'humanité, et la même sensation exaltante les pénétrait tous. Tranquillement, le bateau se frayait un passage parmi les vagues menues qui venaient le claquer, puis se mettaient à mousser comme une eau en effervescence, déposant sur ses côtés une petite bordure de bulles et d'écume.

Au-dessus, le ciel d'octobre était incolore, à peine ennuagé comme d'une traînante fumée de bois; l'air était merveilleusement vif et salé, trop froid d'ailleurs pour qu'on restât immobile. Mrs. Ambrose passa le bras sous celui de son mari et, tandis qu'ils s'éloignaient, on se rendait compte, d'après la façon dont elle tournait vers lui sa joue penchée, qu'elle avait quelque chose à lui dire en particulier. Quand ils eurent fait quelques pas, Rachel les vit s'embrasser.

Elle abaissa le regard vers les profondeurs de la mer qui, légèrement remuée à la surface par le passage de l'*Euphrosyne,* restait verte et opaque au-dessous, de plus en plus opaque vers le fond, où le sable n'était plus qu'une pâle marbrure. On ne discernait guère de carcasses noires de bateaux naufragés, ni de tours en spirale s'élevant aux endroits où les grandes anguilles creusent leurs trous, ni de monstres lisses, aux flancs verts, qui promènent çà et là leurs reflets.

« ... Et, Rachel, si quelqu'un me demande, je suis pris jusqu'à une heure », dit Mr. Vinrace, renforçant ses instructions par une tape énergique sur l'épaule, comme il avait coutume de le faire en s'adressant à sa fille. Il répéta :

« Jusqu'à une heure. Et tu vas tâcher de t'occuper à quelque chose, hein ? Des gammes, du français, un peu d'allemand, hein ? Il y a Mr. Pepper qui n'a pas son pareil dans toute l'Europe en matière de verbes séparables, hein ? »

Il partit en riant. Rachel riait aussi, comme elle le faisait toujours, du reste, non parce que le mot était drôle, mais par admiration pour son père.

Juste au moment où elle se retournait avec la vague intention de chercher quelque chose à faire, elle se vit barrer le chemin par une femme si large et si épaisse qu'aucun chemin ne pouvait manquer d'en être barré. A ses mouvements pleins de retenue et de discrétion comme à la sobriété de sa robe noire, il était visible qu'elle appartenait à un ordre mineur. Elle se carra néanmoins dans une attitude de roc et s'assura du regard qu'aucun de ses supérieurs ne se trouvait à proximité, avant d'exposer ce qui l'amenait et qui, ayant trait à l'état des draps de lit, était d'une importance primordiale.

« Comment nous pourrons tenir jusqu'au bout du voyage, Miss Rachel, c'est ce que je me demande, commença-t-elle en hochant la tête. Il y a juste assez de draps pour tout le monde et Monsieur en a un tellement mûr qu'on y passerait les doigts. Et les couvre-pieds? Vous avez vu les couvre-pieds? Je me disais à moi-même : des pauvres n'oseraient pas laisser voir cela. Celui que j'ai mis à Mr. Pepper, un chien n'en voudrait même pas... Non, Miss Rachel, on ne peut pas les réparer, ils seraient tout juste bons pour couvrir les meubles. On aurait beau s'user les doigts jusqu'à l'os à les raccommoder, il n'y paraîtrait plus après le premier blanchissage. »

Sa voix tremblait d'indignation, annonçant l'imminence des larmes.

Bon gré, mal gré, il fallut descendre et inspecter la pile de linge entassé sur la table. Mrs. Chailey maniait les draps comme si de chacun elle connaissait le nom, le caractère, la constitution. Certains avaient des taches jaunes; sur d'autres, par endroits, l'usure formait de longues échelles de fils; l'œil profane cependant n'y voyait que des draps ordinaires, très froids, blancs, impassibles et irréprochablement propres.

Tout à coup, Mrs. Chailey, sans plus se préoccuper des draps, laissant entièrement tomber ce sujet, proclama, les poings serrés au sommet de la pile :

« Quant à se tenir là où je me tiens, aucun être vivant n'y consentirait! »

On avait la prétention de faire travailler Mrs. Chailey dans une cabine assez grande, il est vrai, mais située trop près des chaudières, de sorte que toutes les cinq minutes elle avait le cœur qui « s'en allait », disait-elle en plaçant la main sur cet endroit; et cela, c'était quelque chose que Mrs. Vinrace, la mère de Rachel, n'aurait jamais eu l'idée d'infliger à quiconque – Mrs. Vinrace qui connaissait jusqu'au dernier drap de sa maison et ne demandait jamais que ce que chacun pouvait faire de son mieux, pas davantage.

Rien de plus simple au monde que d'offrir une autre cabine; le problème des draps s'en trouverait simultanément et miraculeusement résolu, car après tout les taches et les échelles n'étaient pas des maux incurables, mais...

« Mensonges ! Mensonges ! Mensonges ! cria la maîtresse indignée, remontant précipitamment vers le pont. A quoi sert de me raconter des mensonges ? »

Dans sa fureur de voir une femme de cinquante ans se conduire comme une enfant et s'abaisser devant une jeune fille pour obtenir une installation à laquelle elle n'avait pas droit, Rachel ne réfléchit point à ce que le cas avait de particulier. Elle déballa sa musique et la vieille femme avec ses draps fut bientôt oubliée.

Mrs. Chailey pliait ses draps, mais son expression témoignait de ses esprits abattus. Le monde ne se souciait plus d'elle; on n'était pas chez soi sur un bateau. La veille, quand on avait allumé les lumières, pendant que les matelots piétinaient à grand bruit au-dessus de sa tête, elle avait pleuré; ce soir elle pleurerait encore, et demain aussi. Elle ne se sentait pas chez soi. En attendant, elle alla disposer ses bibelots dans la cabine qu'elle s'était fait attribuer sans difficulté. Curieux objets à emporter dans une traversée : chiens de faïence, services à thé en miniature, tasses pompeusement marquées aux armes de la ville de Bristol, boîtes à épingles incrustées de feuilles de trèfle, têtes d'antilope en plâtre peint; avec cela une quantité de photographies minuscules, représentant de braves ouvriers en costume du dimanche et des femmes avec des bébés blancs dans les bras. Il restait un portrait dans un cadre doré, pour lequel il fallait un clou. Avant d'en chercher un, Mrs. Chailey mit ses lunettes et lut ce qui était écrit au dos, sur un carré de papier.

« Ce portrait de sa maîtresse est offert à Emma Chailey par Willoughby Vinrace, en remerciement de trente ans de services dévoués. »

Des larmes brouillèrent les mots et la tête du clou.

« Tant que je pourrai être utile à votre famille... disait-elle tout en donnant des coups de marteau, quand l'appel d'une voix mélodieuse retentit dans le couloir.

– Mrs. Chailey! Mrs. Chailey! »

Chailey rajusta vivement sa robe, composa son visage et ouvrit la porte.

« Je ne sais plus où donner de la tête, dit Mrs. Ambrose, hors d'haleine et les joues en feu. Vous connaissez les messieurs! Les chaises sont trop hautes, les tables trop basses, il y a six centimètres de jour entre la porte et le sol... Ce que je voudrais, c'est un marteau, un vieil édredon, et puis auriez-vous par hasard une table de cuisine? Enfin, à nous deux, nous... »

Elle avait ouvert maintenant toute grande la porte du salon de son mari et l'on voyait Ridley qui marchait de long en large, le front strié de rides et le col relevé.

« On dirait qu'ils ont tout combiné pour me faire souffrir, cria-t-il, s'arrêtant net. Ai-je entrepris ce voyage exprès pour attraper une pneumonie et des rhumatismes? Qui aurait pu supposer que Vinrace manquerait à ce point de bon sens?

Chérie – (Helen était à genoux sous la table) – vous ne faites que vous salir ! Il vaudrait mieux reconnaître que nous sommes condamnés à six semaines d'incroyables ennuis. La seule idée de partir était le comble de la folie, mais du moment que nous sommes là, il me semble que je saurai affronter cela en homme. Mes malaises, bien entendu, vont s'accroître, je me sens déjà plus mal qu'hier, mais à qui la faute ? Les enfants, heureusement...

– Allez ! allez ! allez ! criait Helen, le pourchassant d'un coin à l'autre avec une chaise, comme s'il était une poule égarée. Ôtez-vous de là, Ridley, et dans une demi-heure vous trouverez tout en ordre. »

Il fut mis à la porte et les femmes l'entendirent grogner et jurer au long du couloir.

« Il n'a pas l'air solide, dit avec compassion Mrs. Chailey, tout en aidant Helen à pousser et à transporter des meubles.

– C'est la faute des livres, soupira Helen qui soulevait, entre le sol et l'étagère, une pile de volumes rébarbatifs. Du grec depuis le matin jusqu'au soir. Si jamais Miss Rachel se marie, priez Dieu pour qu'elle épouse un illettré. »

Une fois que chacun eut tant bien que mal pris son parti des incommodités et des rigueurs qui au début d'une traversée vous rendent en général maussade et nerveux, les jours se succédèrent fort agréablement. Le mois d'octobre, déjà très avancé, continuait à répandre une chaleur régulière en comparaison de laquelle les premiers mois de l'été paraissent juvéniles et capricieux. De grands espaces de terre s'étalaient maintenant sous le soleil d'automne; toute l'Angleterre, depuis les landes pelées jusqu'aux roches de Cornouailles, illuminées de l'aube au crépuscule, se montrait par touches de jaune, de vert, de violet. Cet éclairage prêtait un éclat même aux toits des grandes villes. Dans des milliers de jardinets, des fleurs rouge sombre fleurissaient par millions jusqu'au moment où les vieilles dames qui les avaient si tendrement soignées accouraient avec leurs ciseaux, tranchaient dans le vif de leurs tiges juteuses et les déposaient sur des rebords de pierre froide dans l'église du village. Des bandes innombrables, revenant de leurs parties de campagne, clamaient au coucher du soleil : « C'est la plus belle journée qu'on ait jamais vue ! » « C'est toi », murmuraient les jeunes gens : « Oh ! c'est toi », répliquaient les jeunes filles. Ne fût-ce qu'à cinquante centimètres de chez eux, on sortait au grand air tous les vieux et de nombreux malades qui se livraient à des pronostics optimistes sur l'avenir du monde. Quant aux confidences et aux déclarations d'amour surprises non seulement dans les champs de blé, mais aussi sous les lampes, dans les intérieurs aux fenêtres ouvertes sur le jardin où des hommes à cigares embrassaient des femmes à cheveux gris – il était impossible d'en retenir le compte. Les uns prenaient le ciel pour emblème de l'existence à venir. Des oiseaux aux longues queues caquetaient, lançaient des cris stridents, s'envolaient de bosquet en bosquet, avec leur plumage que parsemaient des yeux d'or.

Mais pendant que tout cela se déroulait sur la terre ferme, bien peu de gens se préoccupaient de la mer. On constatait que la mer était calme et qu'il n'y avait pas lieu pour les couples de murmurer avant de s'embrasser, comme souvent lorsqu'une plante grimpante vient taper à la fenêtre d'une chambre à coucher : « Songe aux bateaux par un temps pareil ! » ou bien : « Dieu merci, je ne suis pas gardien de phare ! » Pour eux, une fois disparus à l'horizon, les bateaux se dissolvaient comme neige dans l'eau. Les adultes d'ailleurs ne s'en faisaient pas une idée beaucoup plus précise que celle des petits bonshommes en caleçon de bain, qui trottinaient dans l'écume tout le long des côtes d'Angleterre et remplissaient leurs seaux à la pelle. Ils voyaient passer à l'horizon des voiles blanches ou des panaches de fumée et si on leur avait dit que c'étaient là des jets d'eau ou les pétales blancs d'une flore marine, ils l'auraient cru.

De leur côté, les passagers des bateaux se faisaient une idée tout aussi bizarre de l'Angleterre. Celle-ci leur apparaissait non seulement comme une île, et même une très petite île, mais encore comme une île qui se rétrécit à vue d'œil et se resserre sur ses habitants. On se représentait ces gens se mettant à grouiller comme des fourmis affolées, puis à se bousculer au risque de se jeter réciproquement dans l'eau : puis, à mesure que le bateau s'éloignait, on les imaginait poussant de vaines clameurs qui, faute d'être entendues, cessaient ou bien se confondaient en un vacarme général. Finalement, la côte n'étant plus visible, il devenait manifeste que la population de l'Angleterre était absolument muette. Le même mal s'attaquait à d'autres parties du monde : l'Europe, l'Asie, l'Afrique, l'Amérique se rétrécissaient l'une après l'autre, si bien qu'on pouvait se demander si le bateau rencontrerait jamais à nouveau dans ses voyages un de ces petits rocs ratatinés.

Mais entre-temps, une immense dignité avait revêtu Helen : elle était un des habitants du vaste monde, lequel compte si peu d'habitants ayant la chance de parcourir tout le long de la journée un univers vide, avec, devant eux et derrière eux, des rideaux tirés. Elle était plus solitaire qu'une caravane en plein désert; infiniment plus mystérieuse, se mouvant par son propre pouvoir, se nourrissant de ses propres ressources. La mer pouvait lui apporter la mort, ou bien une joie sans pareille, et personne ne le saurait. Elle était l'épouse qui s'avance vers l'époux, la vierge qu'aucun homme n'a connue : par sa vigueur et sa pureté, elle était comparable à toutes les choses belles car, tel un bateau, elle avait sa vie propre.

A vrai dire, si l'on n'avait pas été favorisé par une succession de jours bleus qui s'égrenaient, lisses, arrondis, sans défaut, Mrs. Ambrose eût trouvé cela monotone. Mais puisqu'il en était ainsi, elle installa son métier à broder sur le pont; près d'elle, sur une petite table, s'étalait ouvert un ouvrage de philosophie relié en noir. Elle choisissait un fil dans le fouillis multicolore qu'elle gardait sur ses genoux, et piquait du rouge dans l'écorce d'un arbre, du jaune dans le courant du fleuve. Elle travaillait à un ouvrage de grandes dimensions qui représentait un fleuve tropical dans une forêt tropicale où l'on verrait des daims tachetés paître sur des montagnes de fruits : bananes, oranges, grenades géantes, tandis que des indigènes nus feraient voler leurs javelots dans l'air. Interrompant sa broderie, elle se tournait parfois pour lire quelque phrase sur la Réalité de la Matière ou sur la Nature du Bien. Autour d'elle, des hommes en jerseys bleus grattaient à genoux le plancher ou sifflaient, penchés sur le bastingage. Assis non loin de là, Mr. Pepper découpait des racines avec un canif. Les autres poursuivaient leurs occupations dans différentes parties du bateau. Ridley, qui n'avait jamais trouvé le logis plus conforme à ses goûts, faisait du grec; Willoughby, qui profitait des voyages pour mettre ses affaires à jour, étudiait des papiers, et Rachel... Entre les passages de philosophie, Helen se demandait ce que Rachel pouvait bien faire de sa personne. Elle se proposait presque d'aller voir cela. Depuis le premier soir, elles avaient à peine échangé quelques mots; polies l'une envers l'autre quand elles étaient ensemble, elles ne se livraient à aucune confidence. Rachel semblait fort bien s'entendre avec son père – (mieux qu'il n'aurait fallu, pensait Helen) – et ne s'occupait pas plus de sa tante que celle-ci ne s'occupait d'elle.

A ce moment-là, Rachel était assise chez elle et ne faisait absolument rien. Quand le bateau était plein de passagers, cet appartement s'affublait de quelque nom prestigieux et devenait le rendez-vous des vieilles dames qui, souffrant du mal de mer, abandonnaient le pont aux plus jeunes. En vertu du piano et des livres entassés par terre, Rachel considérait la pièce comme sienne, et c'est là qu'elle passait des heures, jouant des morceaux particulièrement difficiles, lisant un peu en allemand ou en anglais, selon son caprice, ou ne faisant, comme au moment dont nous parlons, absolument rien.

Cela était dû en partie à la façon dont elle avait été élevée et aussi à une indolence toute naturelle; son éducation, en effet, était celle que recevaient la plupart des jeunes filles aisées dans la seconde moitié du XIXe siècle. D'aimables savants et de charmantes vieilles dames lui avaient enseigné les rudiments d'une dizaine de connaissances diverses; mais quant à l'obliger à remplir jusqu'au bout une seule tâche déterminée, l'idée ne leur en serait pas venue, pas plus que de lui faire observer qu'elle avait les mains sales. Une heure ou deux par semaine s'écoulaient agréablement, grâce d'abord à la présence d'autres élèves, puis au fait que la fenêtre donnait sur l'arrière d'un magasin où, en hiver, en voyait des silhouettes passer contre les vitres rouges; et aussi aux incidents qui se produisent fatalement dès que plus de deux personnes se trouvent dans la même pièce. Mais il n'existait pas de sujet sur lequel elle possédât des notions précises. Sa mentalité en était au même stade que celle d'un homme intelligent sous le règne d'Elizabeth : elle croyait pratiquement tout ce qu'on lui racontait, elle inventait des raisons à tout ce qu'elle disait elle-même. La forme de la terre, l'histoire du monde, comment marchent les trains, comment on investit l'argent, quelles sont les lois en vigueur, ce que réclament les diverses catégories de gens, la plus élémentaire conception d'un système dans la vie moderne – aucun de ses professeurs, hommes ou femmes, ne lui avait rien appris de tout cela... Cette méthode d'instruction présentait cependant un sérieux avantage : elle n'enseignait rien, mais elle n'opposait aucun obstacle aux talents naturels que pouvaient posséder les élèves. Etant née musicienne, Rachel avait toute licence de ne rien étudier à part la musique. Elle s'y adonna jusqu'au fanatisme. Ses énergies qui auraient pu s'orienter vers les langues, les lettres, les sciences, qui lui auraient acquis des amitiés ou lui auraient dévoilé le monde, se déversaient directement dans la musique. Ne trouvant pas de professeurs à son goût, elle travailla, en fait, toute seule. A vingt-quatre ans, elle avait une culture musicale qui, d'habitude, ne s'atteint pas avant la trentaine. Comme exécutante, elle donnait toute la mesure de ses dons naturels; or, il se confirmait de jour en jour davantage que ceux-ci lui avaient été généreusement dispensés. Que cette unique faculté définie s'entourât de rêves ou d'idées de l'espèce la plus extravagante et la plus absurde, personne ne s'en doutait.

Si son instruction était banale, les conditions de son existence ne se distinguaient pas davantage du commun. Enfant unique, elle n'avait jamais subi les bourrades et les taquineries de frères ni de sœurs. Sa mère étant morte quand elle avait onze ans, ses deux tantes paternelles s'étaient chargées de l'élever. Recherchant le bon air, elles habitaient une confortable maison à Richmond. Bien entendu, les plus grands soins furent apportés à son éducation, c'est-à-dire à sa santé quand elle était petite, puis, quand elle eut grandi, à quelque chose qu'on définirait mal en disant : « sa moralité ». Jusqu'aux tout derniers temps, elle avait complètement ignoré que de telles questions se posassent pour une femme. Elle chercha à les connaître en feuilletant de vieux livres et les y trouva sous forme de tronçons sans attrait. Mais elle ne tenait pas aux livres et n'eut pas à se préoccuper de la censure exercée par ses tantes d'abord, par son père plus tard. Elle aurait pu être instruite par des amies, mais elle en voyait peu de son âge, Richmond étant difficile d'accès; et la seule jeune fille qu'elle fréquentât était d'une dévotion telle que dans les moments les plus intimes, elle parlait de Dieu ou de la meilleure manière de porter sa croix – sujet d'un intérêt purement fortuit pour un esprit qui travaillait sur d'autres plans et à d'autres moments.

Cependant, vautrée dans son fauteuil, une main derrière la tête et l'autre serrant le bout de l'accotoir, il était manifeste qu'elle suivait avec intensité le cours de ses pensées. Son éducation lui laissait beaucoup de loisir pour penser. Son regard était si solidement fixé sur une boule de la rambarde qu'un objet venant lui cacher celle-ci un instant l'eût jetée dans l'étonnement et l'inquiétude. Ses méditations avaient débuté par un bruyant éclat de rire, provoqué par cette traduction dans *Tristan* :

En un recul trépidant
Il semble cacher sa honte
En apportant au roi, son parent,
La Fiancée à demi morte.
Ce que je dis, manque-t-il de sens ?

« *Oui !* » s'était-elle écriée en rejetant le livre.

Ensuite elle avait ramassé à ses pieds les *Lettres de Cowper,* classique préconisé par son père et qu'elle trouvait ennuyeux. Une phrase évoquant par hasard l'odeur des genêts dans un jardin lui rappela le jour de l'enterrement de sa mère à Richmond, le petit vestibule encombré de fleurs trop odorantes. Depuis lors, le moindre parfum de fleur devait lui faire éprouver à nouveau cette horrible sensation d'écœurement. Ainsi passait-elle d'une scène à une autre, moitié regardant, moitié écoutant. Elle voyait tante Lucy arranger les fleurs au salon.

« Tante Lucy, déclarait-elle, je n'aime pas l'odeur des genêts, cela me fait penser à des enterrements.

– C'est absurde, Rachel, répliquait Tante Lucy, ne dis pas de ces sottises, ma chérie. J'ai toujours trouvé cette plante particulièrement gaie à voir. »

Etendue au soleil brûlant, elle concentrait sa

pensée sur le caractère de ses tantes, leurs opinions, leur manière de vivre. C'était là d'ailleurs un sujet qui avait persisté pendant des centaines de ses promenades matinales dans Richmond Park, lui cachant la vue des arbres, des passants et des daims. Ce qu'elles faisaient, pourquoi le faisaient-elles ? Quels étaient leurs sentiments ? Et de quoi s'agissait-il dans tout cela ? De nouveau elle entendit tante Lucy, s'adressant à tante Eleanor. Elle était allée ce matin-là prendre des renseignements sur une domestique.

« A dix heures et demie du matin, on s'attend, n'est-ce pas, à voir la femme de chambre frotter les marches de l'escalier... »

Quelle chose étrange! Inexprimablement étrange! Ce qu'elle n'arrivait pas à comprendre, c'est pourquoi subitement, pendant que sa tante parlait, tout le système de leur existence lui était devenu inintelligible, inexplicable, et pourquoi elles lui apparurent elles-mêmes comme des chaises ou des parapluies, fourrés n'importe où sans la moindre raison. Elle ne put que prononcer, avec son léger bégaiement :

« Aimez-v-v-vous tante Eleanor, tante Lucy ? »

A quoi sa tante répondit avec son rire nerveux, saccadé comme le cri d'une poule :

« Quelle question, ma chère enfant!

– Comment l'aimez-vous ? Est-ce beaucoup ? insistait Rachel.

– Je ne crois pas m'être jamais demandé *comment,* dit Miss Vinrace. On ne se demande pas *comment* on aime quelqu'un, Rachel. »

Ceci était dirigé contre Rachel qui ne s'était encore jamais « abandonnée » à ses tantes avec toute la cordialité qu'elles souhaitaient.

« Mais tu sais que je t'aime, n'est-ce pas, ma

chérie, ne serait-ce que comme fille de ta mère, mais aussi pour bien d'autres raisons. »

Elle se pencha pour l'embrasser, un peu émue, et l'explication en resta là, comme un bidon de lait irrémédiablement répandu à travers la pièce.

C'est par cette voie que Rachel était parvenue au stade de la pensée – si le mot de pensée peut s'employer dans ce cas –, où les yeux se fixent sur une boule ou sur un bouton quelconque, où les lèvres se font immobiles. Ses tentatives d'explication n'avaient fait que heurter les sentiments de sa tante. Elle en conclut qu'il était préférable de ne plus faire d'essais. Sentir profondément quelque chose, c'était créer un abîme entre soi-même et les autres qui, eux aussi, sentent profondément peut-être, mais différemment. Mieux valait jouer du piano et oublier tout le reste. Cette conclusion lui parut satisfaisante. Les quelques hommes ou femmes – ses tantes, les Hunt, Ridley, Helen, Mr. Pepper, etc. – ne seraient plus pour elle que des symboles, décoratifs bien que sans caractère, symboles de l'âge, de la jeunesse, de la maternité, de l'érudition, beaux parfois comme sont beaux les personnages sur la scène. Il était clair que personne ne disait jamais ce qu'il pensait, ne parlait de ce qu'il ressentait vraiment; mais pour cela, il y avait la musique. Du moment que la réalité résidait dans ce que l'on voyait ou sentait sans en parler, il n'y avait qu'à admettre un système selon lequel tout tourne sans cesse en rond pour la plus grande satisfaction d'autrui, et ne pas s'en préoccuper, sinon parfois comme d'une chose superficiellement étonnante. Absorbée par sa musique, elle acceptait son sort avec beaucoup de bonne grâce, ne laissant éclater son indignation qu'une fois tous les quinze jours à peu près, puis s'apaisant comme elle venait de le faire. Dans un désordre de vagues songeries, sa pensée semblait se fondre délicieusement, se combiner, communier avec l'esprit des lames blanchâtres du pont, avec l'esprit de la mer, avec l'esprit de Beethoven, Op. 112, et même avec l'esprit de ce pauvre William Cowper, là-bas à Olney. Telle une boule de duvet de chardon, elle effleurait d'un baiser la mer, montait, redescendait pour une nouvelle caresse, et ainsi, caressant et remontant tour à tour, s'en allait à perte de vue. La tête de Rachel retombait par saccades, marquant les montées et les descentes du duvet de chardon. Quand celui-ci disparut dans l'espace, elle dormait.

Dix minutes plus tard, Mrs. Ambrose ouvrit la porte et la regarda. Elle ne fut point surprise de constater la façon dont Rachel passait ses matinées. D'un coup d'œil, elle enregistra le piano, les livres, le désordre général.

Pour commencer, elle examina Rachel du point de vue esthétique. Prostrée là, sans défense, elle faisait penser à quelque victime tombée des serres d'un oiseau de proie; mais si on la considérait comme une femme de vingt-quatre ans, sa vue suscitait des réflexions. Mrs. Ambrose, debout, médita pendant deux minutes au moins. Puis elle sourit, fit demi-tour et s'en alla sans bruit, de peur d'éveiller la dormeuse et de provoquer entre elles deux l'embarras d'un dialogue.

CHAPITRE III

Le matin suivant, de bonne heure, les voyageurs crurent entendre au-dessus de leurs têtes un bruit de chaînes qu'on tire brusquement. Les battements réguliers du cœur de l'*Euphrosyne* s'arrêtèrent peu à peu. Mettant le nez au hublot, Helen aperçut un château immobile sur une colline immobile. On venait de jeter l'ancre dans l'estuaire du Tage et, au lieu de fendre des vagues toujours nouvelles, on voyait les mêmes vagues revenir sur elles-mêmes pour battre les flancs du bateau.

Aussitôt après le petit déjeuner, Willoughby disparut par-dessus bord, emportant une grande mallette de cuir et se retournant pour lancer des ordres : chacun devait faire attention et bien se tenir, car il serait, lui, retenu par ses affaires à Lisbonne, jusqu'à cinq heures de l'après-midi.

Aux environs de cette heure, il reparut, portant sa mallette, se déclarant fatigué, ennuyé, mort de faim et de soif, réclamant d'urgence sa tasse de thé. Tout en se frottant les mains, il contait les incidents de la journée : comment il avait surpris Jackson, le pauvre vieux, en train de se peigner la moustache devant la glace de l'agence, loin de s'attendre à pareille incursion; comment il lui avait fait abattre dans sa matinée une besogne dont il n'avait guère l'habitude et lui avait offert ensuite un déjeuner au champagne avec des ortolans; comment il avait rendu visite à Mrs. Jackson, plus grosse que jamais, la pauvre, mais demandant gentiment des nouvelles de Rachel... Et puis, oh! mon Dieu, le vieux Jackson lui avait avoué une de ces maudites gaffes qu'on commet par faiblesse... Enfin, ce n'était peut-être pas si grave que ça; seulement à quoi servaient donc les ordres qu'il donnait si on s'empressait d'y désobéir? Il avait expressément spécifié qu'il ne prendrait pas de passagers pour cette traversée... Là-dessus, il se mit à fouiller ses poches et finit par en extraire une carte de visite qu'il plaqua sur la table devant Rachel. Elle lut : *Mr. et Mrs. Richard Dalloway,* 23, *Browne Street, Mayfair.*

« Mr. Richard Dalloway, poursuivait Mr. Vinrace, m'a l'air d'un monsieur qui se figure que ses désirs sont des ordres, sous prétexte qu'il a siégé au Parlement et a épousé la fille d'un pair. Toujours est-il qu'ils ont circonvenu le pauvre petit Jackson, en disant qu'ils avaient droit au passage, en exhibant une lettre de Lord Glenaway qui me demandait cela comme une faveur personnelle, sans tenir aucun compte des objections de Jackson (qui ne devaient pas être très énergiques, d'ailleurs). Et voilà, il n'y a plus qu'à se résigner, je suppose. »

On voyait cependant que, pour une raison ou une autre, Willoughby était enchanté de se résigner, malgré ses protestations spectaculaires. Mr. et Mrs. Dalloway avaient, en effet, échoué à Lisbonne après quelques semaines de voyage sur le continent, voyage destiné avant tout à élargir les idées de Mr. Dalloway. Un accident comme il s'en produit dans la vie politique l'empêchant, pour une saison, de servir son pays au sein du Parlement, Mr. Dalloway s'efforçait de le servir au mieux en dehors du Parlement. Les pays latins se prêtaient fort bien à cela, quoique l'Orient eût été certainement préférable.

« Attendez-vous à recevoir de mes nouvelles de Pétersbourg ou de Téhéran », avait-il dit en se retournant avec des signes d'adieu sur les marches de la *Traveller's*.

Mais une épidémie sévissait en Orient, il y avait le choléra en Russie; aussi les nouvelles qu'on reçut de lui venaient-elles plus prosaïquement de Lisbonne. Le couple avait parcouru la France, s'arrêtant dans les centres industriels où, sur la foi de ses lettres de recommandation, Mr. Dalloway était à même de visiter des usines et de prendre des notes sur son calepin. En Espagne, les époux Dalloway se promenèrent à dos de mulet, car ils voulaient se familiariser avec l'existence des paysans. Ceux-ci étaient-ils mûrs pour se révolter, par exemple? Ensuite Mrs. Dalloway tint à passer un jour ou deux à Madrid pour voir les peintures. Finalement, ils arrivèrent à Lisbonne et y passèrent six jours. Dans leur journal, publié plus tard en édition privée, ils décrivirent cette ville comme étant « d'un intérêt unique ». Richard avait eu des entretiens avec des ministres et prédisait une crise très prochaine, « les assises du gouvernement étant irrémédiablement corrompues. Cependant peut-on blâmer », etc. Clarissa, entretemps, inspectait les écuries royales et prenait des photographies : des hommes aujourd'hui en exil, des fenêtres maintenant démolies. Elle photographia entre autres choses le tombeau de Fielding et délivra un petit oiseau qu'un malotru avait pris au piège, « car il est révoltant de penser qu'une créature est mise en cage là où reposent des dépouilles d'Anglais », put-on lire dans le journal. Ce voyage échappait à toutes les conventions et ne suivait aucun plan préconçu. L'itinéraire leur étant suggéré par les correspondants du *Times* à l'étranger, tout autant que par d'autres considérations. Mr. Dalloway désirait examiner certains canons; selon lui, la côte africaine était beaucoup plus inquiétante qu'on ne tendait à le croire dans son pays. Les époux se mirent donc à chercher un bateau assez lent, se prêtant à une sorte d'enquête confortable, car ils redoutaient le mal de mer, et qui ferait quelques escales d'un jour ou deux, embarquant çà et là du charbon pendant que les Dalloway iraient satisfaire leur curiosité. En attendant, ils restaient en panne à Lisbonne, n'arrivant pas à trouver le bâtiment de leurs rêves. On leur signala l'*Euphrosyne,* mais en ajoutant qu'en principe ce cargo transportait des articles de nouveautés dans la région de l'Amazone et en rapportait du caoutchouc, ne prenant de passagers que dans des conditions exceptionnelles. Mais les termes « conditions exceptionnelles » parurent fort encourageants aux Dalloway : ceux-ci appartenaient à une classe où tout est réglé, ou pourrait se régler au besoin, grâce à quelque condition exceptionnelle. En l'occurrence, Richard n'eut qu'à envoyer un mot à Lord Glenaway, directeur de la ligne qui porte son nom, puis à aller trouver ce pauvre vieux Jackson pour lui signaler que Mrs. Dalloway était née Une Telle, que lui-même avait rempli telles fonctions et qu'ils désiraient telle chose précise. Le tour était joué. On se sépara sur des compliments, enchantés de part et d'autre, et une semaine plus tard, au crépuscule, une barque se dirigeait vers le cargo, amenant les Dalloway.

En l'espace de trois minutes, ils avaient pris pied sur le pont de l'*Euphrosyne.* Cette arrivée causa, comme de juste, une certaine agitation. Plusieurs paires d'yeux furent à même de reconnaître que Mrs. Dalloway était une personne grande et mince, le corps enveloppé de fourrures et la tête de voiles, tandis que Mr. Dalloway se présentait comme un homme de taille moyenne, de forte carrure, en costume que porte un sportsman au milieu d'une lande automnale. Bientôt ils se virent entourés d'un grand nombre de valises en cuir, d'un brun opulent. Mr. Dalloway portait au surplus une serviette et sa femme une trousse où se devinaient le collier de diamants et les flacons à bouchons d'argent.

« C'est absolument un Whistler ! » s'écria-t-elle avec un geste onduleux vers le rivage, tout en serrant la main de Rachel. Celle-ci eut à peine le temps de jeter un coup d'œil sur le gris des collines que déjà Willoughby présentait Mrs. Chailey qui escorta la dame vers sa cabine.

Bien qu'on la sût temporaire, cette diversion ne laissait pas d'être troublante et chacun en restait plus ou moins consterné, depuis Mr. Grice, le steward, jusqu'à Ridley lui-même. Quelques minutes plus tard, en traversant le fumoir, Rachel y trouva Helen en train de déplacer des fauteuils, très absorbée par ces arrangements. Apercevant Rachel, elle observa sur un ton de confidence :

« Si l'on arrive à installer un coin où les hommes veuillent bien se tenir entre eux, tout ira bien. Le principal, ce sont les fauteuils. (Elle les roulait de-ci de-là). Dis-moi, est-ce que cela a toujours l'air d'une buvette de gare ? »

Elle arracha de la table le tapis de peluche. L'aspect de la pièce en parut grandement amélioré.

L'arrivée des étrangers rappelait d'autre part à Rachel que l'heure du dîner approchait et qu'il s'agissait de changer de toilette. Aussi la sonnerie de la grosse cloche la surprit-elle assise au bord de sa couchette, de manière à ce que la petite glace, au-dessus du lavabo, pût refléter sa tête et ses épaules. Dans cette glace, son visage montrait une expression attentive et mélancolique, car depuis l'apparition des Dalloway, elle avait acquis une certitude déprimante : sa physionomie n'était pas telle qu'elle la souhaitait et ne le deviendrait sans doute jamais. Mais enfin, quelle que fût sa physionomie, le sens de la ponctualité qu'on lui avait inculqué l'obligeait à se rendre à table.

De son côté, Willoughby avait employé ces quelques minutes à esquisser devant les Dalloway les personnes qu'ils allaient rencontrer. Il les comptait sur ses doigts :

« D'abord mon beau-frère Ambrose, l'érudit que vous connaissez sans doute de nom; sa femme; mon vieil ami Pepper qui ne fait pas grand bruit, mais à qui, paraît-il, nul n'a rien à apprendre. Et c'est tout. Nous sommes en petit comité. Je dois les débarquer sur la côte. »

Mrs. Dalloway, penchant un peu la tête de côté, essayait de se rappeler Ambrose – (était-ce un pseudonyme ?) – et n'y parvenait pas. Ce qu'elle venait d'entendre lui causait plutôt des appréhensions. Elle savait qu'un savant épouse en général la première venue, une fille qu'il a rencontrée au fond de la campagne, pendant une tournée de conférences, ou bien une petite banlieusarde qui dira d'un air pointu : « C'est mon mari qui vous intéresse, ce n'est pas moi, je le sais bien ! »

Mais à ce moment Helen parut et Mrs. Dalloway constata avec soulagement que, malgré son allure un tantinet excentrique, elle n'avait rien de négligé, se tenait correctement et parlait sur un ton modéré, ce qui, pour elle, était la caractéristique d'une femme du monde. Mr. Pepper n'avait pas pris la peine d'échanger contre un autre son complet net et disgracieux.

« Après tout, se dit Clarissa en suivant Mr. Vinrace vers la salle à manger, *tout le monde* est intéressant, au fond ! »

Une fois à table, il lui fallut consolider cette opinion dans son for intérieur, surtout par rapport à Ridley qui arriva en retard, dans une tenue décidément peu soignée, et s'attaqua à son potage d'un air sinistre.

Les deux époux échangèrent entre eux un imperceptible signal attestant qu'ils avaient compris la situation et allaient se soutenir mutuellement avec loyauté. Après une pause à peine indiquée, Mrs. Dalloway se tourna vers Willoughby et commença :

« Ce que je trouve de si ennuyeux en mer, c'est qu'il n'y ait pas de fleurs ! Représentez-vous, en plein océan, des champs de violettes et de roses trémières ! Ce serait divin !

– Mais assez dangereux pour la navigation ! (La voix forte de Richard répliqua comme un basson aux fioritures de violon de sa femme.) – Les plantes aquatiques sont capables de vous jouer de mauvais tours, n'est-ce pas, Vinrace ? Je me souviens que pendant une traversée sur le *Mauretania,* j'ai demandé au capitaine – (il s'appelait Richards – vous l'avez connu ?) – « Dites-moi

« franchement, capitaine, quel est le danger que « vous redoutez le plus pour votre bateau ? » Je pensais qu'il me citerait les icebergs, les épaves, le brouillard, quelque chose de ce genre. Pas du tout. Je me suis toujours rappelé sa réponse : « *Sedgius aquatici* », ce qui désigne, si je ne me trompe, une espèce de lentille d'eau. »

Mr. Pepper leva brusquement les yeux, sur le point de poser une question, quand Willoughby s'en mêla :

« Leur existence est épouvantable, à ces capitaines ! Trois mille âmes à bord !

– Oui, vraiment, dit Clarissa, qui se tourna vers Helen avec une expression de profonde gravité, on a tort de prétendre, j'en suis convaincue, que la fatigue provient du travail ce sont les responsabilités qui fatiguent. C'est probablement pour cela qu'une cuisinière est mieux payée qu'une femme de chambre.

– D'après ce calcul, une nurse devrait gagner le double, ce qui n'est pas le cas, dit Helen.

– Non, mais songez à la joie de s'occuper de bébés et non pas de casseroles ! dit Mrs. Dalloway avec un intérêt accru à l'endroit de Helen, en qui elle devinait une mère.

– J'aimerais bien mieux être cuisinière que nurse, déclara Helen. Pour rien au monde je ne consentirais à me charger d'enfants.

– Les mères exagèrent toujours, dit Ridley. Un enfant convenablement élevé ne représente aucune responsabilité. J'ai voyagé à travers toute l'Europe avec les miens. On les emballe pour qu'ils aient chaud et on les dépose dans le filet. »

Helen riait. Mrs. Dalloway, qui regardait Ridley, s'écria :

« Voilà bien les pères ! Mon mari est exactement pareil. Et on parle après cela d'une égalité des sexes!

– On en parle? fit Mr. Pepper.

– Mais oui, certaines gens! » La voix de Clarissa montait : « Pendant la dernière session, mon mari affrontait chaque jour une personne furibonde qui ne parlait pas d'autre chose, il me semble!

– Elle était assise dehors, sur mon passage; c'était très ennuyeux, continua Dalloway. Finalement, j'ai pris mon courage à deux mains et je lui ai dit : « Ma bonne dame, vous bouchez le passage « et c'est tout. Cela me met en retard et vous n'y « gagnez rien. »

– Alors elle s'est accrochée à ses vêtements, menaçant de lui arracher les yeux, ajouta Mrs. Dalloway.

– Bah! on a exagéré la chose, dit Richard. Je les plains sincèrement, je l'avoue. On doit être affreusement mal assis sur ces marches!

– Tant pis pour elles, trancha Willoughby.

– Je suis parfaitement d'accord avec vous, dit Dalloway. Personne plus que moi ne condamne la folie et l'inutilité absolue d'une telle attitude. Quant à toute cette agitation – ma foi, je demande à mourir avant qu'une seule femme ait obtenu le droit de vote en Angleterre! Voilà mon avis. »

Devant la solennité de cette déclaration, Clarissa prit un air grave.

« C'est inimaginable », fit-elle; puis, se tournant vers Ridley :

« Vous n'allez pas me dire que vous êtes pour le suffrage des femmes?

– Je me moque pas mal des pour et des contre, répondit Ambrose. S'il y a des dupes qui s'imaginent que le droit de vote va leur servir à quelque chose, on n'a qu'à le leur accorder. Elles ne tarderont pas à déchanter. »

Elle sourit :

« Je vois que vous n'êtes pas un homme politique.

– Le Ciel m'en préserve !

– J'ai bien peur d'encourir la désapprobation de votre mari », dit Dalloway, s'adressant à Mrs. Ambrose qui se rappela tout à coup qu'il avait été membre du Parlement. Ne sachant que répondre, elle demanda :

« Vous ne trouvez pas cela assez ennuyeux quelquefois ? »

Richard étendit ses deux mains devant lui, comme pour faire lire ce qui était inscrit dans leurs paumes.

« Du moment que vous me demandez si parfois je trouve cela ennuyeux, je suis forcé de vous répondre affirmativement. Mais si, d'autre part, vous me demandiez quelle carrière m'apparaît, dans l'ensemble, avec ses bons et ses mauvais côtés, comme la plus agréable pour un homme, la plus enviable de toutes sans parler de ses aspects plus sérieux, je serais obligé de répondre : la carrière politique.

– D'accord. Le barreau ou la politique, acquiesça Willoughby. On y a plus de chance de ne pas gaspiller ses efforts.

– Cela met en jeu toutes nos facultés, dit Richard. Le terrain peut se révéler dangereux. Quand je pense aux poètes, aux artistes en général, je me dis toujours : sur leur propre terrain, ils sont imbattables, soit. Mais sortis de là – pfft ! ils demandent l'indulgence du public. Eh bien, il me déplairait que quiconque eût à m'accorder son indulgence.

– Je ne suis pas entièrement de votre avis, Richard, dit Mrs. Dalloway. Songez à Shelley. Il me semble que l'*Adonaïs* réunit tout ce qu'on peut souhaiter.

– Certes, il faut lire l'*Adonaïs,* concéda Richard. Mais chaque fois qu'on parle dc Shelley, je me rappelle le mot de Matthew Arnold : « Quelle pléiade ! Quelle pléiade ! »

Ceci attira l'attention de Ridley, qui riposta :

« Matthew Arnold ? l'exécrable poseur !

– Poseur, soit, dit Richard, mais qui connaissait le monde, il me semble. Et voilà justement où je veux en venir : nous autres politiciens, nous sommes évidemment à vos yeux – (il avait l'air de prendre Helen pour une représentante des arts) – une pléiade banale et grossière. Mais nous voyons les deux côtés d'une question. Nous manquons de finesse, peut-être, mais nous essayons de prendre les choses en main, tandis que vos artistes *découvrent* l'état chaotique des choses, haussent les épaules et s'en retournent vers leurs visions – souvent fort belles, je l'accorde – *abandonnant* les choses à leur état chaotique. Eh bien, c'est ce qu'on appelle se dérober devant ses responsabilités. Au reste, tout le monde ne naît pas avec des dispositions artistiques.

– C'est terrible, dit Mrs. Dalloway, qui avait médité pendant que parlait son mari. Quand je me trouve dans un milieu d'artistes, je partage si intensément la joie qu'on éprouve à se réfugier dans un petit univers à soi seul, avec des tableaux, de la musique, toutes sortes de belles choses ! Mais ensuite, une fois dans la rue, au premier enfant que je rencontre avec sa pauvre frimousse barbouillée, affamée, je me retourne et je me dis : « Non, *je ne peux pas* m'isoler, je *ne veux pas*

« vivre dans un univers à part. Je voudrais qu'on « s'arrête de peindre, d'écrire, de faire de la musi- « que tant qu'il existe des choses pareilles. » N'avez-vous pas l'impression, conclut-elle, s'adressant à Helen, que l'existence est un perpétuel conflit ? »

Helen réfléchit un instant.

« Non, dit-elle, je n'ai pas cette impression, il me semble. »

Il y eut un silence franchement pénible, à la suite duquel Mrs. Dalloway frissonna et demanda qu'on voulût bien lui apporter son manteau. Tandis qu'elle ajustait autour de son cou la mœlleuse fourrure brune, une nouvelle idée lui vint à l'esprit :

« J'avoue, dit-elle, que je n'oublierai jamais *Antigone*. J'ai vu cela à Cambridge, il y a des années, et le souvenir m'en poursuit toujours. Ne trouvez-vous pas que c'est la chose la plus moderne qui soit ? demanda-t-elle à Ridley. Il me semblait que je connaissais une vingtaine de Clytemnestre. La vieille Lady Ditchling, par exemple. Je ne sais pas un mot de grec, mais je pourrais écouter cela pendant des heures... » Là-dessus, Mr. Pepper commença :

πολλὰ τὰ δεινά, κοὐσὲυ ἀν-
θρώπου δεινότερον πέλει.
τοῦτο καὶ πολιοῦ πέραν
πόντου χειμερίῳ νότῳ
χωρεῖ, περιβρυχίοισι
περῶν ὑπ' οἴδμασι.

Mrs. Dalloway le regardait, les lèvres serrées.

« Je donnerais dix ans de ma vie pour savoir le grec, déclara-t-elle quand il eut fini.

– Je me fais fort de vous apprendre l'alphabet en une demi-heure, dit Ridley, et en l'espace d'un mois vous liriez du Homère. Ce serait un honneur pour moi que de vous donner des leçons. »

Helen, qui s'occupait de Mr. Dalloway et de l'usage désormais désuet de faire des citations grecques au Parlement, nota sur le grand registre de lieux communs, ouvert devant nous pendant nos entretiens, le fait que tous les hommes, même des hommes comme Ridley, préfèrent décidément qu'une femme ait du chic.

Clarissa proclamait à grands cris qu'elle ne pouvait rien rêver de plus agréable. Elle se voyait déjà dans son salon de Browne Street, un Platon ouvert sur les genoux, un Platon en grec, dans l'original. Elle ne pouvait s'empêcher de croire qu'un érudit authentique, animé d'un intérêt particulier, était capable de lui inculquer le grec sans la moindre difficulté.

Ridley l'invita à commencer le lendemain.

« Pourvu que votre bateau soit gentil avec nous ! » s'écria-t-elle, entraînant Willoughby dans le jeu.

Par déférence pour ses passagers – et ceux-ci étaient de marque – Willoughby se montra prêt à garantir, en saluant, que les vagues elles-mêmes se comporteraient comme il faut.

« Je suis affreusement sujette aux malaises, soupira Clarissa, et mon mari n'a pas le pied très marin.

– Je n'ai jamais le mal de mer, expliquait Richard, du moins cela ne m'est arrivé qu'une fois, en traversant la Manche. J'avoue que par une mer agitée, ou pis encore, démontée, je me sens vraiment mal à l'aise. Le grand remède, c'est de ne jamais manquer un repas. Vous regardez un plat et vous vous dites : « Impossible. » Vous en prenez une bouchée et vous vous demandez comment vous allez faire pour l'avaler. Mais persistez et vous arriverez à enrayer la crise. Ma femme est trop douillette. »

On reculait les chaises. Devant la porte, les femmes hésitaient.

« Je vais vous montrer le chemin », dit Helen en avançant.

Rachel la suivit. Elle n'avait pas pris part à la conversation. Personne ne lui avait adressé la parole, mais pas un seul mot ne lui avait échappé. Ses yeux avaient erré constamment entre Mrs. Dalloway et son mari. Clarissa était réellement fascinante. Elle portait une robe blanche et un collier étincelant. Avec sa toilette, son visage délicat et mutin, exquisément rosé au-dessous des cheveux grisonnants, elle évoquait d'une façon surprenante quelque chef-d'œuvre du XVIIIe siècle, un Reynolds, un Romney. A côté d'elle, Helen et les autres paraissaient frustes et mal soignés. Droite, posée légèrement sur sa chaise, elle avait l'air de régenter le monde à son gré; sous ses doigts, l'énorme globe compact tournait dans un sens ou dans l'autre. Et son mari ! Mr. Dalloway, faisant rouler sa voix au timbre riche et décidé, était plus impressionnant encore. Il faisait penser à cet endroit, bourdonnant et huileux, des machines où glissent les bielles polies et tapent les pistons. Il empoignait les choses avec tant de fermeté et tant de souplesse à la fois. Les autres, en comparaison, faisaient penser à de vieilles filles qui marchandent des coupons. Rachel marchait dans le sillage des deux dames comme si elle était en transe. Mrs. Dalloway laissait derrière elle un étrange parfum de violettes qui se mêlait au léger froufrou de ses jupes et au tintement de ses colliers. En la suivant, Rachel pensait avec une humilité absolue, embrassant sa propre existence et celle de tous ses amis : « Elle a dit que nous vivions dans un monde à part. C'est exact. Nous sommes parfaitement ridicules. »

« C'est ici que nous nous tenons, dit Helen qui ouvrait la porte du salon.

– Vous faites de la musique? lui demanda Mrs. Dalloway, prenant sur la table une partition de *Tristan.*

– C'est ma nièce qui en fait », répondit Helen, la main sur l'épaule de Rachel.

Pour la première fois, Mrs. Dalloway adressa la parole à celle-ci.

« Oh ! que je vous envie ! Vous vous rappelez ce passage ? N'est-ce pas divin ? »

Ses doigts couverts de bagues exécutèrent quelques mesures sur la page.

« Et après cela, voilà que Tristan s'éloigne, et Iseult... Oh ! tout cela est tellement émouvant ! Vous êtes allée à Bayreuth ?

– Non, dit Rachel.

– Alors, vous avez cela en perspective. Je n'oublierai jamais mon premier *Parsifal !* Une journée torride du mois d'août, de grosses vieilles Allemandes qui étouffent dans leurs robes montantes, et puis l'obscurité dans la salle et la musique qui commence, et les sanglots qu'on ne peut retenir. Un aimable voisin est allé me chercher de l'eau, je me rappelle, et je n'ai fait que pleurer sur son épaule ! J'étais serrée ici – (elle désigna sa gorge). Cela ne peut se comparer à rien d'autre sur terre ! Mais où est votre piano ?

– Dans une autre cabine, expliqua Rachel.

– Mais vous allez nous jouer quelque chose ?

supplia Clarissa; je n'imagine rien de plus agréable que d'être assise en plein air, au clair de lune en écoutant la musique – tant pis si cela fait un peu pensionnaire! Vous savez, ajouta-t-elle se tournant vers Helen, je ne pense pas que la musique soit toujours d'un bon effet sur les gens. Je crains bien que non.

– Une trop grande tension? demanda Helen.

– Un excès d'émotion, en quelque sorte, dit Clarissa. On le constate lorsqu'un jeune homme ou une jeune fille choisissent cela comme carrière. Sir William Broadley me disait exactement la même chose. Vous ne trouvez pas que c'est odieux, les airs que se donnent les gens quand il s'agit de Wagner? Ce genre d'attitude – (elle leva les yeux au ciel, joignit les mains, imita une expression passionnée). Il ne faut pas croire qu'ils y comprennent quelque chose. Je me dis toujours que c'est plutôt le contraire. Ceux qui apprécient véritablement l'art sont en général les moins affectés. Connaissez-vous Henry Philips, le peintre?

– Je l'ai rencontré, dit Helen.

– A le voir, on dirait plutôt un agent de change prospère qu'un des plus grands peintres de son époque. Voilà ce que j'aime.

– Si vous aimez voir les agents de change prospères, ce n'est pas ce qui manque! » dit Helen.

Rachel souhaitait de tout son cœur que sa tante se montrât moins contrariante.

« Quand vous voyez un musicien aux cheveux longs, dit Clarissa se tournant vers Rachel, est-ce que vous ne devinez pas tout de suite qu'il n'a pas de talent? Watts et Joachim – ils étaient faits comme vous et moi.

– Et combien ils auraient gagné encore à porter des bouclettes ! fit Helen. Ce qu'il importe de savoir, c'est si l'on recherche, oui ou non, la beauté.

– La propreté ! s'écria Clarissa. Je tiens beaucoup à ce qu'un homme ait l'air propre !

– Au fond, par propreté, vous entendez une bonne coupe de vêtement ?

– Il existe quelque chose à quoi l'on reconnaît l'homme du monde, bien qu'on ne sache pas au juste ce que c'est.

– Voyez mon mari, par exemple. Est-ce qu'il a l'air d'un homme du monde ? »

Clarissa trouva cette question d'un mauvais goût excessif. « Une de ces choses qu'on ne dit pas », aurait-elle observé. Ne trouvant pas de réponse, elle se borna à rire, puis s'adressa à Rachel :

« En tout cas, j'espère bien vous entendre demain. »

Il y avait dans sa manière d'être quelque chose que Rachel trouvait adorable.

Mrs. Dalloway eut un petit bâillement, une simple dilatation des narines.

« Vous savez, dit-elle, j'ai curieusement sommeil, c'est l'air de la mer. Je crois que je vais vous fausser compagnie. »

Une voix d'homme qu'elle attribua à Mr. Pepper et qui approchait du salon avec l'accent propre aux controverses lui donna l'alarme.

« Bonne nuit, bonne nuit ! fit-elle. Oh ! je connais le chemin ! Surtout priez pour que la mer soit calme ! Bonne nuit ! »

Son bâillement avait dû être un pur simulacre. Au lieu de laisser sa bouche se détendre, au lieu de retirer tous ses vêtements à la fois comme s'ils étaient manœuvrés par une même ficelle, au lieu d'étendre ses membres sur toute la longueur de sa couchette, elle se contenta de remplacer sa robe par un peignoir aux volants innombrables et s'assit, les pieds enveloppés d'une couverture, un buvard sur les genoux. Déjà la cabine exiguë s'était transformée en cabinet de toilette d'une dame de qualité. On y voyait des flacons de liquides divers et aussi des plateaux, des coffrets, des brosses, des épingles. Il était manifeste que chaque centimètre carré de sa personne avait à son service un instrument approprié. L'atmosphère était saturée du parfum qui avait enivré Rachel. Ainsi installée, elle commença sa correspondance. La plume, entre ses doigts, devenait un objet destiné à flatter le papier et l'on aurait pu croire qu'elle caressait ou chatouillait un petit chat, tandis qu'elle écrivait :

« Représentez-vous, ma chère, la figure que nous faisons sur le plus drôle des bateaux qu'on puisse imaginer. Pas tant le bateau lui-même que ses passagers. Décidément, quand on voyage, on en voit de toutes les couleurs. J'avoue que cela m'amuse énormément. Il y a le directeur de la compagnie, qui répond au nom de Vinrace, brave grand type d'Anglais, vous connaissez le genre. Quant aux autres, on les croirait sortis en procession de quelque vieux numéro du *Punch*. Cette sorte de personnages qui jouaient au croquet aux environs de 1860. Je ne sais depuis combien de temps ils sont confinés sur ce bateau – depuis des années, sans doute; toujours est-il qu'on a l'impression de pénétrer dans un petit monde à part dont les habitants n'ont jamais mis le pied sur une côte, n'ont jamais fait les choses que l'on fait d'habitude. Comme je dis toujours à propos des littérateurs : c'est avec ceux-là qu'on a le plus de mal à s'entendre. Le comble, c'est que ces personnes – un monsieur, sa femme et leur nièce – auraient pu, on le sent bien, se comporter comme tout le monde s'ils n'avaient été dévorés par Oxford ou Cambridge ou quelque autre endroit de ce genre, qui en a fait des maniaques. L'homme serait vraiment agréable (si seulement il se coupait les ongles); la femme est tout à fait charmante de figure, mais s'habille, bien entendu, d'un sac de pommes de terre et se coiffe comme une vendeuse de chez Liberty. Ils parlent d'art et nous trouvent bien vieux jeu, parce que nous nous habillons pour le soir. Moi, en tout cas, je ne saurais m'en passer, j'aimerais mieux mourir que de dîner sans avoir changé de toilette. Et vous ? C'est tellement plus important que le potage. (C'est même curieux à quel point ces choses-là sont plus importantes qu'on ne le pense en général. Je préférerais qu'on me coupe la tête plutôt que de sentir de la flanelle sur ma peau.) Et puis, il y a encore une gentille fille timide – la pauvrette, je voudrais qu'on puisse la sortir de là avant qu'il ne soit trop tard. Elle a des yeux et des cheveux qui sont très bien, mais naturellement, elle ne tardera pas à devenir ridicule à son tour. On devrait monter une société pour le développement des idées chez les jeunes, ce serait bien plus utile que les missions, Hester ! Ah ! j'oubliais : il y a aussi un affreux petit personnage qui s'appelle Pepper, un nom qui lui va comme un gant. Il est d'une insignifiance indescriptible et d'une humeur assez fantasque, le pauvre chéri. On croirait avoir pour voisin de table un fox-terrier hargneux; malheureusement, on n'a pas la possibilité de le peigner ou de le saupoudrer d'insecticide, comme on ferait pour un chien ! Parfois on regrette vraiment de ne pouvoir traiter les gens comme des chiens! Le grand soulagement, c'est de ne pas recevoir de journaux. Richard aura donc cette fois-ci de vraies vacances, ce qui n'a pas été le cas en Espagne... »

« Lâcheuse! s'écria Richard dont la forme massive parut remplir la cabine.

– J'ai fait mon devoir pendant le dîner, répliqua Clarissa.

– N'empêche que vous vous êtes laissé embobiner, à propos de l'alphabet grec.

– Oh! mon Dieu. Mais qui est cet Ambrose?

– Si j'ai bien compris, il a été professeur à Cambridge. Maintenant, il vit à Londres et édite des classiques.

– A-t-on jamais vu pareil assemblage de piqués? La femme m'a demandé si je trouvais que son mari avait l'air d'un homme du monde!

– Cela n'a pas été facile, en tout cas, de faire rebondir la conversation à table, dit Richard. Pourquoi, chez ces gens-là, les femmes sont-elles bien plus bizarres que les hommes?

– Ce n'est pas qu'elles soient laides, pas du tout, mais elles sont si drôles! »

Ils riaient tous les deux en pensant aux mêmes choses, de sorte qu'il n'y avait pas lieu de comparer leurs impressions.

« Je m'aperçois que j'aurai à causer pas mal avec Vinrace, dit Richard, il connaît Sutton et tout ce milieu. Il pourra m'en dire long sur les constructions navales du Nord.

– Ah! j'en suis ravie! Les hommes s'arrangent toujours tellement mieux que les femmes.

– On a toujours quelque chose à dire à un homme, en effet. Mais vous aussi, sans doute, vous ne manquerez pas de bavarder bientôt avec entrain sur le chapitre des bébés, Clarice.

– Elle a donc des enfants ? Elle n'en a pas l'air, je ne sais pourquoi

– Deux. Un garçon et une fille. »

Une pointe d'envie s'enfonça douloureusement dans le cœur de Mrs. Dalloway.

« *Il faut* que nous ayons un fils, Dick, fit-elle.

– Grands dieux, que de possibilités se présentent aujourd'hui pour un homme jeune ! s'écria Dalloway, dont cet entretien avait mis les idées en mouvement. Je ne crois pas qu'il en ait existé de pareilles depuis l'époque de Pitt.

– Et tout cela s'offre à vous », dit Clarissa.

Richard poursuivait son soliloque :

« Etre un conducteur d'hommes ! la belle carrière ! Dieu, quelle carrière ! »

Sous le gilet, sa poitrine se bombait lentement.

« Vous savez, Dick, je ne peux m'arrêter de penser à l'Angleterre, dit sa femme d'un air méditatif, la tête appuyée contre cette poitrine : du fait de me trouver sur ce bateau, je sens cela beaucoup plus vivement – tout ce que cela signifie : être anglais ! Quand on songe à toutes nos réalisations, à nos flottes, aux hommes qui sont en Inde, en Afrique, aux jeunes gens de nos petits villages perdus, que de siècle en siècle nous envoyons dans le vaste monde, et à vous, Dick – on se dit qu'on ne pourrait supporter de *ne pas* être anglais. Pensez à la lumière qui brille au sommet du Parlement, Dick ! Quand j'étais sur le pont, il y a un moment, je croyais la voir. C'est tout cela qu'on entend par *Londres.*

– C'est la continuité », dit Richard, sentencieux.

Tandis que sa femme parlait, une vision historique de l'Angleterre occupait son esprit – Roi après roi, Premier ministre après Premier ministre, loi après loi. Il suivait la ligne de la politique conservatrice qu'on pouvait remonter depuis Lord Salisbury jusqu'à Alfred, et qui, progressivement, comme un lasso dont la courbe s'élargit, puis s'empare des choses, encerclait d'énormes portions habitables du globe.

« Nous y avons mis le temps, mais nous sommes presque au bout de nos peines, dit-il. Il reste à consolider maintenant.

– Et dire que ces gens-là ne s'en rendent pas compte ! s'écria Clarissa.

– Il faut de tout pour faire un monde, fit son mari. Il n'y aurait pas de gouvernement s'il n'y avait pas d'opposition.

– Dick, vous valez mieux que moi. Vous regardez autour de vous, alors que moi, je ne regarde que *là*. »

Elle pressa du doigt un point sur la main de Richard.

« C'est mon métier, comme j'ai essayé de l'expliquer pendant le dîner.

– Ce qui me plaît chez vous, Dick, poursuivit-elle, c'est que vous êtes toujours le même, tandis que moi, je suis une créature fantasque.

– Une ravissante créature, en tout cas, dit-il, la considérant d'un regard plus profond.

– Vous trouvez, vraiment ? Alors, embrassez-moi. »

Il l'embrassa avec tant de passion qu'elle en laissa tomber sa lettre inachevée. Il la ramassa et la lut sans demander la permission. Puis il dit :

« Passez-moi votre plume. »

Et de sa petite écriture masculine, il ajouta en post-scriptum :

« R.D. loquitur : *Clarice a omis de vous dire qu'elle était absolument ravissante à ce dîner, et que cela lui a valu une conquête qui l'astreint à apprendre l'alphabet grec. Je saisis cette occasion pour ajouter que nous nous plaisons dans ces régions étrangères et que seule nous manque la présence de nos amis (à savoir vous-même et John), pour que notre voyage soit aussi entièrement agréable qu'il promet d'être instructif...* »

Des voix se faisaient entendre au bout du couloir. Mr. Ambrose parlait bas. William Pepper, avec son accent aigre et tranchant, déclarait :

« C'est le type de la femme avec qui je suis nettement incapable de sympathiser; elle... »

Mais ni Richard ni Clarissa ne furent éclairés par le verdict, car au moment où ils allaient peut-être l'entendre, Richard froissa avec bruit une feuille de papier.

Au lit, avec son petit volume blanc de Pascal qui ne la quittait jamais, Clarissa réfléchissait.

« Je me demande parfois s'il est bon pour une femme de vivre près d'un homme qui lui est moralement supérieur, comme l'est Richard par rapport à moi. Cela vous maintient dans une telle dépendance ! Il me semble que pour lui je ressens ce que ma mère et les femmes de sa génération ressentaient pour le Christ. C'est ce qui prouve qu'il nous faut absolument *quelque chose.* »

Après cela, elle s'enfonça dans un sommeil qui fut, comme d'habitude, parfaitement calme et reposant, mais hanté cette fois par d'étranges visions où de gros caractères grecs défilaient à travers la pièce. Elle s'éveilla et rit toute seule tout en se rappelant où elle se trouvait et en se disant que ces caractères étaient des personnages réels qui dormaient quelques mètres plus loin. Imaginant la mer sombre qui s'agitait sous la lune, elle frissonna; puis elle pensa au contraste entre son mari et ses compagnons de voyage. Au reste, elle n'était pas seule à faire des rêves. Les rêves circulaient de cerveau en cerveau. Tous rêvèrent les uns des autres cette nuit-là, comme il était naturel à cause de la minceur des cloisons qui les séparaient et de l'étrange façon dont ils avaient été soulevés du sol pour, en plein océan, s'asseoir côte à côte, voir dans tous leurs détails les visages de leurs voisins et entendre les moindres paroles que ceux-ci laisseraient échapper.

CHAPITRE IV

Le lendemain, Clarissa, levée avant tout le monde, s'habilla et sortit sur le pont pour respirer la fraîcheur de la belle matinée. Comme elle faisait pour la deuxième fois le tour du bateau, elle se trouva face à face avec la maigre personne de Mr. Grice, le steward. Tout en s'excusant, elle le pria de lui dire à quoi servaient ces dispositifs étincelants de cuivre et vitrés au sommet, dont elle ne parvenait pas à comprendre l'usage. Quand il eut terminé ses explications, elle s'écria avec enthousiasme :

« Je crois vraiment que la plus belle chose au monde, c'est d'être marin !

– Et qu'en savez-vous ? rétorqua Mr. Grice, prenant feu d'une façon inattendue. Excusez-moi, mais qu'est-ce qu'un homme ou une femme élevés en Angleterre peuvent bien savoir de la mer ? Ils font profession de s'y connaître, mais il n'en est rien. »

Ce ton aigre ne présageait rien de bon pour la suite. Mr. Grice conduisit Clarissa dans ses propres quartiers et là, assise sur le bord d'une table cerclée de cuivre, Mrs. Dalloway, singulièrement pareille à une mouette avec sa silhouette blanche, en pointe, et son fin visage aux aguets, eut à subir un discours de fanatique. En premier lieu, se rendait-elle compte du peu de place que la terre ferme occupe dans le monde ? Voyait-elle combien la mer, en comparaison, est plus pacifique, plus belle, plus généreuse ? Ses profondeurs, à elles seules, suffiraient à alimenter l'Europe, même si la peste détruisait demain tous les animaux de la terre. Mr. Grice évoqua d'horribles spectacles qu'il avait entrevus dans la ville la plus riche du monde : hommes et femmes faisant la queue pendant des heures pour obtenir un méchant bol de soupe.

« Moi, je pensais à toute cette bonne chair qui attend par ici et ne demande qu'à être captée. Je ne suis pas exactement protestant, mais je ne suis pas non plus catholique; et pourtant je dirais volontiers des prières pour une renaissance du papisme – à cause des jeunes. »

Tout en parlant, il ouvrait sans cesse des tiroirs, remuait des bocaux de verre. C'étaient là les trésors que le grand océan lui avait offerts : poissons blêmes dans des liquides verdâtres, boules de gélatine aux chevelures flottantes, poissons qui vivent à de telles profondeurs que leur tête est munie d'une lumière.

« Ils ont nagé parmi des ossements, soupira Clarissa.

– Vous pensez à Shakespeare », dit Mr. Grice et, choisissant un volume sur un rayon bien garni, il déclama en nasillant evec emphase :

Par cinq brasses de fond ton père est couché...

« Un grand bonhomme, ce Shakespeare », dit-il, remettant le livre à sa place.

Clarissa se montra ravie de cette appréciation.

« Quelle est votre pièce préférée? Je me demande si c'est la même que la mienne!

– *Henry V,* dit Mr. Grice.

– Quelle joie! c'est la même! »

Hamlet, selon Mr. Grice, comportait, pourrait-on dire, trop d'introspection; les sonnets, trop de passion. Pour lui, Henry V représentait le modèle du gentilhomme anglais. Ses auteurs de prédilection étaient cependant Huxley, Herbert Spencer et Henry George; pour se détendre, il lisait Emerson et Thomas Hardy. Il était en train d'exposer à Mrs. Dalloway son point de vue sur la situation actuelle de l'Angleterre quand la cloche du petit déjeuner retentit impérieusement. Clarissa fut donc obligée de s'arracher à cet entretien en promettant de revenir pour se faire montrer les algues.

Le groupe qu'elle avait trouvé si bizarre la veille était déjà réuni autour de la table, mal réveillé encore et peu communicatif. A son entrée toutefois chacun sentit courir dans l'ambiance quelque chose comme un léger frisson d'air.

« Je viens d'avoir la conversation la plus passionnante de ma vie! s'écria-t-elle en prenant sa place à côté de Willoughby. Savez-vous bien que vous avez parmi votre personnel un philosophe et un poète?

– Un type fort intéressant, je l'ai toujours dit, répondit Willoughby, comprenant qu'il s'agissait de Mr. Grice. Rachel, pourtant, trouve que c'est un raseur.

– Il nous rase quand il commence à parler des courants », dit Rachel. Elle avait les yeux encore ensommeillés, mais Mrs. Dalloway continuait à lui sembler merveilleuse.

« Il ne m'est encore jamais arrivé de rencontrer un raseur, dit Clarissa.

– Et moi qui trouve que le monde en est plein ! s'écria Helen; mais sa beauté, radieuse sous la lumière matinale, annulait ce que ses paroles avaient d'agressif.

– A mon sens, c'est le pire des jugements que l'on puisse porter sur quelqu'un. On aimerait tellement mieux être un assassin qu'un raseur ! dit Clarissa; puis elle ajouta avec son air habituel d'énoncer des choses profondes : On peut imaginer qu'un assassin nous plaise, voyez les chiens : il y en a qui sont de terribles raseurs, les pauvres chéris ! »

Le hasard voulait que Richard fût assis à côté de Rachel, et sa présence, son aspect la rendaient curieusement sensible à tous les détails : la belle coupe de son vêtement, le plastron craquant de sa chemise, ses manchettes encerclées de raies bleues, ses doigts carrés, extrêmement propres, le petit doigt de la main gauche orné d'une pierre rouge.

« Nous avons eu un chien qui était un raseur et qui s'en rendait compte, dit-il s'adressant à la jeune fille sur un ton modéré, plein d'aisance. C'était un Skye terrier, un de ces individus tout en longueur qui, sur leurs courtes pattes sortant de leur poil, ressemblent à des chenilles – non, à des canapés plutôt. Eh bien, en même temps, nous avions un autre chien, une bête noire, très vivante, je crois que cela s'appelle un Schipperke. On ne saurait imaginer de plus parfait contraste : le Skye si lent, si réfléchi, qui vous regarde comme un vieux monsieur dans un club, avec l'air de dire : « Ce n'est pas possible, vous ne pensez pas « ce que vous dites ! » Et puis le Schipperke, prompt comme un coup de couteau. J'avoue que j'avais une préférence pour le Skye. Il avait quelque chose de touchant. »

Il ne semblait pas y avoir de point culminant à cette anecdote.

« Qu'est-il devenu ? demanda Rachel.

– C'est une très triste histoire, répondit Richard en baissant la voix et en épluchant une pomme. Un jour qu'il courait après la voiture de ma femme une brute de cycliste lui est passé dessus.

– Il a été tué ? » demanda Rachel.

Clarissa, à l'autre bout de la table, les avait entendus.

« Ne parlez pas de cela, cria-t-elle. C'est une chose à laquelle aujourd'hui encore je ne peux penser ! »

Ne voyait-on pas des larmes monter à ses yeux ?

« Ce qu'il y a de pénible quand on aime les animaux, dit Mr. Dalloway, c'est qu'ils meurent. Le premier chagrin dont je me souvienne fut causé par la mort d'un loir. Je dois avouer que malheureusement je m'étais assis dessus. Mais cela n'en a pas été moins attristant. C'est plus fort que l'histoire du canard sur lequel s'était assis Samuel Johnson, qu'en dites-vous ? J'étais grand pour mon âge... Nous avions des canaris, un couple de ramiers, un maki ; une fois aussi un martinet.

– Vous habitiez la campagne ? s'informa Rachel.

– Oui, nous habitions la campagne pendant six mois de l'année. Quand je dis « nous », j'entends mes quatre sœurs, mon frère et moi-même. Rien de tel que d'appartenir à une famille nombreuse. Les sœurs surtout, c'est charmant.

– Dick, vous avez été terriblement gâté ! cria Clarissa par-dessus la table.

– Non, non. Apprécié seulement », répliqua Richard.

Rachel avait d'autres questions sur le bout de la langue, ou plutôt une seule immense question qu'elle eût été fort embarrassée de formuler. La conversation avait pris un tour trop frivole pour pouvoir s'y prêter. – « Je vous en prie, dites-moi – tout ! » Voilà ce qu'elle aurait voulu exprimer. Par la petite fente que Richard venait d'entrouvrir, des trésors étonnants lui étaient apparus. Il lui semblait incroyable qu'un homme comme celui-là consentît à lui adresser la parole. Il avait eu des sœurs, il avait élevé des animaux, il vivait à la campagne autrefois. Elle remuait la cuiller dans son thé, tout en rond. Les bulles qui montaient et se rejoignaient dans la tasse représentaient pour elle l'union de leurs deux esprits.

Pendant ce temps, la conversation suivait allégrement son train, la laissant en arrière, si bien que quand Richard observa tout à coup sur un ton badin :

« Je suis sûr que Miss Vinrace, par exemple, a un penchant secret pour le catholicisme » – elle ne trouva pas la moindre réplique et Helen ne put s'empêcher de rire du sursaut qu'elle fit.

Le déjeuner était fini, Mrs. Dalloway se leva. En montant l'escalier avec Helen, elle résuma le débat :

« Je me dis toujours que la religion, c'est comme quand on collectionne des scarabées. Certains se passionnent pour les scarabées noirs, d'autres non. Ce n'est pas la peine de discuter. Et vous, quel est votre scarabée noir pour l'instant ?

– Mes enfants, je suppose, dit Helen.

– Ah ! ça, c'est différent ! Clarissa respirait. Parlez-m'en, voulez-vous ? Vous avez un petit garçon, n'est-ce pas ? Cela a dû être affreux, de les quitter ? »

Ce fut comme si une ombre bleue venait de s'étendre sur une mare. Leurs yeux se firent plus profonds, leurs voix plus cordiales.

Loin de les suivre sur le pont où elles commençaient leur promenade, Rachel s'indigna contre ces florissantes matrones qui lui rappelaient qu'elle n'avait pas accès à leur sphère et qu'elle était orpheline. Aussi, tournant les talons, les quitta-t-elle brusquement.

Elle claqua la porte de la cabine et sortit sa musique. Les cahiers – Bach et Beethoven, Mozart et Purcell – étaient vieux, le papier jauni, la gravure rugueuse au toucher. Au bout de trois minutes, elle était profondément engagée dans une fugue en *la,* très difficile, très classique, et son visage avait pris une étrange expression lointaine, impersonnelle, de complète absorption et de satisfaction anxieuse. Elle se trompait parfois, hésitait, puis reprenait la même mesure. Mais une ligne invisible semblait relier les notes entre elles et il s'en dégageait une forme, un édifice. Entièrement prise par cet effort – il était difficile en effet de découvrir comment tous ces sons devaient se grouper entre eux et cela mettait à contribution tout l'ensemble de ses facultés – elle n'entendit pas qu'on frappait à la porte. Celle-ci s'ouvrit alors toute grande sous une brusque poussée et Mrs. Dalloway entra, laissant le battant ouvert derrière elle, de sorte qu'on put voir un lambeau blanc et bleu : le pont et la mer. L'édifice de la fugue de Bach s'effondra.

« Ne vous interrompez pas pour moi, implora

Clarissa. En vous entendant je n'ai pu résister. J'adore Bach. »

Rachel rougit et laissa retomber ses doigts sur ses genoux. Puis elle se leva d'un air gauche et dit :

« C'est trop difficile.

– Mais vous étiez en train de jouer magnifiquement ! J'aurais dû rester dehors.

– Non », dit Rachel.

Après avoir fait glisser du fauteuil les *Lettres de Cowper* et *Les Hauts de Hurlevent,* elle invita Clarissa à s'asseoir.

« Quel petit coin délicieux ! dit celle-ci avec un regard circulaire. – Oh ! les *Lettres de Cowper !* Je n'ai jamais lu cela. C'est bien ?

– Assez ennuyeux, dit Rachel.

– C'est extraordinaire comme style, n'est-ce pas ? quand on aime ce genre de choses – des phrases qui se terminent bien, et tout ça. *Wuthering Heights !* Ah ! voilà qui correspond davantage à mes goûts. Sincèrement, je ne pourrais exister sans les Brontë ! Vous ne les trouvez pas admirables ? Pourtant, à tout prendre, je m'en passerais plus facilement que de Jane Austen. »

Si superficiels et si décousus que fussent ses propos, son attitude manifestait au suprême degré sa sympathie et ses intentions amicales.

« Jane Austen ? Je n'aime pas Jane Austen, dit Rachel.

– Monstre ! s'écria Clarissa, c'est tout juste si je vous pardonne ! Et pourquoi, dites ?

– Elle est tellement... tellement... enfin, elle est comme une natte trop serrée, pataugeait Rachel.

– Ah ! je comprends ce que vous voulez dire. Mais je ne suis pas de cet avis. Et vous ne le serez plus vous-même quand vous aurez mûri. A votre âge, je n'aimais que Shelley. Je me vois encore sanglotant au jardin sur ses poèmes.

Son vol a dépassé l'ombre de notre nuit,
L'envie, la calomnie, la haine et la souffrance...

Vous vous rappelez ?

Ne sauraient le toucher, ne le torturent plus
Par la contagion du vieux péché du monde... »

Comme c'est divin ! et comme c'est absurde pourtant ! – (son regard léger fit le tour de la pièce.) – Je me dis toujours : ce qui est important, c'est de vivre et non pas de mourir. J'ai vraiment du respect pour un vieil agent de change quelconque qui sent le tabac, qui passe son temps à additionner des colonnes de chiffres et qui ensuite s'en va trottinant vers sa villa de Brixton, vers le vieux carlin qu'il adore, vers sa morne petite épouse, assise au bout de la table, avec qui il prendra quinze jours de vacances à Margate. J'en connais des tas comme cela, je vous assure. Eh bien, je leur trouve *positivement* plus de noblesse qu'aux poètes qu'on encense pour la seule raison qu'ils ont du génie et qu'ils meurent jeunes. Mais je ne demande pas que *vous,* vous partagiez mon sentiment.

Elle serra l'épaule de Rachel, puis se remit à citer :

L'agitation qu'à tort on appelle délices...

« Quand vous aurez mon âge, vous verrez que le monde est *bourré* de choses délicieuses. Je trouve que les jeunes commettent une telle faute en se refusant au bonheur ! Il me semble parfois que le bonheur est la seule chose qui compte. Je ne vous connais pas assez pour juger, mais je crois deviner chez vous une certaine tendance à... quand on est jeune et qu'on a du charme... tant pis, je le dis : on a *tout* à sa disposition. »

Elle regarda autour d'elle comme pour ajouter : « Pas seulement quelques vieux bouquins et du Bach ! »

« Je brûle de vous poser des questions, reprit-elle. Vous m'intéressez tellement ! Si je suis indiscrète, renvoyez-moi d'une gifle.

– Moi aussi, je... je voudrais poser des questions, dit Rachel avec tant de sérieux que Mrs. Dalloway dut réprimer son sourire.

– Voulez-vous que nous marchions un peu ? proposa-t-elle. L'air est si délicieux. »

Elle aspira cet air comme un cheval de course dès que, la porte refermée, elles se trouvèrent sur le pont.

« Est-ce qu'il ne fait pas bon vivre ? s'écria-t-elle, introduisant le bras de Rachel sous le sien. Regardez, regardez ! Comme c'est exquis. »

Les côtes du Portugal commençaient à perdre de leur substance, mais la terre, si éloignée fût-elle, était encore la terre. On distinguait les petites villes saupoudrant les replis des collines et les vagues fumées qui montaient. La petitesse des villes s'exagérait par le contraste des hautes montagnes violettes, à l'arrière-plan.

« A vrai dire, pourtant, fit Clarissa, quand elle eut regardé tout cela, je n'aime pas les beaux paysages. C'est trop inhumain. »

Elles continuèrent à marcher. Puis elle reprit avec spontanéité :

« Comme c'est curieux ! Hier, à cette heure-ci,

nous ne nous étions jamais rencontrées encore. J'étais en train d'emballer mes affaires dans une petite chambre d'hôtel qui sentait le renfermé. Nous ignorions tout l'une de l'autre – et pourtant... j'ai l'impression que je vous connaissais déjà.

– Vous avez des enfants... votre mari était au Parlement?

– Je n'ai jamais été à l'école. Et vous, vous habitez...?

– Avec mes tantes à Richmond.

– A Richmond?

– Vous comprenez, mes tantes aiment le parc. Elles aiment la tranquillité.

– Et vous, vous ne l'aimez pas? Je le comprends, riait Clarissa.

– J'aime me promener toute seule dans le parc, mais... pas avec des chiens, acheva-t-elle.

– Bien sûr. Et certaines personnes sont, à proprement parler, des chiens, n'est-ce pas? fit Clarissa, comme quelqu'un qui vient de deviner un secret. Mais pas toutes, oh! non, pas toutes. »

Rachel dit : « Pas toutes », puis s'arrêta.

« Je vous vois très bien vous promenant seule, dit Clarissa, et réfléchissant dans votre petit univers à part. Mais combien vous aimerez cela... un de ces jours!

– J'aimerai me promener avec un homme, c'est cela que vous voulez dire? demanda Rachel, fixant sur Mrs. Dalloway ses grands yeux interrogateurs.

– Je ne pensais pas précisément à un homme, mais en effet, c'est cela.

– Non. Je ne me marierai jamais, fit péremptoirement Rachel.

– Je n'en suis pas si sûre, dit Clarissa avec un

regard de côté qui apprit à Rachel qu'elle la trouvait charmante, bien que, pour une raison incompréhensible, la chose parût l'amuser.

– Pourquoi les gens se marient-ils ? demanda Rachel.

– C'est ce qu'il vous reste à comprendre », répondit en riant Clarissa.

En suivant son regard, Rachel constata qu'il se posait sur la robuste personne de Richard Dalloway, occupé à frotter une allumette à la semelle de son soulier, tandis que Willoughby était en train d'expliquer quelque chose qui semblait présenter beaucoup d'intérêt pour eux deux.

« Il n'existe rien de pareil, conclut alors Clarissa. Parlez-moi des Ambrose, voulez-vous ? ou bien trouvez-vous que je pose trop de questions ?

– Je trouve que la conversation avec vous est facile », dit Rachel.

L'aperçu qu'elle donna des Ambrose manqua néanmoins de détails et n'ajouta rien de particulier au fait que Mr. Ambrose était son oncle.

« Un frère de votre mère ? »

Quand on n'a plus d'emploi pour certains noms, le moindre rappel qu'on en fait nous est sensible. Mrs. Dalloway continua :

« Vous ressemblez à votre mère ?

– Non; elle était tout autre », dit Rachel.

Un désir intense l'envahissait de raconter à Mrs. Dalloway des choses qu'elle n'avait jamais dites à personne, dont elle-même n'avait jamais eu l'idée jusque-là.

« Je me sens seule, commença-t-elle, j'ai besoin... »

Ne sachant de quoi elle avait besoin, elle ne parvint pas à terminer sa phrase. Mais sa lèvre tremblait.

Mrs. Dalloway cependant paraissait capable de comprendre sans le secours des mots.

« Je connais cela, dit-elle, allant jusqu'à passer son bras autour des épaules de Rachel. A votre âge, j'avais ce « besoin », moi aussi. Personne ne l'a compris, jusqu'au moment où j'ai rencontré Richard. Il m'a apporté tout ce qui me manquait. Il est homme et femme à la fois. »

Son regard s'en alla vers Mr. Dalloway qui continuait à causer, accoudé à la lisse.

« Ne croyez pas que je dise cela parce que je suis sa femme. Je vois ses défauts mieux que ceux de n'importe qui. Ce qu'on attend de l'être avec qui l'on vit c'est qu'il vous maintienne au niveau le plus élevé de vous-même. Je me demande souvent ce que j'ai fait pour être heureuse à ce point ! » s'écria-t-elle, et une larme glissa sur sa joue. Elle l'essuya, serra très fort la main de Rachel et proclama :

« Que la vie est donc bonne ! »

En cet instant, debout dans la fraîcheur de la brise, avec du soleil sur les vagues et la main de Mrs. Dalloway sur son bras, Rachel avait nettement l'impression que la vie, jusque-là très quelconque, devenait prodigieuse et d'une incroyable bonté.

Helen qui passait aperçut Rachel, excitée, bras dessus bras dessous avec une personne qui lui était presque étrangère; cela l'amusa et en même temps l'irrita quelque peu. Mais à ce moment, Richard vint les rejoindre; ravi de sa conversation avec Willoughby, il était d'humeur particulièrement sociable.

« Vous voyez mon panama ? dit-il en touchant le bord de son chapeau. Avez-vous remarqué, Miss Vinrace, l'influence que l'on peut exercer sur le temps au moyen d'un couvre-chef approprié? J'avais décidé que nous aurions aujourd'hui une chaude journée d'été. Aucune de vos objections, je vous en préviens, ne saurait m'ébranler. C'est pourquoi je m'en vais m'asseoir et je vous conseille de suivre mon exemple. »

Une rangée de trois fauteuils les invitait à s'y installer.

Richard, étendu, observait les vagues.

« C'est d'un très joli bleu, dit-il, mais il y en a un peu trop. La variété est un élément essentiel d'un beau paysage. Ainsi, avec des collines, il faut une rivière et avec une rivière il faut des collines. La vue la plus admirable du monde, à mon avis, est celle qu'on a de Boars Hill par beau temps – il faut qu'il fasse beau, par exemple... Une couverture? Oh! merci, chérie... A la vue en question s'ajoutent avantageusement les souvenirs, – le passé.

– Préférez-vous causer, Dick, où voulez-vous que je lise à haute voix? »

Avec les couvertures, Clarissa venait d'apporter un livre.

« *Persuasion,* annonça Richard, examinant le volume.

– C'est pour Miss Vinrace : elle ne peut souffrir notre bien-aimée Jane.

– Ça, permettez-moi de le dire, c'est parce que vous ne l'avez pas lue, remarqua Richard. C'est de beaucoup la plus grande de nos romancières. La plus grande, poursuivit-il, et voici pourquoi : elle n'essaie pas d'écrire comme un homme. Toutes les autres le font et c'est pour cela que je ne les lis pas. »

Il joignit les mains par les extrémités des doigts et reprit :

« Exposez vos arguments, Miss Vinrace, je ne demande qu'à être converti. »

Il attendit pendant que Rachel cherchait en vain le moyen de défendre son sexe contre le mépris dont il venait de l'accabler.

« Je crois, malheureusement, qu'il a raison, dit Clarissa, il a presque toujours raison, le coquin! J'ai apporté *Persuasion,* pensant que c'est un peu moins rebattu que les autres. En tout cas, Dick, ce n'est pas à vous de prétendre que vous connaissez Jane par cœur, puisque chaque fois elle a le don de vous endormir.

– Après le labeur législatif, j'ai droit au sommeil, répliqua Richard.

– Ne vous occupez plus de ces canons, dit Clarissa, voyant que, par-delà les flots, l'œil méditatif de son mari cherchait encore la terre. Ni des flottes, ni des empires, ni de rien. »

Sur ces mots, elle ouvrit le volume et commença :

« Sir Walter Elliott, de Kellynch Hall, dans le comté de Somerset, était un homme qui, pour sa distraction, n'avait jamais recours à un autre livre que le Baronnage. » – Vous ne le connaissez pas, ce Sir Walter? – *« Il y trouvait une occupation pour ses loisirs, une consolation pour ses peines. »* – N'est-ce pas que c'est bien écrit? – « *Il* »...

Elle poursuivait sa lecture avec une pointe d'humour dans la voix, ayant décidé que Sir Walter distrairait la pensée de son mari des canons britanniques, pour l'entraîner vers un monde exquis, amusant, plein de vie et un tantinet ridicule. Au bout d'un moment il sembla que le soleil déclinait sur ce monde dont le relief s'effaçait. Rachel leva les yeux pour chercher la cause de ce changement. Les paupières de Richard s'ouvraient et se refermaient tour à tour. Une bruyante respiration nasale annonça qu'il avait cessé de considérer les apparences et dormait profondément.

« Un triomphe! » chuchota Clarissa à la fin d'une phrase. Tout à coup, elle leva la main en signe de protestation; un matelot s'arrêta, hésitant. Elle passa le livre à Rachel et s'avança doucement pour recevoir le message : Mr. Grice demandait s'il lui serait agréable..., etc. Elle suivit le matelot. Ridley, qui rôdait par là, inaperçu, fit quelques pas en avant, s'arrêta, puis avec un geste de dégoût reprit le chemin de son cabinet de travail. Le politicien endormi demeura sous la sauvegarde de Rachel. Elle lut une phrase, puis le regarda attentivement. Ainsi endormi, il faisait penser à un vêtement pendu au pied d'un lit — tous les plis y étaient, les manches et les jambes du pantalon gardaient leur forme, bien que les membres en fussent absents. C'est dans ces moments-là qu'on se rend le mieux compte de l'âge et de l'état d'un vêtement. Rachel le toisait du regard, si bien qu'à la longue elle crut qu'il allait protester.

Il devait avoir une quarantaine d'années; il y avait quelques rides autour de ses yeux, quelques plis bizarres à ses joues. Un peu fatigué, il avait pourtant l'air solide, en plein épanouissement de sa maturité.

« Des sœurs et un loir et des canaris, murmurait Rachel sans le quitter des yeux. Je me demande, je me demande... » Elle s'interrompit, le menton dans la main, le regardant toujours. Une cloche tinta derrière eux. Richard leva la tête, puis ouvrit les yeux avec, l'espace d'une seconde, l'expression bizarre de quelqu'un qui a perdu ses lunettes. Il lui fallut un bon moment pour se remettre de la fâcheuse conscience d'avoir ronflé, d'avoir même peut-être poussé des grognements, en présence d'une jeune fille. C'était un peu déconcertant, du reste, de constater en se réveillant qu'on vous a laissé en un tel tête-à-tête.

« Je m'étais assoupi, je crois, dit-il; que sont devenus les autres ? Clarissa ?

– Mrs. Dalloway est allée voir les poissons de Mr. Grice, répondit Rachel.

– J'aurais pu m'en douter, dit Richard, c'est un de ses passe-temps habituels. Et vous, comment avez-vous employé cette heure radieuse ? Vous êtes-vous laissé convertir ?

– Je ne crois pas avoir lu une seule ligne.

– Voilà ce que j'éprouve toujours : il y a trop de choses à regarder. Je trouve, moi aussi, que la nature exerce sur nous un effet stimulant. Mes plus belles idées me sont venues en plein air.

– Quand vous étiez en promenade ?

– En promenade, à cheval, en croisière. Les entretiens les plus significatifs peut-être de mon existence se sont déroulés pendant que j'arpentais la cour d'honneur du Trinity College. J'ai fréquenté les deux universités. C'était le dada de mon père ! Il prétendait que cela vous élargit les idées et je crois bien qu'il avait raison. Je me rappelle – comme cela paraît loin ! – avoir jeté les bases de l'Etat futur, en compagnie de l'actuel Secrétaire pour l'Inde. Nous nous prenions pour des puits de sagesse. Peut-être l'étions-nous, d'ailleurs. Nous étions heureux, Miss Vinrace, et nous étions jeunes – qualités qui conduisent à la sagesse.

– Avez-vous réalisé ce que vous vouliez ? demanda Rachel.

– Question insidieuse ! Je répondrai : oui et

non. Si, d'une part, je n'ai pas accompli ce que je m'étais assigné pour tâche – qui de nous y parvient ? – je puis d'autre part proclamer en toute honnêteté : je n'ai pas abaissé le niveau de mon idéal. »

Résolument, il regarda une mouette, comme si son idéal était porté par les ailes de l'oiseau.

« Mais, demanda Rachel, votre idéal, qu'est-ce que c'est ?

– Là, vous m'en demandez trop, Miss Vinrace », fit-il d'un ton enjoué.

Elle voulait simplement savoir, dit-elle; et Richard, amusé, consentit à répondre :

« Ma foi, comment dire ? Pour résumer d'un mot, c'est l'unité. Unité de but, de souveraineté, de progrès. Diffusion des idées les meilleures dans la zone la plus vaste.

– Par les Anglais ?

– Je reconnais que dans l'ensemble les Anglais ont une conscience plus pure que la majorité des humains. Leurs annales sont plus propres. Mais, mon Dieu, n'allez pas vous imaginer que je ne vois pas les défauts – les horreurs, les choses innommables qui existent au cœur même de notre pays. Je ne me fais pas d'illusions. Peu de gens, je crois, se font moins d'illusions que moi. Avez-vous jamais visité une manufacture, Miss Vinrace ? Non, je pense bien que non, ou plutôt j'espère que non. »

En effet, c'est à peine s'il était arrivé à Rachel de traverser un quartier pauvre, et cela sous l'escorte de son père, d'une domestique ou de ses tantes.

« J'allais dire que si vous aviez jamais vu certaines choses qui se passent autour de vous, vous comprendriez ce qui nous pousse, moi et mes pareils, vers la politique. Vous me demandiez, il y a un instant, si j'avais réalisé ce que j'avais décidé. Eh bien, quand je passe en revue mon existence, j'y trouve un fait dont j'avoue être fier : grâce à moi, plusieurs milliers de jeunes filles du Lancashire – (et plus tard, il y en aura des milliers d'autres) – passent chaque jour au grand air une heure que leurs mères passaient courbées sur leur métier. J'en ai, je le confesse, plus de fierté que si j'avais écrit du Keats. Et du Shelley par-dessus le marché! »

Etre de ceux qui écrivent du Keats et du Shelley devint pour Rachel une chose pénible. Elle sympathisait avec Richard Dalloway, elle se laissait gagner par sa chaleur. Il avait l'air très convaincu.

« Je ne connais rien! » s'écria-t-elle.

Il répliqua paternellement :

« Il vaut beaucoup mieux que vous ne connaissiez rien. D'ailleurs vous êtes trop modeste, sans aucun doute. On me dit que vous jouez fort bien du piano et je suis persuadé que vous avez lu des montagnes d'ouvrages sérieux. »

Mais ces propos d'un autre âge n'avaient plus le pouvoir de la réduire au silence.

« Vous parliez d'unité, dit-elle, vous devriez m'expliquer.

– Je ne laisse jamais ma femme parler politique, commença-t-il d'un air grave – en voici les raisons : les êtres humains sont ainsi constitués qu'il leur est impossible de lutter et de garder un idéal en même temps. Si j'ai pu conserver le mien, comme je me flatte de l'avoir fait dans une grande mesure, c'est parce que chaque soir je retrouvais ma femme et constatais que sa journée avait été consacrée aux visites, à la musique, aux jeux des enfants, à son intérieur, à tout ce que vous voudrez. Rien n'est jamais venu détruire ses illusions. C'est elle qui me donne le courage de persévérer. La vie publique exige une grande tension d'esprit », ajouta-t-il.

Il apparaissait maintenant comme un martyr exténué qui chaque jour abandonne un peu de son or le plus pur au profit de l'humanité.

« Je ne peux pas m'imaginer, s'écria Rachel, comment on arrive à faire ces choses-là !

– Expliquez-vous, Miss Vinrace, dit Richard. C'est une question que je tiens à élucider. »

Sa bienveillance était toute sincère; Rachel résolut donc de saisir l'occasion offerte, bien que son cœur battît à l'idée de parler devant un homme de cette valeur et de cette compétence.

« Je vois cela comme ceci, commença-t-elle avec un grand effort pour rassembler, puis pour exposer ses vagues conceptions personnelles : Il y a une vieille veuve quelque part dans une chambre, mettons que ce soit dans un faubourg de Leeds. »

Richard inclina la tête indiquant qu'il était d'accord pour la veuve.

« Vous, à Londres, vous passez votre vie à parler, à écrire des choses, à faire des lois, et à négliger ce qui est naturel. Le résultat de tout cela, c'est qu'en ouvrant son buffet, elle y trouve un peu moins de thé et un journal. C'est ainsi pour toutes les veuves du pays, je veux bien. Mais il y a aussi l'esprit de cette veuve – ses affections. Cela, vous ne vous en occupez pas. Et vos propres sentiments, vous les gaspillez.

– Si la veuve trouve son buffet vide, répondit Richard, il est fort probable que ses vues spirituelles en souffriront. Puis-je me permettre de signaler les points faibles de votre philosophie, Miss Vinrace ? – Elle n'est, d'ailleurs, pas sans mérites.

Je tiens à souligner toutefois qu'un être humain n'est pas un assemblage de compartiments, mais un organisme. Un peu d'imagination, Miss Vinrace! Faites travailler votre imagination. C'est ce qui vous manque, à vous autres, les jeunes libéraux! Il faut vous représenter le monde comme un tout. Passons au deuxième point : quand vous affirmez qu'en mettant de l'ordre dans la maison, pour le plus grand bien de la nouvelle génération, je gaspille mes plus belles énergies, je ne suis absolument pas de votre avis. Etre un vrai citoyen de l'Empire, je ne conçois pas de but plus élevé. Essayez d'envisager les choses sous cet angle, Miss Vinrace. Représentez-vous l'Etat comme une machine complexe. Nous, les citoyens, nous en sommes les éléments. Certains ont des fonctions importantes; d'autres (dont je suis moi-même peut-être), servent simplement à relier entre elles les parties cachées du mécanisme, celles que l'œil du public ne voit pas. Pourtant, si la moindre vis se dérobait à sa tâche, elle compromettrait le fonctionnement de l'ensemble. »

Impossible de faire concorder l'image d'une veuve maigre et noire, regardant par la fenêtre et cherchant à qui parler, avec l'image d'une énorme machine comme on en voit à South Kensington – qui cogne, qui cogne, qui cogne. La tentative de rapprochement était vouée à l'échec.

« Je crois que nous ne nous comprenons pas, dit Rachel.

– Oserai-je dire une chose dont vous serez très fâchée?

– Je ne le serai pas.

– Bon. Voici : aucune femme ne possède ce que j'appelle l'instinct politique. Vous avez des vertus qui sont considérables et je me flatte d'être le premier à les reconnaître. Mais je n'ai jamais rencontré de femme qui eût la moindre idée de ce qu'on entend par science du gouvernement. Je vais vous fâcher plus encore : j'espère ne jamais rencontrer de telle femme. Eh bien, Miss Vinrace, sommes-nous brouillés pour la vie ? »

L'amour-propre, l'irritation et un désir lancinant d'être comprise la poussaient à essayer une fois encore.

« Dans les rues, dans les égouts, dans les câbles, dans le téléphone, il y a quelque chose qui vit ? Est-ce là ce que vous voulez dire ? Par exemple parmi les camions à ordures, parmi les hommes qui réparent les routes ? C'est cela que vous sentez tout le temps quand vous marchez dans Londres, et quand vous tournez un robinet et qu'il en sort de l'eau ?

– Certainement, fit Richard. Vous entendez par là, si je comprends bien, que tout l'ensemble de la société moderne repose sur l'effort coopératif. Si seulement les gens qui s'en rendent compte étaient plus nombreux, Miss Vinrace ! On verrait moins de vos pauvres veuves dans leur logis solitaires. »

Rachel réfléchissait.

« Est-ce que vous êtes libéral ou conservateur ? demanda-t-elle.

– Je me dis conservateur pour plus de commodité, répondit en souriant Richard, mais il y a entre les deux partis plus de points communs qu'on ne pense. »

S'il y eut un silence, ce n'est pas que Rachel manquât de choses à dire; mais, comme toujours, elle n'arrivait pas à les exprimer; de plus, elle était troublée par le fait que le temps leur était mesuré pour cette conversation. Des idées absurdes et confuses lui passaient par la tête : comme quoi, par exemple, si l'on pouvait remonter suffisamment loin en arrière, tout deviendrait intelligible; tout n'était que communauté; car les mammouths qui pâturaient jadis dans les champs de Richmond High Street s'étaient transformés en pavés, en cartons pleins de rubans, en tantes de Rachel.

« Vous avez bien dit que vous habitiez la campagne quand vous étiez enfant ? » demanda-t-elle.

Si peu polies qu'il trouvât ses manières, Richard cependant en était flatté. L'intérêt que lui portait Rachel était sans doute sincère.

« Je l'ai dit, en effet, sourit-il.

– Et alors, qu'est-ce qui se passait là-bas ? Ou bien trouvez-vous que je vous pose trop de questions ?

– Cela me flatte, croyez-le bien. Mais voyons... ce qui se passait là-bas ? Ma foi, il y avait l'équitation, les leçons, mes sœurs. Il y avait, je me rappelle, un féerique dépôt d'ordures où l'on voyait toutes sortes de choses extraordinaires. C'est curieux, les objets qui peuvent frapper les enfants. Je garde un souvenir très précis de cet endroit. Il est faux de prétendre que les enfants sont heureux. Ils sont malheureux, au contraire. Je n'ai jamais autant souffert que dans mon enfance.

– Pourquoi ? demanda Rachel.

– Je ne m'entendais pas avec mon père, dit Richard d'un ton bref. C'était un homme plein de qualités, mais très dur. Enfin ! cela vous rend attentif à ne pas commettre les mêmes erreurs. Les enfants n'oublient jamais une injustice. Ils pardonnent bien des choses que les adultes réprouvent, mais ce péché-là, ils ne le pardonnent pas. J'admets, notez bien, que j'aie été un enfant difficile à manier; mais tout ce que j'étais prêt à donner, quand j'y pense! Non, vraiment, on a péché contre moi plus que je n'ai péché moi-même. Puis on m'envoya à l'école où je me comportai de façon très convenable. Ensuite, comme je l'ai déjà dit, mon père me fit faire des études dans les deux universités... Savez-vous, Miss Vinrace, que vous me donnez à réfléchir? Comme c'est peu, somme toute, ce qu'on arrive à raconter de son existence! Nous voici tous les deux face à face, pleins à craquer, sans nul doute, d'expériences, d'idées, d'émotions du plus haut intérêt. Mais le moyen de les communiquer? Ce que je viens de vous dire, c'est ce que pourrait vous raconter le premier venu.

– Je ne trouve pas, dit-elle. Ce qui compte, ce ne sont pas les choses, n'est-ce pas? c'est la façon de les dire.

– C'est exact, répondit Richard, parfaitement exact. (Il fit une pause.) Quand je considère le passé – j'ai quarante-deux ans – quels sont les faits marquants que je vois ressortir? Quelles révélations, si je puis dire, ai-je connues? La détresse des pauvres, etc. (il hésita, puis sauta par-dessus l'obstacle), l'amour! »

Sa voix s'était adoucie en prononçant ce mot, ce mot qui, pour Rachel, semblait dégager les cieux de leurs voiles.

« On ne dit pas cela à une jeune fille, en général, reprit-il, mais avez-vous la moindre idée de ce que j'entends par là? Non, bien sûr. Je n'emploie pas ce mot dans son sens conventionnel, mais dans le sens où l'emploie un jeune homme. Les jeunes filles sont trop strictement maintenues dans leur ignorance, ne trouvez-vous pas? Peut-être a-t-on raison. C'est possible... Vous ne connaissez pas ces choses-là. »

Il parlait comme s'il avait perdu toute conscience de ce qu'il disait.

« Non, je ne les connais pas, dit-elle en un souffle qu'on entendit à peine.

– Dick ! des bateaux de guerre ! là-bas ! regardez ! »

Délivrée de Mr. Grice, enchantée de toutes ces plantes marines, Clarissa cinglait vers eux avec force grands gestes. Elle avait aperçu, presque au ras de l'eau, deux sinistres bâtiments gris, nus comme des os, qui se suivaient de près, tels des bêtes sans yeux en quête d'une proie. Instantanément, Richard retrouva ses esprits.

« Ma parole ! s'écria-t-il, se levant et abritant ses yeux de la main.

– Les nôtres, Dick ?

– Flotte de la Méditerranée », répondit-il.

L'Euphrosyne inclinait lentement son pavillon. Richard s'était découvert. Clarissa lui serrait nerveusement la main.

« Comme on se sent fier d'être anglais ! » dit-elle.

Les bateaux de guerre s'éloignaient, laissant derrière eux sur les eaux un curieux effluve de discipline et de tristesse; et c'est seulement quand on cessa de les voir que les propos des passagers reprirent un ton naturel. Pendant le déjeuner, il ne fut question que d'héroïsme, de mort et de splendides qualités des amiraux britanniques. Clarissa cita un poète, Willoughby un autre. De l'avis général, la vie à bord d'un vaisseau de guerre était magnifique et tous les marins qu'on pouvait rencontrer étaient d'une gentillesse, d'une simplicité très particulières. Dans ces conditions, personne ne trouva à son goût la remarque de Helen, qui prétendait qu'entretenir des marins, c'est tout aussi immoral que d'entretenir un jardin zoologique; pour ce qui est de mourir sur un champ de bataille, il était grand temps, d'après elle, que l'on cessât de célébrer le courage.

« Et d'écrire de mauvais vers sur ce thème », ricana Mr. Pepper.

Mais ce qui préoccupait Helen, au fond, c'était l'attitude bizarre de Rachel qui, les joues en feu, gardait le silence.

CHAPITRE V

ELLE ne put cependant continuer ses observations ni en tirer une conclusion quelconque, car, par un de ces accidents auxquels il faut s'attendre sur mer, l'ordre entier de leurs habitudes se trouva bouleversé.

Pendant le thé déjà, le parquet avait commencé à se soulever sous leurs pieds pour s'abaisser ensuite outre mesure; au cours du dîner, le bateau parut se raidir en gémissant comme si un fouet allait s'abattre sur lui. Lui qui, jusque-là, avait été un gros cheval de trait sur la vaste croupe duquel des Pierrot auraient pu se livrer à leurs valses, il se transforma tout à coup en un poulain lâché en plein champ.

Les assiettes s'éloignaient obliquement des couteaux. Le visage de Mrs. Dalloway perdit un instant ses couleurs lorsque, s'apprêtant à se servir, elle vit les pommes de terre s'égailler en tous sens. Willoughby, cela va sans dire, exaltait les vertus de son bateau et citait les éloges qu'en avaient fait les spécialistes et les passagers de marque, car ce qu'il possédait, il l'aimait. L'atmosphère toutefois restait quelque peu tendue : dès que les dames se trouvèrent entre elles, Clarissa déclara qu'elle serait mieux au lit et se retira, souriant crânement.

Le matin, ils se réveillèrent au sein d'une tempête qu'aucune politesse ne pouvait faire semblant d'ignorer. Mrs. Dalloway resta dans sa cabine. Richard affronta trois repas et leur fit honneur vaillamment, mais certaines asperges vitreuses qui nageaient dans de l'huile finirent par triompher de lui.

« Je suis battu, dit-il, et il s'en alla.

– Nous voici de nouveau entre nous », observa Mr. Pepper, embrassant la table du regard; mais personne ne parut disposé à encourager ses discours, aussi le repas s'acheva-t-il en silence.

Le jour suivant, ils se rencontraient encore, mais à peine, comme des feuilles qui volent dans l'air, non qu'ils fussent malades, mais parce que le vent les rejetait brusquement dans les cabines, les précipitait dans les escaliers. Ils se croisaient, haletants, sur le pont, ils échangeaient des vociférations par-dessus les tables. Ils s'enveloppaient de fourrures et l'on ne voyait plus Helen sans un foulard sur la tête. Chacun cherchait refuge dans sa cabine, les pieds solidement fixés au sol, tandis que le bateau roulait et tanguait. Leurs sensations étaient celles que pourraient éprouver des pommes de terre dans un sac sur un cheval au galop. Le monde extérieur n'était plus qu'une grisaille en tumulte. Deux jours durant, ils vécurent dans l'oubli absolu de leurs réactions habituelles. La conscience de Rachel lui suffisait tout juste à imaginer qu'elle était un âne au fond d'une lande, sous une tourmente de grêle qui soufflait dans ses poils et les ébouriffait en sillons; puis elle se changea en un arbre mort, livré aux assauts du vent salé de l'Atlantique.

Helen, cependant, se dirigea en titubant vers la porte de Mrs. Dalloway; elle frappa, ne parvint pas à se faire entendre à cause des portes qui battaient au vent, et entra.

Il y avait là, bien entendu, des cuvettes. Mrs. Dalloway, adossée à ses oreillers, n'ouvrit pas les yeux. Au bout d'un instant, elle murmura :

« Oh ! c'est vous, Dick ? »

Helen, qui venait d'être projetée contre le lavabo, cria très fort :

« Comment allez-vous ? »

Clarissa ouvrit un œil, ce qui lui prêta une expression incroyablement dépravée.

« Quelle horreur ! » fit-elle en un souffle.

L'intérieur de ses lèvres était blanc.

Les pieds bien écartés, Helen réussit à verser du champagne dans un verre à dents qui contenait une brosse.

« Du champagne, dit-elle.

– Il y a la brosse à dents », murmura Clarissa avec un sourire qui aurait pu aussi bien être une grimace de pleureuse. Elle but, puis chuchota, indiquant les cuvettes :

« C'est dégoûtant. »

Des vestiges d'humour éclairaient encore son visage, comme un clair de lune.

« Encore un peu ? » hurla Helen, mais Clarissa était de nouveau incapable de répondre. Le vent venait de coucher sur le côté le cargo frémissant. Des affres blêmes parcouraient en vagues Mrs. Dalloway. Le rideau qui battait soufflait sur elle des lueurs grises. Entre les spasmes de la tempête, Helen consolida le rideau, retapa les oreillers, arrangea les couvertures, oignit de lotion froide les narines et le front brûlants.

« Vous êtes bonne, vraiment! soupira Clarissa. Quel affreux gâchis... »

C'était une tentative d'excuse pour le désordre des lingeries blanches qui jonchaient le sol, puis elle rouvrit l'œil un instant et vit que tout était rangé.

« C'est gentil », souffla-t-elle.

Helen la quitta. Quelque part, très, très loin au fond d'elle-même, elle découvrait une sorte d'attirance envers Mrs. Dalloway. Elle ne pouvait se défendre d'un certain respect pour sa vivacité et pour le souci qu'elle montrait, même au plus fort d'un malaise, d'avoir de l'ordre autour d'elle. N'empêche que ses jupons ne lui descendaient guère au-dessous des genoux.

Brusquement, à l'heure du thé, la tempête lâcha prise. Au moment même où le paroxysme attendu de l'intempérie touchait à son comble elle mollit tout à coup, retomba, et le bateau qui se préparait au plongeon accoutumé poursuivit sa route normalement. La monotone alternance – montées et descentes, rugissements et accalmies – était interrompue; à table, chacun releva la tête et sentit au-dedans de soi quelque chose qui se relâchait. Avec la détente, des sentiments humains commencèrent à poindre, comme quand la lumière du jour reparaît au bout d'un tunnel.

« Essayons de faire un petit tour, proposa Ridley à Rachel par-dessus la table.

– C'est de la folie! » cria Helen. Mais ils grimpèrent tant bien que mal sur le pont. Malgré le souffle coupé par le vent, leurs esprits rebondirent aussitôt, car, tout au fond du tumulte gris, une brumeuse tache d'or était apparue. D'un seul coup, le monde avait repris forme et volume. Les passagers n'étaient plus des atomes lancés dans le vide, mais des êtres portés sur l'échine de la mer par un vaisseau triomphant. Le vent et l'espace s'abolissaient. Le monde flottait comme une pomme dans un bassin et la mentalité humaine, jusque-là désemparée elle aussi, renouait ses croyances de naguère.

Après avoir fait deux fois à grand-peine le tour du bateau et reçu force gifles du vent, ils virent devant eux un matelot dont le visage avait positivement l'éclat de l'or. Ils se retournèrent pour contempler le disque parfait d'un soleil jaune. L'instant d'après, des cordons de nuages flottants vinrent le barrer, puis il disparut tout à fait.

Le lendemain, à l'heure du petit déjeuner, le ciel se montra balayé à fond, les vagues, bien que hautes, étaient bleues et les humains, après avoir entrevu un monde occulte, peuplé de fantômes, reprirent avec plus d'entrain que jamais leur existence parmi les théières et les miches de pain.

Seuls, Richard et Clarissa demeuraient en marge de cette existence. Clarissa n'osait encore se remettre sur son séant. Son mari se leva, contempla son gilet, son pantalon, secoua la tête et se recoucha. L'intérieur de son cerveau continuait à onduler comme une mer dans un décor de théâtre. En s'éveillant à quatre heures, il vit le soleil qui se posait de biais sur la peluche rouge des rideaux et le drap gris d'un pantalon. Le monde extérieur sous son aspect normal reprit sa place dans sa conscience et, le temps de se rhabiller, Richard était redevenu gentleman anglais.

Il s'approcha de sa femme. Elle l'attira par le revers du veston et l'embrassa, hésitant à le lâcher. Puis elle dit :

« Allez respirer un peu, Dick. Vous avez perdu toutes vos couleurs... Comme vous sentez bon !...

Et soyez aimable avec cette femme. Elle a été si gentille avec moi. »

Sur ce, Mrs. Dalloway se retourna sur le côté frais de son oreiller, extrêmement affaiblie, mais toujours invincible.

Richard trouva Helen en conversation avec son beau-frère devant deux plats de cake jaune et de tartines bien lisses.

« Comme vous avez mauvaise mine! s'écria-t-elle en le voyant. Venez prendre une tasse de thé. »

Il remarqua la beauté des mains qui s'affairaient parmi les tasses.

« J'ai appris vos bontés envers ma femme, dit-il. Elle a été très éprouvée. Vous êtes venue l'abreuver de champagne... Vous étiez donc de ceux qui ont été épargnés ?

– Moi ? Oh ! il y a bien vingt ans que je n'ai pas été malade – du mal de mer, je veux dire.

– La convalescence, comme je dis toujours, comprend trois stades, intervint la voix cordiale de Willoughby : le stade du lait, le stade de la tartine et le stade du rosbif. Vous devez en être au stade de la tartine, si je ne me trompe! (Il lui tendit le plat.) Avec cela, je vous conseillerais une tasse de thé bien fort, puis un petit tour rapide sur le pont. Après quoi, vers l'heure du dîner, vous réclamerez à grands cris du rosbif. Qu'en dites-vous ? »

Il partit en riant et en s'excusant : ses occupations l'appelaient.

« Quelle belle nature! dit Richard. Il y a toujours quelque chose qui le passionne.

– Oui, répondit Helen, il a toujours été ainsi.

– C'est une entreprise d'envergure que la sienne, poursuivit Richard. Il ne s'en tiendra pas à la navigation, je présume. Ou je me trompe fort, ou nous le verrons au Parlement un de ces jours. On y a besoin d'hommes comme lui, d'hommes qui ont déjà des réalisations à leur actif. »

Mais Helen ne s'intéressait pas beaucoup à son beau-frère. Elle demanda, tout en versant de nouveau du thé dans la tasse :

« Vous devez avoir mal à la tête, n'est-ce pas ?

– En effet, dit Richard, c'est humiliant de constater à quel point on est esclave de son corps en ce monde. Savez-vous que je suis incapable de travailler sans qu'il y ait une bouilloire sur le feu ? Le plus souvent je ne prends même pas de thé, mais j'ai besoin d'en avoir à ma disposition.

– C'est très mauvais pour vous, dit Helen.

– Cela abrège l'existence. Malheureusement, Mrs. Ambrose, je crois que nous autres, hommes politiques, nous devons nous faire d'avance à cette idée. Il nous faut brûler la chandelle par les deux bouts, sinon...

– Sinon, vous êtes brûlés vous-mêmes ! remarqua Helen d'un air fin. Il protesta :

– Vous vous refusez à nous prendre au sérieux, Mrs. Ambrose !... Puis-je vous demander à quoi vous avez passé votre temps ? A lire ? de la philosophie ? (Il avait aperçu le volume noir.) La métaphysique et la pêche ! s'écria-t-il. Si j'avais à recommencer l'existence, je crois que je m'adonnerais à l'une ou à l'autre. »

Il se mit à tourner les pages et lut à haute voix :

« – Le bien, par conséquent, n'a pas de limites définies. » Comme c'est réjouissant de voir qu'on en est toujours là ! – « A ma connaissance, ce fait « n'a été clairement discerné et établi que par un « seul spécialiste de l'éthique, le professeur Henry « Sidgwick. » Voilà le genre de questions qui nous occupaient dans notre adolescence. Je me rappelle mes discussions avec Duffy – maintenant aux Affaires indiennes – quand nous parcourions les cloîtres sans arrêt jusqu'à cinq heures du matin, puis partions à cheval, ayant décidé qu'il était trop tard pour aller nous coucher. Quant à savoir si nous en tirions des conclusions quelconques, cela c'est une autre histoire. L'essentiel, après tout, c'est de discuter. C'est ce qui marque dans une existence. Depuis lors, rien n'a eu pour moi cette intensité. Les philosophes, les érudits, poursuivait-il, voilà les hommes qui se passent le flambeau, qui gardent la flamme de nos existences. On n'est pas nécessairement aveugle devant ce fait, Mrs. Ambrose, sous prétexte qu'on est homme politique.

– Bien sûr. Pourquoi le serait-on ? fit Helen. Mais, dites-moi donc si votre femme prend du sucre ? »

Elle souleva le plateau et s'en alla le porter à Mrs. Dalloway.

Richard enroula deux fois son cache-nez autour de son cou et monta avec effort sur le pont. A l'air frais, toute sa chair que l'obscurité de la cabine avait rendue pâle et molle se mit à vibrer. Il se sentit incontestablement en pleine force de l'âge. L'orgueil s'alluma dans son regard tandis que, solide sur ses jambes, il résistait aux assauts du vent. La tête légèrement inclinée, il virait à angle droit, montait à grands pas la pente du pont, affrontait les rafales. Une collision s'ensuivit. Il ne reconnut pas tout de suite la forme qu'il venait de heurter.

« Pardon !

– Pardon ! »

C'était Rachel qui s'excusait. Ils riaient, trop

bousculés par le vent pour en dire davantage. Rachel ouvrit la porte de son salon et s'y réfugia. Pour pouvoir lui parler, Richard fut obligé de la suivre. Le vent tourbillonnait autour d'eux, des papiers se mirent à voler en rond, la porte claqua et ils s'écroulèrent en riant dans les fauteuils. Richard se trouva assis sur du Bach.

« Ma parole ! Quelle tempête ! s'écria-t-il.

– Superbe, n'est-ce pas ? » dit Rachel. L'effort et le vent avaient manifestement éveillé chez elle la décision qui lui faisait défaut. Ses joues étaient rouges, ses cheveux défaits.

« Tiens ! c'est drôle ! s'écria Richard. Sur quoi suis-je assis ? C'est votre salon ? Comme c'est amusant !

– Venez vous asseoir ici », commanda Rachel. Cowper, une fois de plus, glissa à terre.

« Comme c'est gai de se retrouver ! dit Richard. Il me semble qu'il y a des années... Les *Lettres de Cowper ?* du Bach ?... *Les Hauts de Hurlevent ?...* C'est donc ici que vous méditez sur le monde pour venir ensuite poser des colles aux pauvres politiciens ? Pendant les entractes du mal de mer, j'ai beaucoup pensé à notre conversation. Vous m'avez donné à réfléchir, je vous assure !

– Je vous ai donné à réfléchir ? Comment cela ?

– Quels icebergs solitaires nous sommes, Miss Vinrace ! Combien peu d'idées nous arrivons à échanger ! Il y en a tant dont je voudrais vous parler, sur lesquelles je voudrais connaître votre avis. Avez-vous lu Burke ? »

Elle répéta :

« Burke ? Qui est-ce ?

– Non ? je ne manquerai pas de vous envoyer un de ses ouvrages. Lequel, par exemple ? *Dis-*

cours sur la Révolution française? Rébellion américaine? »

Il nota quelque chose dans son carnet.

« Il faudra m'écrire ensuite pour me dire ce que vous en pensez. Ces réticences... ces isolements... c'est cela, le mal de notre époque! Voyons, parlez-moi de vous. Quels sont vos goûts, vos occupations? Je vous imagine comme quelqu'un qui a des goûts extrêmement prononcés. Oui, c'est certain. Mon Dieu! Quand je pense au siècle où nous vivons, avec toutes les chances, toutes les possibilités qu'il nous offre, toute la foule de choses à réaliser, à convertir en plaisirs. Il nous faudrait dix existences au lieu d'une! Mais parlons de vous.

– Moi, voyez-vous, je suis une femme, dit Rachel.

– Je sais... je sais... dit Richard, rejetant la tête en arrière et se passant les doigts sur les yeux. Quelle chose étrange que d'être une femme! Une femme jeune et belle, poursuivit-il, sentencieux, voit le monde entier à ses pieds. C'est positif, Miss Vinrace. Vous disposez d'une incalculable puissance – pour le bien comme pour le mal. Jusqu'où n'iriez-vous pas... »

Il s'interrompit.

« Si quoi? demanda Rachel.

– Il y a en vous une beauté », commença Richard. Un coup de tangage projeta Rachel légèrement en avant. Richard la saisit dans ses bras. Il la serra contre lui et l'embrassa avec tant de passion qu'elle sentit la fermeté de son corps et l'empreinte rugueuse de sa joue contre la sienne. Elle retomba dans son fauteuil avec des battements de cœur effroyables, dont chacun faisait monter des vagues noires jusque dans ses yeux.

Richard se prit le front à deux mains et dit :

« Vous me tentez. »

Sa voix avait quelque chose de terrifiant : il semblait étouffer à force de se contenir. Tous deux tremblaient. Rachel se leva et partit. Sa tête était froide, ses genoux défaillants, la douleur physique causée par son émoi lui laissait tout juste la force de se diriger au-dessus du plan où son cœur continuait à bondir. Appuyée à la lisse, elle en vint peu à peu à ne plus rien sentir, car une froideur l'envahissait maintenant, corps et âme. Au loin, entre les vagues, de menus oiseaux de mer se laissaient bercer, noirs et blancs. D'un mouvement plein de grâce et d'aisance, ils montaient et descendaient dans les creux, l'air singulièrement indifférent, détaché.

« Vous êtes en paix », dit-elle. Et la paix se fit en elle, en même temps que la soulevait un étrange transport de joie. La vie lui apparut pleine de possibilités infinies, insoupçonnées. Penchée sur le bastingage, elle se mit à regarder les eaux troubles et grises avec des points lumineux, négligemment semés sur les crêtes des vagues, jusqu'à ce qu'elle se sentît glacée et de nouveau parfaitement calme. Ce qui lui était arrivé n'en restait pas moins merveilleux.

A table cependant, son exaltation céda la place à une gêne : c'était comme si elle et Richard avaient entrevu ensemble quelque chose qui dans la vie courante demeure caché et qui fait qu'on ne tient pas à se regarder en face. Une seule fois, le regard embarrassé de Richard glissa sur elle et ce fut tout. Chacun élaborait avec effort les platitudes d'usage. Willoughby toutefois se montrait plein d'entrain.

« Un rosbif pour Mr. Dalloway, cria-t-il. Allez,

allez ! Après cette promenade, vous êtes parvenu au stade du rosbif. »

On écouta ensuite d'étonnantes histoires masculines, sur Bright et Disraeli, sur les gouvernements de coalition – d'étonnantes histoires qui avaient le don de faire paraître petits et insignifiants les personnages réunis autour de la table. Après le dîner, restée seule avec elle sous la grande suspension, Helen fut frappée par la pâleur de Rachel. Une fois de plus, elle se dit que l'attitude de la jeune fille avait quelque chose de bizarre.

« Tu as l'air fatigué. Tu te sens fatiguée ? demanda-t-elle.

– Pas fatiguée, répondit Rachel. Ah ! si, je crois que je suis fatiguée. »

Helen lui conseilla d'aller se coucher et elle partit sans avoir revu Richard. Elle devait être vraiment fatiguée car elle s'endormit aussitôt; mais après une heure ou deux de sommeil sans visions, elle se mit à rêver. Elle suivait dans son rêve un long tunnel qui se rétrécissait au point qu'elle en pouvait toucher de chaque côté les briques humides. Puis le tunnel s'élargit et devint un caveau où elle se trouva emmurée entre les briques, seule avec un petit personnage difforme aux ongles longs, accroupi par terre et qui marmottait des choses inintelligibles. Il avait l'air d'une bête avec un visage grêlé. L'eau suintait du mur derrière lui et formait des gouttes qui descendaient en glissant. Elle gisait immobile et froide comme la mort, n'osant pas remuer, jusqu'à ce que, se rejetant en travers du lit, elle mît fin à cette torture et se réveillât en criant :

« Oh ! »

La lumière lui montra des objets familiers : ses

vêtements tombés du fauteuil, le blanc brillant du pot à eau; mais l'horreur tardait à se dissiper. Se croyant toujours poursuivie, elle dut se lever et fermer la porte à clef, contre son habitude. Une voix la réclamait à grands cris; des yeux la convoitaient. Toute la nuit des hommes sauvages harcelèrent le bateau, se battant dans les couloirs, venant renifler à sa porte. Elle ne retrouva plus le sommeil.

CHAPITRE VI

« VOILÀ bien le tragique de l'existence, comme je dis toujours, s'écria Mrs. Dalloway. On n'a pas plus tôt commencé quelque chose que déjà il faut y mettre fin. En tout cas, je n'ai pas l'intention de mettre fin à *ceci,* si vous n'êtes pas d'un avis contraire ! »

C'était le matin, la mer était calme et le cargo avait jeté l'ancre à quelque distance d'un nouveau rivage.

Elle avait revêtu son long manteau de fourrure, enroulé des voiles autour de sa tête, les bagages luxueux s'entassaient une fois de plus les uns sur les autres, de sorte que la scène de l'autre jour se trouvait exactement reproduite.

« Vous croyez vraiment que nous nous reverrons à Londres ? fit Ridley, ironique. Vous n'aurez pas mis pied à terre, là-bas, que vous ne saurez déjà plus qui je suis ! »

Il désignait la côte de la petite baie où l'on voyait maintenant des arbres espacés agiter leurs branches.

« C'est affreux ce que vous dites ! Clarissa riait. Rachel en tout cas viendra me voir, dès que vous serez de retour, ajouta-t-elle, pressant le bras de la jeune fille. Voilà. Vous n'aurez plus d'excuse. »

Avec son porte-mine d'argent, elle inscrivit son nom et son adresse sur la page de garde de *Persuasion* et remit le volume à Rachel. Les matelots hissaient les bagages sur leurs épaules, un groupe se formait : le capitaine Cobbold, Mr. Grice, Willoughby, Helen et un obscur personnage en jersey bleu, dont l'attitude exprimait la reconnaissance.

« Allons, il faut partir, dit Clarissa. Au revoir, je vous aime vraiment », murmura-t-elle en embrassant Rachel.

Le passage étant encombré, Richard se trouva dispensé de serrer la main de Rachel. Il prit soin de lui adresser, l'espace d'une seconde, un regard très cérémonieux avant de descendre à la suite de sa femme contre le flanc du bateau.

Pendant quelques minutes, accoudés à la lisse, Helen, Ridley et Rachel suivirent des yeux la barque qui s'éloignait vers la côte. Une seule fois Mrs. Dalloway se retourna pour leur faire signe. Mais la barque diminuait à vue d'œil; bientôt elle cessa de danser sur les vagues et l'on ne distingua plus que deux dos résolument tournés.

« Bon. Voilà qui est fini », dit Ridley après un silence prolongé. Et, se tournant pour aller retrouver ses livres, il ajouta : « Ces gens-là, nous ne les reverrons plus jamais. »

Un sentiment de vide et de tristesse s'emparait d'eux. Au fond de leurs cœurs ils avaient conscience d'une chose finie, d'une séparation décisive, et ils en demeuraient plus affectés que ne semblait le justifier la durée d'une telle rencontre. A peine le cargo eut-il repris sa route que déjà des aspects nouveaux, des sonorités différentes se substituaient peu à peu à la présence des Dalloway; et cette impression était si pénible que chacun s'efforça de la combattre, sachant bien que lui-même serait pareillement oublié.

Avec un souci très semblable à celui de Mrs. Chailey, qui, en bas, nettoyait une coiffeuse jonchée de pétales de rose fanés, Helen procéda au rétablissement de l'ordre troublé par les visiteurs. Rachel, dans sa torpeur et son inertie manifestes, s'offrait comme une proie facile pour laquelle, d'ailleurs, un piège était déjà en quelque sorte préparé par Helen. Celle-ci ne doutait presque plus qu'il se fût passé quelque chose. Par ailleurs, elle se disait qu'il était temps d'établir entre elles deux des rapports plus intimes. Elle était curieuse de connaître la jeune fille – désir évidemment stimulé en partie par le fait que Rachel ne tenait pas à être connue. Comme elles s'éloignaient du bastingage, Helen proposa donc :

« Viens causer avec moi au lieu de faire tes exercices. »

Et elle l'entraîna vers l'endroit abrité du pont, où des chaises longues attendaient au soleil. Rachel la suivit nonchalamment. Elle était tout entière absorbée par Richard, par l'étrangeté de son aventure, par mille sensations qu'elle n'avait encore jamais éprouvées. Elle n'essaya même pas d'écouter les propos de Helen, qui multipliait des banalités à titre d'entrée en matière. Tandis que Mrs. Ambrose disposait son ouvrage, suçait son brin de soie, enfilait son aiguille, elle restait étendue, regardant l'horizon. Helen demanda d'un air détaché :

« Tu les as trouvés bien, ces gens-là ?

– Oui, répondit Rachel sans aucune expression.

– Tu as causé avec lui, n'est-ce pas ?

– Il m'a embrassée », dit Rachel sur le même ton.

Helen sursauta, la regarda, mais ne parvint pas à comprendre ce qu'elle pouvait ressentir.

« Hem... oui, fit-elle après un silence. Je pensais bien que c'était un homme de ce genre.

– De quel genre ?

– Prétentieux et sentimental.

– Il me plaisait, dit Rachel.

– Alors cela ne t'a pas fâchée ? »

Pour la première fois depuis qu'elle la connaissait, Helen vit s'illuminer le regard de sa nièce.

« Si, cela m'a fâchée, fit celle-ci avec véhémence. J'ai fait des rêves. Je n'ai pas pu dormir.

– Raconte-moi ce qui s'est passé », dit Helen. Il lui fallut contrôler les mouvements de ses lèvres en écoutant le récit que Rachel lui fit tout d'un trait, avec beaucoup de sérieux et un manque absolu du sens de l'humour.

« Nous parlions politique. Il me racontait ce qu'il avait fait pour les pauvres, je ne sais plus où. Je lui posais toutes sortes de questions. Il m'a parlé de sa vie à lui. Avant-hier après la tempête il est entré chez moi. C'est alors que cela s'est passé, comme ça, tout à coup. Il m'a embrassée. Je ne sais pas pourquoi. »

Ses joues s'empourpraient à mesure qu'elle parlait. Elle reprit :

« Cela m'a beaucoup agitée. Mais je ne lui en ai pas voulu sur le moment. Seulement plus tard, quand... (Elle s'arrêta et revit l'image du petit gnome bouffi.) J'étais terrorisée. »

L'expression de son regard montrait bien que cette terreur persistait. Helen ne trouvait rien à dire. Le peu qu'elle savait de l'éducation de Rachel lui faisait supposer qu'on l'avait tenue dans une complète ignorance des rapports entre les deux sexes. Intimidée comme elle l'était toujours devant les femmes, – mais pas devant les hommes – Helen hésitait à lui expliquer ces rapports. Elle choisit donc un autre procédé, qui consistait à minimiser toute cette aventure.

« Enfin, dit-elle, c'était idiot de sa part et, à ta place, je n'y penserais plus.

– Non, fit Rachel, se redressant tout à coup, je ne ferai pas cela. J'y penserai jour et nuit, jusqu'à ce que je trouve ce que cela signifie exactement.

– Tu ne lis donc jamais ? hasarda Helen.

– Les *Lettres de Cowper,* des choses comme ça, que mon père m'apporte, ou mes tantes. »

Helen se retenait à grand-peine d'exprimer tout haut son avis sur un père qui élève sa fille de telle sorte qu'à vingt-quatre ans elle ignore que les hommes désirent les femmes et succombe à la terreur devant un baiser. Elle se disait avec raison que Rachel avait dû se montrer d'un ridicule achevé.

« Tu ne connais pas beaucoup d'hommes ? demanda-t-elle.

– Mr. Pepper, fit Rachel, ironique.

– Et personne n'a jamais songé à t'épouser ?

– Non », répondit ingénument la jeune fille.

Helen réfléchissait : comme elle venait de le déclarer, Rachel allait s'appliquer à tirer les choses au clair; mieux valait donc essayer de l'aider.

« Cela ne devrait pas t'effrayer, dit-elle. C'est ce qu'il y a de plus naturel au monde. Les hommes s'obstinent toujours à vous embrasser, aussi bien qu'ils s'obstinent à vous épouser. Ce qui est fâcheux, c'est qu'on prête à cela des proportions exagérées, tout comme on attache de l'importance aux bruits que les gens font en mangeant, à l'habitude qu'ont les hommes de cracher, enfin à tous ces petits détails énervants. »

Rachel ne semblait pas écouter ces remarques.

« Dis-moi, fit-elle de but en blanc, qu'est-ce que c'est que ces femmes dans Piccadilly ?

– Dans Piccadilly ? Ce sont des prostituées.

– Mais c'est affreux ! Mais c'est dégoûtant ! s'écria Rachel avec conviction, comme si elle englobait Helen dans son ressentiment.

– Bien sûr, mais...

– Je l'aimais bien, songeait tout haut Rachel. J'avais envie de lui parler, de savoir ce qu'il avait fait. Les femmes du Lancashire... »

A mesure qu'elle évoquait leur entretien, il lui semblait retrouver quelque chose d'attirant chez Richard, quelque chose de précieux dans leur ébauche d'amitié, quelque chose d'étrangement pitoyable dans la façon dont ils s'étaient séparés.

Ce changement d'humeur n'échappa point à Helen.

« Vois-tu, commença-t-elle, il faut prendre les choses comme elles sont. Quand on recherche l'amitié des hommes, il faut en accepter les risques. Personnellement (elle ne put s'empêcher de sourire), je crois que cela en vaut la peine ; cela m'est égal qu'on m'embrasse. Je suis même jalouse peut-être de ce que Mr. Dalloway t'ait embrassée, toi et pas moi. Pourtant, ajouta-t-elle, Dieu sait si je le trouvais ennuyeux. »

Rachel cependant ne répondait ni au sourire de sa tante ni à sa suggestion de considérer l'affaire comme réglée. Son cerveau travaillait avec une hâte désordonnée, douloureuse. Les propos de Helen venaient d'abattre de gros blocs qui se dressaient depuis toujours devant elle et la clarté qu'ils n'interceptaient plus était froide. Silencieuse d'abord, le regard fixe, elle éclata tout à coup :

« C'est donc pour cela que je ne dois pas me promener toute seule ! »

Sous cet éclairage nouveau, sa vie lui apparut pour la première fois comme une chose rampante, prisonnière, soigneusement confinée entre de hautes murailles, tantôt repoussée à l'écart, tantôt plongée dans l'obscurité, décolorée, estropiée à jamais – sa vie, la seule chance qui lui fût donnée... Mille propos, mille actions prirent soudain tout leur sens à ses yeux.

« Parce que les hommes sont des brutes ! Je déteste les hommes ! s'écria-t-elle.

– Mais tu disais que tu l'aimais bien, remarqua Helen.

– Je l'aimais bien, et j'aimais bien qu'il m'embrasse », répondit Rachel, laissant entendre que cela ne faisait qu'augmenter les difficultés de son problème.

Helen s'étonnait de voir à quel point le choc reçu et le problème qu'il suscitait étaient profonds ; mais pour aplanir les difficultés, elle ne trouvait pas d'autre moyen que la parole. Elle cherchait à faire parler sa nièce, afin de comprendre comment ce politicien affable, superficiel et plutôt quelconque, avait pu lui laisser une si forte impression ; car, vraiment, pour une personne de vingt-quatre ans, cela n'était guère naturel.

« Et Mrs. Dalloway, tu l'aimais bien aussi ? »

Elle vit que sa question faisait rougir la jeune fille au souvenir des inepties qu'elle avait pu raconter et de sa mauvaise action à l'égard de cette femme exquise. Mrs. Dalloway ne lui avait-elle pas dit, en effet, qu'elle aimait son mari ?

« Elle était bien gentille, continua Helen, mais quelle écervelée ! Je n'ai jamais entendu proférer autant de sottises : les poissons, l'alphabet grec, et patati et patata, sans jamais rien écouter de ce que disent les autres... Bourrée de principes stupides sur l'éducation des enfants. J'aimais encore mieux sa conversation à lui. C'était ampoulé, mais il comprenait au moins ce qu'on avait à lui dire. »

L'éclat qui revêtait aussi bien Clarissa que Richard commençait insensiblement à pâlir. Une personne mûre ne leur avait donc rien trouvé de si extraordinaire...

« C'est très difficile de savoir ce que les gens sont au fond, dit Rachel, et Helen constata avec plaisir que son ton était plus naturel.

– Je me suis trompée, je suppose. »

Pour Helen, cela ne faisait pas l'ombre d'un doute, mais elle se contint et se dit seulement :

« Chacun a ses expériences à faire.

– D'ailleurs, ils étaient vraiment très bien, dit Rachel, extraordinairement intéressants ! »

Elle essayait de recréer l'image du monde tel que le lui avait présenté Richard : une chose vivante, avec des canalisations en guise de nerfs et des maisons pareilles à des plaques de peau malade. Elle se répétait ses mots d'ordre : Unité. Imagination. Elle revoyait les bulles se grouper dans sa tasse de thé pendant qu'il parlait de sœurs et de canaris, de son enfance et de son père, élargissant miraculeusement son petit domaine à elle.

« Mais les gens ne te paraissent pas tous également intéressants, n'est-ce pas ? » demanda Mrs. Ambrose.

Rachel expliqua que jusque-là la plupart des gens étaient pour elle des symboles, mais qu'ils cessaient de l'être dès qu'ils se mettaient à parler; ils devenaient alors...

« Oh ! je pourrais les écouter jusqu'à la fin de

mes jours ! » s'écria-t-elle, après quoi elle se leva d'un bond, disparut dans l'escalier un instant et revint avec un gros volume rouge qu'elle posa sur les genoux de Helen.

« *Who's Who*[1], annonça-t-elle, commençant à le feuilleter. On y trouve de petites biographies. Par exemple : « Sir Roland Beal, né en 1852. Famille « originaire de Moffat. Etudes à Rugby. Reçu pre- « mier aux R.E.[2]. Epouse en 1878 la fille de « T. Fishwick. Campagne au Bechuanaland « 1884-1885 (citation). Clubs : *United Service,* « Naval et Militaire. Distractions préférées : fer- « vent du curling. »

Assise par terre aux pieds de Helen, elle continuait à tourner les pages et à lire des résumés d'existences de banquiers, d'écrivains, d'ecclésiastiques, de marins, de magistrats, de professeurs, de ministres, d'éditeurs, de philanthropes, de négociants et d'actrices, indiquant les clubs dont ils faisaient partie, les endroits où ils résidaient, les jeux qu'ils pratiquaient, les quantités de terre qu'ils possédaient.

Cette lecture l'absorbait entièrement. Helen, pendant ce temps, s'appliquait à sa broderie et réfléchissait aux propos qu'elles venaient d'échanger. Pour conclure, elle se dit qu'elle aimerait, si possible, apprendre à vivre à sa nièce, ou, selon sa formule, lui apprendre à se comporter en personne raisonnable. Il devait y avoir quelque chose d'inadmissible, pensait-elle, dans ce quiproquo entre la politique et les politiciens qui vous embrassent; quelqu'un de plus mûr devait pouvoir y intervenir utilement.

1. Sorte de *Bottin mondain* anglais.
2. *Royal Engineers.*

« Je suis bien de ton avis, dit-elle, les gens sont très intéressants; seulement... »

Rachel glissa un doigt entre les pages et leva des yeux interrogateurs.

« Seulement, il convient, je crois, d'établir une discrimination, acheva Helen. C'est dommage de se lier avec des personnes... enfin, de second ordre, comme les Dalloway, et de s'en apercevoir après coup.

– Mais comment peut-on savoir ? » demanda Rachel.

Helen réfléchit un instant, puis avoua avec franchise :

« Je n'en sais rien. C'est à toi de le découvrir. Essaie et... Pourquoi ne m'appelles-tu pas Helen ? « Tante », c'est un mot affreux. Je n'ai jamais pu souffrir mes tantes.

– J'aimerais bien t'appeler Helen, dit Rachel.

– Est-ce que tu me trouves trop peu compréhensive ? »

Rachel passa en revue les points sur lesquels Helen avait manifestement manqué de compréhension. Ils relevaient en général d'une différence d'âge – pas loin de vingt ans – qui faisait paraître Mrs. Ambrose trop ironique, trop froide devant une question de cette importance.

« Non, dit-elle. Il y a des choses que tu ne comprends pas, naturellement.

– Naturellement », acquiesça Helen. Puis elle ajouta : « Il ne te reste plus qu'à te lancer et à devenir quelqu'un pour ton propre compte. »

L'image de sa personnalité propre, de soi-même comme entité réelle, perpétuelle, différente de toutes les autres, irrépressible autant que la mer ou le vent, se projeta en éclair dans l'esprit de Rachel et l'idée de vivre la bouleversa profondément.

« Je peux être moi-même, bégaya-t-elle, malgré toi, malgré les Dalloway et Mr. Pepper, et mon père et mes tantes, malgré ceux-là ? »

Elle balaya de la main toute une page d'hommes d'Etat et de militaires.

« Malgré tous ceux-là », répondit gravement Helen. Puis elle abandonna son aiguille pour exposer un projet dont l'idée lui était venue pendant cet entretien. Au lieu de continuer le voyage en remontant l'Amazone pour arriver à quelque port tropical qui sent le soufre et où l'on ne peut que rester étendu dans un coin, à chasser les mouches avec un éventail, il serait bien plus raisonnable que Rachel vînt passer la saison dans leur villa au bord de la mer, où, entre autres avantages, elle aurait la présence de Mrs. Ambrose qui pourrait...

« Au fond, Rachel, reprit-elle après une interruption, c'est idiot de prétendre que nous ne pouvons nous expliquer comme des êtres humains, sous prétexte qu'il y a vingt ans de différence entre nous.

– Non, dit Rachel. Sous prétexte que nous avons de l'affection l'une pour l'autre.

– C'est cela », confirma Mrs. Ambrose.

Ce fait, ainsi que d'autres encore, leur était clairement apparu pendant les vingt minutes de leur entretien, sans qu'il eût été possible toutefois à l'une ou à l'autre de définir ce qui les avait amenées à de telles conclusions. Celles-ci en tout cas étaient assez positives, assez sérieuses pour que, dès le lendemain ou le surlendemain, Mrs. Ambrose cherchât à voir son beau-frère. Elle le trouva en train de travailler dans sa cabine, appuyant avec autorité un gros crayon bleu sur des liasses de papier translucide. Des papiers s'entassaient à sa droite, à sa gauche; de grandes enveloppes en étaient bourrées au point d'en dégorger sur la table. Au-dessus de lui était accrochée la photographie en buste d'une femme. L'obligation de rester parfaitement immobile devant un photographe à l'œil faubourien avait fait faire à cette femme une drôle de petite moue; ses yeux, pour la même raison, exprimaient la conscience du ridicule de cette scène. On se sentait néanmoins en présence d'une femme intéressante, douée de personnalité et qui sans aucun doute aurait ri en voyant Willoughby si leurs regards s'étaient rencontrés. Mais quand il leva les yeux vers elle, ce fut avec un profond soupir. Dans son esprit, son œuvre tout entière, ses grandes manufactures de Hull, qui dans l'obscurité prenaient des airs de montagnes, ses bateaux qui traversaient avec ponctualité l'océan, ses projets de combinaisons multiples en vue de créer un groupe compact d'industries, tout cela était une offrande à sa femme; ses succès, il les déposait à ses pieds; sa fille, il se préoccupait de l'élever d'une manière qui eût satisfait Theresa. C'était un homme de grandes ambitions. Et, bien que, selon Helen, il n'eût guère gâté sa femme de son vivant, il demeurait persuadé qu'elle veillait sur lui du haut du ciel et inspirait ses actions les meilleures.

Mrs. Ambrose s'excusa de l'interrompre et exprima le désir de lui soumettre un projet. Consentirait-il à confier sa fille à ses oncle et tante à la prochaine escale, au lieu de l'emmener avec lui pour remonter l'Amazone?

« Nous en prendrions le plus grand soin, ajouta-t-elle, et ce serait un grand plaisir pour nous. »

Willoughby, l'air très grave, rangea méthodiquement ses papiers. Au bout d'un moment il dit :

« C'est une brave petite... Elle rappelle un peu... ? »

Il hocha la tête en regardant le portrait de Theresa et poussa un soupir. Helen voyait une Theresa qui pinçait les lèvres devant un photographe des faubourgs londoniens. Par une absurde réaction humaine, elle éprouva une envie folle de partager avec elle quelque bonne plaisanterie.

« Je n'ai plus qu'elle, soupirait Willoughby. Les années passent sans que nous parlions jamais de ces choses-là... (Il s'interrompit)... Mais cela vaut mieux... N'empêche que la vie est bien dure. »

Compatissante, Helen lui tapota l'épaule. Mais cela la gênait d'entendre son beau-frère exprimer ses sentiments; aussi préféra-t-elle faire l'éloge de Rachel et expliquer en quoi son projet lui paraissait susceptible d'aboutir à un bon résultat.

« En effet, dit Willoughby quand elle eut terminé. Comme société, elle ne trouverait forcément qu'un entourage très primitif. Je serai absent la plupart du temps. J'avais consenti à cela parce qu'elle le désirait. Bien entendu, j'ai en vous une confiance absolue... Voyez-vous, Helen (il prit un ton confidentiel), je tiens à l'élever comme sa mère l'aurait souhaité. Je ne partage pas ces principes modernes – pas plus que vous-même, hein ? Rachel est une bonne fille tranquille, qui ne pense qu'à sa musique – si elle en faisait moins, d'ailleurs, cela n'en vaudrait que mieux. Enfin cela l'occupe agréablement et notre existence à Richmond est bien monotone. Je voudrais qu'elle commençât à voir un peu plus de monde. J'ai l'intention de la sortir quand nous serons de retour. Je songe même à louer une maison à Londres, tandis que mes sœurs resteraient à Richmond. Je la présenterais alors à quelques personnes auprès de qui, étant ma fille, elle trouverait bon accueil. Je commence à comprendre, poursuivit-il en se redressant, que tout s'oriente pour moi vers le Parlement, Helen. C'est le seul moyen d'obtenir que les choses soient menées à bien comme on le désire. J'en ai parlé avec Dalloway. Et si cela se fait, il faudra que Rachel ait un rôle plus actif. Il y aura nécessairement des réceptions, des dîners, des soirées à donner de temps en temps. Les électeurs demandent à être gavés, paraît-il. Sous tous ces rapports, le concours de Rachel me serait fort utile. Je serais donc très heureux si, au cas où ce séjour s'arrangerait (sur des bases pratiques, bien entendu), vous trouviez le moyen d'aider ma fille, de la sortir – elle est encore un peu timide –, d'en faire une femme, une femme telle que sa mère aurait voulu qu'elle devienne », conclut-il avec un mouvement de tête du côté de la photographie.

L'égoïsme de Willoughby, bien que mêlé d'une réelle affection pour sa fille, décida Helen à emmener celle-ci, dût-elle pour cela s'engager à lui faire suivre un cours complet sur les grâces féminines. Elle ne put s'empêcher de rire à l'idée d'une Rachel présidant un salon de conservateurs. Et, confondue de voir jusqu'où peut aller l'ignorance d'un père, elle se retira.

Consultée à ce sujet, Rachel manifesta moins d'enthousiasme que sa tante ne l'eût souhaité. Excitée un instant, elle devenait perplexe aussitôt. Elle était obsédée par les visions d'un grand fleuve tantôt bleu, tantôt jaune sous le soleil tropical et les vols d'oiseaux rutilants, puis blanc au clair de lune ou envahi par l'ombre, avec des arbres qui bougent et des canots qui s'éloignent du désordre végétal des rivages. Helen lui promit un fleuve. D'autre part, Rachel ne voulait pas quitter son père, et ce sentiment paraissait avoir aussi sa valeur. Helen finit par obtenir gain de cause, ce qui ne l'empêcha pas d'éprouver des doutes ensuite, et de regretter plus d'une fois l'impulsion qui lui valait un enchevêtrement de son existence avec les destinées d'une autre créature humaine.

CHAPITRE VII

De loin, l'*Euphrosyne* paraissait très petite. En la regardant du haut des grands transatlantiques avec des lunettes d'approche on la prenait pour un caboteur, pour un cargo ordinaire ou même pour un de ces misérables petits transports où les passagers roulent sur le pont pêle-mêle avec le bétail. Pareilles à des insectes, les silhouettes des Dalloway, des Ambrose et des Vinrace prêtaient à rire, elles aussi, en raison de leur extrême petitesse. A moins d'avoir des verres très puissants on devait même se demander si c'étaient là des créatures vivantes ou de simples renflements parmi les agrès. Mr. Pepper avec toute son érudition passa d'abord pour un cormoran, puis, avec une égale injustice, pour une vache. Le soir cependant, quand les valses tourbillonnaient au salon et que de talentueux passagers déclamaient des poèmes, le petit navire, réduit à quelques grains de lumière parmi les vagues sombres et à un feu suspendu en l'air au sommet du mât, s'enveloppait de mystère et de prestige aux yeux des danseurs qui prenaient le frais sur le pont. Il devenait le vaisseau qui passe dans la nuit, l'emblème de la solitude humaine dans l'existence; il incitait à des confidences ambiguës, provoquait de soudains appels à la sympathie.

Inlassablement, jour et nuit, il poursuivait son chemin jusqu'à ce qu'un matin se levât et fît apparaître la terre. Celle-ci commença par perdre son aspect de fantôme pour se montrer montagneuse et creusée de vallées, puis teintée de gris et de pourpre, puis semée de masses blanches qui peu à peu se séparèrent, et qui, avec le progrès du bateau agissant sur cette vue comme une lunette de plus en plus forte, devinrent des maisons en bordure de rues. Vers neuf heures, l'*Euphrosyne* jetait l'ancre au milieu d'une grande baie. Aussitôt, comme s'il s'agissait d'examiner un géant tombé là, un essaim de petites barques vint l'entourer. Le bateau résonnait de clameurs, des hommes lui sautaient dessus, faisant frémir le pont sous leurs pieds. L'îlot solitaire se trouvait envahi de toutes parts et après quatre semaines de silence, le bruit des voix humaines était effarant. Seule Mrs. Ambrose restait insensible à cette agitation. Elle avait pâli d'impatience tandis que la barque du courrier approchait. Puis, absorbée par la lecture des lettres, elle ne s'aperçut même pas qu'elle quittait l'*Euphrosyne* et ne s'émut guère lorsque le bateau mugit par trois fois comme une vache qu'on sépare de son veau.

« Les enfants vont bien ! » cria-t-elle.

Mr. Pepper, qui lui faisait vis-à-vis avec un amas de sacs et de couvertures sur les genoux, répondit :

« Excellente nouvelle ! »

Rachel, pour qui la fin du voyage représentait un changement total de perspective, était trop désemparée à l'approche de la côte pour comprendre de quels enfants il était question et pourquoi la nouvelle était excellente. Helen continua sa lecture.

Très lentement, se dressant d'une façon exagérée pour franchir chaque vague, la petite barque gagnait une demi-lune de sable blanc. Derrière celle-ci on voyait une profonde vallée verte entre des collines nettement dessinées. Sur la pente de droite, des maisons blanches aux toits bruns étaient nichées comme des oiseaux de mer; par endroits, des cyprès rayaient de traits noirs la colline. Des montagnes dont les flancs se teintaient de rouge, mais dont les sommets étaient nus, s'élevaient en pointe, masquant à moitié d'autres pointes qui surgissaient derrière elles. A cette heure encore matinale, l'ensemble était d'une légèreté, d'une transparence exquises. Les bleus et les verts du ciel et des arbres n'avaient rien d'accablant malgré leur intensité. De plus près, quand on put distinguer les détails, l'effet produit par la terre dans toute la minutie de ses formes, de ses couleurs, des divers aspects de sa vie devint si saisissant que chacun demeura silencieux.

« Il y a environ trois cents ans de cela », dit enfin Mr. Pepper d'un air méditatif.

Comme personne ne demandait : « de quoi ? » il se contenta de sortir un flacon et d'avaler une pilule. Le renseignement qu'il devait ainsi refouler en lui-même concernait le fait que trois cents ans plus tôt cinq embarcations élisabéthaines avaient jeté l'ancre à l'endroit où maintenant se balançait l'*Euphrosyne*. L'avant hors de l'eau sur la grève, un nombre égal de galions espagnols attendaient leurs équipages absents, car le pays était encore une terre vierge, abritée derrière un voile. Se glissant sur les vagues, les marins anglais raflaient cependant des lingots d'argent, des ballots de toile, des troncs de cèdre, des crucifix d'or cloutés d'émeraudes. Une bagarre s'ensuivit lorsque les Espagnols reparurent après leur beuverie. Piétinant dans le sable, chacun des deux adversaires cherchait à repousser l'autre dans le ressac. Les Espagnols, alourdis d'avoir trop goûté aux fruits d'une terre miraculeuse, s'effondraient en masse; les robustes Anglais, au contraire, bronzés par les traversées, hirsutes faute d'avoir de quoi se raser, avec leurs muscles de fer, leurs dents avides de viande, leurs doigts impatients d'empoigner l'or, expédiaient les blessés, rejetaient les mourants à la mer, plongeaient les autochtones dans un ébahissement superstitieux. Une colonie s'établit à cet endroit; on importa des femmes, on vit grandir des enfants. Tout semblait concourir à cette expansion de l'Empire britannique et s'il avait existé au temps de Charles Ier des hommes pareils à Richard Dalloway, la carte du pays, sans nul doute, serait rouge à l'endroit que colore aujourd'hui un vert haïssable. Mais il est à présumer que la mentalité politique de l'époque manquait d'imagination car, faute simplement de quelques milliers de livres et de quelques milliers d'hommes, l'étincelle destinée à un embrasement général s'éteignit. De l'intérieur accoururent les Indiens avec leurs poisons subtils, leurs nudités, leurs idoles peintes; de la mer surgirent les Espagnols assoiffés de vengeance, les rapaces Portugais; assaillis par tous ces ennemis, malgré l'extraordinaire douceur du climat et la richesse du sol, les Anglais périclitèrent peu à peu jusqu'à disparaître presque entièrement. Une nuit, vers le milieu du XVIIe siècle, une corvette isolée, après avoir attendu le moment propice, quitta le port sans bruit, emportant dans ses flancs tout ce qui restait de la grande colonie britannique – une poignée d'hommes et de femmes et une douzaine environ d'enfants basanés. Aussi l'histoire d'Angleterre prétend-elle n'avoir aucune connaissance de ces lieux. Pour une raison ou une autre, la civilisation transporta son objectif à quelque quatre ou cinq cents milles de là, vers le sud, et Santa Marina aujourd'hui ne dépasse guère en importance ce qu'elle était il y a trois cents ans. Sa population représente un heureux compromis entre pères portugais et mères indiennes dont les enfants se marient avec des Espagnols. S'ils font venir leurs charrues de Manchester, leurs lainages en revanche proviennent de leurs propres moutons, leur soie de leurs propres vers, leurs meubles de leurs propres cèdres, de sorte qu'au point de vue des arts et des métiers le pays n'a guère évolué depuis le siècle d'Elizabeth.

Il n'est pas aussi facile d'expliquer et il ne sera peut-être jamais élucidé dans les livres d'histoire pour quelles raisons, au cours de ces dix dernières années, des Anglais ont à nouveau traversé l'océan et fondé une petite colonie à cet endroit. A part les facilités du voyage, la tranquillité, les avantages commerciaux, etc., il faut noter le fait que les Anglais commençaient à se fatiguer des vieux pays et des quantités de pierres sculptées, de vitraux, de somptueuse peinture brune qu'ils offrent au touriste. Cette recherche de nouveauté débuta, cela va sans dire, par de très rares initiatives, émanant d'un milieu restreint, suffisamment fortuné. Quelques instituteurs avaient pu obtenir le passage gratuit en Amérique du Sud comme commissaires à bord de navires marchands. En rentrant pour le début du trimestre d'été, ils décrivaient les délices et les rigueurs de la navigation, les lubies des capitaines, les splendeurs des nuits et des aubes, les merveilles des sites – récits qui enchantaient les profanes et qui parfois trouvaient le chemin de la publicité. Quant au pays lui-même, tout leur talent d'évocation ne suffisait pas à le dépeindre, car il était, disaient-ils, beaucoup plus étendu que l'Italie et d'une noblesse plus réelle que celle de la Grèce. Les indigènes, déclaraient-ils par ailleurs, étaient d'une beauté surprenante, d'une stature élevée, bruns, passionnés et prompts à jouer du couteau. Le pays leur avait paru neuf, abondant en objets d'une beauté originale, en foi de quoi ils exhibaient des foulards dont se coiffent les femmes et des bois sculptés primitifs, avec des verts et des bleus éclatants. Insensiblement, capricieuse comme toujours, la mode gagna du terrain. En toute hâte on transforma en hôtel un ancien monastère, tandis qu'une ligne de navigation bien connue modifiait son parcours pour la plus grande commodité des voyageurs.

Par une curieuse coïncidence, il se trouvait que le moins recommandable des frères de Helen Ambrose avait été expédié, quelques années plus tôt, précisément dans ce pays devenu populaire depuis lors, afin d'y chercher fortune, ou du moins afin de rompre le contact avec les courses de chevaux. Bien souvent, appuyé à une colonne de sa véranda, il avait vu arriver dans la baie des vapeurs anglais avec leurs instituteurs anglais transformés en commissaires. Ses moyens lui permettant enfin de prendre des vacances loin d'un endroit dont l'ennui l'excédait, il offrit de mettre à la disposition de sa sœur sa villa située au flanc d'une montagne. Helen de son côté n'était pas restée insensible aux évocations d'un monde nouveau, où il y avait toujours du soleil et jamais le moindre brouillard. L'occasion qui se présentait, au moment même où elle et son mari désiraient passer l'hiver quelque part hors d'Angleterre, était trop belle pour qu'on la négligeât. Elle résolut donc d'accepter l'invitation de Willoughby pour la traversée, de confier ses enfants à leurs grands-parents et de mettre tout son cœur dans cette expérience.

Dans une voiture bruyante, attelée de chevaux aux longues queues, couronnés de plumes de faisan entre les deux oreilles, les Ambrose, Mr. Pepper et Rachel quittèrent le port. La chaleur augmentait avec la montée. On traversa la ville où les hommes semblaient occupés à battre du cuivre et à crier : « De l'eau! »; où le chemin se trouvait tantôt obstrué par des mulets, tantôt dégagé à grand renfort de cris et de coups de fouets; où les femmes marchaient nu-pieds, balançant des corbeilles sur la tête; où les infirmes s'empressaient d'exhiber leurs difformités. Cela se termina par des prairies vertes, en escarpement, pas assez vertes d'ailleurs pour qu'on n'aperçût pas le sol. De grands arbres ombrageaient maintenant, sauf au milieu, la route au long de laquelle courait un torrent de montagne, si peu profond et si impétueux que ses eaux s'entrelaçaient comme une natte dans leur précipitation. On montait toujours. Ridley et Rachel finirent par suivre la voiture à pied. Ensuite on tourna dans une ruelle jonchée de pierres et Mr. Pepper leva sa canne en silence pour indiquer un arbuste qui portait parmi son feuillage clairsemé une volumineuse fleur pourpre. Enfin, au petit trot cahoteux, on parvint au bout de la dernière étape.

La villa était une spacieuse maison blanche qui, comme la plupart des habitations continentales, prenait aux yeux des Anglais un aspect de fragilité branlante et d'absurde frivolité – un kiosque dans un jardin public plutôt qu'un édifice où l'on dort. Le jardin réclamait d'urgence l'intervention du jardinier. Les buissons agitaient leurs branches au-dessus des allées et l'on pouvait compter les brins d'herbe séparés par des espaces de terre. Sur un emplacement circulaire, devant la véranda, des fleurs rouges se penchaient hors de deux vases craquelés qui flanquaient une fontaine de pierre, desséchée au soleil. A cette partie circulaire du jardin succédait une partie oblongue où le jardinier ne devait manier le sécateur que pour couper de temps en temps un rameau fleuri à l'intention de sa bonne amie. Quelques grands arbres y répandaient leur ombre et des arbustes en boule avec des fleurs de cire s'alignaient, pressant leurs têtes les unes contre les autres. Un jardin tapissé de gazon bien uni, encadré de haies touffues, plein de fleurs éclatantes dans des corbeilles surélevées, tel que nous en abritons derrière nos murs d'Angleterre, eût paru déplacé au flanc de cette colline nue. Ici, on n'avait à se protéger contre aucune laideur, aussi la villa regardait-elle tout droit vers la mer, par-dessus le contrefort que striaient des rangées d'oliviers.

Mrs. Chailey se montra affectée à l'extrême par le manque de tenue de l'ensemble. Pas de persiennes pour se garantir du soleil, mais pas de meubles non plus – ou si peu ! – que le soleil risquerait d'abîmer. Debout dans le vestibule de pierre, considérant l'escalier d'une largeur imposante, mais fendillé et dépourvu de tapis, elle émit l'opinion qu'il devait y avoir là des rats gros comme des fox-terriers de chez elle, et aussi qu'en tapant du pied un peu fort on traverserait certainement le plancher. Quant à l'eau chaude... sur ce point, le résultat de ses investigations lui faisait perdre l'usage de la parole.

« La malheureuse! murmura-t-elle devant la brune servante espagnole qui les avait reçus, entourée de porcs et de poules. Quoi d'étonnant si elle n'a pas figure humaine! »

Maria reçut le compliment avec la grâce exquise des Espagnoles. Chailey était d'avis qu'il eût été préférable de demeurer à bord d'un bateau anglais; cependant, elle n'avait besoin de personne pour lui rappeler que le devoir lui commandait de rester là.

L'installation terminée, quand on en vint à envisager les occupations quotidiennes, on commença à chercher les mobiles qui avaient poussé Mr. Pepper à se joindre aux Ambrose et à élire domicile sous leur toit. Quelques jours avant d'arriver, on s'était appliqué à faire valoir à ses yeux les attraits de l'Amazone.

« Cet immense cours d'eau! commençait Helen, le regard extasié devant les cataractes imaginaires. Ce n'est pas l'envie qui me manque de vous accompagner, Willoughby. Si seulement je le pouvais! Représentez-vous ces couchers de soleil, ces levers de lune! Les couleurs doivent être fantastiques!

– Il y a des paons sauvages, hasardait Rachel.

– Et des merveilles d'animaux aquatiques, affirmait Helen.

– On pourrait découvrir un reptile inconnu, reprenait Rachel.

– Il va y avoir sûrement une révolution », renchérissait Helen.

L'effet de ces stratagèmes se trouva quelque peu atténué par Ridley qui, après avoir considéré

Pepper pendant un instant, soupira bien haut : « Pauvre vieux! » tout en fondant dans son for intérieur des espoirs sur la malveillance féminine.

Toujours est-il que Pepper resta parmi eux six jours entiers, apparemment satisfait, s'amusant avec un microscope et un carnet de notes dans un des nombreux salons peu meublés. Mais vers la fin du septième jour, à table, il manifesta une nervosité insolite. La table était placée entre deux hautes fenêtres dont on avait, sur l'ordre de Helen, écarté les rideaux. Sous ces climats, la nuit s'abattait avec la rapidité d'un coup de couteau, et l'on voyait alors la ville, tout en bas, s'épanouir en cercles ou en séries de points lumineux. Des bâtiments qu'on ne distinguait pas en plein jour devenaient visibles, tandis que la mer, à en juger par les feux mouvants des bateaux, déferlait exactement au-dessus de la terre. Cette vue remplissait le même office qu'un orchestre dans un restaurant londonien : elle meublait le silence. William Pepper observa quelque temps ce silence; il avait mis ses lunettes pour contempler le spectacle.

« J'ai identifié le grand édifice sur la gauche, dit-il en pointant sa fourchette vers un rectangle formé de plusieurs rangées de lumières. On peut supposer qu'on s'y entend à faire cuire les légumes.

– Un hôtel? demanda Helen.

– Un ancien couvent », répondit Mr. Pepper.

On n'en parla plus ce soir-là, mais le jour suivant, Mr. Pepper, rentrant de sa promenade de midi, s'arrêta devant Helen qui lisait sous la véranda.

« J'ai retenu une chambre là-bas », dit-il.

Elle se récria :

« Vous n'allez pas partir?

– Après tout, si, fit-il, les cuisinières des particuliers ne peuvent décidément pas faire cuire les légumes. »

Sachant combien il lui déplaisait d'être questionné, et partageant jusqu'à un certain point cette aversion, Helen ne lui demanda plus rien. Mais un pénible soupçon s'attardait dans son esprit : William Pepper ne lui cachait-il pas quelque blessure ? Elle rougit en pensant qu'un mot lancé par elle-même, par son mari, ou par Rachel, avait pu l'atteindre, le piquer. Elle fut sur le point de crier : « Attendez, William, expliquez-moi ! » Pendant le déjeuner, elle aurait remis le sujet sur le tapis si William ne s'était montré impénétrable et glacé; il soulevait des brins de salade à la pointe de sa fourchette avec des gestes de ramasseur de varech; il y détectait du sable; il la trouvait montée en graine.

« Si vous mourez tous de la typhoïde, je ne tiens pas à en être responsable, déclara-t-il, tranchant.

– Si vous mourez d'ennui, je n'en serai pas responsable non plus », répliqua Helen à part soi.

Elle se rappela qu'elle ne lui avait toujours pas demandé s'il avait été amoureux. Ils s'étaient de plus en plus écartés de ce thème au lieu d'y revenir, et malgré elle, elle se sentit soulagée lorsque William Pepper avec toute son érudition, son microscope, ses carnets de notes, sa bienveillance foncière et son bon sens – avec, aussi, une certaine sécheresse d'âme – abandonna les lieux. Elle ne put s'empêcher davantage de regretter que les amitiés se dénouent ainsi; mais disposer d'une chambre de plus était bien commode; et puis elle se dit pour se consoler qu'on ne sait jamais dans quelle mesure les autres ressentent une chose qu'ils sont censés ressentir.

CHAPITRE VIII

Les mois passèrent comme passent parfois de nombreuses années dépourvues d'événements et qui pourtant, si quelque chose vient interrompre leur cours, prennent soudain à nos yeux une valeur exceptionnelle. Au bout de trois mois, on était au début de mars. Le climat avait tenu ses promesses, la transition de l'hiver au printemps était peu marquée : Helen, assise au salon, une plume à la main, gardait les fenêtres ouvertes tandis que d'un autre côté flambait un grand feu de bois. En bas, la mer restait encore bleue, les toits bruns et blancs malgré le déclin rapide du jour. La pénombre régnait dans la pièce qu'elle faisait paraître plus spacieuse et plus nue que jamais. La silhouette même de Helen qui écrivait, un buvard sur ses genoux, participait à cet effet général d'ampleur et d'absence de détails, car les flammes, qui couraient au long des bûches et dévoraient brusquement les petites touffes de verdure jetaient par intermittence des lueurs irrégulières sur son visage et sur le plâtre des murs. On ne voyait pas de tableaux, mais de-ci, de-là, contre les cloisons, s'étalaient des branchages alourdis de fleurs aux pétales épais. Des livres, tombés sur le parquet nu ou entassés sur la grande table, ne laissaient entrevoir, sous cet éclairage, que leurs vagues contours.

Mrs. Ambrose rédigeait une très longue lettre commençant par les mots « Cher Bernard » et décrivant ensuite l'existence des hôtes de la villa San Gervasio pendant les trois derniers mois : ils avaient, entre autres, reçu le consul de Grande-Bretagne à dîner; ils avaient visité un bateau de guerre espagnol et assisté à de nombreuses processions ou solennités religieuses d'une telle beauté que Mrs. Ambrose se demandait pourquoi, si les gens tenaient absolument à avoir une religion, ils ne se faisaient pas tous catholiques romains. Ils avaient fait plusieurs excursions, pas très longues du reste. Cela valait la peine de venir dans ce pays, ne fût-ce que pour voir les arbres en fleurs à l'état sauvage, tout près de la maison, et les étourdissantes couleurs de la mer et de la terre. La terre n'était pas brune, mais rouge, violette, verte.

« Vous ne me croirez pas, ajoutait Helen, si je vous dis qu'il n'existe pas de couleurs semblables en Angleterre. »

Elle avait d'ailleurs adopté un ton de condescendance à l'endroit de cette pauvre île qui, pendant ce temps, faisait éclore des crocus transis et des violettes ratatinées dans les coins abrités des bosquets, sous la surveillance de vieux jardiniers aux joues roses qui s'enveloppent de cache-nez et ne cessent de vous saluer avec obséquiosité en portant la main à leur couvre-chef. Son ironie s'en prenait ensuite aux habitants de cette île. Le bruit d'une grande agitation à Londres au sujet des élections générales était parvenu jusque-là.

« On a du mal à s'imaginer, poursuivait-elle,

que quelqu'un puisse se soucier de la présence d'Asquith ou de l'absence d'Austen Chamberlain dans le Cabinet; et, tandis que vous vous égosillez à en perdre la voix au sujet de la politique, vous laissez mourir de faim les seuls hommes qui s'efforcent de faire quelque chose de bien, et vous vous moquez d'eux, tout simplement. Avez-vous jamais encouragé un artiste de son vivant, ou acheté la meilleure de ses œuvres ? Pourquoi êtes-vous tous si laids et si serviles ? Ici, les domestiques sont des êtres humains. Ils nous parlent d'égal à égal. Autant que je puisse en juger, il n'y a pas d'aristocrates. »

Ce fut peut-être ce mot d'*aristocrates* qui lui rappela Richard Dalloway et Rachel, car d'un même trait de plume, elle entama un commentaire à propos de sa nièce.

« C'est un hasard bien étrange que celui qui m'a mis sur les bras une jeune fille, à moi qui ne me suis jamais entendue avec les femmes, et n'ai pas souvent affaire à elles. Il me faut cependant rétracter certaines critiques que j'ai pu faire à leur sujet : à condition d'être convenablement élevées, je ne vois pas pourquoi elles ne seraient pas à peu près égales aux hommes – je veux dire : de même valeur qu'eux, quoique très différentes, naturellement. Mais comment devrait-on les élever ? C'est là toute la question. La méthode actuelle me paraît abominable. Voilà une jeune fille qui, à vingt-quatre ans, ignorait que l'homme désire la femme et qui ne savait pas comment les enfants viennent au monde jusqu'à ce que je le lui eusse expliqué. Sur d'autres points tout aussi importants » (ici, la lettre de Mrs. Ambrose devient impossible à reproduire), « son ignorance était absolue. A mon sens, une telle éducation n'est pas simplement stupide, elle est criminelle. Sans compter les souffrances qui en résultent, cela explique pourquoi les femmes sont ce qu'elles sont. Il est même étonnant qu'elles ne soient pas pires. J'ai pris sur moi de l'éclairer et maintenant, s'il lui reste encore pas mal d'idées préconçues et de tendances à l'exagération, elle est désormais une créature humaine plus ou moins raisonnable. L'application à les maintenir dans l'ignorance détruit fatalement son propre objectif et dès qu'elles commencent à comprendre, elles prennent toutes ces choses beaucoup trop au sérieux. Au fond, mon beau-frère mériterait une catastrophe – qui ne lui arrivera pas. J'appelle maintenant de mes vœux un jeune homme qui viendrait à mon aide, c'est-à-dire quelqu'un qui parlerait avec franchise à Rachel et lui démontrerait l'absurdité de la plupart de ses idées sur l'existence. Malheureusement, les hommes de ce genre sont presque aussi rares que les femmes. Ce n'est certes pas la colonie anglaise qui en fournira un : artistes, négociants, intellectuels, ils sont tous stupides, conventionnels et portés au flirt... »

Elle s'arrêta et, la plume à la main, se mit à regarder le feu, transformant les bûches en grottes et en montagnes, car il faisait trop sombre pour écrire. De plus, à l'approche du dîner, la maison commençait à s'agiter. De la salle à manger voisine, Helen entendait le cliquetis des assiettes et la voix de Chailey qui, en un anglais énergique, apprenait à la jeune Espagnole à disposer le couvert. La cloche sonna. Helen se leva, rejoignit Ridley et Rachel et passa à table avec eux.

Ces trois mois n'avaient que peu modifié l'aspect extérieur de Ridley ou celui de Rachel. Un observateur attentif aurait cependant remarqué dans l'attitude de la jeune fille une netteté et une assurance nouvelles. Le teint bruni, l'œil décidément plus éveillé, elle écoutait les autres comme si elle était prête à les contredire. Le repas commença dans cet agréable silence où tous les convives se sentent parfaitement à l'aise. Plus tard, le coude sur la table, et se tournant vers la fenêtre, Ridley observa que la soirée était admirable.

« Oui », dit Helen. Puis, regardant les lumières qui brillaient à leurs pieds, elle ajouta : « La saison va commencer. »

Elle demanda à Maria, en espagnol, s'il y avait déjà beaucoup d'arrivées à l'hôtel. Maria annonça avec fierté l'approche du moment où il deviendrait très difficile de se procurer des œufs. Les commerçants n'hésiteraient pas à faire monter les prix, sûrs d'avance que les Anglais les accepteraient.

« C'est un bateau anglais qu'on voit dans la baie, dit Rachel qui regardait un triangle de lumières. Il est arrivé de bonne heure ce matin.

– Espérons qu'il nous apporte du courrier et pourra emporter le nôtre », dit Helen.

Pour une raison ou une autre, chaque fois qu'on parlait du courrier, Ridley avait un accès de mauvaise humeur; aussi la fin du repas se passa-t-elle en une discussion entre les deux époux, tendant à établir si, oui ou non, le monde civilisé avait relégué Mr. Ambrose dans l'oubli absolu.

« Si l'on en juge d'après le dernier paquet, dit Helen, vous mériteriez une correction ! On vous demandait une conférence, on vous offrait une promotion, je ne sais quelle sotte chantait les louanges non seulement de vos œuvres, mais encore de votre beauté; à l'entendre, vous êtes ce que Shelley serait devenu s'il avait atteint cinquante-cinq ans et s'était laissé pousser la barbe. Décidément, Ridley, vous êtes l'homme le plus vaniteux que je connaisse, acheva-t-elle en se levant, et je vous assure que ce n'est pas peu dire! »

Elle alla chercher sa lettre, restée devant la cheminée, y ajouta quelques lignes, puis annonça qu'elle emporterait le courrier. Ridley devait lui remettre le sien. Et Rachel?

« J'espère que tu as écrit à tes tantes? Il serait grand temps! »

Ayant mis leurs manteaux et leurs chapeaux, les deux femmes proposèrent à Ridley de les accompagner, mais il s'y refusa avec énergie, en ajoutant que si Rachel était folle, Helen du moins devrait se montrer plus raisonnable. Il se planta devant la cheminée, plongeant le regard dans les profondeurs de la glace et durcissant ses traits comme un général qui considère un champ de bataille ou comme un martyr qui voit les flammes lui lécher les pieds, plutôt que comme un professeur retiré du monde. Helen le saisit par la barbe :

« Ah! je suis folle?

– Lâche-moi, Helen!

– Suis-je folle, oui ou non?

– Horrible femme! s'écria-t-il en l'embrassant.

– Nous te laissons à tes vanités », lança Helen du pas de la porte.

La soirée était belle, il faisait encore assez clair pour permettre de voir la perspective du chemin; cependant, les étoiles commençaient à poindre. La boîte aux lettres était encastrée dans un grand mur jaune, à l'endroit où la petite route rejoignait la grande. Après y avoir mis les lettres, Helen se disposait à rentrer.

« Non, non, dit Rachel, lui saisissant le poignet, allons jeter un coup d'œil sur la vie. Te me l'as promis. »

« Jeter un coup d'œil sur la vie » était l'expression qu'elles employaient à propos de leurs promenades en ville, à la tombée de la nuit. La vie sociale de Santa Marina se manifestait presque exclusivement à la lueur des réverbères, dans l'agréable tiédeur vespérale et les parfums distillés par les fleurs. Les jeunes femmes aux chevelures somptueusement roulées en torsades, une fleur rouge derrière l'oreille, s'asseyaient devant leurs portes ou paraissaient sur les balcons, tandis que les jeunes gens déambulaient dans la rue, lançaient un compliment à voix haute, s'arrêtaient de-ci, de-là, pour entreprendre un dialogue amoureux. On apercevait derrière leurs fenêtres ouvertes des marchands qui faisaient leurs comptes ou des femmes âgées qui déplaçaient des poteries sur des rayons. Les rues étaient pleines de passants, d'hommes surtout, qui, tout en marchant, échangeaient leurs considérations sur le monde, ou bien se réunissaient autour d'une table de buvette, au coin de la rue, où quelque vieil infirme pinçait les cordes de sa guitare, pendant qu'une pauvresse clamait, les pieds dans le ruisseau, sa romance passionnée. Les deux Anglaises éveillaient sur leur passage une curiosité bienveillante, jamais agressive.

Helen filait en avant, prenant plaisir à observer tous ces personnages mal vêtus, qui avaient l'air si insouciant, si naturel.

« Représente-toi le Mall, à cette heure-ci ! finitelle par s'écrier. Nous sommes le 15 mars. Il y a peut-être une réception à la Cour. »

Elle imagina la foule qui, par ce printemps

froid, attendait de voir défiler les voitures de luxe :

« Il fait glacial, à moins qu'il ne pleuve. On voit d'abord des marchands de cartes postales; puis de malheureux petits trottins avec leurs cartons à chapeaux; il y a aussi les garçons de banque en habit à queue, et enfin les innombrables couturières. Les gens de South Kensington arrivent en fiacre; les personnages officiels ont des attelages de chevaux bais; les comtes ont droit à un laquais qui se tient debout à l'arrière, les ducs en ont deux, et les ducs de sang royal, à ce qu'on m'a dit, en ont trois. Le roi peut en avoir autant qu'il lui plaira, je suppose. Et dire que les gens prennent cela au sérieux! »

Vus à cette distance, les habitants de l'Angleterre paraissaient façonnés comme des pièces d'échecs – rois et reines, cavaliers ou pions – curieusement différents les uns des autres, bien définis et considérés selon leur valeur intrinsèque.

Un attroupement les obligea à se séparer. Quand elles se retrouvèrent de nouveau, Rachel dit :

« Ils croient en Dieu. »

Elle parlait de la foule qui les entourait; elle pensait aux crucifiés de plâtre, maculés de sang, qu'on voyait aux carrefours, et à l'inexplicable mystère du rite catholique romain.

« Nous ne comprendrons jamais! » soupira-t-elle.

Elles avaient marché assez longtemps, la nuit était venue, mais elles apercevaient devant elles une grande grille en fer du côté gauche de la route.

« Tu as donc l'intention d'aller jusqu'à l'hôtel? » demanda Helen.

Rachel poussa la grille qui s'ouvrit. Ne voyant

personne à proximité et se disant que rien dans ce pays n'avait de caractère privé, elles continuèrent à avancer. Une avenue bordée d'arbres s'étendait parallèlement à la route, qui était toute droite. Soudain, il n'y eut plus d'arbres, le chemin fit un coude et elles se trouvèrent en face d'un vaste bâtiment carré, sur un large terre-plein qui contournait l'hôtel. Une rangée de hautes fenêtres qu'aucun rideau ne masquait descendait presque au ras du sol. Brillamment éclairées, elles laissaient voir tout ce qui se passait à l'intérieur, et chacune montrait une tranche différente de la vie de l'hôtel. S'insérant dans un des larges pans d'ombre qui séparaient les fenêtres, les deux femmes regardaient. Elles se trouvaient devant la salle à manger qu'on était en train de balayer. Les pieds sur un coin de la table, un garçon de salle mangeait une grappe de raisin. Plus loin, dans la cuisine, on lavait la vaisselle. Des cuisiniers en blanc plongeaient les bras dans des marmites, tandis que les valets dévoraient à belles dents des restes de plats, épongeant la sauce avec des bouts de pain.

En poussant plus loin, elles se perdirent un instant parmi des arbustes pour en ressortir brusquement devant le salon où des messieurs et des dames, après un bon repas, enfoncés dans des fauteuils confortables, échangeaient des propos ou feuilletaient des illustrés. Une maigre personne s'escrimait au piano.

« Qu'est-ce qu'une dahabiah, Charles ? » prononça distinctement, s'adressant à son fils, une veuve assise dans un fauteuil près de la fenêtre.

La réponse se perdit dans le bruit général d'un auditoire qui toussote et tape des mains contre les genoux, à la fin d'un morceau de musique.

« Il n'y a que des vieux là-dedans », chuchota Rachel.

Elles se glissèrent jusqu'à la fenêtre suivante et aperçurent deux messieurs en bras de chemise qui jouaient au billard avec deux jeunes femmes.

« Il m'a pincé le bras ! » cria la plus grassouillette; elle venait de manquer son coup. Le jeune homme rougeaud qui marquait les points rappela les autres à l'ordre :

« Allons, vous deux ! Pas d'histoires.

– Attention ! On va nous voir », murmura Helen saisissant le bras de Rachel qui, machinalement, s'était avancée jusqu'au milieu de la fenêtre.

Après avoir tourné l'angle de l'hôtel, elles arrivèrent à la plus grande des salles, qui avait quatre fenêtres et qu'on désignait sous le nom de Galerie, bien que ce fût simplement le hall. Décorée d'armures et de tapisseries du pays, meublée de divans et de paravents qui formaient de petits coins intimes, cette pièce, moins officielle que les autres, semblait être le lieu de prédilection de la jeunesse. Señor Rodriguez, qu'elles savaient être le directeur de l'hôtel, se tenait tout près d'elles à l'une des portes, embrassant du regard toute la scène : les messieurs allongés dans leurs fauteuils, les couples penchés sur leurs tasses de café, la partie de cartes sous les grappes abondantes d'ampoules électriques. Il se félicitait de son initiative, grâce à laquelle l'ancien réfectoire avec sa pierre froide et ses poteries sur des tréteaux était devenu l'endroit le plus confortable de l'établissement. L'affluence de la clientèle prouvait combien il avait raison de prétendre qu'un hôtel ne saurait prospérer sans une galerie.

Les gens se tenaient réunis par couples ou par groupes de quatre et, soit qu'ils fussent particulièrement liés entre eux, soit à cause de l'intimité de l'endroit, ils paraissaient se sentir très à l'aise. Par la fenêtre ouverte, on entendait un murmure irrégulier comme celui que fait au crépuscule un troupeau de moutons enfermé dans son parc.

Les joueurs de cartes occupaient le centre du premier plan. Pour commencer, Helen et Rachel les observèrent sans comprendre ce qu'ils disaient. Helen étudiait attentivement l'un d'eux. C'était un homme à peu près de son âge, efflanqué, avec quelque chose de cadavérique dans l'aspect. Placé de profil, il avait pour partenaire une jeune personne haute en couleur et manifestement anglaise de naissance.

Tout à coup, de cette étrange façon dont on distingue parfois des paroles détachées d'un ensemble, on entendit l'homme articuler avec précision :

« Il ne vous manque que de l'entraînement, Miss Warrington; du courage et de l'entraînement – l'un sans l'autre ne mène à rien.

– Mais c'est Hughling Elliot! » s'écria Helen, reculant aussitôt, car, à l'appel de son nom, il leva la tête. Le jeu se poursuivit quelque temps encore, jusqu'à l'arrivée d'un fauteuil roulant, occupé par une vieille dame volumineuse qui fit halte devant la table et demanda :

« La chance te sourit-elle ce soir, Susan?

– C'est nous qui tenons toute la chance », dit le jeune homme qui jusque-là avait tourné le dos à la fenêtre. On voyait maintenant qu'il était assez gros et avait une abondante chevelure.

« La chance, Mr. Hewet? fit sa partenaire, personne d'un certain âge, à lunettes. Je vous assure, Mrs. Paley, que nos succès sont dus uniquement à notre brillant savoir-faire.

– Si je ne me couche pas de bonne heure, je ne dors plus de la nuit », expliquait Mrs. Paley comme pour justifier sa façon d'accaparer Susan qui s'était levée et dirigeait le fauteuil roulant vers la sortie en disant avec bonne humeur :

« On trouvera bien quelqu'un pour me remplacer ! »

Mais elle se trompait : aucune tentative ne fut faite en ce sens; après que le jeune homme eut échafaudé trois étages d'un château de cartes qui s'écroula, les joueurs s'en allèrent chacun de son côté. Elles voyaient maintenant Mr. Hewet de face. Il avait de grands yeux, masqués par des verres, le teint frais, la lèvre bien rasée, un visage assez intéressant pour se distinguer de l'ordinaire. Il s'avança bien droit vers la fenêtre, le regard dirigé cependant non pas vers les deux curieuses, mais vers l'endroit où tombaient les plis du rideau.

« Tu dors ? » dit-il.

Helen et Rachel frémirent à l'idée que, tout le temps, à leur insu, quelqu'un s'était tenu si près d'elles. Des jambes se dessinaient dans l'ombre. Un peu au-dessus de ces jambes, une voix s'éleva, mélancolique :

« Deux femmes. »

Il y eut un bruissement de gravier. Les femmes avaient pris la fuite. Elles ne cessèrent de courir qu'à une distance où aucun œil ne pouvait plus les suivre dans l'obscurité et d'où l'hôtel ne paraissait plus que comme un carré d'ombre, régulièrement percé de trous rouges.

CHAPITRE IX

UNE heure s'écoula; le rez-de-chaussée de l'hôtel s'éteignit, se vida peu à peu, tandis qu'aux étages supérieurs les petites boîtes carrées s'illuminaient brillamment. Une cinquantaine de personnes allaient se coucher. On entendait le bruit des pots à eau posés à terre ou heurtés contre les cuvettes. Les séparations entre les chambres n'étaient pas aussi épaisses qu'on l'eût souhaité, constata Miss Allan, la demoiselle d'âge mur, qui venait de jouer au bridge. Les doigts repliés, elle donna quelques petits coups énergiques à la paroi et décida que c'était tout bonnement une de ces cloisons en planches qui servent à transformer une grande pièce en plusieurs petites. Elle laissa tomber ses jupons gris, se pencha, plia ses vêtements avec des gestes attentifs sinon amoureux, tressa ses cheveux en une natte serrée, remonta la grosse montre en or de son père et ouvrit les œuvres complètes de Wordsworth. Elle lisait le *Prélude,* d'abord parce qu'à l'étranger, elle lisait toujours le *Prélude,* et ensuite parce qu'elle rédigeait à ce moment un bref *Aperçu de la littérature anglaise* (de Beowulf à Swinburne), dont un paragraphe serait consacré à Wordsworth. Elle était plongée dans la cinquième partie, non sans s'interrompre parfois pour prendre une note au crayon, lorsqu'une paire de chaussures fut jetée à terre en deux fois au-dessus de sa tête. Elle leva les yeux et réfléchit. A qui ces chaussures pouvaient-elles bien appartenir ? Puis il y eut un froufrou dans la chambre voisine – une femme enlevait sa robe, évidemment. Ensuite, ce fut une série de bruits légers qui accompagnent en général les soins apportés à la chevelure. Il devenait difficile de se concentrer sur le *Prélude.* Ce bruit venait-il de chez Susan Warrington ? Elle s'obligea néanmoins à finir le passage commencé, glissa un signet entre les pages, soupira avec satisfaction et enfin éteignit la lumière.

Une scène très différente se déroulait derrière la cloison, bien que toutes les chambres fussent pareilles comme les compartiments d'une boîte à œufs. Alors que Miss Allan poursuivait sa lecture, Susan Warrington se brossait les cheveux. En vertu d'une tradition séculaire, cette heure du soir et cette occupation quotidienne, empreinte d'une solennité toute spéciale, auraient dû s'accompagner de confidences amoureuses entre femmes. Etant seule, Miss Warrington ne pouvait se livrer à des confidences; elle se contentait donc de contempler avec une sollicitude extrême son propre reflet dans la glace, tournant la tête d'un côté ou de l'autre, déplaçant les masses épaisses de ses cheveux, reculant de quelques pas pour étudier son image avec componction.

« J'ai un physique agréable, finit-elle par décider, je ne suis pas jolie, mais (elle se redressa légèrement), oui... en général, on doit me trouver une belle prestance. »

Elle aurait voulu savoir surtout ce que pouvait

penser d'elle Arthur Venning, envers qui elle-même éprouvait un sentiment très bizarre. Sans être sûre qu'elle l'aimait, ou qu'elle avait envie de l'épouser, elle passait tout son temps à se demander si elle lui plaisait et à comparer leur rencontre du jour avec celle de la veille.

« Il ne m'a pas proposé de jouer avec lui, mais d'autre part, il m'a suivie dans le hall, c'est certain », songeait-elle en faisant le bilan de la soirée.

A trente ans, elle n'avait pas encore reçu de demande en mariage, étant donné le nombre de ses sœurs et l'existence retirée qu'elles menaient dans un presbytère de campagne. L'heure des confidences lui avait souvent paru amère et son entourage l'avait vu parfois se jeter sur un lit en maltraitant sa chevelure, car elle se sentait lésée par le sort en comparaison de tant d'autres. C'était une grande fille bien bâtie; le rouge de ses joues avait des contours trop nettement définis, mais son expression de gravité et d'attente lui prêtait une certaine beauté.

Sur le point de rabattre la couverture, elle se dit :

« Oh! j'allais oublier... » Et elle se dirigea vers la table à écrire pour y prendre un cahier dont la reliure brune portait le millésime de l'année. De son écriture carrée, disgracieuse comme celle d'une enfant montée en graine, elle se mit à écrire son journal, selon la règle qu'elle observait chaque jour depuis des années, quitte à ne pas relire ses notes.

« *Matin : Parlé à Mrs. H. Elliot de nos voisins de campagne. Elle connaît les Mann, et aussi les Selby-Carroway. Comme le monde est petit! Je la trouve sympathique. Lu à Tante E.*

un chapitre de Miss Appleby's Adventure. *Après-midi : Joué au tennis avec Mr. Perrott et Evelyn M.* N'aime pas *Mr. Perrot. Ai l'impression qu'il n'est pas « tout à fait... » quoique intelligent sans aucun doute. Les ai battus. Journée splendide, vue merveilleuse. On s'habitue à l'absence d'arbres, mais au début c'est beaucoup trop aride. Bridge après le dîner. Tante E. bien disposée, malgré les douleurs dont elle se plaint.* N.B. Ne pas oublier : *signaler draps humides.*

Elle dit ses prières à genoux, puis se coucha, borda ses couvertures avec soin et respira bientôt comme une personne endormie. Cette parfaite placidité des expirations suivies de silences faisait penser à une vache qui passe la nuit debout jusqu'aux genoux dans les hautes herbes.

Dans la chambre suivante, on n'apercevait guère autre chose qu'un nez qui pointait au-dessus des draps. Une fois habitué à l'obscurité, grâce aux rectangles gris des fenêtres ouvertes où se montraient quelques débris d'étoiles, on distinguait une forme chétive, sinistrement semblable à un mort et qui n'était autre que la personne de William Pepper, endormi lui aussi.

Le 36, le 37, le 38 abritaient trois hommes d'affaires portugais, qui reposaient sans doute, à en juger par leurs ronflements réguliers comme le tic tac d'une grosse horloge. Le 39 était une pièce d'angle au bout du couloir; malgré l'heure tardive (un coup venait de sonner au rez-de-chaussée), un trait de lumière sous la porte indiquait qu'on y veillait encore.

« Comme vous rentrez tard, Hugh ! » dit d'une voix à la fois maussade et solliciteuse la femme étendue dans son lit. Son mari, occupé à se laver les dents, ne répondit pas tout de suite.

« Il fallait dormir sans m'attendre. Je causais avec Thornbury.

– Vous savez bien que je ne m'endors jamais quand vous n'êtes pas là. »

Il ne répliqua point et dit seulement :

« Eh bien, éteignons. »

Le silence se fit.

La discrète mais pénétrante vibration d'une sonnerie électrique parcourut le couloir. La vieille Mrs. Paley, réveillée par la faim et ne trouvant pas ses lunettes, appelait la femme de chambre pour se faire apporter sa boîte à biscuits. Après le passage de la femme de chambre, lugubrement respectueuse même à cette heure de la nuit bien qu'emmitouflée dans un mackintosh, le couloir redevint silencieux. Tout était sombre et désert au premier étage; mais au second une pièce restait encore éclairée – celle où des chaussures venaient de tomber si lourdement au-dessus de la tête de Miss Allan. C'est là que se trouvait le personnage qui, quelques heures auparavant, dans l'ombre des rideaux, était exclusivement représenté par une paire de jambes. Enfoncé dans un fauteuil, il lisait à la lueur d'une bougie le troisième volume de l'*Histoire de la décadence et de la chute de l'Empire romain* de Gibbon. Tout en lisant, il secouait automatiquement de temps à autre la cendre de sa cigarette ou bien tournait une page, tandis que des phrases magnifiques franchissaient en kyrielle son vaste front et défilaient à travers son cerveau. Cela pouvait, semblait-il, continuer plus d'une heure encore, jusqu'à ce que le régiment tout entier eût changé de quartiers; mais la porte s'ouvrit pour laisser entrer un jeune homme enclin à l'embonpoint et dont les grands pieds étaient nus.

« Ecoute, Hirst, j'oubliais de te dire...

– Deux minutes », répliqua Hirst, un doigt en l'air.

Il fit dûment entrer dans leurs cases les derniers mots de son paragraphe, puis demanda :

« Qu'est-ce que tu oubliais de me dire ?

– Es-tu sûr de ne pas sous-estimer l'importance des sentiments ? » demanda Mr. Hewet, oubliant de nouveau ce qu'il avait voulu dire d'abord.

Après avoir contemplé d'un regard intense son Gibbon immaculé, Mr. Hirst répondit par un sourire à la question de son ami. Il mit le livre de côté et médita quelque temps encore, pour observer à la fin :

« Tu as un esprit que je tiens pour singulièrement confus... Les sentiments ? N'est-ce pas là ce à quoi nous attachons le plus d'importance ? Nous plaçons l'amour tout là-haut et le reste quelque part tout en bas. »

Sa main gauche indiquait le sommet, sa main droite la base d'une pyramide.

« Mais ce n'est pas pour me dire cela que tu es sorti de ton lit ? ajouta-t-il avec sévérité.

– Je suis sorti de mon lit simplement pour bavarder, je suppose, fit Hewet d'un air vague.

– Entre-temps, je vais me déshabiller. »

Une fois dépouillé de tout sauf de sa chemise et penché sur la cuvette, Mr. Hirst cessait d'exercer autour de lui le prestige de son intellect; on ne remarquait plus que l'aspect pathétique de son corps jeune mais laid, car il était voûté et si maigre que des traits d'ombre soulignaient le moindre des os de sa nuque et de ses épaules.

Accroupi sur le lit, le menton sur les genoux,

Hewet ne prêtait nulle attention au déshabillage de Mr. Hirst.

« Les femmes m'intéressent, déclara-t-il.

– Elles sont stupides, dit Hirst. Tu es assis sur mon pyjama.

– Sont-elles si stupides que ça ? se demandait Hewet.

– Il ne saurait y avoir deux avis là-dessus, j'imagine, dit Hirst, sautillant à travers la pièce : à moins que tu ne sois amoureux... Cette grosse Warrington ?

– Pas seulement une grosse femme; toutes les grosses femmes, soupira Hewet.

– Les femmes que j'ai aperçues ce soir n'étaient pas grosses, dit Hirst qui profitait de la visite de Hewet pour se couper les ongles des pieds.

– Décris-les-moi.

– Tu sais que je ne peux jamais rien décrire. Elles étaient à peu près comme les autres, je crois. Elles sont toutes pareilles.

– Non, voilà où je ne suis pas de ton avis, dit Hewet, je trouve des différences partout. Il n'existe pas deux individus tant soit peu semblables. Prends nous deux, par exemple.

– Il y eut un temps où je pensais comme toi. Mais aujourd'hui je ne vois que des types. Ne nous prends pas pour exemple – prends cet hôtel. Autour de tous ces gens-là tu pourrais tracer des cercles qu'ils n'arriveraient jamais à franchir.

– On peut tuer des poules comme ça, murmura Hewet.

– Mr. Hughling Elliot, Mrs. Hughling Elliot, Miss Allan et Mrs. Thornbury – premier cercle, poursuivait Hirst; Miss Warrington, Mr. Arthur Venning, Mr. Perrot, Evelyn M. – deuxième cercle; puis il y a la bande des autochtones; enfin il y a nous.

– Nous sommes donc tous deux seuls dans notre cercle ? s'informa Hewet.

– Absolument seuls. Tu essaies d'en sortir, mais tu n'y parviens pas. Tes efforts ne font qu'embrouiller la situation.

– Je ne suis pas une poule dans un cercle, dit Hewet, je suis une colombe au sommet d'un arbre.

– Je me demande si c'est cela qu'on appelle un ongle incarné ? fit Hirst en examinant son gros orteil gauche.

– Je voltige de branche en branche, continua Hewet. Le monde est profondément sympathique. »

Il s'étendit sur le lit, les bras sous sa tête.

« Je me demande s'il est vraiment bon d'être flottant au point où tu l'es, dit Hirst en le regardant. Ce manque de continuité... c'est cela qui est si bizarre chez toi. A vingt-sept ans, c'est-à-dire aux environs de la trentaine, tu n'as pas l'air d'avoir tiré encore la moindre conclusion. Devant un tas de vieilles femmes, tu t'excites comme un bébé de trois ans. »

Hewet contempla un instant en silence le jeune homme dégingandé qui balayait avec soin ses ongles de pieds vers la cheminée.

« Je te respecte, Hirst, dit-il ensuite.

– Et moi je t'envie – pour certaines choses. Premièrement, pour ta faculté de ne pas réfléchir. Deuxièmement, parce que tu as plus de succès que moi auprès des autres. Tu dois plaire aux femmes.

– Je me demande si ce n'est pas, au fond, le plus important ? » dit Hewet. Etendu maintenant à plat sur le lit, il traçait de la main de vagues cercles en l'air.

« Naturellement, acquiesça Hirst, mais la difficulté n'est pas là. La difficulté, n'est-ce pas, c'est de trouver l'objet adéquat.

– Il n'y a pas de volailles femelles dans ton cercle à toi ?

– Pas l'ombre d'une seule. »

Bien qu'il connût Hewet depuis trois ans déjà, Hirst ignorait encore l'histoire authentique de ses amours. Dans la conversation courante, il semblait sous-entendu qu'elles étaient nombreuses, mais dans les entretiens plus intimes ce sujet était passé sous silence. La fortune de Hewet le dispensait de travailler; il avait quitté Cambridge au bout de son deuxième trimestre à la suite d'un différend avec les autorités, après quoi il avait passé son temps à voyager sans but précis; à cause de tout cela, son existence paraissait étrange par certains côtés qui, dans la vie de ses amis, restaient d'une banalité invariable.

« Je ne vois pas tes cercles. Je ne les vois pas du tout, poursuivait Hewet. Je vois une espèce de toton qui tourne, qui se cogne à des choses, qui court d'un côté à l'autre, qui rassemble d'autres totons, toujours plus nombreux, plus envahissants. Et ils continuent à tourner jusqu'à ce que tout cela saute par-dessus bord et disparaisse. »

Ses doigts mimaient la valse des totons jusqu'au bout de la couverture et leur chute hors du lit, dans l'infini.

« Pourrais-tu envisager de passer trois semaines tout seul dans cet hôtel ? » demanda Hirst après un silence.

Hewet s'appliqua à peser la question, puis conclut :

« La vérité, c'est qu'on n'est jamais seul et qu'on n'est jamais avec les autres.

– Ce qui signifie ?

– Ce qui signifie ? Oh ! quelque chose dans le genre des bulles, des – comment dit-on ? – des *aura*. Tu ne vois pas la bulle qui m'entoure, je ne vois pas la tienne. Tout ce que nous discernons l'un de l'autre, c'est la tache, comme une mèche au milieu de cette flamme. La flamme nous accompagne partout. Elle n'est pas nous-mêmes, elle est ce que nous ressentons. Le monde, on en a vite fait le tour : le tour des gens, surtout. De toute espèce de gens.

– Ça doit être joli, ta bulle à rayures ! observa Hirst.

– Et imagine que ma bulle entre en collision avec une autre...

– Et qu'elles éclatent toutes les deux ?

– Alors – alors – alors, anticipait Hewet comme s'il se parlait à lui-même, cela deviendrait un monde é-norme ! » Il étendit les bras de toute leur longueur, indiquant cependant que, même ainsi, ils ne suffisaient pas à embrasser cet univers houleux ; car chaque fois qu'il se trouvait avec Hirst, il se sentait particulièrement optimiste et vague.

« Tu es moins absurde que je ne l'avais cru, Hewet, dit Hirst. Tu ne sais pas ce que tu veux dire, mais tu essaies de l'exprimer.

– Voyons, tu ne t'amuses pas ici ?

– D'une façon générale, si. J'aime observer les gens. J'aime regarder les choses. Le pays est d'une beauté extraordinaire. As-tu remarqué la couleur jaune, ce soir, au sommet de la montagne ? Nous devrions vraiment faire une excursion en emportant notre déjeuner. Tu grossis d'une façon scandaleuse. »

Il montra du doigt le mollet nu de Hewet.

« Nous allons organiser une expédition, renchérit Hewet avec énergie. Nous emmènerons tout l'hôtel. Nous louerons des ânes et...

– Seigneur! s'écria Hirst, ferme ça, je t'en prie! Je vois d'ici Miss Warrington, Miss Allan, Mrs. Elliot, etc., accroupies sur les rochers et gloussant : « Ce qu'on s'amuse! »

– Nous inviterons Venning et Perrot et Miss Murgatroyd, tout ce qui nous tombera sous la main, continuait Hewet. Comment s'appelle donc cette vieille sauterelle à lunettes? Pepper? Pepper sera notre guide.

– Grâce au Ciel, tu n'arriveras jamais à te procurer des ânes.

– Il faut que je note tout cela, dit Hewet, laissant lentement descendre ses pieds à terre. – Hirst fait escorte à Miss Warrington. Pepper s'avance tout seul sur un âne blanc. On répartira équitablement les paquets; ou bien louera-t-on un mulet? Les matrones... (il y a Mrs. Paley, nom d'un chien!) se partageront une voiture.

– C'est là que tu vas t'embrouiller si tu mélanges les vierges avec les matrones, remarqua Hirst.

– Combien de temps faut-il compter, selon toi, pour ce genre d'excursion?

– Douze à seize heures, je pense, déclara Hirst, la durée normale d'un premier accouchement.

– Cela demande à être bien organisé d'avance », dit Hewet qui piétinait maintenant d'un pas mou dans la chambre. Il s'arrêta devant la table et se mit à remuer les piles de livres.

« Il nous faudra des poètes. Pas de Gibbon, non. Aurais-tu par hasard *L'Amour moderne* ou John Donne? Tu comprends, je prévois des moments de silence, quand on en aura assez d'admirer la vue. Ce serait agréable alors de lire tout haut quelque chose d'assez compliqué.

– Mrs. Paley goûtera cela tout particulièrement, dit Hirst.

– Mrs. Paley goûtera cela sans aucun doute, affirma Hewet. C'est à mon avis une des choses les plus tristes que de voir les vieilles dames renoncer à lire les poètes. Pourtant, que d'à-propos dans ceci :

Je parle en personne qui sonde
L'obscur abîme de la vie
Et qui enfin peut formuler
Des avis clairs et pertinents.
Mais – après l'amour, que vient-il?
Il nous reste un décor maussade,
Quelques heures tristes et vides...
Puis – le rideau.

– Il me semble bien que Mrs. Paley est la seule d'entre nous qui puisse comprendre cela comme il faut.

– Nous lui demanderons, dit Hirst. Puisque tu vas te coucher, Hewet, tire mes rideaux, s'il te plaît. Il y a peu de chose qui me fasse souffrir autant que le clair de lune. »

Hewet se retira en serrant sous son bras les poèmes de Thomas Hardy et les deux jeunes gens, dans leurs chambres voisines, ne tardèrent pas à s'endormir.

Il n'y eut que quelques heures de silence entre l'extinction de la bougie de Hewet et le lever du jeune Espagnol basané à qui il incombait de parcourir le premier, au petit jour, les salles dépeuplées de l'hôtel. On croyait presque entendre la respiration profonde d'une centaine de personnes et, si éveillé, si actif que l'on fût, on se sentait gagné peu à peu par toute cette ambiance de sommeil. L'obscurité seule se montrait aux fenêtres. Sur toute la moitié du globe envahie par l'ombre, les humains gisaient immobiles et la place où s'élevaient leurs cités était à peine marquée par le clignotement de quelques lumières dans les rues désertes. Dans Piccadilly, les omnibus rouge et jaune échangeaient leurs foules de voyageurs; des femmes en grande toilette vacillaient sous le choc des arrêts, tandis qu'ici, dans l'obscurité, une chouette s'envolait d'arbre en arbre et lorsque la brise venait à soulever un rameau, le clair de lune flambait aussitôt comme une torche. Jusqu'au réveil des dormeurs, les animaux non parqués erraient à leur guise, tigres, cerfs, éléphants qui dans l'ombre descendent vers leurs abreuvoirs. La nuit, le vent qui passait sur les collines et les bois était plus pur et plus frais que dans la journée; privée de détails, la terre restait plus mystérieuse qu'aux heures où les routes et les champs la colorent et la divisent. Cette occulte beauté persistait six heures durant; puis, à mesure que l'orient accentuait sa blancheur, le sol resurgissait à la surface, les routes se dessinaient, les fumées commençaient à monter, les hommes à bouger, et l'éclat du soleil se pressait contre les fenêtres de l'hôtel de Santa Marina jusqu'à ce qu'on vînt en écarter les rideaux, et le gong résonnait à travers la maison, annonçant le petit déjeuner.

Après ce repas, les dames flânaient selon leur coutume dans le hall, prenaient un journal, l'abandonnaient aussitôt.

« Et quels sont vos projets pour la journée? » demanda Mrs. Elliot se trouvant par hasard près de Miss Warrington. La femme de Hughling

Elliot, professeur à Oxford, était une personne de petite taille, à l'expression habituellement dolente. Son regard courait sans cesse d'un objet à un autre faute de rencontrer, semblait-il, quelque chose de suffisamment agréable pour le retenir un instant.

« Je vais tâcher d'emmener tante Emma en ville, répondit Susan. Elle n'a absolument rien vu encore.

– Je la trouve tellement courageuse pour son âge, dit Mrs. Elliot. Quitter le coin de son feu pour entreprendre un voyage pareil !

– Oui, nous lui répétons toujours qu'elle mourra à bord d'un bateau, dit Susan. C'est là qu'elle est née, d'ailleurs.

– Autrefois, dit Mrs. Elliot, cela arrivait très souvent. Pauvres femmes ! J'ai tellement pitié d'elles ! Nous avons tant de raisons pour nous plaindre ! »

Elle hocha la tête; son regard errait sur la table; tout à coup elle laissa tomber une remarque inattendue :

« Cette pauvre petite reine de Hollande ! Des reporters jusqu'au seuil de sa chambre à coucher, ou peu s'en faut !

– Vous parliez de la reine de Hollande ? » fit la voix agréable de Miss Allan. Celle-ci cherchait les pages épaisses du *Times* parmi les feuilles minces des journaux étrangers qui jonchaient la table.

« Je ne peux m'empêcher d'envier ceux qui habitent des pays aussi extraordinairement plats, observa-t-elle.

– Voilà qui est étrange ! s'écria Mrs. Elliot, je trouve les pays plats tellement déprimants !

– Je crains que vous ne vous sentiez pas très bien ici, dans ce cas, Miss Allan, dit Susan.

– Au contraire. J'adore les montagnes. »

Ayant aperçu de loin le *Times*, elle se hâta d'aller en prendre possession.

« Il faut que je cherche mon mari, déclara Mrs. Elliot qui ne tenait plus en place.

– Et moi ma tante », dit Susan.

Elles quittèrent la pièce pour aller au-devant de leurs tâches quotidiennes.

On ne sait si la minceur des journaux étrangers et la grossièreté de leur typographie dénotent l'ignorance et le manque de sérieux; toujours est-il que, pour les Anglais, les nouvelles qui y paraissent ne sont pas des nouvelles et n'inspirent pas plus de confiance qu'un programme de spectacle acheté dans la rue. Un couple d'un certain âge, fort respectable, après avoir examiné les longues tables chargées de journaux, ne jugea pas utile de pousser la lecture au-delà des manchettes.

« Nous aurions dû recevoir déjà le compte rendu des débats du quinze », murmura Mrs. Thornbury. Mr. Thornbury, qui avait l'air remarquablement propre et dont le beau visage fatigué semblait imbibé de rouge par plaques, comme une vieille figure en bois sculpté, jeta un coup d'œil par-dessus ses verres et vit que Miss Allan avait pris le *Times*. Le couple s'installa donc dans des fauteuils et attendit.

« Ah! voici Mr. Hewet, dit Mrs. Thornbury. Mr. Hewet, venez vous asseoir près de nous. Je disais justement à mon mari combien vous me rappeliez une chère vieille amie à moi, Mary Umpleby. C'était une femme exquise, je vous assure. Elle cultivait des roses. Nous faisions des séjours chez elle, autrefois.

– Un jeune homme ne tient pas à s'entendre

dire qu'il ressemble à une vieille fille, observa Mr. Thornbury.

– Au contraire, répliqua Mr. Hewet, je suis toujours flatté quand on me dit que je rappelle quelqu'un d'autre. Mais cette Miss Umpleby, pourquoi cultivait-elle des roses ?

– Oh ! la pauvre ! dit Mrs. Thornbury, c'est une longue histoire. Elle avait connu des épreuves terribles. A un certain moment, je crois bien qu'elle aurait perdu la raison si elle n'avait eu son jardin. Le terrain était très peu favorable, mais ce fut un mal pour un bien; cela l'obligea à se lever avec l'aurore, à sortir par n'importe quel temps. Et puis il y a les bêtes qui dévorent les rosiers. Mais elle en a triomphé. Elle a toujours triomphé. C'est une âme vaillante. »

Elle poussa un profond soupir qui cependant marquait la résignation.

« Je ne me suis pas rendu compte que je monopolisais le journal, fit Miss Allan s'approchant d'eux.

– Nous attendions avec impatience le compte rendu des débats, dit Mrs. Thornbury acceptant le journal pour satisfaire son mari. – On ne mesure pas tout l'intérêt que peuvent offrir ces débats tant qu'on n'a pas de fils dans la marine. Mon intérêt à moi se partage équitablement d'ailleurs, car j'ai aussi des fils dans l'armée et un autre encore – mon bébé – qui prononce des discours à l'Union.

– Hisrt doit le connaître, je pense, dit Hewet.

– Mr. Hirst a une physionomie si intéressante, reprit Mrs. Thornbury, mais j'ai l'impression qu'il faut être très intelligent pour causer avec lui. Eh bien, William ? s'enquit-elle, car Mr. Thornbury venait de pousser un grognement.

– Ils sont en train de tout embrouiller », dit

Mr. Thornbury. Il en était à la deuxième colonne du compte rendu, une colonne spasmodique : trois semaines plus tôt, à Westminster, les parlementaires irlandais avaient manifesté bruyamment à propos de l'efficacité de la marine. Après quelques paragraphes accidentés, la colonne du journal retrouvait son harmonie.

« Vous avez lu cela ? demanda Mrs. Thornbury à Miss Allan.

– Non, répondit celle-ci. J'avoue à ma honte n'avoir lu que l'article sur les découvertes de Crète.

– Oh ! que ne donnerais-je pas pour pouvoir me représenter le monde antique ! s'écria Mrs. Thornbury. Maintenant que nous sommes seuls, nous les vieux – c'est notre deuxième lune de miel – je vais décidément me remettre aux études. Le passé, après tout, c'est notre base, n'est-ce pas, Mr. Hewet ? Mon fils qui est soldat dit qu'il nous reste encore beaucoup à apprendre d'Hannibal. Il faudrait savoir tellement plus de choses qu'on n'en sait ! Mais en lisant le journal, je commence toujours par les débats et je n'ai pas encore fini que la porte s'ouvre – nous sommes très nombreux à la maison – et voilà comment on n'arrive jamais à penser tranquillement aux hommes de l'Antiquité et à tout ce qu'ils ont fait pour nous. Vous, du moins, Miss Allan, vous commencez par le commencement.

– Quand je pense aux Grecs, je me les représente comme des hommes noirs et nus, dit Miss Allan. Ce qui est entièrement faux, j'en suis persuadée.

– Et vous, Mr. Hirst ? demanda Mrs. Thornbury apercevant dans le voisinage le maigre jeune homme. Je suis sûre que vous lisez tout.

– Je me limite au cricket et aux crimes, répliqua Hirst. Le désavantage d'appartenir aux classes supérieures, c'est qu'on n'a pas d'amis qui se tuent dans des accidents de chemin de fer. »

Mr. Thornbury rejeta le journal et laissa ostensiblement retomber son pince-nez. Les feuillets s'étalèrent au milieu du groupe et chacun continua à les regarder.

« Cela n'a pas bien marché? » s'informa Mrs. Thornbury avec sollicitude.

Hewet ramassa une des feuilles et lut : « Hier, en circulant dans les rues de Westminster, une dame aperçut un chat à la fenêtre d'une maison vide. L'animal affamé... »

« Je n'y aurai pas participé, en tout cas, interrompit avec humeur Mr. Thornbury.

– Il arrive souvent qu'on abandonne les chats, observa Miss Allan.

– N'oubliez pas, William, que le Premier ministre a réservé sa réponse, dit Mrs. Thornbury.

– A l'âge de quatre-vingts ans, Mr. Joshua Harris, résidant à Eeles Park, Brondesbury, a eu un fils, dit Hirst.

– « L'animal affamé, dont les ouvriers remar-
« quaient depuis plusieurs jours la présence, a été
« recueilli, mais... » sapristi ! « il a couvert de mor-
« sures la main de son sauveur ».

– Affolé par la faim, je suppose, commenta Miss Allan.

– Vous êtes tous en train de négliger le principal avantage du séjour à l'étranger, dit en s'approchant Mr. Hughling Elliot : vous auriez pu lire les nouvelles en français, ce qui équivaudrait à n'en apprendre aucune. »

Mr. Elliot avait une connaissance approfondie, et qu'il dissimulait soigneusement, de la langue copte; il faisait des citations en français avec tant de recherche qu'on se demandait s'il pouvait également s'exprimer en langue ordinaire. Il avait une immense considération pour les Français.

« Venez-vous ? demanda-t-il aux deux jeunes gens, il faudrait partir avant qu'il ne fasse trop chaud.

– Je vous adjure de ne pas vous exposer à la chaleur, Hugh ! insista son épouse en lui remettant un paquet bosselé qui contenait un demi-poulet et des raisins secs.

– Hewet nous servira de baromètre, dit Mr. Elliot, il se mettra à fondre avant moi. »

En vérité, si la moindre parcelle de chair avait fondu sur ses maigres côtes, celles-ci seraient apparues dans leur nudité.

Autour du *Times* étalé à leur pieds, les dames restèrent seules. Miss Allan consulta la montre de son père et constata :

« Onze heures moins dix.

– Au travail ? demanda Mrs. Thornbury.

– Au travail, répondit Miss Allan.

– Quelle exquise créature ! murmura Mrs. Thornbury en regardant s'éloigner la silhouette carrée avec ses vêtements de coupe masculine.

– Et je suis persuadée que la vie est dure pour elle ! soupira Mrs. Elliot.

– Bien dure, en effet. Célibataire, obligée de gagner sa vie. C'est l'existence la plus dure qui soit, dit Mrs. Thornbury.

– Elle ne manque pas d'entrain cependant, remarqua Mrs. Elliot.

– Cela doit être très intéressant. Je lui envie ses connaissances, déclara Mrs. Thornbury.

– Mais ce n'est pas ce qui convient aux femmes, dit Mrs. Elliot.

– Je crois malheureusement que c'est tout ce que beaucoup d'entre elles peuvent espérer, soupira Mrs. Thornbury, nous sommes aujourd'hui plus nombreuses que jamais, paraît-il. Sir Harley Lethbridge m'expliquait justement l'autre jour combien il est difficile de recruter des jeunes gens pour la marine – en partie, d'ailleurs, à cause de leur dentition. Et j'ai entendu des jeunes femmes déclarer ouvertement que...

– C'est terrible ! terrible ! s'écria Mrs. Elliot, le couronnement, pour ainsi dire, de la vie d'une femme ! Moi qui sais ce que c'est que de n'avoir pas d'enfants... »

Elle soupira et se tut.

« Mais il ne faut pas juger trop sévèrement, dit Mrs. Thornbury. Les conditions ont tellement changé depuis ma jeunesse.

– La maternité, certes, ne change pas !

– A certains égards, nous avons beaucoup à apprendre des jeunes. J'apprends bien des choses grâce à mes filles.

– Je crois qu'au fond Hughling n'en a pas de chagrin, dit Mrs. Elliot. Il est vrai qu'il a son travail.

– Les femmes sans enfants peuvent se rendre utiles aux enfants des autres, insinua Mrs. Thornbury avec douceur.

– Je dessine beaucoup, poursuivit Mrs. Elliot, mais ce n'est pas ce qu'on appelle une occupation. C'est si décourageant de voir des débutantes qui réussissent déjà mieux que vous ! Et puis la nature est une chose difficile, très difficile.

– N'y a-t-il pas des institutions, des clubs, auxquels vous prêteriez votre concours ? demanda Mrs. Thornbury.

– C'est si fatigant ! J'ai l'air solide, à cause de

mon teint, mais je ne le suis pas. On ne saurait l'être quand on est la dernière de onze enfants.

– Si la mère prend des précautions en temps voulu, le nombre des enfants ne fait rien à l'affaire, remarqua judicieusement Mrs. Thornbury, et il n'y a pas de meilleur dressage que celui qui s'échange entre frères et sœurs. J'en sais quelque chose, j'ai observé cela parmi mes enfants à moi. L'aîné de mes garçons, Ralph, par exemple... »

Mais Mrs. Elliot ne prêtait que peu d'attention à l'expérience de la vieille dame. Son regard errait d'un côté à l'autre du hall. Puis elle déclara brusquement :

« Ma mère avait fait deux fausses couches à ma connaissance. Une fois après avoir rencontré deux de ces gros ours qui dansent – on devrait interdire ces choses-là; une autre fois – c'est une histoire affreuse – la cuisinière a eu un enfant juste le jour d'un grand dîner. C'est à cela que j'attribue ma dyspepsie.

– Une fausse couche, du reste, c'est tellement plus pénible qu'un accouchement », murmura Mrs. Thornbury d'un air distrait en rajustant ses lunettes et en ramassant le *Times*. Mrs. Elliot se leva et partit de sa démarche agitée.

Ayant écouté ce que pouvait lui dire une seule d'entre les milliers de voix qui montent d'un journal; ayant remarqué au passage qu'une de ses cousines venait d'épouser un pasteur à Minehead; dédaignant les détails sur les femmes en état d'ivresse, les animaux d'or de Crète, les mouvements de troupes, les dîners, les réformes, les incendies, les protestataires, les savants, les hommes de bonne volonté, Mrs. Thornbury monta dans sa chambre pour écrire une lettre avant le départ du courrier.

Le journal se trouva posé exactement au-dessous de la pendule, comme si ces deux objets réunis étaient chargés de représenter la stabilité dans un monde changeant. Mr. Perrot traversa le hall; Mr. Venning s'appuya un instant sur le bord de la table. Mrs. Paley passa dans son fauteuil roulant. Susan marchait derrière. Mr. Venning la suivit. Des familles d'officiers portugais, dont l'accoutrement faisait penser au réveil tardif dans une chambre en désordre, se traînaient, accompagnées de domestiques aux airs de confidentes qui portaient des bébés turbulents. Comme midi approchait et que le soleil tapait directement sur le toit, un essaim de grosses mouches bourdonnait en tourbillonnant. On servit des boissons glacées sous les palmiers. Les longs stores descendirent en grinçant et la lumière devint jaune. La pendule, pour faire retentir son tic-tac, disposait maintenant d'un hall silencieux et d'un auditoire de quatre ou cinq négociants à moitié endormis. De temps en temps, des silhouettes blanches, coiffées de vastes chapeaux, entraient du dehors, laissant pénétrer comme un coin la chaleur de ce jour d'été, puis refermant la porte sur elle. Après une courte halte dans la pénombre, elles montaient l'escalier. La pendule asthmatique sonna une heure et, simultanément, le gong retentit avec douceur d'abord, s'excitant ensuite jusqu'à la frénésie, pour s'arrêter tout à coup. Il y eut une pause. Puis tous ceux qui étaient montés se mirent à descendre; les impotents descendaient en posant chaque fois les deux pieds sur la même marche de peur de glisser; les pimpantes fillettes descendaient en tenant un doigt de leur nurse. Les vieux obèses descendaient en continuant de boutonner leur gilet. Le gong avait sonné également au jardin où des formes allongées se redressaient pour aller manger, puisque l'heure était venue de s'alimenter à nouveau.

Même en plein midi, le jardin offrait des flaques ou des rayures d'ombre, où les pensionnaires, par deux ou trois, s'étendaient pour travailler ou pour bavarder à leur aise.

A cause de la chaleur, le déjeuner se passait généralement en silence; chacun observait ses voisins, enregistrait les nouveaux visages, faisait des conjectures sur l'identité ou les occupations des inconnus. Mrs. Paley, qui avait largement dépassé soixante-dix ans et ne pouvait plus se servir de ses jambes, prenait un grand plaisir à la bonne chère et à l'examen des particularités de ses semblables. Elle occupait avec Susan une petite table à part.

« Je ne tiens pas à exprimer ce que je pense de *celle-là* ! » ricana-t-elle, dévisageant une grande femme en toilette blanche fort tapageuse, avec du rouge au creux des joues, qui arrivait toujours en retard et toujours en compagnie d'une suivante mal fagotée. Cette remarque fit rougir Susan; elle se demandait pourquoi sa tante disait des choses de ce genre.

Le repas se déroula méthodiquement, jusqu'à ce que de chacun des sept plats il ne restât que des miettes. Les fruits n'étaient plus qu'une simple distraction; on les pelait, on les découpait en tranches comme un enfant déchire une pâquerette, pétale par pétale. Le fait de manger agissait comme extincteur sur la moindre flamme spirituelle qui avait pu résister à la chaleur de midi, et pourtant aussitôt après, assise dans sa chambre, Susan évoquait encore sous tous ses aspects un incident qui la comblait d'aise; au jardin, Mr. Venning s'était approché d'elle, il était resté là une bonne demi-heure pendant qu'elle faisait la lecture à sa tante.

Homme ou femme, chacun se réfugiait dans un coin différent pour se reposer à l'abri des regards, et il n'est pas exagéré de dire que, de deux à quatre heures, l'hôtel était habité par des corps sans âme. Si un incendie ou une mort avaient subitement exigé de la nature humaine tant soit peu d'héroïsme, le résultat eût été lamentable; mais les tragédies n'arrivent qu'aux heures où l'on est à jeun. Vers quatre heures, l'esprit des humains recommença à lécher les corps comme la flamme se met à lécher un noir monticule de charbon. Mrs. Paley se dit qu'il était indécent d'ouvrir aussi largement ses mâchoires édentées et Mrs. Elliot considéra avec anxiété dans le miroir la rougeur de sa face ronde.

Une demi-heure plus tard, les traces du sommeil effacées, tout le monde se retrouva dans le hall et Mrs. Paley déclara qu'elle allait prendre son thé.

« Vous prendrez bien du thé, vous aussi ? fit-elle pour inviter Mrs. Elliot, dont le mari n'était toujours pas rentré, à la rejoindre sous un arbre où une table lui était spécialement réservée.

– On obtient bien des choses dans ce pays moyennant quelque argent », gloussa-t-elle.

Elle envoya Susan chercher une tasse de plus et dit en contemplant une assiette de gâteaux :

« Ils ont des biscuits excellents ici; pas des biscuits sucrés que je n'aime pas, mais des biscuits secs... Vous avez fait de la peinture ?

– Oh ! quelques barbouillages, dit Mrs. Elliot sur un ton plus élevé que d'habitude. Mais c'est si difficile en comparaison de l'Oxfordshire où il y a tant d'arbres ! La lumière ici est tellement intense !

Il y a des gens qui admirent cela, je le sais, mais moi je trouve cela très fatigant.

– Je n'ai vraiment pas besoin qu'on me fasse cuire, Susan, dit Mrs. Paley quand sa nièce reparut : il faut que je te demande de me changer de place. »

Il fallut tout changer de place. Finalement, la vieille dame fut casée de telle sorte que, sous une alternance de lumière et d'ombre, elle avait l'air d'un poisson dans un filet. Susan servait le thé et était sur le point de dire que dans le Wiltshire aussi il faisait très chaud quand Mr. Venning demanda la permission de se joindre à ces dames.

« C'est bien agréable de rencontrer un jeune homme qui ne dédaigne pas le thé, dit Mrs. Paley retrouvant sa bonne humeur. L'autre jour, un de mes neveux m'a demandé du sherry – à cinq heures ! J'ai répondu qu'il pouvait se procurer cela au café du coin, mais pas dans mon salon.

– Je me passerais plutôt de déjeuner que de thé, dit Mr. Venning. Ou plus exactement, je tiens à l'un et à l'autre. »

Mr. Venning était un jeune homme de trente-deux ans environ, aux allures désinvoltes et pleines d'assurance, mais visiblement ému pour l'instant. Il avait pour ami Mr. Perrott qui était avocat; or, comme Mr. Perrot ne consentait à se déplacer qu'en compagnie de Mr. Venning, il avait fallu que celui-ci l'accompagnât lorsque les affaires d'une certaine Société appelèrent Mr. Perrott à Santa Marina. Mr. Venning était avocat, lui aussi, mais il exécrait cette profession qui le tenait enfermé parmi des livres. Aussi avait-il confié à Susan qu'après la mort de sa mère, qui était veuve, il se consacrerait à l'aviation et entrerait dans une entreprise de constructions aéronautiques.

Le bavardage se poursuivait, tournant, bien entendu, autour des beautés et des singularités de l'endroit, de ses rues, de ses habitants, des quantités de chiens jaunes sans propriétaire.

« Vous ne trouvez pas qu'ils sont affreusement cruels envers leurs chiens dans ce pays ? demanda Mrs. Paley.

– Moi, je les ferais tous abattre, répondit Mr. Venning.

– Oh ! mais leurs adorables petits ? s'écria Susan.

– Ils sont amusants, c'est vrai, dit Mr. Venning. – Ah ! mais ! vous n'êtes pas servie ! »

Une grosse part de gâteau fut dirigée vers Susan à la pointe d'un couteau qui tremblait. La main qui la reçut tremblait également.

« Chez moi, j'ai un chien qui est un amour, dit Mrs. Elliot.

– Mon perroquet ne peut pas souffrir les chiens, déclara Mrs. Paley d'un air confidentiel. Je me dis toujours qu'il (ou elle) a dû avoir maille à partir avec un chien pendant une de mes absences.

– Vous n'êtes pas allée loin ce matin, Miss Warrington, dit Mr. Venning.

– Il faisait chaud », répondit Susan. Leur entretien prit un caractère privé, car Mrs. Paley était dure d'oreille et Mrs. Elliot s'était embarquée dans une longue histoire concernant un terrier à poil dur, blanc avec rien qu'une tache noire, qui appartenait à un de ses oncles et qui s'était suicidé.

« Il y a des animaux qui se suicident, c'est positif. »

Elle soupira comme quelqu'un qui constate une pénible réalité.

« Et si nous allions explorer la ville ce soir ? suggéra Mr. Venning.

– Ma tante... commença Susan.

– Vous avez bien gagné un peu de répit, vous qui vous occupez constamment des autres.

– C'est ma vie, répondit Susan, fort appliquée en apparence à remplir la théière.

– Ce n'est une vie pour personne, rétorqua Mr. Venning, pas pour une jeune fille surtout. Vous viendrez ?

– J'aimerais bien venir », murmura-t-elle.

A ce moment Mrs. Elliot leva les yeux et s'écria :

« Oh ! Hugh !... Il amène quelqu'un, ajouta-t-elle.

– Il prendra volontiers un peu de thé, dit Mrs. Paley. Cours chercher des tasses, Susan. Les deux jeunes gens sont là aussi.

– Nous sommes assoiffés de thé, dit Mr. Elliot. Vous connaissez Mr. Ambrose, Hilda ? Je l'ai rencontré là-haut sur la colline.

– Il m'a entraîné de force, dit Ridley, je n'aurais pas osé me montrer. Je suis sale, poussiéreux, désagréable. »

Il indiquait ses chaussures que la poussière avait blanchies; une fleur languissante penchait la tête hors de sa boutonnière comme un animal exténué par-dessus la clôture, ponctuant l'effet général de cette longue silhouette débraillée. Mr. Hirst avança des chaises et le goûter reprit de plus belle, tandis que Susan transvasait l'eau en cascades d'un ustensile à l'autre, avec un inépuisable entrain et avec la compétence d'une longue expérience.

« Le frère de ma femme possède ici une maison qu'il nous a prêtée, expliquait Ridley à Hilda dont il n'avait gardé aucun souvenir. J'étais assis sur un rocher et ne pensais à rien quand soudain

Elliot a surgi devant moi comme une apparition dans un spectacle de féerie. »

Hewet se plaignait à Susan :

« Notre poulet avait souffert du voisinage du sel. Par ailleurs, il est inexact que les bananes désaltèrent autant qu'elles nourrissent. »

Hirst était déjà en train de boire son thé. Aimablement interrogé par Mrs. Elliot au sujet de sa femme, Ridley répliqua :

« Nous vous avons maudits, vous, les touristes. Helen m'apprend que vous dévorez tous les œufs. Et puis il y a ceci qui offusque le regard, fit-il en hochant la tête du côté de l'hôtel. J'appelle cela un luxe révoltant. Chez nous, les porcs se tiennent avec nous au salon.

– La nourriture n'est pas en rapport avec les prix que nous payons, dit gravement Mrs. Paley. Mais où irait-on, sinon dans les hôtels ?

– On resterait chez soi, dit Ridley. Je regrette souvent de ne pas l'avoir fait. Chacun devrait rester chez soi. Mais, naturellement, personne n'y consent. »

Mrs. Paley commençait à s'irriter contre Ridley qui, cinq minutes à peine après lui avoir été présenté, avait déjà l'air de critiquer ses habitudes.

« Personnellement, je suis pour les voyages à l'étranger, affirma-t-elle – pourvu qu'on connaisse déjà son pays natal, et je puis dire en toute honnêteté que c'est mon cas. Je ne laisserais pas voyager quelqu'un qui n'ait pas visité d'abord le Kent et le Dorsetshire – le Kent pour ses houblons, le Dorsetshire pour ses vieilles maisons de pierre. Ici, il n'y a rien qui leur soit comparable.

– Oui, je me dis toujours que certains préfèrent les plaines et d'autres les hauteurs », observa sans beaucoup d'à-propos Mrs. Elliot.

Hirst, occupé jusque-là à manger et à boire sans arrêt, alluma une cigarette et déclara :

« Allons, nous sommes tous d'accord aujourd'hui pour penser que la nature est une erreur. Ou bien elle est laide et d'un manque de confort effroyable, ou bien elle vous terrorise. Des vaches ou des arbres, je ne sais ce qui m'épouvante le plus. Une fois j'ai rencontré, la nuit, une vache dans un pré. Cette créature m'a regardé. Mes cheveux en ont blanchi, je vous assure. C'est un scandale, de laisser les animaux se promener en liberté.

– Et qu'est-ce que la vache a dû penser de lui ? » marmotta Venning à l'adresse de Susan qui décida aussitôt, à part soi, que Mr. Hirst était un jeune homme bien déplaisant et que malgré ses airs supérieurs il n'avait sans doute pas l'intelligence d'Arthur pour les choses qui comptent réellement.

« N'est-ce pas Wilde qui a signalé le fait que la nature ne tient pas compte des os du bassin ? » s'informa Mr. Hughling Elliot. Exactement renseigné maintenant sur les succès et les distinctions universitaires de Hirst, il avait conçu une haute opinion des talents du jeune homme.

Hirst se contenta cependant de pincer les lèvres très fort et ne répondit rien.

Ridley calculait que le moment était venu où il pouvait décemment se retirer. La politesse voulait qu'il remerciât Mrs. Elliot pour le thé et qu'il ajoutât avec un grand geste :

« J'espère que vous viendrez nous voir. »

Le geste s'étant étendu jusqu'à Hirst et à Hewet, ce dernier répondit :

« Avec un immense plaisir ! »

Le groupe se sépara. Susan, heureuse comme

elle ne l'avait jamais été de sa vie, s'apprêtait à partir pour sa promenade en ville avec Arthur quand Mrs. Paley la rappela. Elle n'arrivait pas à comprendre d'après son livre comment on faisait la patience du Double Démon. Si elles s'installaient toutes deux pour étudier cela comme il faut, suggéra-t-elle, cela les occuperait gentiment jusqu'à l'heure du dîner.

CHAPITRE X

Parmi les choses promises par Mrs. Ambrose à sa nièce, si celle-ci restait avec elle, figurait une chambre indépendante du reste de la maison, vaste, intime, un endroit où elle pourrait lire, penser, défier l'univers; une forteresse et un sanctuaire tout ensemble. A vingt-quatre ans, une chambre représente pour nous tout un monde; Helen le savait bien, et sa décision s'avéra judicieuse. En refermant sa porte, Rachel se trouvait dans un domaine magique où chantaient les poètes, où les objets reprenaient leurs justes proportions. Quelques jours après la vision nocturne de l'hôtel, elle était assise là toute seule, enfoncée dans son fauteuil avec un volume relié en rouge vif dont le dos portait l'inscription : *Œuvres de Henrik Ibsen.* Un cahier de musique était ouvert sur le piano, d'autres s'entassaient sur le sol en piles irrégulières. Mais pour l'instant il ne s'agissait pas de musique.

Loin d'exprimer l'ennui ou l'absence de pensée, le regard de Rachel, concentré sur la page du livre, avait même quelque chose de farouche. Sa respiration, lente mais réprimée, montrait que son organisme tout entier était tendu par l'effort cérébral. Elle finit par refermer brusquement le livre, se cala contre le dossier du fauteuil et respira à fond, ce qui marque toujours l'étonnement qu'on éprouve à passer d'un monde imaginaire au monde réel.

« Qu'est-ce que la vérité? dit-elle tout haut, voilà ce que je voudrais savoir. Quelle est la vérité dans tout cela? »

Elle s'exprimait ainsi en partie pour son propre compte, en partie comme si elle était l'héroïne de la pièce qu'elle venait de lire.

Après deux heures passées sur un texte imprimé, le paysage, au-dehors, prenait à ses yeux une solidité, une précision étranges. Cependant, malgré la présence de plusieurs hommes en train de badigeonner avec un liquide blanc les arbres sur la colline, sa propre personne demeurait ce qu'il y avait de plus affirmé dans l'ensemble – une figure héroïque au centre du premier plan, dominant tout le reste. C'était là l'effet que lui produisaient toujours les œuvres d'Ibsen. Elle en jouait tel ou tel rôle pendant plusieurs jours, au grand amusement de Helen. Le tour de Meredith venait ensuite, et elle se transformait en *Diane de la Croisée des Chemins.* Helen se rendait compte d'ailleurs qu'il ne s'agissait pas uniquement d'interprétation théâtrale, mais aussi d'une modification qui s'opérait dans un être humain.

Fatiguée à la longue par la rigidité de sa pose contre le dossier du fauteuil, Rachel se secoua, prit une attitude plus souple et plus commode, puis dirigea son regard par-dessus les meubles, vers la fenêtre d'en face qui donnait sur le jardin. (Son esprit se détachait de Nora, mais s'attardait encore aux idées suggérées par ce livre, quant aux femmes et à l'existence.)

Ainsi qu'il entrait dans les intentions de Helen, pendant les trois mois de ce séjour Rachel avait rattrapé d'une façon satisfaisante le temps perdu naguère en interminables promenades à travers des jardins abrités et en bavardage familial avec ses tantes. Pourtant Mrs. Ambrose eût été la première à nier que ce fût là un effet de sa propre influence, à nier même qu'elle eût le pouvoir d'exercer une influence quelconque. Elle constatait que sa nièce était un peu moins timide, un peu moins sérieuse, ce qui constituait un progrès, mais en général elle ne soupçonnait pas les bonds frénétiques ni les labyrinthes sans fin qui l'avaient conduite à ce résultat. Son grand remède, c'était la conversation, la conversation à propos de tout et de rien, libre, spontanée, empreinte de cette franchise qui lui était devenue naturelle à elle-même, grâce à l'habitude de s'entretenir avec des hommes. Elle n'encourageait jamais, par ailleurs, les procédés d'effacement et de complaisance à base d'insincérité, auxquels on attache tant de prix dans les milieux où les deux sexes se trouvent réunis.

Elle voulait que Rachel apprît à penser, c'est pourquoi elle lui offrait des livres, afin qu'elle ne fût pas exclusivement dominée par Bach, Beethoven et Wagner. Mais tandis que Mrs. Ambrose lui aurait proposé de préférence Defoe, Maupassant, ou bien quelque vaste chronique de la vie familiale, Rachel choisissait au contraire des ouvrages modernes aux couvertures d'un jaune luisant, ou bien des volumes avec beaucoup de dorures au dos, ceux qui aux yeux de ses tantes représentaient des discussions et des chicanes sur des sujets n'ayant nullement l'importance que leur attribuaient les contemporains. Helen s'abstenait de la contrarier. Rachel lisait ce qu'elle voulait, s'attachant curieusement au sens littéraire comme tous ceux qui n'ont pas l'habitude de la phrase écrite, prenant chaque mot comme un objet en bois, très important par lui-même, doué d'une forme, tels un tableau ou une chaise. Cela l'entraînait à des déductions qui avaient besoin d'être révisées en rapport avec les événements quotidiens et qui, en fait, se trouvaient écartées ensuite avec toute la désinvolture souhaitable; chacune laissait cependant derrière elle un petit germe de croyance.

A la lecture d'Ibsen succéda celle d'un de ces romans que Mrs. Ambrose avait en horreur et dont le but était de placer sur le dos du vrai responsable la faute qui avait provoqué la chute d'une femme. A en juger par le désarroi de la lectrice, ce but se trouvait atteint. Elle rejeta le livre, regarda par la fenêtre et retomba dans un fauteuil.

La matinée avait été chaude. Après l'effort de la lecture, le cerveau de Rachel continuait à se contracter et à se détendre comme le ressort d'une montre. Au tic tac de la montre se mêlaient les bruits du jardin et les faibles rumeurs rythmiques de midi, dont on ne savait pas au juste la provenance. Tout cela était très réel, très vaste, très impersonnel : au bout d'un moment, elle se mit à soulever son index et à le laisser retomber sur le bras du fauteuil, de manière à reprendre conscience de sa propre réalité. Puis elle se sentit accablée par l'indicible étrangeté du fait qu'elle était assise là, à cette heure de la matinée, dans ce fauteuil, au centre du monde. Qui donc étaient ces gens qui remuaient dans la maison, qui changeaient les choses de place? Et la vie, qu'était-ce que la vie? Rien qu'une lumière qui court à la surface et disparaît, comme elle disparaîtrait elle-même à son tour, tandis que les meubles resteraient dans la chambre. Elle était à ce point annihilée qu'elle ne pouvait plus soulever un doigt et demeurait parfaitement immobile, écoutant, les yeux fixés sur un même point. Cela devenait de plus en plus étrange. La seule idée de l'existence des choses la comblait de frayeur... Elle oubliait qu'elle avait des doigts et qu'elle pouvait les bouger... Les choses qui existaient étaient si immenses, et d'une telle désolation... Pendant très longtemps, elle continua de sentir autour d'elle ces énormes masses de substance, et le tic tac de la montre se poursuivit dans le silence universel; puis elle dit machinalement : « Entrez! » Elle avait eu l'impression qu'on tirait sur une corde dans son cerveau : quelqu'un frappait avec insistance à la porte. Celle-ci s'ouvrit très lentement; une grande forme humaine s'avança, le bras tendu, en disant : « Que faut-il répondre à ceci? »

La complète absurdité du fait qu'une femme pût entrer dans une chambre avec un morceau de papier à la main laissa Rachel interdite.

« Je ne sais ni ce que je dois répondre ni qui est Terence Hewet », poursuivit Helen, parlant d'une voix blanche de fantôme. Elle plaça devant Rachel le papier sur lequel on lisait ces mots incroyables :

Chère Mrs. Ambrose, j'organise un pique-nique pour vendredi prochain. S'il fait beau, nous partirons à onze heures trente pour faire l'ascension du Monte Rosa. Ce sera assez long, mais le panorama doit être magnifique. Je serais très heureux si vous-même et Miss Vinrace acceptiez de vous joindre à nous.

Votre dévoué,

Terence Hewet.

Rachel lut ces mots à haute voix afin d'arriver à y croire. Dans ce même but, elle avait posé la main sur l'épaule de Helen.

« Des livres, des livres, des livres, dit Helen de son air distrait, de nouveaux livres encore... Je me demande ce que tu peux bien trouver là-dedans. »

Rachel relut la lettre, cette fois tout bas. Les mots, loin de lui paraître fantomatiques, prenaient maintenant un relief singulier, comme des cimes de montagnes qui percent le brouillard. *Vendredi – onze heures trente – Miss Vinrace.* Le sang se précipita dans ses veines; elle sentit son regard s'allumer.

« Il faut y aller, dit-elle avec une décision qui surprit Helen. Il faut absolument y aller! – tant elle était soulagée de voir que l'inattendu pouvait se produire encore, plus éclatant même du fait de surgir d'une brume.

– Le Monte Rosa, c'est bien cette montagne là-haut? demanda Helen. Mais Hewet, qui est-ce? Un des jeunes gens que Ridley a rencontrés, je suppose. Alors, dois-je lui dire oui? Cela risque d'être affreusement ennuyeux. »

Elle reprit la lettre et partit, car le messager attendait la réponse.

Le projet d'excursion esquissé quelques jours plus tôt dans la chambre de Mr. Hirst prenait tournure à la grande satisfaction de Mr. Hewet qui n'exerçait que rarement ses talents d'organisateur et se félicitait de voir qu'ils n'étaient pas inférieurs à la tâche entreprise. Tout le monde acceptait ses invitations, résultat particulièrement encourageant, car malgré les avis de Hirst, certaines avaient été adressées à des personnes sans intérêt, qui n'allaient pas bien avec les autres ou qui, pensait-on, ne viendraient sûrement pas.

« Il n'y a pas de doute, disait Hewet, tout en roulant et déroulant le billet signé Helen Ambrose, on a ridiculement exagéré les qualités qu'il faut pour faire un grand capitaine. Il ne m'a pas fallu la moité de l'effort intellectuel qu'exige le compte rendu d'un recueil de poèmes modernes pour réunir sept ou huit personnes des deux sexes opposés au même endroit et à la même heure du même jour. Que ferait de plus un général, Hirst ? Wellington a-t-il fait mieux à Waterloo ? C'est comme de calculer le nombre de cailloux dans un sentier. Ennuyeux, mais nullement difficile. »

Il était assis dans sa chambre, une jambe en travers du bras de son fauteuil. Hirst qui, en face de lui, écrivait une lettre, répondit du tac au tac qu'aucune difficulté n'était encore vaincue.

« Voilà, par exemple, deux femmes que tu n'as jamais vues. Imagine que l'une d'elles soit sujette, comme ma sœur, au mal de montagne et que l'autre...

– Oh ! ces femmes-là, c'est ton affaire. Je ne les ai invitées que pour toi. Ce qui te manque, vois-tu, Hirst, c'est de fréquenter des personnes de ton âge. Tu ne sais pas te conduire avec les femmes, et c'est une grande lacune, puisque la moitié de ce monde se compose de femmes. »

Hirst répliqua en grognant qu'il était au courant de ce fait.

Tandis qu'il se rendait avec Hirst à l'endroit du rassemblement général, Hewet se montra cependant quelque peu refroidi dans son optimisme. Il se demandait pourquoi diable il avait invité tout ce monde et quel était l'intérêt de réunir en paquets des êtres humains.

« Les vaches, réfléchissait-il, se rassemblent quand elles sont aux champs; les moutons, pendant les grosses chaleurs; nous, nous agissons de même quand nous n'avons rien à faire. Mais pour quelle raison ? Est-ce pour nous empêcher de considérer le fond des choses ? (il s'arrêta au bord d'un ruisseau et se mit à remuer l'eau avec sa canne en y soulevant des nuages de vase), de bâtir des cités, des montagnes, des univers entiers avec rien ? ou bien est-ce que réellement nous nous aimons les uns les autres ? ou est-ce encore parce que nous vivons dans un état d'incertitude perpétuelle, ne sachant rien, sautant d'un moment à un autre, comme d'un monde à un autre – cette dernière hypothèse étant, d'une façon générale, la mienne ? »

Il sauta par-dessus le ruisseau. Hirst le rejoignit après avoir fait un détour et déclara qu'il avait depuis longtemps renoncé à chercher les raisons de tel ou tel comportement chez les hommes.

Un peu plus loin, ils rencontrèrent un bosquet de platanes et un bâtiment de ferme rose saumon, au bord d'un ruisseau, à l'endroit choisi pour le rendez-vous. C'était un coin ombreux, commodément situé juste à la charnière de la colline. Entre les troncs élancés des platanes, les jeunes gens aperçurent de petits groupes d'ânes en train de brouter, tandis qu'une femme frottait le nez de l'un d'eux et qu'une autre, à genoux devant le ruisseau, buvait dans le creux de ses mains.

Quand ils pénétrèrent sous l'ombrage, Helen leva les yeux, puis leur tendit la main :

« Vous ne me connaissez pas, dit-elle, je suis Mrs. Ambrose. » Après un échange de poignées de main, elle ajouta : « Et voici ma nièce. »

Rachel s'avança d'un air gauche, tendit la main, puis la retira aussitôt en disant :

« Elle est toute mouillée. »

A peine eurent-ils le temps d'échanger quelques mots que la première voiture parut. On houspilla les ânes pour les ranger au garde-à-vous et ce fut l'arrivée du deuxième équipage. Petit à petit, le bosquet s'emplissait d'excursionnistes : les Elliot, les Thornbury, Mr. Venning et Susan, Miss Allan, Evelyn Murgatroyd, Mr. Perrott. Mr. Hirst avait assumé le rôle du chien de berger, enroué et plein d'énergie. Au moyen de quelques expressions caustiques en latin, il se fit obéir des animaux, puis il aida les dames à monter en selle, leur offrant l'appui de son épaule pointue.

« Il faut qu'avant midi, nous ayons rompu l'échine de cette montée, disait-il. Voilà ce que Hewet n'a pas l'air de comprendre. »

Tout en parlant, il prêtait assistance à la jeune personne du nom d'Evelyn Murgatroyd. Celle-ci sauta sur sa monture avec la légèreté d'une bulle d'air. Vêtue de blanc des pieds à la tête, coiffée d'un chapeau à large bord, d'où pendait une plume, elle avait l'air d'une vaillante amazone du temps de Charles Ier, conduisant à l'assaut les troupes royalistes.

« Accompagnez-moi, signifia-t-elle; et aussitôt Hirst juché sur un mulet, ils prirent la tête de la cavalcade. Il ne faut pas m'appeler Miss Murgatroyd. Je déteste cela, dit-elle, mon nom est Evelyn. Et le vôtre ?

– Saint-John.

– Cela me plaît. Et votre ami, comment s'appelle-t-il ?

– Ses initiales sont R.S.T., c'est pourquoi nous l'appelons Monk.

– Oh ! vous êtes beaucoup trop intelligent, dit Evelyn. Par où passe-t-on ? Coupez-moi une branche. Faisons un petit galop. »

Elle administra un bon coup de baguette à son âne et s'élança en avant.

« Appelez-moi Evelyn et je vous appellerai Saint-John », c'était la phrase qui caractérisait le mieux la carrière romanesque d'Evelyn Murgatroyd. Elle disait cela sous le moindre prétexte (il suffisait qu'on prononçât son nom de famille), et bien des jeunes gens y avaient répondu avec beaucoup d'enthousiasme; cependant elle continuait à répéter cette invitation sans arrêter son choix sur quiconque. Son âne abandonna le galop pour un petit trot titubant et elle se trouva seule en tête, car le sentier qui escaladait une des arêtes du mont était à présent très étroit et semé de pierrailles. La cavalcade ondulait comme une chenille articulée que hérissaient les ombrelles blanches des dames et les panamas des messieurs. Devant un raidillon, Evelyn M. sauta à terre, jeta sa bride au garçon indigène et adjura Saint-John d'en faire autant. Tous ceux qui éprouvaient le besoin de se dégourdir suivirent leur exemple.

« Je ne vois pas la nécessité de descendre, dit Miss Allan à Mrs. Elliott qui se trouvait derrière elle. Je n'ai eu que trop de mal à monter.

– Ces petits ânes sont d'une résistance à toute épreuve, *n'est-ce pas*[1] ? s'enquit Mrs. Elliot auprès

1. En français dans le texte.

du guide qui inclina la tête avec complaisance.

– Des fleurs ! fit Helen, se penchant pour cueillir d'adorables fleurettes aux couleurs vives, éparses de-ci, de-là. Quand on pince leurs pétales, elles se mettent à sentir. »

Elle en déposa une sur les genoux de Miss Allan. Celle-ci demanda après avoir regardé Helen :

« Est-ce que nous ne nous sommes pas déjà vues quelque part ?

– Je faisais comme si c'était le cas », dit Helen en riant.

Dans le désordre du rendez-vous, on ne les avait pas présentées l'une à l'autre.

« Voilà qui est raisonnable ! gazouilla Mrs. Elliot. On aimerait toujours prendre les choses ainsi – malheureusement ce n'est pas possible.

– Pas possible ? Tout est possible. Qui sait ce qui peut arriver avant ce soir ? » ironisait Helen devant la pusillanimité de la pauvre dame, manifestement asservie à l'ordre routinier des choses au point que son propre équilibre devait lui paraître compromis si par hasard on manquait un repas ou si on déplaçait une table de quelques centimètres.

Ils continuaient à monter, de plus en plus haut, de plus en plus séparés du monde. Ce monde, quand ils se retournaient sur lui, s'aplatissait dans l'espace, jalonné de carrés d'un vert ou d'un gris délicats.

« C'est très petit, les villes », observa Rachel, recouvrant d'une main tout Santa Marina, y compris les faubourgs. La mer emplissait exactement les moindres anfractuosités de la côte et se brisait en une frange de blancheur ; çà et là, on voyait des bateaux solidement plantés dans le bleu. La mer était parsemée de taches violettes ou vertes et là où elle rejoignait le ciel, une ligne brillante lui faisait une bordure. L'atmosphère était transparente et d'un calme à peine troublé par les cris stridents des cigales ou par le bourdonnement des abeilles, qui résonnait fort quand elles passaient brusquement près de vous, puis disparaissaient.

On fit halte dans une carrière à flanc de coteau.

« Visibilité étonnante! » s'écria Mr. Hirst qui identifiait les unes après les autres les dénivellations du terrain.

Evelyn M. était assise près de lui, le menton appuyé sur sa main et regardait le paysage d'un petit air de triomphe.

« Croyez-vous que Garibaldi soit passé par là ? » demanda-t-elle. Ah! si elle avait été la fiancée de Garibaldi! Si, au lieu d'un pique-nique, ceci était un rendez-vous de patriotes, et si elle-même, en chemise rouge, comme les autres, était couchée à plat ventre sur l'herbe parmi des hommes farouches, le fusil braqué sur les tourelles blanches à ses pieds, la main en écran contre les yeux pour pouvoir viser à travers la fumée! Sous l'empire de ces rêves, son pied s'agitait d'impatience et une exclamation lui échappa :

« Je n'appelle pas cela une existence! Et vous?

– Et qu'appelez-vous une existence? demanda Saint-John.

– La bataille, la révolution, répondit-elle, les yeux toujours fixés sur la ville condamnée. – Vous ne vous intéressez qu'aux livres, je sais cela.

– C'est une erreur absolue, dit Saint-John.

– Expliquez, somma-t-elle, adoptant, faute de fusil à braquer contre un corps, un autre procédé guerrier.

– A quoi je m'intéresse? dit Hirst. Mais aux gens.

– Tiens! vous m'étonnez beaucoup, s'écria Evelyn, vous avez l'air si terriblement sérieux. Soyons amis, voulez-vous? et disons-nous franchement ce que nous sommes. Je déteste la prudence; pas vous? »

Mais Saint-John, décidément, cultivait la prudence, comme elle put s'en apercevoir d'après la soudaine contraction de ses lèvres; il n'était nullement disposé à dévoiler son âme devant une jeune personne.

« L'âne est en train de manger mon chapeau », dit-il et, au lieu de répondre, il tendit le bras. Evelyn rougit très légèrement, puis se tourna non sans impétuosité vers Mr. Perrott, et quand vint le moment de repartir ce fut Mr. Perrott qui l'aida à monter.

« Quand les œufs sont pondus, il faut manger l'omelette », dit Hughling Elliot en son français choisi, pour insinuer qu'il était temps de se remettre en route.

Le soleil de midi annoncé par Hirst commençait à chauffer sérieusement. A mesure qu'on s'élevait, l'étendue du ciel se faisait de plus en plus vaste, jusqu'à ce que la montagne fût réduite aux dimensions d'une petite tente de terre se détachant sur l'immensité d'un fond bleu. Les Anglais devinrent silencieux. Les indigènes qui marchaient auprès des ânes commencèrent à entonner des chants avec de curieux trémolos, ou à échanger des plaisanteries. Le chemin étant très escarpé, chacun gardait les yeux fixés sur la silhouette bondissante et voûtée du cavalier et de l'âne qui le précédaient.

Tous ces corps étaient soumis à un effort plus

considérable qu'il n'est normal dans une partie de plaisir. L'oreille de Hewet percevait de temps à autre des réflexions dépourvues d'aménité.

« Par une telle chaleur, il n'est peut-être pas tout à fait raisonnable d'entreprendre une expédition », confiait Mrs. Elliot à Miss Allan dans un murmure.

Miss Allan cependant répliquait :

« J'ai toujours beaucoup de plaisir à gagner un sommet ! »

C'était exact : Miss Allan était une personne corpulente, ses articulations manquaient de souplesse, elle n'avait pas l'habitude de monter à âne, mais ses loisirs étaient rares et il s'agissait d'en bien profiter.

L'alerte silhouette en blanc devançait toutes les autres. S'étant procuré une branche feuillue, elle l'avait enroulée en guirlande autour de son chapeau. Le silence se prolongea pendant quelques minutes.

« Nous aurons une vue superbe », assura Hewet, se retournant sur sa selle avec un sourire d'encouragement. Rachel rencontra son regard et sourit de son côté. Chacun continuait à peiner, sans autre bruit que celui des sabots luttant contre les pierres branlantes. Soudain on vit qu'Evelyn était descendue et que Mr. Perrott se tenait dans l'attitude d'un homme d'Etat sur la place du Parlement, un bras de pierre tendu vers le panorama. A leur gauche, on distinguait une ruine peu élevée, moignon d'une tour de guet élisabéthaine.

« Encore un peu et je n'en pouvais plus », avoua Mrs. Elliot à Mrs. Thornbury, mais personne ne lui répondit, tant chacun était ému à l'idée de parvenir enfin au sommet et de voir le panorama. Les uns après les autres, ils arrivaient sur un espace plat, tout en haut, et s'arrêtaient, saisis d'admiration. Une immense étendue se déroulait devant eux : sables gris empiétant sur une forêt, forêt disparaissant entre les montagnes, montagnes baignées d'air, perspectives sans fin de l'Amérique australe. Un fleuve traversait la plaine, aussi plat que le sol et aussi immobile en apparence. L'effet produit par tant d'espace devant soi refroidissait tout d'abord l'enthousiasme. Chacun se sentait très petit, et pendant quelque temps personne ne dit mot. Puis Evelyn s'écria :

« Quelle splendeur ! »

Elle saisit la main la plus proche; c'était par hasard celle de Miss Allan.

« Nord, Sud, Est, Ouest », dit Miss Allan, rejetant successivement la tête vers chaque point de l'horizon.

Hewet qui avait un peu devancé ses invités se retourna vers eux comme pour se justifier de les avoir amenés là. Il observa le curieux aspect de nudité sculpturale que prenaient les personnages alignés, légèrement penchés, les vêtements plaqués par le vent et moulant les formes du corps. Dressés sur leur socle de terre, ils avaient quelque chose d'inattendu et de noble; mais au bout d'un instant ils s'égaillèrent : Hewet dut s'occuper du déballage des vivres. Hirst vint l'aider et les paquets contenant du poulet et du pain furent passés à la ronde. En recevant sa ration des mains de Hirst, Helen regarda celui-ci bien en face et dit :

« Vous vous rappelez, les deux femmes ? »

Hirst, avec un rapide coup d'œil, répondit :

« Je me rappelle.

– Ainsi, les deux femmes, c'était vous ! s'écria

Hewet, dévisageant tantôt Helen, tantôt Rachel.

– Nous avions été séduites par vos lumières, dit Helen. Nous vous regardions jouer aux cartes sans nous douter qu'on nous observait.

– C'était comme dans une pièce de théâtre, ajouta Rachel.

– Hirst n'a pas su vous décrire, d'ailleurs », dit Hewet.

C'était certes curieux, de ne trouver rien à dire sur Helen après l'avoir vue.

Hughling Elliot rangea sa lunette d'approche. Il avait saisi la situation.

« Je ne connais rien de plus terrible, dit-il en désarticulant une cuisse de poulet, que d'apprendre qu'on vous a observé à votre insu. On s'imagine qu'on a été surpris en train de faire quelque chose de ridicule, comme par exemple d'examiner sa langue dans un fiacre à deux roues. »

Les autres, entre-temps, avaient fini de contempler le paysage et venaient s'asseoir en cercle autour des paniers.

« Pourtant ces petits miroirs dans les fiacres exercent une sorte de fascination particulière, remarqua Mrs. Thornbury. Notre physionomie paraît toute différente quand on n'en voit qu'un fragment.

– Bientôt il n'en restera plus guère, de ces fiacres à deux roues, dit Mrs. Elliot, et ceux à quatre roues, je vous assure que même à Oxford ils sont à peu près introuvables.

– Mais que fait-on des chevaux ? demanda Susan.

– Du pâté de veau, répondit Arthur.

– Il est grand temps d'ailleurs que leur race disparaisse, dit Hirst. Outre qu'ils sont vicieux, les chevaux sont d'une laideur affligeante. »

Mais Susan, élevée dans l'idée que le cheval est la plus noble des créatures de Dieu, ne partageait pas cet avis. Venning, de son côté, tenait Hirst pour le dernier des ânes, mais la politesse l'empêchait de laisser tomber la conversation.

« Quand ils nous verront dégringoler de nos avions, dit-il, ils retrouveront, je pense, un peu de prestige.

– Vous faites de l'aviation ? demanda le vieux Mr. Thornbury, remettant son pince-nez pour le regarder.

– Je compte y arriver un jour », dit Arthur.

Il s'ensuivit un long débat sur l'aviation, au cours duquel Mrs. Thornbury, en des termes qui tenaient d'une harangue, exprima l'avis que ce serait chose bien utile en temps de guerre, et que les Anglais étaient terriblement en retard sur les autres.

« Si j'étais un jeune homme, conclut-elle, je prendrais certainement mon brevet. »

C'était un curieux spectacle que celui de cette petite dame âgée, avec son costume tailleur gris, son sandwich à la main, ses yeux pétillants de fougue, s'imaginant qu'elle était un jeune aviateur sur son appareil. On ne sait pourquoi cependant la conversation ne rebondit point après cela. Ce qu'on disait ne se rapportait plus qu'à la boisson, au sel, au paysage. Soudain Miss Allan, qui tournait le dos au mur en ruine, posa son sandwich, enleva quelque chose de sa nuque et dit :

« Je suis couverte de petites bêtes. »

C'était exact et la constatation venait à point. Les fourmis descendaient à flots le glacis de terre friable amassée entre les pierres de la ruine – de grosses fourmis brunes au corps poli. Miss Allan en tendit une sur le dos de sa main pour la montrer à Helen.

« Et si elles piquaient ? dit celle-ci.

– Elle ne doivent pas piquer, mais elles pourraient infester les victuailles », répliqua Miss Allan. Des mesures furent prises aussitôt pour détourner les fourmis de leur chemin. Sur l'instigation de Hewet, on décida de recourir aux méthodes employées contre les armées d'invasion. La nappe représentant le pays envahi, on dressa autour d'elle des barrages de paniers, on éleva un rempart de bouteilles, on édifia des fortifications de pain, on creusa des fossés de sel. Si une fourmi franchissait tout cela, elle était bombardée avec des miettes de pain. Mais Susan déclara que c'était cruel et se mit en devoir de récompenser les intrépides en leur offrant de la langue en guise de butin. A ce jeu, l'attitude générale perdit de sa raideur, prit même un caractère de liberté insolite, car Mr. Perrott, habituellement très timide, fit : « Permettez-moi », et cueillit une fourmi sur le cou d'Evelyn.

Mrs. Elliot dit à Mrs. Thornbury en manière de confidence :

« Il n'y aurait vraiment pas de quoi rire si une fourmi s'introduisait entre le cache-corset et la peau. »

Les clameurs redoublèrent d'intensité : on venait de s'apercevoir qu'une longue théorie de fourmis avait trouvé accès à la nappe par une porte de derrière et si un succès pouvait se mesurer au bruit que l'on fait, Hewet aurait eu toute raison de croire que son excursion était un succès. Néanmoins, sans raison aucune, il se sentait profondément abattu.

« Ils ne me dédommagent pas de mes peines,

ils sont ignobles », se disait-il, observant ses convives, tandis qu'il ramassait les assiettes un peu à l'écart. Il les voyait tous se pencher, s'agiter, gesticuler autour de la nappe. Aimables, modestes, respectables sous bien des rapports, attendrissants même d'être si contents, si disposés à la bienveillance, combien ils restaient tous médiocres et de quelles insipides cruautés envers autrui n'étaient-ils pas capables ! Mrs. Thornbury, suave, mais d'un égoïsme maternel si trivial; Mrs. Elliot se lamentant toujours sur son sort; son mari, rien de plus qu'un petit pois dans une cosse; Susan, dépourvue de personnalité, qui ne comptait ni en bien ni en mal; Venning avec sa loyauté et sa brutalité d'écolier; le pauvre vieux Thornbury avançant tout en rond comme un cheval à la meule. Quant à Evelyn, moins on cherchait à définir sa nature, mieux cela valait sans doute. Mais tous ces gens-là avaient de l'argent, et c'est à eux, plutôt qu'à d'autres, qu'était confiée la gestion du monde. Que l'on introduisît parmi eux un être plus robuste, épris de vie et de beauté, comme ils s'appliqueraient à le torturer, à le détruire s'il essayait de se mêler à eux au lieu de les châtier !

« Il y a Hirst, se dit-il quand son regard parvint jusqu'à son ami. Celui-ci, le front plissé comme d'habitude à force de concentration, était en train de retirer la peau d'une banane. » Et il est laid comme les sept péchés capitaux ! »

De la laideur de Saint-John Hirst et des défauts dont elle s'accompagnait, Hewet rendait en quelque sorte responsables tous les autres. C'était leur faute à eux si Hirst était condamné à la solitude. Il arriva enfin jusqu'à Helen, attiré par le timbre de son rire. Elle riait de Miss Allan et disait sur un ton de conversation privée :

« Vous portez une combinaison par cette chaleur ? »

Son aspect général plaisait énormément à Hewet, pas autant par sa beauté que par la simplicité et l'ampleur qui la faisaient ressortir parmi les autres comme une grande figure de pierre. Il poursuivit son examen avec plus d'indulgence. Son regard tomba sur Rachel. Elle était étendue, appuyée sur son coude, un peu en arrière des autres; peut-être faisait-elle des réflexions identiques à celles de Hewet. Ses yeux s'attachaient avec mélancolie mais sans insistance à la brochette de figures en face d'elle. Hewet se traîna vers elle sur ses genoux, un morceau de pain à la main.

« Qu'est-ce que vous regardez ? » demanda-t-il.

Un peu surprise, elle répondit pourtant sans hésiter :

« Des êtres humains. »

CHAPITRE XI

L'UN après l'autre, les convives se levaient, s'étiraient; au bout de quelques minutes ils se séparèrent en deux groupes plus ou moins distincts. A la tête d'un de ces groupes se trouvaient Hughling Elliot et Mrs. Thornbury. Ayant lu les mêmes livres et médité sur les mêmes questions, ils s'empressaient maintenant de désigner par leurs noms les endroits qu'ils voyaient à leurs pieds et de les écraser sous le poids d'une documentation relative aux armées et aux flottes, aux partis politiques, aux populations indigènes, aux richesses minérales — le tout concourant à prouver, disaient-ils, que l'Amérique du Sud était un pays d'avenir.

Evelyn M. écoutait sans détacher des oracles ses yeux bleus qui brillaient.

« Comme cela vous donne envie d'être un homme! » s'écria-t-elle.

Mr. Perrott, embrassant la plaine du regard, répliqua qu'un pays d'avenir était une bien belle chose.

« A votre place, dit Evelyn, se tournant vers lui et tiraillant son gant avec véhémence, je rassemblerais des hommes, j'irais conquérir un grand territoire et j'en ferais quelque chose de splendide ! Pour cela, il vous faudrait des femmes. J'aimerais tant commencer l'existence par le commencement, telle qu'elle devrait être, sans rien de sordide, mais avec de grands châteaux, des jardins, des hommes et des femmes superbes. Mais vous, vous n'aimez que les tribunaux !

– Et vous, pourriez-vous vraiment vous passer de jolies toilettes et de bonbons et de tout ce qui plaît aux jeunes personnes ? interrogea Mr. Perrot, dissimulant sous son ironie une certaine dose de contrariété.

– Je ne suis pas une jeune personne ! lui lança Evelyn; et elle se mordit la lèvre. Vous vous moquez de moi sous prétexte que j'aime la splendeur. Pourquoi n'y a-t-il plus d'hommes pareils à Garibaldi ? »

Sa question était impérative.

« Ecoutez, dit Mr. Perrott, vous ne m'indiquez aucun moyen. Vous prétendez qu'il faut commencer par le commencement. Bon. Mais je ne vois pas très bien... Conquérir un territoire ? Ils sont déjà tous conquis, n'est-ce pas ?

– Il ne s'agit pas d'un territoire particulier, expliquait Evelyn, il s'agit d'une idée, comprenez-vous ? Nos existences sont si mesquines ! Je suis sûre pourtant que vous avez des choses splendides en vous. »

Hewet voyait les plis et les creux du masque sagace de Mr. Perrott se détendre d'une façon émouvante. Il se représentait les calculs qui, même en cet instant, se poursuivaient dans son cerveau : pouvait-il décemment demander quelqu'un en mariage, étant donné qu'il ne gagnait que cent livres par an comme avocat, ne possédait pas de fortune personnelle et avait une sœur infirme à sa charge? Mr. Perrott savait bien d'autre part qu'il n'était pas « tout à fait », selon l'expression employée par Susan dans son journal, c'est-à-dire pas tout à fait un gentleman, puisqu'il était fils d'un épicier de Leeds, qu'il avait débuté dans l'existence avec une hotte sur le dos et que même à présent, n'ayant presque plus rien qui le distinguât d'un gentleman de naissance, il trahissait ses origines aux yeux d'un spectateur averti par l'impeccable correction de son costume, le manque d'aisance de ses manières, l'extrême propreté de sa personne et, dans sa façon de manier la fourchette et le couteau, une certaine précision timide qu'on ne saurait définir et qui pouvait être un vestige des temps où, la viande étant rare, on ne la manipulait certes pas avec affectation.

Les deux groupes qui s'étaient éparpillés pour flâner à l'aventure se recomposaient maintenant; ils finirent par se rejoindre et reprirent la contemplation du paysage torride, tacheté de jaune et de vert. L'air brûlant dansait là-dessus et ne permettait pas de bien distinguer les toits des villages dans la plaine. Même au sommet du mont, malgré le souffle léger de la brise, il faisait très chaud; la chaleur, la nourriture, l'immensité de l'espace et quelque autre cause peut-être, moins définie, donnaient lieu chez chacun à une agréable somnolence, à une détente béate. On ne disait pas grand-chose, mais le silence n'avait rien de gênant.

« Si nous allions voir un peu ce qu'il y a à voir là-haut? » dit Arthur à Susan; et ils s'éloignèrent ensemble, ce qui ne manqua pas de produire une certaine sensation parmi le reste de la compagnie.

« Drôle de bande, vous ne trouvez pas? dit Arthur. J'ai cru qu'on n'arriverait jamais à les hisser tous jusqu'en haut. Mais je suis rudement content de cette excursion ! Pour rien au monde je n'aurais voulu la manquer.

– Je *n'aime pas* Mr. Hirst, dit Susan hors de propos. Il est très intelligent, je suppose, mais pourquoi faut-il que les gens intelligents soient si... Au fond, je crois qu'il est tout ce qu'il y a de plus gentil, ajouta-t-elle, corrigeant d'instinct une observation qui pouvait paraître malveillante.

– Hirst ? Oh ! c'est un de ces types scientifiques, répliqua Arthur avec indifférence : il n'a pas l'air de s'amuser. Vous devriez l'entendre parler avec Elliot. C'est tout juste si j'arrive à les suivre... Les études n'ont jamais été mon fort. »

Ces quelques phrases avec leurs intervalles de silence les avaient amenés jusqu'à un petit tertre, couronné d'arbres grêles.

« Voulez-vous que nous nous asseyions là ? dit Arthur, jetant un coup d'œil circulaire. C'est épatant, cette ombre, ce paysage... »

Ils s'installèrent et pendant quelque temps regardèrent droit devant eux sans rien dire. Puis Arthur déclara :

« Parfois je les envie tout de même, ces types si calés. Je ne crois pas qu'ils aient jamais... »

Il n'acheva pas sa phrase.

« Je ne vois pas pourquoi vous les envieriez, dit Susan avec beaucoup de sincérité.

– Il vous arrive des choses bizarres, poursuivit Arthur, tout va de soi, tout s'enchaîne, tout est simple comme bonjour, vous êtes persuadé que vous avez tout compris, et puis brusquement vous ne savez plus où vous en êtes, et tout vous semble changé. Ce matin, par exemple, en montant ce sentier derrière vous, je voyais tout comme si... »

Il s'arrêta, arracha un bouquet d'herbe avec ses

racines, secoua les petites mottes de terre qui y adhéraient.

« ... Comme si cela avait une certaine signification. C'est de vous qu'est venu le changement, lâcha-t-il, pourquoi ne pas vous le dire ? Je le sens depuis que je vous ai rencontrée... C'est parce que je vous aime. »

Pendant qu'ils en étaient encore à échanger des lieux communs, Susan avait déjà commencé à ressentir le trouble de cette intimité qui semblait mettre à nu non seulement sa personne, mais aussi les arbres et le ciel. Elle souffrait positivement d'entendre ce langage dont l'effet lui paraissait inéluctable, car aucun être humain ne l'avait encore approchée d'aussi près.

Tandis qu'il parlait, elle était demeurée pétrifiée; aux derniers mots, son cœur fit plusieurs bonds successifs. Elle resta immobile, les doigts recourbés autour d'une pierre, regardant fixement la plaine au pied de la montagne. Ainsi donc, c'était chose faite : on l'avait demandée en mariage.

Arthur se tourna vers elle, les traits curieusement crispés par l'anxiété. Elle avait tant de mal à respirer qu'elle ne parvenait pas à répondre.

« Vous auriez pu vous en douter. »

Il la saisit dans ses bras. Une fois, deux fois, trois fois ils renouvelèrent leur étreinte avec des murmures inarticulés.

« Eh bien, soupira Arthur, se laissant retomber sur l'herbe. C'est la chose la plus merveilleuse qui me soit jamais arrivée ! »

Son expression était celle de quelqu'un qui cherche à coordonner des visions de rêve avec des réalités.

Il y eut un long silence.

« C'est ce qu'il y a de plus parfait au monde », affirma Susan, très doucement et avec beaucoup de conviction. Il ne s'agissait plus seulement d'une demande en mariage, il s'agissait d'un mariage avec Arthur de qui elle était amoureuse. Pendant un nouveau silence, tenant la main d'Arthur bien serrée, elle pria Dieu de faire d'elle l'épouse qu'il lui fallait. Puis aussitôt elle demanda :

« Mais que dira Mr. Perrott ?

– Cher bon vieux, dit Arthur qui, après le premier choc, se détendait maintenant avec une sensation de contentement et de plaisir immense. Il faudra que nous soyons très gentils avec lui, Susan. »

Il se mit à lui raconter combien la vie de Perrott était dure et quel absurde dévouement il témoignait à Arthur lui-même. Puis, il lui parla de sa mère à lui, digne veuve d'un caractère énergique. Susan esquissa en retour les portraits de sa propre famille, d'Edith en particulier, la plus jeune de ses sœurs, sa préférée entre tous...

« Excepté vous, Arthur... Arthur, qu'est-ce qui vous a plu tout d'abord chez moi ?

– Une boucle que vous portiez un soir pendant la traversée, dit Arthur après mûre réflexion. Je me souviens d'avoir remarqué – c'est ridicule de remarquer ces choses-là ! – que vous ne preniez pas de petits pois; or, je n'en mange pas moi-même. »

De là, ils en vinrent à comparer leurs goûts plus relevés, ou plutôt ce fut Susan qui chercha à connaître les préférences d'Arthur pour déclarer aussitôt qu'elle aimait les mêmes choses. Ils s'installeraient à Londres, ils auraient peut-être une petite maison à la campagne, à proximité de la famille de Susan qui, au début, s'habituerait mal à son absence. Sa pensée, stupéfiée d'abord, voletait maintenant entre les divers changements qu'allaient entraîner ses fiançailles : quelle joie ce serait que de figurer au rang des femmes mariées, de ne plus se traîner à la remorque des compagnes beaucoup plus jeunes, d'échapper à la solitude prolongée d'une existence de vieille fille. Cette chance étourdissante l'accablait par moments. Elle se tournait alors vers Arthur avec une exclamation passionnée.

Ils restaient étendus, enlacés, sans se douter qu'on pouvait les surprendre. Deux silhouettes cependant étaient apparues, entre les arbres, au-dessus d'eux.

« Voici de l'ombre », commença Hewet.

Mais Rachel s'arrêta tout à coup. Ils virent un homme et une femme, couchés un peu plus bas sur la pente et qui roulaient légèrement d'un côté ou de l'autre, selon que leur étreinte se resserrait ou se relâchait. Puis l'homme se remit sur son séant, tandis que la femme, en qui on reconnaissait maintenant Susan Warrington, restait étendue, les yeux fermés, avec une telle expression d'abandon qu'elle semblait presque avoir perdu connaissance. On n'aurait pu dire d'ailleurs, d'après cette expression, si elle était heureuse ou si elle venait d'éprouver une souffrance. Quand Arthur se tourna de nouveau vers elle et se mit à la pousser de la tête comme un agneau pousse une brebis, Hewet et Rachel s'esquivèrent sans mot dire. Hewet se sentait désagréablement confus.

« Je n'aime pas cela, dit Rachel au bout d'un certain temps.

– Je me rappelle que je n'aimais pas cela non plus, répondit Hewet. Je me rappelle... »

Puis, changeant d'idée, il continua d'un ton normal :

« Allons, on peut dire désormais qu'ils sont fiancés. Croyez-vous qu'il pourra tout de même faire de l'aviation ? Ou bien va-t-elle y mettre le holà ? »

Mais Rachel était encore agitée par la scène qu'ils venaient de voir et dont elle ne pouvait détacher sa pensée. Au lieu de répondre à Hewet, elle poursuivit :

« L'amour est une chose bizarre, n'est-ce pas ? qui vous fait battre le cœur.

– Cela prend une importance si énorme, vous comprenez, répliqua Hewet. Leurs deux existences en sont transformées pour toujours.

– En même temps, cela vous fait de la peine pour eux, continua Rachel comme si elle traçait un graphique de ses impressions. Je ne les connais ni l'un ni l'autre, et pourtant cela me donne une envie folle de pleurer. C'est stupide, n'est-ce pas ?

– Simplement parce qu'ils sont amoureux, dit Hewet. – Oui, ajouta-t-il après avoir réfléchi un instant, il y a là-dedans quelque chose d'horriblement pathétique, je suis de votre avis. »

Maintenant qu'une certaine distance les séparait du bouquet d'arbres et qu'ils arrivaient devant un creux arrondi, fort tentant pour le dos, ils s'y installèrent. L'image des deux amants commençait à s'atténuer tout en entretenant chez eux une certaine intensité de vision, résultat sans doute de la scène aperçue. De même qu'une journée où tout l'élément émotionnel a été réprimé diffère des autres, de même cette journée était différente, du simple fait qu'ils avaient observé d'autres êtres à un point culminant de leur existence.

« On dirait un vaste camp avec ses tentes, remarqua Hewet en contemplant les montagnes en face de lui, – et ne dirait-on pas aussi une aquarelle ? Vous savez comme les aquarelles font gondoler le papier en séchant ? Je me demandais à quoi cela me faisait penser. »

Ses yeux devenaient rêveurs comme s'il faisait des rapprochements; leur couleur rappela à Rachel la chair verte d'un limaçon. Assise à côté de lui, elle regardait, elle aussi, les montagnes. Puis, fatiguée par l'immensité du paysage qui semblait la forcer à ouvrir démesurément les yeux, elle se mit à regarder le sol. Cela l'amusait de détailler ces quelques centimètres de terre sud-américaine jusqu'à en distinguer la moindre parcelle et à la transformer en un monde sur lequel le pouvoir suprême lui appartenait. Elle courba une tige d'herbe et plaça un insecte à l'extrémité de son aigrette; elle se demandait si l'insecte avait conscience de son étrange aventure; elle pensait combien il était étrange qu'elle eût courbé ce brin d'herbe précis, plutôt qu'un autre d'entre les millions de brins d'herbe.

« Vous ne m'avez pas encore dit votre nom, fit brusquement Hewet. Miss quelque chose Vinrace... J'aime connaître les prénoms des gens. »

Elle répondit :

« Rachel. »

Il répéta :

« Rachel. J'ai une tante qui s'appelle Rachel. Elle a mis en vers la vie du père Damien. C'est une dévote fanatique – résultat de la façon dont elle a été élevée, au fond du Northamptonshire, sans voir âme qui vive. Vous avez des tantes ?

– Je vis avec elles, répondit Rachel.

– Qu'est-ce qu'elles peuvent bien faire en ce moment ? s'informa Hewet.

– Elles sont probablement en train d'acheter de la laine, décida Rachel. Elle essaya de les décrire : Ce sont de petites personnes assez pâles, très propres. Nous habitons Richmond. Elles ont un vieux chien qui ne consent à manger que la moelle des os... Elles vont tout le temps à l'église. Elles s'occupent à ranger les tiroirs... »

Là-dessus, Rachel s'arrêta devant les difficultés de la description; puis elle s'écria :

« On ne peut pas se figurer que tout cela continue toujours ! »

Ils avaient le soleil dans le dos et soudain deux ombres s'allongèrent devant eux sur le sol, l'une agitée car elle provenait d'une jupe, l'autre stable parce que projetée par deux jambes de pantalon. Au-dessus d'eux résonna la voix de Helen :

« Vous avez l'air très confortable !

– Hirst », dit Hewet, désignant l'ombre en forme de ciseaux.

Il roula sur le côté pour les regarder.

« Il y a de la place pour tout le monde », dit-il.

Hirst, une fois commodément installé, demanda :

« Vous avez félicité le jeune couple ? »

Il apparaissait que, passant au même endroit quelques minutes après Hewet et Rachel, Helen et Hirst avaient surpris la même scène.

« Non, nous ne les avons pas félicités, répondit Hewet, ils avaient l'air très heureux.

– Bah ! fit Hirst avec une moue, du moment que je ne suis pas obligé d'épouser l'un ou l'autre...

– Nous avons été très émus, dit Hewet.

– Je m'en doutais, répliqua Hirst. Et pourquoi,

Monk? Vous pensiez à l'immortalité des passions ou bien aux nouveau-nés de sexe masculin, futur rempart contre le catholicisme? Je vous assure, ajouta-t-il, s'adressant à Helen, il est capable de s'émouvoir pour l'un ou l'autre de ces motifs. »

Rachel était piquée au vif par ce persiflage qu'elle sentait dirigé contre eux deux, mais elle ne trouvait pas de répartie. Hewet riait sans être froissé le moins du monde.

« Hirst, lui, rien ne l'émeut, dit-il; à moins qu'un nombre transfini ne tombe amoureux d'un nombre fini – cela peut se produire, je suppose, même en mathématiques.

– Au contraire, rétorqua Hirst avec un soupçon d'agacement, je me considère comme un individu de très fortes passions. »

Son accent montrait bien qu'il prenait cela au sérieux; il parlait, d'ailleurs, pour les dames.

« A propos, Hirst, dit Hewet après un silence, ton livre, le Wordsworth que j'avais pris, tu te rappelles, sur la table au moment du départ et que je suis sûr d'avoir mis dans cette poche...

– Est perdu, acheva Hirst à sa place.

– Je considère qu'il reste encore une chance, insista Hewet, tapotant ses poches des deux mains. C'est que peut-être après tout je ne l'avais pas emporté.

– Non, dit Hirst, il est là. »

Il désigna sa poitrine.

« Dieu soit loué! s'écria Hewet, je n'aurai plus l'impression d'avoir assassiné un enfant!

– J'ai idée que vous devez constamment perdre des choses, observa Helen en le regardant d'un air songeur.

– Je ne perds pas les choses, protesta Hewet, je les égare. C'est pour cela que Hirst s'est refusé à partager une cabine avec moi pendant la traversée.

– Vous êtes arrivés ensemble? demanda Helen.

– Je propose que chacune des personnes ici présentes fasse un résumé succinct de sa biographie, dit Hirst en se redressant. Vous d'abord, Miss Vinrace. Commencez. »

Rachel déclara qu'elle avait vingt-quatre ans, qu'elle était fille d'un armateur, qu'elle n'avait jamais fait d'études sérieuses, qu'elle jouait du piano, n'avait ni frères ni sœurs et vivait avec ses tantes à Richmond depuis la mort de sa mère.

« Au suivant », dit Hirst après avoir pris note de ces faits. Il désigna Hewet. Celui-ci commença :

« Je suis fils d'un gentleman anglais. J'ai vingt-sept ans. Mon père était propriétaire terrien, grand chasseur de renards. Il est mort au cours d'une chasse quand j'avais dix ans. Je me rappelle qu'on a rapporté son corps – sur un volet, je suppose – juste au moment où je venais de descendre pour le goûter. Je voyais qu'il y avait de la confiture à table et je me demandais si on me permettrait...

– Bon. Mais tiens-t'en strictement aux faits, interrompit Hirst.

– J'ai fait mes études à Winchester, puis à Cambridge d'où je fus obligé de partir au bout de quelque temps. Depuis, j'ai fait pas mal de choses.

– Profession?

– Aucune... ou du moins...

– Goûts?

– Littéraires. J'écris un roman.

– Frères et sœurs?

– Trois sœurs, pas de frère, une mère.

– C'est tout ce que vous nous dites sur vous-même ? » demanda Helen.

Elle déclara qu'elle était très âgée : quarante ans depuis octobre dernier; son père, autrefois avoué dans la Cité, s'était ruiné, c'est pourquoi elle n'avait pu pousser très loin ses études, ils déménageaient trop souvent pour cela, mais son frère aîné lui prêtait des livres.

« S'il fallait que je vous raconte tout... » Elle s'arrêta et sourit, puis conclut : Ce serait trop long. Je me suis mariée à trente ans et j'ai deux enfants. Mon mari est un érudit. A vous maintenant, fit-elle avec un signe de tête à l'adresse de Hirst.

– Vous avez passé beaucoup de détails », lui reprocha celui-ci; puis il commença avec une affectation de fatuité dans l'accent : « Je m'appelle Saint-John Alaric Hirst, j'ai vingt-quatre ans, je suis fils du révérend Sidney Hirst, vicaire de Great Wapping dans le Norfolk. Des bourses, j'en ai obtenu partout – Westminster, King's. Je suis actuellement fellow du King's. Ça vous a un petit air sinistre, n'est-ce pas ? Mes deux parents sont en vie (hélas). Deux frères et une sœur. Je suis un jeune homme très distingué, ajouta-t-il.

– Un des trois, à moins que ce ne soit des cinq hommes les plus distingués d'Angleterre, spécifia Hewet.

– Parfaitement exact, approuva Hirst.

– Tout cela est fort intéressant, dit Helen après un silence, mais nous avons omis, naturellement, les seules questions qui importent. Par exemple : sommes-nous des chrétiens ?

– Pas moi. – Pas moi, répondirent les deux jeunes gens.

– Moi, oui, déclara Rachel.

– Vous croyez en une Personne Divine? interrogea Hirst, se tournant vers elle et la fixant des yeux à travers ses lunettes.

– Je crois... je crois, balbutiait Rachel, je crois qu'il y a des choses dont nous ne savons rien; et le monde peut changer d'un instant à l'autre et il peut se produire toutes sortes de choses. »

A cela, Helen se mit à rire franchement :

« C'est stupide, dit-elle, tu n'es pas chrétienne. Tu ne t'es jamais demandé ce que tu étais. Et puis il y a bien d'autres questions encore, reprit-elle, mais peut-être est-il trop tôt pour les soulever. »

Malgré la liberté des propos échangés, ils gardaient tous l'impression gênante de ne rien avoir appris, au fond, les uns sur les autres.

« Les questions importantes, réfléchissait Hewet tout haut : celles qui offrent un réel intérêt... je doute qu'on puisse jamais les poser à quelqu'un. »

Rachel, n'acceptant pas d'emblée le fait que, même entre gens qui se connaissent bien, fort peu de chose peut être exprimé, voulut savoir à quoi Hewet faisait allusion.

« Si nous avons déjà été amoureux? demanda-t-elle, c'est ce genre de question que vous entendez? »

De nouveau, elle provoqua le rire de Helen qui lui lança gentiment des poignées de longues herbes à aigrettes, tant elle la trouvait brave et absurde.

« Oh! Rachel, s'écria-t-elle, quand on est avec toi, c'est comme si on avait un petit chien dans la maison, un petit chien qui descend votre linge dans le hall! »

Cependant devant eux, sur la terre ensoleillée, apparaissaient derechef des ombres bizarres et mouvantes, silhouettes d'hommes et de femmes.

« Ah! les voilà! cria Mrs. Elliot avec une note aigrelette dans la voix. Dire que nous nous sommes donné *tant* de mal pour vous retrouver! Savez-vous l'heure qu'il est? »

Mrs. Elliot, Mr. et Mrs. Thornbury se tenaient à présent devant eux. Mrs. Elliot avait sorti sa montre et la tapotait d'un petit air folâtre. Hewet se rappela qu'il était personnellement responsable de cette excursion, aussi ramena-t-il les autres vers la tour de guet, où l'on devait prendre le thé avant le départ. Comme ils en approchaient, ils virent flotter au sommet du mur une écharpe cramoisie que Mr. Perrott et Evelyn étaient en train de fixer à une pierre. La température avait changé à tel point qu'au lieu de s'asseoir à l'ombre on s'installa au soleil; il gardait encore assez de chaleur pour illuminer les visages de rouge et de jaune et pour colorer de grandes étendues de terrain.

« Il n'y a rien de tel que le thé, décidément, dit Mrs. Thornbury en prenant sa tasse.

– Rien, dit Helen. – Vous rappelez-vous comme on hache du foin quand on est enfant? (Elle parlait beaucoup plus vite que d'habitude, sans quitter des yeux Mrs. Thornbury). – Et on fait semblant que c'est du thé et on se fait gronder par les nurses, je me demande pourquoi, sinon parce que les nurses sont des brutes qui vous défendent de prendre du poivre au lieu de sel, chose bien inoffensive pourtant. Est-ce que vos nurses à vous n'étaient pas ainsi? »

Pendant cette tirade, Susan avait rejoint le groupe et s'était assise près de Helen. Quelques instants après, Mr. Venning arriva à pas lents de la direction opposée. Il était un peu rouge et enclin à accueillir avec hilarité toute parole qui lui était adressée.

« Qu'est-ce que vous avez fabriqué avec la tombe de ce vieux type ? demanda-t-il en montrant la bannière rouge qui flottait au-dessus des pierres.

– Nous voulions lui faire oublier le malheur qu'il a eu de mourir il y a trois cents ans, répondit Mr. Perrott.

– Cela doit être affreux, d'être mort ! s'exclama Evelyn M.

– D'être mort ? fit Hewet. Je ne vois rien d'affreux à cela. C'est très facile à imaginer. Quand vous irez vous coucher ce soir, joignez les mains comme ceci, respirez de plus en plus lentement (il s'étendit sur le dos, les mains serrées sur la poitrine, les yeux fermés). – A présent, murmura-t-il d'une voix blanche, monotone, je ne bougerai plus jamais, jamais, jamais. »

Pendant un instant son corps, gisant au milieu du groupe, parut réellement mort.

« C'est horrible, cette exhibition, Mr. Hewet ! s'écria Mrs. Thornbury.

– Passez-nous le cake, réclama Arthur.

– Je vous assure qu'il n'y a rien d'horrible là-dedans, dit Hewet se rasseyant et s'emparant du cake. C'est tellement naturel, poursuivit-il. Les gens qui ont des enfants devraient leur faire faire cet exercice tous les soirs... Ce n'est pas que je sois pressé de mourir.

– D'ailleurs, quand vous faites allusion à une tombe, dit Mr. Thornbury, qui n'avait guère ouvert la bouche jusque-là, êtes-vous bien fondé à considérer cette ruine comme une tombe ? Je suis bien d'accord avec vous pour ne pas me rallier à l'opinion commune qui veut y voir les vestiges d'une tour de guet élisabéthaine, pas plus que je ne tiens pour des vestiges de camps les tertres ou tumuli circulaires que l'on rencontre sur nos collines anglaises. Les archéologues ne voient partout que des camps. Je leur demande toujours : « Mais « alors, où donc, selon vous, nos ancêtres gar- « daient-ils leur bétail ? » La moitié des camps, en Angleterre, sont simplement d'anciens enclos à bestiaux ou *bartons,* comme on dit dans ma partie du monde. Quant à soutenir que personne n'aurait l'idée de garder son bétail à des endroits aussi découverts ou aussi inaccessibles, c'est là un argument dénué de valeur si l'on songe qu'en ce temps-là, le bétail représentait le capital de l'homme, son fonds de commerce, la dot de ses filles. Sans bétail, l'homme était un serf, le serviteur d'un autre... »

L'intensité de son regard décroissait peu à peu, il marmotta quelques mots de conclusion à voix basse, l'air étrangement vieux, replié sur lui-même.

Hughling Elliot, qui aurait vraisemblablement engagé une discussion avec le vieux gentleman, se trouvait absent. On le vit revenir, étalant un grand carré de cotonnade imprimée, d'un joli dessin et de couleurs agréablement vives auprès desquelles sa main semblait avoir pâli. Il le déposa sur la nappe et annonça :

« Une occasion ! Je viens d'acheter cela au grand bonhomme qui porte des boucles d'oreilles. C'est joli, n'est-ce pas ? Tout le monde ne peut pas porter cela, bien entendu, mais cela irait à merveille – n'est-ce pas, Hilda ? – à Mrs. Raymond Parry.

– Mrs. Raymond Parry ? » s'écrièrent à la fois Helen et Mrs. Thornbury.

Elles se regardèrent comme si une brume, qui jusque-là avait voilé leurs visages, eût été dissipée d'un souffle.

« Ah! vous aussi, vous avez assisté à ses réunions merveilleuses? » demanda Mrs. Elliot avec intérêt.

Le salon de Mrs. Parry, bien que situé à des milliers de kilomètres de là, au-delà d'une grande courbe d'eau, sur une minuscule parcelle de terre, fut soudain présent à leurs yeux. Ces femmes jusque-là sans assises, sans ancre, se révélèrent attachées en quelque sorte à ce lieu et du même coup elles prirent un aspect plus substantiel. Peut-être s'étaient-elles trouvées dans ce salon au même moment; peut-être s'étaient-elles croisées dans l'escalier. En tout cas, elles y avaient des relations communes. Elles s'entre-regardaient des pieds à la tête avec un nouvel intérêt. Mais il leur fallut se borner à ces regards : le temps leur manquait pour goûter aux fruits de cette découverte. On avançait les ânes; il était prudent de commencer sans tarder la descente : la nuit tombait si brusquement que l'obscurité risquait de les surprendre en route.

Ainsi donc, reprenant en bon ordre leurs montures, ils se mirent à descendre en file du haut de la colline. Des bribes de conversation passaient en flottant de l'un à l'autre. Au début, il y eut des bons mots et des rires. Quelques-uns faisaient une partie du chemin à pied, cueillaient des fleurs; des pierres rebondissaient devant leurs pas.

« Qui fait les meilleurs vers en latin dans votre collège, Hirst? » lança incongrûment Mr. Elliot.

Mr. Hirst, qui avançait derrière lui, répondit qu'il n'en savait rien.

Le crépuscule fut aussi soudain que l'avaient

prédit les indigènes; les creux des montagnes, de chaque côté, s'emplirent d'ombre; le sentier prit un aspect si immatériel qu'on était surpris d'entendre les sabots des ânes résonner encore contre le rocher dur. Un à un, les voyageurs s'abandonnèrent au silence jusqu'à ce que chacun se tût, laissant sa pensée se répandre dans les profondeurs de l'air bleu. Le chemin parut moins long dans l'obscurité qu'en plein jour et bientôt, sur le terrain plat, à leurs pieds, ils virent les lumières de la ville.

Quelqu'un fit tout à coup :

« Ah! »

Au bout d'un instant, de nouveau, une goutte jaune s'éleva avec lenteur au-dessus de la plaine. Elle monta, s'ouvrit comme une fleur et retomba en pluie.

« Des feux d'artifice! »

La suivante monta plus rapidement, puis une autre encore.

On croyait les entendre rugir dans leur course incurvée.

« On fête un saint quelconque, je suppose », dit une voix.

Dans leur élan unanime vers le ciel, les fusées semblaient tracer une piste de feu où les amants s'engageaient aussitôt, réunis, tandis que la foule d'en bas les suivait du regard, levant des visages pâlis et tendus. Susan et Arthur, cependant, continuaient leur descente sans mot dire et se tenaient soigneusement à distance l'un de l'autre.

De plus en plus espacés, les feux d'artifice finirent par s'arrêter et la course se poursuivit dans la nuit presque complète. En arrière, la montagne n'était qu'une grande ombre; les ombres plus petites des buissons et des arbres projetaient leur obscurité sur le chemin. Sous les platanes, on se sépara, on s'entassa dans les voitures, on partit sans se dire au revoir ou en marmottant simplement des souhaits de bonne nuit.

Entre l'arrivée à l'hôtel et le moment du coucher, il ne restait guère de temps pour une conversation normale. Hirst entra cependant, son faux col à la main, dans la chambre de Hewet.

« Eh bien, Hewet, observa-t-il, soulevé par la vague d'un gigantesque bâillement; cela a été fort réussi, je trouve. (Il bâilla.) Prends garde seulement à ne pas te laisser embobiner par cette jeune personne... Je n'aime pas les jeunes femmes, au fond... »

Hewet, sous l'action stupéfiante des heures passées au grand air, se montra incapable de répondre. En fait, à quelque dix minutes près, tous les excursionnistes s'endormirent en même temps d'un profond sommeil, à l'exception de Susan Warrington. Celle-ci resta étendue un long moment, le regard vaguement dirigé vers le mur d'en face, les mains serrées sur son cœur, sans éteindre sa lampe. Toute pensée définie l'avait abandonnée depuis longtemps. Il lui semblait que son cœur avait pris les proportions d'un soleil et qu'il illuminait son corps tout entier, dispensant, à l'instar du soleil, une progression régulière de chaleur.

« Je suis heureuse. Je suis heureuse. Je suis heureuse, répétait-elle. J'aime tout le monde. Je suis heureuse. »

CHAPITRE XII

UNE fois les fiançailles de Susan approuvées par sa famille, on les annonça à ceux qu'elles pouvaient intéresser à l'hôtel. (Or, entre-temps, les hôtes de l'établissement s'étaient répartis de manière à correspondre aux invisibles tracés à la craie, évoqués naguère par Mr. Hirst.) On se dit alors que cette nouvelle méritait d'être célébrée d'unc façon quelconque. Une excursion ? c'était déjà chose faite. Donc une soirée dansante. Ceci aurait l'avantage d'abolir une de ces fins de journées qui engendrent l'ennui et qui, malgré le bridge, se terminent ridiculement tôt.

L'affaire se trouva réglée sans retard par quelques personnes rassemblées dans le hall, au pied d'un léopard empaillé, dressé sur ses pattes de derrière. Evelyn, après avoir esquissé des glissades, déclara le parquet excellent. Señor Rodriguez indiqua un vieil Espagnol qui jouait du violon aux mariages et qui vous aurait fait valser une tortue. Sa fille, malgré des yeux noirs comme des seaux à charbon, exerçait un pouvoir analogue en jouant du piano. Quant aux personnages chétifs ou moroses qui préféreraient se livrer à des passe-temps sédentaires plutôt qu'à la sauterie ou à la contemplation des danseurs, ils disposeraient du salon et de la salle de billard. Hewet prenait sur lui d'attirer le plus grand nombre possible d'outsiders, au mépris de la théorie des marques à la craie, chère à Hirst. Il se heurta bien à deux ou trois refus, mais trouva en revanche quelques messieurs obscurs et solitaires, ravis de cette occasion de s'entretenir avec leurs semblables; la dame à la moralité douteuse manifesta par des signes évidents l'intention de lui expliquer son cas dans l'avenir le plus proche. En somme, il se rendit compte que les heures comprises entre le dîner et le coucher représentaient une quantité lamentable de tristesse, tant il y avait de gens qui n'avaient pas réussi à entrer en contact avec d'autres.

On décida que la soirée aurait lieu un vendredi, huit jours après les fiançailles; au cours du dîner, Hewet se déclara satisfait.

« Ils viennent tous! » annonça-t-il à Hirst.

Puis, apercevant William Pepper qui arrivait, une brochure sous le bras, suivant de près le potage, il lui cria :

« Pepper! nous comptons sur vous pour ouvrir le bal!

– Il ne sera évidemment pas question de dormir, grâce à vous, répliqua Pepper.

– Vous aurez pour cavalière Miss Allan », poursuivit Hewet, consultant un feuillet de notes au crayon.

Pepper s'arrêta et entreprit un discours sur les rondes, les bourrées, les moresques, les contredanses, toutes infiniment supérieures à la valse bâtarde et à la polka factice qui leur avaient si injustement ravi la faveur de nos contemporains... mais à ce moment les serveurs le poussèrent discrètement vers le coin où se trouvait sa table.

La salle à manger offrait en cet instant une certaine ressemblance curieuse avec une cour de ferme semée de grain sur lequel descendaient sans cesse des pigeons au plumage lustré. Presque toutes les femmes portaient des toilettes qu'elles montraient pour la première fois; leurs coiffures s'élevaient en vagues et en volutes, faisant penser aux bois sculptés des églises gothiques plutôt qu'à des cheveux. Le dîner fut plus court et moins cérémonieux que d'habitude. Le personnel lui-même paraissait gagné par l'excitation générale. Dix minutes avant que la pendule sonnât neuf heures, les organisateurs firent le tour de la salle de bal. Le hall, débarrassé de son mobilier, brillamment éclairé, orné de fleurs dont le parfum pénétrait l'atmosphère, produisait une impression féerique de gaieté éthérée.

« On dirait un ciel étoilé par une nuit parfaitement calme, murmura Hewet, promenant son regard à travers l'espace vide et léger.

– Le parquet, en tout cas, est divin, compléta Evelyn, prenant son élan pour une longue glissade.

– Mais que dites-vous des rideaux ? demanda Hirst. (Les rideaux cramoisis cachaient les hautes fenêtres.) Il fait une nuit admirable, dehors.

– Oui, mais les rideaux inspirent confiance, décida Miss Allan. Il sera temps de les écarter lorsque le bal battra son plein. On pourrait même entrouvrir les fenêtres... Sans les rideaux, les vieux s'imagineraient qu'il y a des courants d'air. »

Sa sagesse était maintenant reconnue de tous et entourée de respect. Tandis que s'échangeaient ces propos, les musiciens sortaient leurs instruments et le violon reprenait plusieurs fois de suite la note que lui donnait le piano. Tout était prêt.

Après quelques minutes de silence, le père, la fille et le gendre qui jouait du cor lancèrent le premier signal avec ensemble. Tels des rats à l'appel du joueur de flûte, des têtes apparurent aussitôt à la porte. Un nouvel accord retentit, après quoi le trio attaqua spontanément le rythme triomphal de la valse.

Ce fut comme si une eau venait d'envahir tout à coup la salle. Un peu hésitants d'abord, un couple après l'autre se jetaient dans le courant et se mettaient à y tournoyer. Au passage des danseurs un bruit sifflant, bien scandé, faisait penser à celui d'un remous. On sentait l'atmosphère s'échauffer peu à peu. L'odeur des gants de peau se mêlait aux parfums intenses des fleurs. Les tourbillons accélérèrent leur mouvement jusqu'à ce que la musique, parvenue à son paroxysme, s'arrêtât et que chacun des cercles se brisât en petits fragments séparés. Les couples se dispersèrent de tous côtés, tandis qu'une rangée clairsemée de vieilles gens demeurait solidement collée aux murs et que çà et là sur le parquet on apercevait un lambeau de garniture, un mouchoir, une fleur. Après cette pause, la musique reprit, les remous se remirent en mouvement, entraînant les couples dans leur tourbillon, jusqu'à l'éclat final et à la rupture de chaque cercle en petits fragments séparés.

Cela s'était produit cinq fois environ, lorsque Hirst, adossé contre le châssis d'une fenêtre comme une gargouille isolée, aperçut à l'entrée de la salle Helen Ambrose et Rachel. La foule était telle qu'elle les empêchait d'avancer, mais il reconnut Helen au dessin de son épaule et Rachel à un mouvement de sa tête. Il se fraya un chemin pour les rejoindre et fut accueilli avec soulagement.

« C'est un vrai supplice de damnés ! s'écria Helen.

– C'est ainsi que je me représente l'enfer », ajouta Rachel.

Elle avait les yeux brillants et paraissait effarée.

Hewet et Miss Allan, qui valsaient assez laborieusement, s'arrêtèrent pour saluer les nouvelles venues.

« C'est vraiment gentil à vous, dit Hewet, mais où est Mr. Ambrose ?

– Pindare, répondit Helen. Une femme qui a passé la quarantaine en octobre est-elle autorisée à danser ? Je ne supporte pas de rester immobile. »

Elle parut s'abandonner entièrement à Hewet et tous deux allèrent se dissoudre dans la foule.

« Nous sommes obligés de suivre le mouvement », dit Hirst à Rachel en la prenant résolument par le coude.

Rachel, sans beaucoup d'expérience, dansait bien, grâce à son sens du rythme; Hirst, lui, n'était pas musicien et les quelques leçons qu'il avait prises à Cambridge ne lui avaient appris que l'anatomie de la valse sans lui en communiquer l'esprit. Dès le premier tour, ils constatèrent l'incompatibilité de leurs méthodes respectives. Leurs ossatures, loin de s'adapter l'une à l'autre, semblaient accentuer leurs angles, rendant impossible une giration régulière et s'opposant, de plus, à la course tournoyante des autres danseurs.

« Si nous nous arrêtions ? » proposa Hirst.

Rachel comprit à son expression qu'il était ennuyé. Ils gagnèrent péniblement un coin où il y avait des sièges et d'où l'on voyait bien la salle. Celle-ci continuait à onduler, en vagues bleues et jaunes que les habits des hommes rayaient de noir.

« Curieux spectacle, observa Hirst. Vous dansez beaucoup à Londres ? »

Ils étaient un peu essoufflés et assez agités tous les deux, mais résolus à ne rien montrer de cette agitation.

« Presque jamais. Et vous ?

– Ma famille donne un bal tous les ans, à Noël.

– Ce parquet n'est vraiment pas mauvais. »

Hirst ne se donna pas la peine de répondre à cette remarque banale. Il regardait les danseurs sans mot dire. Au bout de trois minutes, incapable de supporter plus longtemps ce silence, Rachel se décida à proférer une nouvelle platitude relative à la beauté de la nuit. Hirst l'interrompit sans pitié :

« Ce n'était pas sérieux, ce que vous disiez l'autre jour au sujet de votre christianisme et de votre manque d'instruction ?

– C'était exact, en principe, répondit-elle, puis elle ajouta : mais, d'autre part, je joue très bien du piano, mieux que n'importe qui dans cette salle, je pense. Vous êtes l'homme le plus distingué d'Angleterre ? demanda-t-elle ensuite avec timidité.

– Un des trois », rectifia Hirst.

Helen, passant en trombe devant eux, lança son éventail sur les genoux de Rachel.

« Elle est très belle », observa Hirst.

Il y eut un nouveau silence. Rachel se demandait s'il la trouvait bien physiquement, elle aussi. Saint-John songeait combien il est difficile de converser avec les jeunes filles qui n'ont aucune expérience de la vie. Il était manifeste que Rachel n'avait jamais rien pensé, rien senti, rien vu; elle pouvait bien être intelligente, comme elle pouvait être aussi tout à fait quelconque. Cependant la remarque désobligeante de Hewet agissait encore sur lui comme un venin : « Tu ne sais pas t'y prendre avec les femmes. » Aussi se décida-t-il à profiter de l'occasion.

La robe de soirée prêtait exactement à Rachel ce qu'il fallait d'irréalité et de distinction pour que l'entretien prît un caractère romanesque. Cela stimulait chez lui le désir de parler et cela l'irritait en même temps; il ne savait pas par où commencer. Il la regarda. Elle lui parut très lointaine et indéchiffrable, très jeune et très chaste. Il respira avant de commencer :

« Les livres, par exemple. Qu'est-ce que vous avez lu ? Shakespeare et la Bible, c'est tout ?

– Je n'ai pas lu beaucoup de classiques », avoua Rachel.

Le ton cavalier et fort peu naturel de Hirst ne lui plaisait guère, mais d'autre part sa culture masculine lui faisait évaluer ses propres ressources avec une grande modestie.

« Vous n'allez pas me raconter qu'à l'âge de vingt-quatre ans vous n'avez pas encore lu Gibbon ? demanda-t-il sévèrement.

– Mais si.

– *Mon Dieu*[1] ! s'écria-t-il, les bras au ciel. Il faut vous y mettre dès demain. Je vous enverrai mon exemplaire. Ce que je voudrais savoir, c'est... (Il l'examina d'un œil critique.) Ce qu'il s'agit de savoir, voyez-vous, c'est si on peut vraiment vous parler. Avez-vous une structure mentale ou bien êtes-vous pareille à toutes les autres personnes de

1. En français dans le texte.

votre sexe ? Vous me paraissez absurdement jeune par rapport à un homme de votre âge. »

Rachel le regardait sans rien dire. Il poursuivit :

« Revenons à Gibbon. Pensez-vous que vous serez capable de l'apprécier ? C'est une pierre de touche, sans aucun doute... Chez les femmes, reprit-il, il est terriblement difficile de discerner... ce qui est dû au manque de culture, veux-je dire, et ce qui provient d'une inaptitude congénitale. Personnellement, je ne vois pas ce qui peut vous empêcher de comprendre, sinon le fait que vous avez mené jusqu'ici une existence aussi absurde. Vous avez simplement marché dans le rang, je suppose, avec vos cheveux dans le dos. »

La musique avait repris. L'œil de Hirst explorait la salle, en quête de Mrs. Ambrose. Malgré la meilleure volonté du monde, il se rendait compte qu'entre lui et Rachel, les choses ne s'arrangeraient pas.

« J'aimerais énormément vous prêter des livres, dit-il, en boutonnant ses gants. Nous nous reverrons. Pour l'instant, je vous quitte. »

Il se leva et partit.

Rachel regarda autour d'elle. Comme un enfant dans une réunion, elle avait l'impression d'être entourée de visages inconnus, hostiles, aux nez crochus, aux yeux froids et moqueurs. Elle se trouvait près d'une porte-fenêtre. Elle la poussa et sortit dans le jardin. Des larmes de rage lui emplissaient les yeux.

« Au diable cet homme ! s'écria-t-elle, car elle avait fait siennes certaines expressions de Helen. Que le diable l'emporte avec son insolence ! »

Elle se tenait au milieu d'un pâle rectangle de lumière projeté sur l'herbe par la fenêtre qu'elle venait d'ouvrir. Devant elle se dressaient, massives, des silhouettes de grands arbres noirs. Elle restait là sans bouger, avec de légers frissons de colère et d'énervement, écoutant derrière elle les pas tournoyants des danseurs et le rythme cadencé de la valse.

« Il y a des arbres », fit-elle à haute voix.

Les arbres la dédommageraient-ils de Saint-John Hirst ? Elle pourrait se transformer en une princesse persane et, loin de la civilisation, seule, s'en aller à cheval par les sommets des montagnes, ordonnant à ses femmes de chanter pour elle le soir, loin de tout ceci, loin des compétitions et des hommes et des femmes... Hors de l'ombre, une forme s'avança, noire avec un petit feu rouge vers le haut.

« Mais c'est Miss Vinrace, dit Hewet, la regardant de plus près. Vous avez dansé avec Hirst ?

– Je suis furieuse contre lui ! cria-t-elle dans son emportement. A-t-on jamais vu pareil insolent ?

– Insolent ? répéta Hewet, surpris, sortant le cigare d'entre ses lèvres. Hirst, insolent ?

– C'est insolent, de... » commença Rachel qui s'interrompit aussitôt. Elle ne savait plus au juste ce qui l'avait indignée à ce point. Au prix d'un grand effort, elle se ressaisit et dit en pensant à Helen et à ses moqueries :

« Enfin... Il faut croire que je suis une sotte. »

Elle fit mine de rentrer dans la salle de bal, mais Hewet l'arrêta.

« Expliquez-moi, je vous en prie. Je suis persuadé que Hirst n'avait pas l'intention de vous blesser. »

La tentative d'explication de Rachel fut très laborieuse. Impossible d'avouer que l'image d'elle-même marchant, dans le rang, les cheveux dans le dos, lui avait paru singulièrement offensante et odieuse; elle ne pouvait davantage expliquer pourquoi elle avait trouvé irritante, terrible même, la façon dont Hirst se proclamait supérieur de par son essence et son expérience – comme s'il lui fermait une porte au nez. Tout en faisant avec Hewet les cent pas sur la terrasse, elle disait avec amertume :

« Ce n'est pas la peine d'essayer. Il vaut mieux vivre chacun de son côté. Nous ne pouvons pas nous comprendre. Nous ne faisons qu'extérioriser ce qu'il y a de pire. »

Hewet écarta d'un geste ces généralisations quant aux natures respectives des deux sexes : les idées de ce genre l'ennuyaient; c'était, à son sens, une façon de généraliser des inexactitudes. Mais, connaissant Hirst, il se représentait assez clairement ce qui venait de se passer et, bien qu'au fond cela l'amusât beaucoup, il décida que Rachel ne devait pas conserver le souvenir de cet incident ni le faire figurer dans le tableau qu'elle se faisait de l'existence.

« Vous allez le prendre en aversion maintenant, dit-il, et ce n'est pas juste. Pauvre vieux Hirst, il veut à toute force appliquer sa méthode. Et je vous assure, Miss Vinrace, que c'est avec la meilleure intention. Il vous adressait un compliment... Il essayait... Il essayait... »

Succombant au fou rire, il ne put terminer sa phrase.

Rachel pivota soudain sur elle-même et se mit à rire à son tour. Elle se rendait compte qu'il y avait eu quelque chose de ridicule de la part de Hirst, et peut-être aussi de la sienne.

« Cela doit être sa façon de lier connaissance, dit-elle. Très bien. Je saurai jouer mon rôle. Je commencerai ainsi : « Vilain au physique, répulsif « au moral comme vous l'êtes, Mr. Hirst... »

– Bravo! bravo! cria Hewet, voilà comment il faut le traiter. Voyez-vous, Miss Vinrace, Hirst mérite un peu d'indulgence. Il a passé toute sa vie pour ainsi dire devant un miroir, dans une belle pièce à boiseries, parmi des estampes japonaises et des meubles anciens magnifiques, avec une seule touche de couleur, vous savez, juste à la place qu'il faut – je crois que c'est entre les deux fenêtres. Et il reste là pendant des heures, les pieds au feu, à parler de philosophie, de Dieu, de son foie, de son cœur, des cœurs de ses amis. Ils sont tous malades. Il ne peut guère paraître à son avantage dans une salle de bal. Ce qu'il lui faut, c'est un coin confortable, bien enfumé, bien masculin, où il puisse étendre ses jambes et ne parler que quand il a quelque chose à dire. Personnellement, je trouve cela sinistre, mais cela m'inspire du respect. Il y a tant de gravité chez ces gens-là. Les choses sérieuses, ils les prennent vraiment très au sérieux. »

Cette évocation de l'existence de Hirst intéressa Rachel au point de lui faire presque oublier ses griefs personnels et de ranimer sa considération pour lui.

« Ils sont donc vraiment très intelligents? demanda-t-elle.

– Mais bien sûr. Au point de vue intellectuel, je pense qu'il disait vrai l'autre jour : ce sont là les meilleurs cerveaux d'Angleterre. Seulement... vous devriez le prendre en main, ajouta-t-il. Il y a en lui bien plus de choses que ce qu'on y a découvert jusqu'ici. Il a besoin de quelqu'un qui se moque de lui... Quand je pense qu'il vous a reproché votre manque d'expérience! Pauvre vieux Hirst! »

Ils avaient continué à faire les cent pas sur la terrasse tout en causant. Cependant, une main invisible écartait un à un les rideaux et les répliques lumineuses des fenêtres tombaient sur l'herbe à des intervalles réguliers. Ils s'arrêtèrent pour jeter un coup d'œil dans le salon et aperçurent Mr. Pepper en train d'écrire, seul à une table.

« Voilà Pepper qui écrit à sa tante, dit Hewet. Elle doit être extraordinaire, cette vieille dame. Elle a quatre-vingt-cinq ans, paraît-il, et il l'emmène en excursion à pied dans la New Forest. »

Il frappa aux carreaux et cria :

« Pepper! Allez faire votre devoir. Miss Allan vous attend. »

Arrivés aux fenêtres de la salle, ils ne purent résister au rythme de la danse et à l'entrain de l'orchestre.

« Nous y allons? » demanda Hewet.

Et, la main dans la main, ils se laissèrent prestigieusement emporter par le grand remous.

Ils n'en étaient qu'à leur deuxième rencontre; mais lors de la première, ils avaient assisté ensemble à l'échange de baisers entre un homme et une femme, et, au début de la deuxième, Hewet avait constaté qu'une jeune fille en colère ne diffère pas beaucoup d'un enfant – c'est pourquoi, en se donnant la main pour entrer dans la danse, ils se sentirent tous deux plus à l'aise qu'on ne l'est en général.

Il était minuit et la fête battait son plein. Les domestiques épiaient aux fenêtres. Les formes blanches des couples s'éparpillaient à travers le jardin. Mrs. Thornbury et Mrs. Elliot étaient installées côte à côte sous un palmier, gardiennes de mouchoirs, d'éventails et de broches déposés dans leur giron par des jeunes personnes aux joues en feu. De temps à autre, elles se faisaient part de leurs impressions :

« Miss Warrington a l'air heureux, décidément, observa Mrs. Elliot, et toutes deux sourirent, et toutes deux soupirèrent.

– Il a beaucoup de caractère, dit Mrs. Thornbury, faisant allusion à Arthur.

– Et le caractère, c'est ce qu'on recherche, souligna Mrs. Elliot. Mais voici un jeune homme qui a surtout de l'intelligence, continua-t-elle en désignant de la tête Hirst qui passait avec Miss Allan à son bras.

– Il n'a pas l'air solide, déclara Mrs. Thornbury, son teint n'est pas bon... Voulez-vous que je l'enlève ? demanda-t-elle à Rachel qui s'était arrêtée, s'apercevant qu'un long morceau de son volant traînait derrière elle.

– J'espère que vous vous amusez bien ? demanda Hewet aux deux dames.

– Je suis tout à fait dans mon élément, répondit Mrs. Thornbury, souriante. J'ai eu cinq filles à sortir et toutes les cinq adoraient la danse. Vous adorez cela aussi, Miss Vinrace ? s'informa-t-elle, tournant vers la jeune fille son regard maternel. J'avoue que j'adorais cela moi-même à votre âge. Comme je suppliais ma mère de me permettre de rester plus longtemps ! Maintenant, ce sont les pauvres mères qui ont ma sympathie. Mais je sympathise aussi avec les filles. »

Elle considérait Rachel avec son sourire de sympathie, non dépourvu cependant d'une certaine acuité.

« Ils ont l'air d'avoir bien des choses à se dire, observa Mrs. Elliot, accompagnant d'un regard significatif le couple qui leur tournait le dos. Avez-vous remarqué, pendant le pique-nique ? Lui seul est parvenu à lui faire desserrer les lèvres.

– Elle a un père très intéressant, dit Mrs. Thornbury. C'est un des plus grands armateurs de Hull. Aux dernières élections – vous vous en souvenez? – il a répondu à Mr. Asquith d'une façon très énergique. C'est bien intéressant de constater qu'un homme de cette expérience peut être un protectionniste convaincu. »

Préférant la politique générale aux questions personnelles, elle eût volontiers approfondi ce sujet, mais Mrs. Elliot ne tenait à parler de l'Empire que sous une forme moins abstraite.

« J'ai de très mauvaises nouvelles de ce qui se passe en Angleterre, à propos des rats, dit-elle. Ma belle-sœur, qui habite Norwich, m'écrit que personne n'ose plus commander une volaille pour sa table, à cause de la peste. Cela s'attaque aux rats et ils le transmettent à d'autres animaux.

– Les autorités de l'endroit ne prennent donc pas les mesures nécessaires?

– Elle n'en parle pas. Mais elle dit que l'attitude des personnes instruites, qui devraient savoir à quoi s'en tenir, est d'une indifférence inouïe. Il est vrai que ma belle-sœur est une de ces femmes modernes très actives qui soulèvent toujours des problèmes, vous savez – ces femmes qu'on admire, mais dont on ne partage pas les sentiments – pas moi, du moins... Elle a, du reste, une santé de fer. »

Ceci lui ayant rappelé sa propre fragilité, Mrs. Elliot poussa un soupir.

« Une physionomie pleine d'animation, observa Mrs. Thornbury en regardant Evelyn M. qui venait de s'arrêter près de là pour épingler solidement une fleur écarlate à sa poitrine. La fleur ne voulait pas tenir; alors, d'un geste exaspéré, elle l'enfonça dans la boutonnière de son danseur. Le grand garçon mélancolique la reçut comme un chevalier reçoit un gage d'amour de sa dame.

– C'est bien fatigant pour les yeux », proféra Mrs. Elliot après avoir contemplé quelque temps le tourbillon jaune dont elle ne connaissait, de nom ou de réputation, qu'un petit nombre de tourbillonneurs. S'arrachant à la foule, Helen accourut vers elles et s'empara d'une chaise libre.

« Puis-je m'asseoir près de vous? demanda-t-elle, souriante et hors d'haleine. Je devrais avoir honte, n'est-ce pas? A mon âge... »

Son animation, la couleur de ses joues rendaient sa beauté plus communicative que de coutume, si bien que les deux dames éprouvèrent le même désir de la toucher. Elle haletait :

« Oh! je m'amuse. Le mouvement, c'est quelque chose d'extraordinaire, n'est-ce pas?

– J'ai toujours entendu dire que rien n'égale la danse quand on est bon danseur », dit Mrs. Thornbury, qui lui souriait.

Helen se balançait légèrement, comme si elle était assise sur des fils de fer.

« Je pourrais danser sans arrêt! s'écria-t-elle. On devrait se laisser aller davantage! Regardez-moi ces petits pas qu'ils font!

– Avez-vous vu les merveilleux danseurs russes? » commença Mrs. Elliott. Mais Helen avait aperçu son cavalier qui venait la rejoindre. Elle se leva comme se lève la lune. Ils avaient déjà parcouru la moitié de la salle que les deux dames la suivaient encore des yeux avec admiration, tout en trouvant plutôt bizarre qu'une femme de son âge prît plaisir à danser.

Dès que Helen resta seule un instant, Saint-

John Hirst, qui guettait l'occasion, s'approcha d'elle et dit :

« Cela vous ennuierait-il beaucoup de venir vous asseoir en ma compagnie ? Je suis absolument incapable de danser. »

Il la pilota vers un coin meublé de deux fauteuils qui lui prêtaient une certaine intimité. Ils s'installèrent, mais, pour commencer, Helen, encore sous l'effet de la danse, ne put dire un mot.

« Etrange ! s'écria-t-elle enfin. Quelle idée peut-elle bien avoir de la forme de son corps ? »

Cette remarque concernait une personne qui passait devant eux, appliquée, semblait-il, à se dandiner plutôt qu'à marcher et prenant appui sur le bras d'un gros homme avec des yeux en boules vertes, insérés dans un masque gras et blanc. Elle n'aurait pu se passer de support, étant énorme et si comprimée que son buste se projetait en avant bien plus loin que ses pieds, condamnés à faire des pas minuscules à cause de la jupe qui entravait les chevilles. Sa toilette consistait en une faible quantité de satin jaune vif, avec, çà et là, au petit bonheur, des plaques de perles bleues et vertes, tendant à rappeler les nuances d'une gorge de paon. Un panache pourpre couronnait l'édifice mousseux de sa coiffure, un ruban de velours noir constellé de pierreries encerclait ce qu'elle avait de cou et des bracelets s'incrustaient profondément dans la chair dodue de ses bras gantés. Tachetée de rouge sous une couche de poudre, sa physionomie était celle d'un petit cochon impertinent, mais guilleret.

Saint-John se refusait à partager l'hilarité de Helen.

« Cela me donne la nausée, déclara-t-il. Toute cette affaire me donne la nausée... Représentez-vous les idées de ces gens-là, leurs sentiments... vous n'êtes pas de mon avis ?

– Je jure chaque fois de ne plus remettre les pieds dans aucune espèce de réunion, avoua Helen, et je ne tiens jamais ma promesse. »

Enfoncée dans son fauteuil, elle regardait le jeune homme en riant. Il était manifestement indigné, mais quelque peu excité en même temps.

« Quoi qu'il en soit, dit-il avec sa préciosité coutumière, il faut en prendre son parti, je suppose.

– Son parti de quoi ?

– Du fait qu'on ne trouvera pas au monde plus de cinq personnes avec qui cela vaille la peine de parler. »

La couleur, le brillant se retiraient progressivement du visage de Helen, qui finit par reprendre son expression tranquille et observatrice.

« Cinq personnes ? dit-elle. Il me semble qu'il y en a plus de cinq.

– Vous êtes donc une privilégiée, répliqua Hirst. Ou plutôt, c'est moi qui n'ai pas de chance. »

Il se tut, puis demanda à brûle-pourpoint :

« A votre avis, suis-je quelqu'un avec qui il est difficile de s'entendre ?

– Quand on est intelligent et qu'on est jeune, c'est presque toujours le cas.

– Et c'est ce que je suis, en effet : immensément intelligent. Infiniment plus intelligent que Hewet. Il est très possible, continua Hirst du même ton curieusement détaché, que je devienne un des individus ayant une valeur authentique. Or, c'est tout autre chose que d'être intelligent... Mais il n'y a pas de danger que la famille s'en rende compte », ajouta-t-il avec amertume.

Helen jugea que ceci appelait une question :

« Les rapports avec les vôtres vous paraissent compliqués ?

– Intolérables... Ils tiennent à me voir un jour Pair d'Angleterre et Conseiller privé. Si je suis venu ici, c'est en partie pour régler cette question, car il faut la régler, soit que j'entre au barreau, soit que je reste à Cambridge. Il y a certes des inconvénients d'un côté comme de l'autre, mais je suis persuadé que les arguments en faveur de Cambridge doivent l'emporter. Les choses de ce genre, fit-il avec un geste vers la cohue de la salle – la répulsion qu'elles inspirent ! Je sens en moi, d'autre part, de grandes facultés affectives. Ce n'est pas que je sois sensitif comme l'est Hewet. Je suis très attaché à quelques rares individus. Je crois, par exemple, que ma mère n'est pas une personne à négliger, malgré bien des côtés déplorables... A Cambridge, sans aucun doute, je finirais par prendre une place prépondérante. D'autres raisons, cependant, font que je redoute Cambridge. »

Il se tut, puis, par un curieux changement d'attitude, il cessa d'être l'ami qui se confie pour devenir le jeune homme classique dans une réunion mondaine.

« Je dois vous paraître affreusement ennuyeux, dit-il.

– Pas le moins du monde, répondit Helen, cela m'intéresse beaucoup.

– Vous n'imaginez pas, s'écria-t-il presque avec émotion, ce que c'est que de rencontrer quelqu'un à qui l'on puisse parler ! Dès que je vous ai vue, j'ai senti que vous pourriez peut-être me comprendre. J'aime beaucoup Hewet, mais il n'a pas la moindre notion de ce que je suis. De toutes les femmes que je connais, vous êtes la seule qui saisisse tant soit peu ce que j'entends quand je dis telle ou telle chose. »

L'orchestre jouait maintenant la *Barcarolle* d'Hoffmann, et Helen battait la mesure de la pointe du pied. Mais après le compliment qu'elle venait de recevoir, elle jugeait qu'il était impossible de quitter la place. D'ailleurs, les propos de Hirst l'amusaient, la flattaient même, et la candeur de sa vanité lui paraissait séduisante. Elle devinait qu'il n'était pas heureux et se montrait assez femme pour souhaiter qu'il lui fît ses confidences.

« Je suis bien vieille, soupira-t-elle.

– C'est curieux, je ne vous trouve pas vieille du tout. J'ai l'impression que nous sommes exactement du même âge. Et de plus – il hésita, puis, l'ayant regardée, il s'enhardit – j'ai l'impression de pouvoir vous parler ouvertement, comme à un homme, des rapports entre les deux sexes et de... »

Malgré toute son assurance, il rougit un peu en prononçant les derniers mots.

Elle le tranquillisa aussitôt par le rire qui accompagna son exclamation :

« Mais je l'espère bien ! »

Il la regardait avec une franche cordialité et pour la première fois les plis creusés autour de son nez et de sa bouche se détendirent.

« Dieu soit loué ! s'écria-t-il, nous pouvons donc nous comporter comme des créatures humaines civilisées. »

En effet, une barrière le plus souvent inamovible venait d'être écartée. Ils avaient maintenant la possibilité de s'entretenir sur des sujets auxquels, en général, on ne fait allusion entre un homme et une femme qu'en présence de médecins ou devant le spectre de la mort. Au bout de cinq minutes,

Hirst faisait déjà le récit de son existence; ce long récit d'une existence pleine d'incidents compliqués aboutit à une discussion des principes sur lesquels s'appuie la morale, puis à d'autres questions fort intéressantes que, même dans cette salle de bal, on ne pouvait aborder qu'à voix basse, de peur d'être entendu par quelque dame à gorge de pigeon ou quelque superbe commerçant qui exigeraient votre expulsion immédiate.

Quand tous ces sujets furent épuisés, ou plus exactement quand Helen, par un certain relâchement de son attention, fit comprendre à Hirst que leur tête-à-tête avait assez duré, il se leva en déclarant :

« Il n'y a donc aucune raison pour multiplier ces mystères.

– Aucune, sauf le fait que nous sommes des Anglais », répliqua Helen.

Elle prit le bras de Hirst et ils traversèrent la salle, se faufilant à grand-peine parmi les couples tournoyants qui, à cette heure, étaient passablement dépeignés et n'avaient plus, pour un œil critique, aucune élégance de ligne.

L'excitation de l'effort pour établir leur amitié et la longueur de leur entretien avaient aiguisé leur appétit. Aussi se dirigèrent-ils vers la salle à manger qui, entre-temps, s'était remplie de consommateurs installés par petites tables. A la porte, ils rencontrèrent Rachel qui rentrait dans la salle pour danser avec Arthur Venning. Elle avait les joues roses, l'air heureux et Helen fut frappée de constater que, dans ces dispositions, elle était décidément plus séduisante que la majorité des jeunes femmes. Cela ne s'était encore jamais manifesté aussi nettement aux yeux de sa tante.

« Tu t'amuses ? » demanda Helen, comme ils s'arrêtaient un instant.

Ce fut Arthur qui lui répondit :

« Miss Vinrace vient de me faire un aveu : elle était loin de soupçonner les plaisirs qu'offre un bal.

– Oui, s'écria Rachel, j'ai complètement changé d'avis sur l'existence.

– Pas possible ! » fit Helen, moqueuse. Le couple parti, elle ajouta : « C'est un trait caractéristique de Rachel. Elle change d'avis sur l'existence tous les deux jours à peu près. » Quand ils furent installés à une table, elle reprit : « Vous savez, je crois bien que vous êtes exactement la personne qu'il faut pour m'aider à son éducation. Elle a été élevée autant dire dans un couvent. Son père est franchement ridicule. J'ai fait tout ce que j'ai pu, mais je suis trop vieille, et je suis une femme. Vous devriez lui parler... lui expliquer les choses... je veux dire causer avec elle comme vous le faites avec moi.

– J'ai déjà essayé ce soir, dit Saint-John, mais je ne crois pas avoir réussi. Elle me paraît si jeune, si dépourvue d'expérience. J'ai promis de lui prêter Gibbon. »

Helen réfléchissait tout haut :

« Il ne s'agit pas précisément de Gibbon, il s'agit plutôt des faits de l'existence, vous comprenez ce que je veux dire ? De ce qui se passe en réalité, de ce que les gens ressentent, tout en s'efforçant le plus souvent de le dissimuler. Il n'y a rien d'alarmant à cela. C'est tellement plus beau que les faux-semblants ! C'est toujours plus intéressant, cela vaut toujours mieux, à mon avis, que ce genre de choses. »

De la tête, elle lui indiquait, à une table voisine,

deux jeunes filles et deux jeunes gens occupés à se taquiner bruyamment et à échanger des insinuations ironiques mêlées de cajoleries, au sujet, semblait-il, d'une paire de bas ou d'une paire de jambes. L'une de ces demoiselles dépliait son éventail d'un air offusqué et le tout produisait une impression désagréable, en partie parce qu'on devinait, entre les deux jeunes filles, une secrète hostilité.

« Pourtant, sur mes vieux jours, soupira Helen, j'en arrive à me dire que dans l'ensemble notre action ne compte pas pour grand-chose : les gens n'en font qu'à leur idée, il n'y a pas d'influence qui tienne. »

Elle hocha la tête en regardant les soupeurs.

Mais Saint-John n'était pas de son avis. Selon lui, on pouvait changer bien des choses en exposant son propre point de vue, en conseillant des lectures, etc. Il tenait le développement de la femme pour une des questions les plus graves de ce temps. A certains moments, il lui semblait que tout, ou presque tout, dépendait de l'éducation.

Pendant ce temps, dans la salle, les danseurs se disposaient en carrés pour les lanciers. Arthur et Rachel, Susan et Hewet, Miss Allan et Hughling Elliot se trouvaient réunis. Miss Allan consulta sa montre.

« Une heure et demie, déclara-t-elle. Et moi qui dois expédier demain Alexander Pope !

– Pope ! ricana Mr. Elliot, qui donc peut lire Pope, je voudrais bien le savoir ? Quant à lire ce qu'on écrit sur lui, non, non, Miss Allan, vous enrichissez le monde en dansant beaucoup plus qu'en écrivant, soyez-en persuadée. »

Cela faisait partie des maniérismes de

Mr. Elliot, de prétendre que rien au monde ne pouvait rivaliser avec les plaisirs de la danse, comme rien au monde n'égalait l'ennui de la littérature. Il cherchait ainsi, d'une façon assez touchante, à se concilier les jeunes et à leur prouver formellement qu'en dépit du fardeau de la science sous lequel il avait ployé et pâli, il restait aussi vivant que le plus jeune d'entre eux.

« Il s'agit pour moi d'une question alimentaire, répondit tranquillement Miss Allan; mais je crois que je me fais attendre. »

Elle reprit sa pose pour les lanciers, en avançant le bout carré de son soulier noir.

« Mr. Hewet, vous devez me faire un salut. »

Miss Allan était manifestement la seule qui connût à fond les figures de la danse.

Après les lanciers, il y eut une valse, après la valse une polka, et ensuite il se produisit quelque chose d'affreux : la musique, qui n'avait cessé de retentir avec des intervalles de cinq minutes, s'arrêta tout à coup. La femme aux grands yeux noirs commença à emmailloter de soie le violon, l'homme remit avec soin le cor dans son étui. Des couples les assaillirent, implorant en anglais, en français, en espagnol, une danse de plus, rien qu'une seule. Il n'était pas très tard. Mais le vieux pianiste se contenta de sortir sa montre et de secouer la tête. Il remonta le col de sa veste et exhiba un cache-nez de soie rouge qui détruisit aussitôt l'effet solennel de sa tenue. Les musiciens étaient curieusement pâles, les yeux fatigués, l'air maussade et prosaïque, comme s'ils ne rêvaient que de viande froide et de bière, après quoi ils iraient se coucher.

Rachel, parmi d'autres, les avait suppliés de continuer. Après leur refus, elle se mit à tourner les pages des morceaux de musique restés sur le piano. La plupart avaient des couvertures de couleur représentant des sujets romantiques : gondoliers à califourchon sur un croissant de lune, religieuses épiant à travers les barreaux d'une fenêtre de couvent, jeunes personnes aux cheveux épars, pointant un fusil vers les étoiles. Elle se rendit compte que le thème principal des airs sur lesquels on venait de danser si allégrement était le regret passionné de l'amour défunt et de la jeunesse innocente. Une poignante tristesse s'interposait toujours entre les danseurs et leur passé de félicité.

« Ce n'est pas étonnant qu'ils en aient assez, à la fin, de jouer toutes ces inepties, déclara-t-elle tout en déchiffrant quelques mesures. Ce sont, au fond, des airs de cantiques, exécutés sur un rythme accéléré, avec des bribes de Wagner ou de Beethoven par-ci, par-là.

– Vous êtes musicienne? Vous voulez bien jouer quelque chose? N'importe quoi, pourvu que l'on puisse danser! »

De tous côtés, on proclamait son talent de pianiste, si bien qu'elle dut consentir. Bientôt, ayant épuisé toute la musique de danse qu'elle connaissait, elle eut recours à un passage d'une sonate de Mozart.

« Mais ce n'est pas une danse, dit quelqu'un, s'arrêtant près du piano.

– Si c'en est une, répliqua-t-elle avec un hochement de tête énergique. Inventez le pas! »

En pleine possession de la mélodie, elle en marqua hardiment le rythme, de manière à le rendre plus entraînant. Helen saisit son idée au bond, elle s'empara du bras de Miss Allan et s'élança à travers la salle, multipliant des révérences, des pirouettes, des chassés obliques, comme une enfant qui gambade dans une prairie.

« C'est une danse pour ceux qui ne savent pas danser ! » s'écria-t-elle.

La mélodie se transforma en un menuet. Saint-John se mit à sautiller avec une vitesse incroyable, d'abord sur le pied gauche, puis sur le droit. Hewet, les bras étendus, les pans de son habit écartés, imitait les mouvements lascifs et rêveurs d'une vierge hindoue qui danse devant son rajah. Puis, sur un rythme de marche, Miss Allan, pinçant sa jupe, se dirigea vers les deux fiancés et s'inclina profondément devant eux. Du moment que les pieds évoluaient en cadence, chacun abandonnait son quant-à-soi. Sans transition, Rachel passa de Mozart à de vieux airs de chasse anglais, puis à des Noëls et des cantiques, ayant constaté qu'avec un peu d'adresse, n'importe quel motif bien marqué pouvait s'adapter à la danse. Au bout d'un moment, on ne vit plus dans la salle que des formes qui tournoyaient ou glissaient, isolées ou par couples. Mr. Pepper exécutait sur les pointes une figure inspirée du patinage, dont il avait été jadis un champion local. Mrs. Thornbury essayait de se rappeler une bourrée ancienne qu'elle avait vu danser par les fermiers de son père, dans le Dorsetshire. Quant à Mr. et Mrs. Elliot, ils faisaient sans arrêt le tour de la pièce en galopant avec tant d'impétuosité que les autres danseurs frémissaient à leur approche. Quelques-uns blâmaient entre eux le caractère tapageur de cette exhibition : pour d'autres, c'était là le meilleur moment de la soirée.

« En place pour la farandole ! » cria Hewet. La main dans la main, les danseurs formèrent une ronde gigantesque et, clamant : *Connaissez-vous*

John Peel? se mirent à tourner de plus en plus vite, jusqu'au moment où la tension excessive de la chaîne fit sauter un des maillons – en l'espèce Mrs. Thornbury – tandis que les autres, projetés en tous sens, allaient tomber au hasard, qui à terre, qui sur un siège, qui dans les bras d'un voisin. En se relevant, essoufflés et ébouriffés, ils furent surpris de voir que l'éclairage électrique avait perdu de son intensité et bien des yeux se tournèrent machinalement vers les fenêtres. L'aube, en effet, était là. Pendant qu'ils dansaient, la nuit lui avait cédé la place. Dehors, les montagnes se dessinaient, très pures et lointaines. La rosée étincelait sur l'herbe, le ciel était inondé de bleu, avec des jaunes et des roses du côté de l'est. Les danseurs se pressaient aux fenêtres, les ouvraient toutes grandes, s'aventuraient peu à peu jusque sur la pelouse.

« Comme elles ont l'air bêtes, ces pauvres vieilles lumières, remarqua Evelyn M. d'une voix curieusement affaiblie. Et nous donc ! Ce n'est guère seyant. »

Elle disait vrai : les coiffures défaites, les bijoux verts ou jaunes, si éclatants une demi-heure plus tôt, paraissaient maintenant ternes et mesquins. Comme si elles sentaient un regard froid fixé sur elles, les femmes d'un certain âge, dont le teint était mis à une rude épreuve, commençaient à prendre congé des autres pour aller se coucher.

Privée de son auditoire, Rachel continuait à jouer pour elle-même. De *John Peel* elle passa à Bach, objet actuel de son grand enthousiasme. Petit à petit, quelques-uns des danseurs, parmi les plus jeunes, quittèrent le jardin pour réoccuper les chaises dorées, éparses autour du piano. Il faisait déjà si clair dans la salle qu'on éteignit les lumières. Assis là, écoutant, ils sentaient leurs nerfs se détendre; la brûlure de leurs lèvres, endolories à force de parler et de rire, se calmait. Ils restaient silencieux, comme s'ils voyaient se dresser dans le vide un édifice dont les colonnes alternaient avec des espaces libres. Puis, ils commencèrent à s'entrevoir eux-mêmes, et leur existence, et toute l'existence humaine, évoluant avec beaucoup de noblesse sous l'autorité de la musique. Ils se sentaient ennoblis et quand Rachel s'arrêta, ils ne souhaitaient plus rien d'autre que le sommeil.

Susan, qui s'était levée, s'écria :

« Je crois bien que c'est la soirée la plus heureuse de ma vie ! Vraiment, j'adore la musique, ajouta-t-elle en remerciant Rachel. Cela exprime, semble-t-il, tout ce qu'on ne saurait dire soi-même. »

Elle eut un petit rire nerveux. Son regard, plein de sympathie, allait des uns aux autres, comme si elle ne trouvait pas de mots pour s'expliquer.

Elle se contenta de murmurer :

« Vous avez tous été si gentils, tellement gentils... »

Puis elle se retira à son tour.

Après la brusque dislocation qui termine en général ces soirées, Helen et Rachel, vêtues de leurs manteaux, se tenaient devant la sortie, cherchant des yeux un véhicule.

« Vous pensez bien qu'il ne reste plus de voitures ! dit Saint-Jonh qui les avait suivies. Vous êtes obligées de coucher ici.

– Oh ! non, répondit Helen, nous allons rentrer à pied.

– Puis-je vous accompagner ? demanda Hewet. Il n'est pas question d'aller se coucher. Vous imaginez cela, qu'on reste étendu parmi des polochons en face de son lavabo, par une matinée comme celle-ci ?... C'est là que vous habitez ? »

Ils s'étaient engagés dans l'avenue, et il se retourna pour montrer, à flanc de coteau, une villa blanc et vert qui semblait avoir fermé les yeux.

« Ce n'est pas une lampe allumée qu'on voit là ? demanda Helen avec inquiétude.

– C'est le soleil », dit Saint-John.

Chacune des fenêtres d'en haut était marquée d'un point d'or.

« J'ai eu peur que ce ne soit mon mari, absorbé par ses Grecs. Pendant tout ce temps, il a annoté son Pindare. »

Ils traversèrent la ville et prirent un chemin montant, parfaitement visible malgré l'absence de son habituelle bordure d'ombres. La fatigue et l'action apaisante de la lumière matinale leur ôtaient l'envie de parler. Ils se contentaient de respirer l'air délicieusement frais, qui ne semblait pas appartenir au même domaine vital que celui de midi.

Quand ils arrivèrent au grand mur jaune près duquel le chemin se séparait de la route, Helen fut d'avis que les deux jeunes gens devaient s'en retourner.

« Vous nous avez accompagnées assez loin, dit-elle, allez dormir maintenant. »

Mais ils ne semblaient pas disposés à rentrer.

« Asseyons-nous un instant, proposa Hewet. (Il étendit son vêtement par terre.) Asseyons-nous et contemplons. »

Ils s'installèrent, les regards dirigés vers la baie. La mer était calme, à peine ridée de petites vagues, avec quelques rayures de vert et de bleu. Les voiliers ne s'y montraient pas encore, mais on distinguait, irréel dans la brume, un vapeur à l'ancre. Il jeta un cri qui semblait venir d'un autre monde, puis tout redevint silencieux.

Rachel s'appliquait à ramasser un à un des cailloux gris pour en former un petit tumulus. Elle faisait cela posément, avec beaucoup d'attention.

« Ainsi donc, tu as changé d'avis sur l'existence, Rachel ? » demanda Helen.

Rachel ajouta une pierre à son édifice et bâilla.

« Je ne me rappelle plus. Je me sens comme un poisson au fond de la mer. »

Elle bâilla de nouveau. En ce lieu, à cette heure de l'aube, aucune des personnes présentes n'avait le pouvoir de l'intimider. Elle se sentait parfaitement à l'aise, même avec Mr. Hirst. Celui-ci déclara :

« Mon cerveau, au contraire, est d'une activité anormale. »

Il s'installa dans sa position favorite, les genoux dans les bras, le menton appuyé sur les genoux.

« Je perce tout à jour, absolument tout. La vie n'a plus de mystère pour moi. »

Il s'exprimait avec conviction, mais n'avait pas l'air de souhaiter une réponse. Malgré la proximité physique, malgré l'intimité de l'instant, ils n'étaient que des ombres les uns pour les autres. Hewet commença, rêveur :

« Et tous ceux de là-bas qui sont allés se coucher avec des préoccupations si différentes ! Miss Warrington est sans doute agenouillée en ce moment; les Elliot ont été un peu secoués : il ne leur arrive pas souvent de s'essouffler et ils cherchent à s'endormir le plus vite possible. Il y a aussi le pauvre jeune homme efflanqué qui a dansé toute la nuit avec Evelyn : il est en train de mettre ses fleurs dans l'eau et de se demander :

« Est-ce l'amour ? » Quant à ce malheureux Perrott, je suis sûr qu'il n'arrive pas à dormir et qu'il se console en lisant son auteur grec préféré. Et les autres... Non, Hirst, conclut-il, je ne trouve pas du tout que ce soit si simple.

– Je détiens une clef », dit Hirst, énigmatique, le menton toujours sur les genoux, le regard fixe.

Il y eut un silence. Puis Helen se leva et leur dit au revoir en ajoutant :

« N'oubliez pas que vous devez venir nous voir. »

Ils se séparèrent en échangeant de loin des signes d'adieu, mais les deux jeunes gens ne retournèrent pas à l'hôtel : ils partirent en promenade, parlant peu et sans la moindre allusion aux femmes qui occupaient une partie considérable de leurs pensées. Ils n'avaient pas envie d'échanger leurs impressions. Ils rentrèrent à temps pour le petit déjeuner.

CHAPITRE XIII

PARMI les nombreuses pièces de la villa, une seule se distinguait particulièrement, parce que sa porte restait toujours fermée et que pas la moindre musique, pas le moindre rire ne s'en échappaient jamais. Dans la maison, chacun avait le sentiment qu'il se déroulait quelque chose derrière cette porte et, sans aucune idée de ce que cela pouvait être, chacun en subissait l'influence sur ses propres pensées, du seul fait de savoir que s'il passait devant cette porte, il la verrait fermée et que s'il faisait du bruit, il dérangerait Mr. Ambrose. Pour cette raison, certains actes devenaient méritoires et d'autres répréhensibles; l'existence, de la sorte, était plus harmonieuse, moins désordonnée que si Mr. Ambrose avait abandonné son travail sur Pindare et adopté un genre de vie nomade, circulant dans toutes les pièces.

Ainsi, chacun se rendait compte que, grâce à l'observation de certaines règles, telles que la ponctualité et le silence, grâce au souci de la bonne cuisine et à l'accomplissement des tâches plus humbles, une ode après l'autre étaient brusquement restituées au monde et chacun participait à la continuité de l'existence du savant.

Par malheur pour les êtres humains, l'âge élève une barrière, l'érudition en dresse une autre, le sexe une troisième, si bien que Mr. Ambrose, dans son cabinet, se trouvait séparé par un millier de kilomètres de la créature humaine la plus proche, laquelle, dans cette maison, était inévitablement une femme. Il passait des heures parmi ses livres interfoliés de blanc, seul comme une idole au fond d'un temple vide, sans le moindre mouvement, sinon celui de la main qui tourne la page, sans le moindre bruit, sauf parfois un hoquet, l'obligeant à écarter sa pipe pendant quelques instants. A mesure qu'il pénétrait davantage le cœur du poète, son fauteuil était de plus en plus étroitement encerclé de volumes qui s'étalaient ouverts sur le sol et qu'on ne pouvait franchir sans une façon spéciale de poser les pieds, si savante que les visiteurs y renonçaient, en général, et prenaient la parole en demeurant à l'extérieur.

Malgré cela, le lendemain du bal, Rachel entra dans cette pièce; elle appela par deux fois : « Oncle Ridley ! » avant qu'il s'aperçût de sa présence. Il finit cependant par la regarder par-dessus ses lunettes :

« Eh bien ? fit-il.

– J'ai besoin d'un livre : *L'Histoire de l'Empire romain,* de Gibbon. Puis-je l'avoir ? »

Elle vit, à la suite de cette question, les rides reprendre peu à peu leur place sur le visage de son oncle, jusque-là uni comme un masque.

« Répète, je te prie, dit-il, soit qu'il n'eût pas entendu, soit qu'il n'eût pas compris. »

Elle répéta les mêmes mots, ce qui la fit légèrement rougir.

« Gibbon ! Quel besoin peux-tu bien en avoir ?

– Quelqu'un m'a conseillé de le lire, bégaya Rachel.

– Mais je ne voyage pas avec toute une collection d'historiens du XVIIIe siècle! s'écria-t-il. Gibbon! Dix gros volumes au bas mot! »

Rachel s'excusa de son interruption et se prépara à sortir.

« Reste! » cria son oncle. Il posa sa pipe, repoussa son livre de côté et, se levant, la prit par le bras pour la conduire lentement à travers la pièce.

« Platon, dit-il, appuyant un doigt contre le premier d'une rangée de petits volumes foncés. Et Jorrocks à côté, c'est une erreur. Sophocle, Swift. Les commentateurs allemands ne t'intéressent pas, je suppose. Des Français, alors? Tu lis en français? Tu devrais lire Balzac. Nous arrivons à Wordsworth et à Coleridge, Pope, Johnson, Addison, Shelley, Keats. Une chose en entraîne une autre. Pourquoi Marlowe se trouve-t-il ici? Mrs. Chailey, je pense. Mais à quoi sert la lecture si on ne lit pas les Grecs? Au fond, quand on lit les Grecs, on n'a plus besoin d'aucune autre lecture. Pure perte de temps... pure perte de temps. »

Tandis qu'il parlait ainsi, avec de petits gestes vifs, s'adressant à moitié à lui-même, ils avaient fait le tour de la pièce, jusqu'au cercle de livres étalés par terre, où leur marche s'arrêta.

« Eh bien, que sera-ce? demanda-t-il.

– Balzac, répondit Rachel. A moins que vous n'ayez le *Discours sur la Rébellion américaine,* oncle Ridley?

– Le *Discours sur la Rébellion américaine*? » Il dirigea de nouveau sur elle un regard scrutateur. Encore un de tes danseurs du bal?

– Non. C'est Mr. Dalloway, confessa-t-elle.

– Grand Dieu ! »

Le souvenir de Mr. Dalloway lui fit rejeter la tête en arrière.

Elle prit un volume au hasard et le soumit à son oncle qui, voyant qu'il s'agissait de *La Cousine Bette,* lui conseilla de l'abandonner si elle trouvait cela trop affreux. Au moment où elle allait le quitter, il lui demanda si elle s'était amusée au bal. Puis il voulut savoir ce qu'on faisait à des bals, car le seul auquel il eût assisté lui-même, il y avait trente-cinq ans, lui avait paru parfaitement idiot et dépourvu d'intérêt. S'amusait-on à tourner sans arrêt, avec accompagnement d'un violon qui grince ? Parlait-on ? Disait-on de jolies choses ? Et si oui, pourquoi ne le faisait-on pas dans des conditions normales ? En ce qui le concernait – il soupira en désignant les attributs de sa profession épars tout autour et devant lesquels, malgré son soupir, une telle béatitude se répandit sur son visage que sa nièce jugea opportun de se retirer. En échange d'un baiser, elle en reçut l'autorisation, mais pas avant de s'être engagée à apprendre tout au moins l'alphabet grec et à rapporter, quand elle l'aurait assez lu, le roman français, après quoi l'on trouverait quelque chose de mieux adapté à ses goûts.

Une chambre habitée par telle ou telle personne nous laisse parfois une impression aussi vive que le visage de son occupant à la première rencontre. Aussi Rachel descendait-elle l'escalier à pas lents, songeant avec étonnement à son oncle, à ses livres, à son mépris pour les bals, à ses idées sur l'existence, idées étranges, absolument incompréhensibles, mais dont il avait l'air satisfait, quand un billet à son adresse, déposé dans le hall, arrêta son regard. L'écriture, qu'elle ne connaissait pas, était petite et ferme; le billet, sans formule de début, disait :

Je vous envoie selon ma promesse, le premier volume de Gibbon. Personnellement, je ne trouve rien de bien intéressant chez les modernes, mais je vous enverrai Wedekind quand je l'aurai terminé. Donne? Connaissez-vous Webster et tout ce groupe? Je vous envie d'avoir à les lire pour la première fois. Complètement à bout après la nuit dernière. Et vous?

La lettre se terminait par une arabesque où Rachel crut déchiffrer les initiales *St. J. A. H.* Elle se sentit très flattée de voir que Mr. Hirst avait pensé à elle et tenu si rapidement sa promesse.

Il lui restait encore une heure jusqu'au lunch. Gibbon dans une main et Balzac dans l'autre, elle franchit la grille et prit le petit chemin de terre battue entre les oliviers au flanc de la colline. Il faisait trop chaud pour grimper, mais dans la vallée il y avait des arbres et un sentier herbu courait le long du lit de la rivière. En ce pays où les habitants se concentraient dans les villes, on arrivait très rapidement à perdre de vue la civilisation et à ne plus rencontrer, de-ci, de-là, qu'une cour de ferme où des femmes manipulaient des racines de sanguinaires, ou bien, sur le versant de la colline, un petit garçon à plat ventre, appuyé sur ses coudes et entouré d'un malodorant troupeau de chèvres noires. A part un maigre filet d'eau tout au fond, la rivière n'était plus qu'un profond canal de pierres jaunes et sèches. Sur ses bords croissaient les arbres dont Helen avait dit qu'à eux seuls ils valaient le voyage. Avril avait fait éclater leurs boutons et ils portaient de grosses fleurs dont les pétales, d'une substance comparable à la cire, se coloraient de crème délicat, de rose ou de carmin vif.

Cependant, dans une de ces allégresses irraisonnées qui proviennent en général d'une cause inconnue et qui, dans leur étreinte, emportent des pays et des ciels tout entiers, elle marchait sans rien voir. La nuit commençait à empiéter sur le jour. Les airs qu'elle avait joués la veille bourdonnaient aux oreilles de Rachel; elle se mit à chanter, et cela lui fit progressivement accélérer le pas. Elle ne savait pas où elle allait, car les arbres et le paysage ne formaient que des masses de bleu et de vert avec, par endroits, un morceau de ciel d'une couleur différente. Les visages de ceux qu'elle avait rencontrés au bal reparaissaient devant elle; elle entendait leurs voix; elle cessa de chanter et se mit à dire des choses, à les redire d'une autre façon, à inventer des choses qui pouvaient être dites. Après la gêne de se trouver parmi des étrangers, en longue robe de soie, cette promenade solitaire était particulièrement stimulante. Hewet, Hirst, Mr. Venning, Miss Allan, la musique, les lumières, les arbres noirs du jardin, l'aube – tandis qu'elle marchait, tout cela continuait à déferler en rond dans sa tête, tumultueux arrière-plan sur lequel la minute présente, lui offrant la possibilité d'agir entièrement à sa guise, se détachait avec une netteté plus magique encore que la nuit précédente.

Elle aurait continué à marcher ainsi jusqu'à ne plus reconnaître son chemin, sans l'intervention d'un arbre qui, bien qu'il ne barrât point le sentier, l'arrêta aussi impérieusement que si ses branches l'avaient frappée en plein visage. C'était un arbre quelconque, mais il lui parut étrange comme s'il était le seul arbre sur terre. Le tronc, au milieu, était sombre et des branches en partaient par endroits, découpant entre elles des interstices irréguliers de lumière, si nettement que le tout avait l'air d'avoir surgi à l'instant même du sol. Dès qu'il eut regardé le spectacle – qui, pour Rachel, persisterait toute sa vie durant, et, toute sa vie durant, garderait intacte cette seconde – l'arbre redescendit au rang des végétaux ordinaires, si bien qu'elle put s'asseoir dans son ombre et cueillir les fleurs rouges au maigre feuillage vert qui poussaient au-dessous. Elle les alignait, corolle contre corolle, tige contre tige, et les récompensait d'une caresse. Les fleurs, les cailloux eux-mêmes possédaient leur vie propre, leurs caprices. Ils faisaient renaître les sensations d'une enfance dont ils avaient été les compagnons. En levant les yeux, elle aperçut la ligne des sommets, énergiquement brandie à travers le ciel, comme la lanière sinueuse d'un fouet. Elle contempla au loin le ciel pâle et les endroits dénudés qui, vers le haut des montagnes, étaient exposés au soleil. En s'asseyant elle avait laissé tomber ses livres; elle regardait maintenant leurs rectangles dans l'herbe; une haute tige se penchait jusqu'à chatouiller la reliure brune et lisse du Gibbon, tandis que le Balzac, tacheté de bleu, s'étalait nu au soleil. Ce serait, se dit-elle, une surprenante expérience que d'ouvrir un livre et de lire; et, au tournant d'une page de l'historien, elle lut :

Ses généraux, dans la première période de son règne, tentèrent de subjuguer l'Ethiopie et l'Arabie Heureuse. Ils avancèrent d'environ mille milles au sud du tropique, mais la chaleur du climat ne tarda pas à repousser les envahisseurs et à protéger les paisibles habitants de ces lieux retirés...

Les contrées du Nord de l'Europe ne valaient guère les dépenses et les difficultés d'une conquête. Les forêts et les marécages de l'Allemagne étaient occupés par une race de barbares intrépides qui dédaignaient l'existence lorsque celle-ci était privée de liberté.

Jamais langage n'avait été aussi expressif, aussi beau... Arabie Heureuse... Ethiopie... Mais ces mots n'avaient pas plus de noblesse que les autres : barbares intrépides, forêts, marécages. C'était comme s'ils la ramenaient en arrière, vers le commencement du monde, par des avenues le long desquelles se tenaient rangées les populations de tous les pays et de tous les temps. En les suivant, elle ferait sienne la science tout entière, jusqu'à la première page du livre de l'univers. Les possibilités de connaissance qui s'offraient à elle l'enivraient au point qu'elle interrompit sa lecture; quand un souffle de vent eut tourné la page, les deux plats de la reliure du Gibbon se rabattirent doucement l'un vers l'autre. Alors elle se leva et reprit sa marche. Sa pensée se dégageant peu à peu du désordre, elle chercha à définir les causes de son exaltation. Il y en avait deux et un effort suffisait à les rattacher aux personnes respectives de Mr. Hirst et de Mr. Hewet. Toute analyse lucide de ces figures était rendue impossible par le brouillard d'émerveillement qui les entourait. Elle ne pouvait raisonner à leur sujet comme elle le faisait pour des gens dont les sentiments évoluaient selon la même règle que les siens; sa pensée s'attachait à eux par une sorte de plaisir physique, tel qu'on en éprouve à contempler des objets éclatants suspendus au soleil. C'est d'eux que semblait irradier toute vie; les mots des livres eux-mêmes se noyaient dans cette splendeur. Il lui vint alors un soupçon obsédant, si difficile à accueillir avec franchise qu'un faux pas qui la jeta dans l'herbe lui fut un soulagement : son attention s'en trouva dispersée, mais au bout d'une seconde, elle se fixa de nouveau.

Inconsciemment, elle avait de plus en plus hâté le pas, son corps essayant de gagner de vitesse l'esprit. Mais à présent, elle était arrivée au sommet d'un petit monticule au-dessus de la rivière et la vallée s'ouvrait devant elle. Il ne s'agissait plus de jongler avec plusieurs idées à la fois, il lui fallait s'attaquer à la plus persistante, et son agitation céda la place à une certaine mélancolie. Elle se laissa tomber à terre, les genoux serrés dans ses bras, le regard perdu. Pendant un moment, elle observa un grand papillon jaune qui, sur un petit caillou plat, ouvrait et refermait très lentement ses ailes.

« Etre amoureuse, qu'est-ce que c'est ? » interrogea-t-elle après un long silence. Chaque mot en naissant semblait aussitôt plonger d'une poussée dans une mer inconnue. Hypnotisée par les ailes du papillon, terrorisée d'avoir découvert dans la vie une possibilité redoutable, elle demeura ainsi quelque temps encore. Quand le papillon se fut envolé, elle se leva et, ses deux livres sous le bras, reprit le chemin de la maison, presque comme un soldat qui va affronter la bataille.

CHAPITRE XIV

Le soleil de ce même jour allait se coucher et l'hôtel, comme d'habitude, saluait le crépuscule par une subite éclosion de lumières électriques. Il n'était jamais bien commode de tuer le temps après le dîner, mais au lendemain du bal, après cette distraction qui avait rendu chacun plus exigeant, les heures paraissaient d'autant plus monotones. En tout cas, Hirst et Hewet, allongés dans des fauteuils profonds, au milieu du hall, leurs tasses de café près d'eux et leurs cigarettes à la main, trouvaient la soirée particulièrement insipide, les femmes particulièrement mal habillées, les hommes particulièrement prétentieux. De plus, le courrier distribué une demi-heure plus tôt n'avait rien apporté pour les deux jeunes gens. Comme environ une personne sur deux avait reçu d'Angleterre plusieurs lettres volumineuses et était en ce moment occupée à les lire, la déception paraissait cruelle; aussi Hirst observa-t-il, sarcastique : « Le repas des animaux. » Leur silence, prétendait-il, lui rappelait celui de la cage aux lions quand chaque fauve pose la patte sur son quartier de viande crue. Stimulé par cette image, il continua de les comparer à des hippopotames, à des canaris, à des porcs, à des perroquets ou à d'ignobles reptiles lovés autour des cadavres décomposés de moutons. Les bruits intermittents – toux, respiration atrocement sifflante, raclement de gosier, marmottage indistinct – correspondaient tout à fait, selon lui, à ce qu'on entend dans une ménagerie, en même temps que des craquements d'os; mais ces comparaisons n'impressionnaient guère Hewet qui, après avoir fait le tour de la pièce d'un œil indifférent, fixait maintenant celui-ci sur un bouquet de lances indigènes, disposées avec art, de manière à vous menacer de leurs pointes, de quelque côté qu'on en approchât. Il avait manifestement oublié son entourage immédiat. Devant cette absence complète de Hewet, Hirst concentra davantage son attention sur ses semblables. Assis trop loin pour entendre ce qu'ils disaient, il s'amusait à échafauder de petites hypothèses à leur sujet, d'après leurs physionomies et leurs gestes.

Mrs. Thornbury avait reçu beaucoup de lettres et était absorbée par leur lecture. Arrivée à la fin d'une page, elle la passait à son mari ou bien elle lui résumait la teneur du texte en une série de brèves citations, qu'elle reliait entre elles par un petit bruit du fond de la gorge.

« Evie écrit que George est parti pour Glasgow... *Il trouve très agréable de travailler avec Mr. Chadborne et nous espérons passer la Noël ensemble, mais je n'aimerais pas un trop grand déplacement pour Betty et Alfred* – (non, bien sûr !) – *quoiqu'on ait du mal à se représenter un temps froid par cette chaleur... Eleanor et Roger sont venus dans leur nouvelle voiture. Eleanor est décidément plus elle-même qu'elle ne l'était depuis l'hiver dernier. Elle a ramené Baby à trois biberons, ce qui est raisonnable, j'en suis sûre* – (j'en suis sûre également!) – *aussi est-elle plus tranquille la nuit... Je continue à perdre mes cheveux. Je les retrouve sur mon oreiller! Mais je me console parce que Tottie Hallt Green... Muriel est à Torquay et s'amuse énormément à des bals. Finalement, elle va tout de même envoyer son carlin noir à l'exposition...* Un mot de Herbert, si occupé, le pauvre! Ah! Margaret dit : *La pauvre Mrs. Fairbank est morte la nuit, tout à fait subitement, dans la serre, sans personne à la maison, sauf une domestique, laquelle n'a pas eu la présence d'esprit de la relever, ce qui aurait pu la sauver, pense-t-on; le docteur dit cependant que cela devait arriver d'un moment à l'autre. Il faut se réjouir seulement de ce que cela se soit produit chez elle et non dans la rue* (je crois bien!). *Les pigeons pullulent à l'excès, tout à fait comme les lapins d'il y a cinq ans...* »

Pendant qu'elle lisait, son mari ne cessait de hocher la tête très légèrement, mais avec beaucoup de régularité, en signe d'approbation.

Non loin d'eux, Miss Allan lisait, elle aussi, son courrier. Les nouvelles n'étaient pas des plus agréables, ainsi qu'en témoigna le léger raidissement de sa large physionomie avenante, quand elle eut terminé sa lecture et remis soigneusement les lettres dans leurs enveloppes. Les marques de soucis et de responsabilités sur son visage la faisaient ressembler à un homme vieillissant plutôt qu'à une femme. Les lettres lui annonçaient que la récolte des fruits de l'été dernier en Nouvelle-Zélande avait été compromise, chose grave, car Hubert, son frère unique, vivait de son exploitation fruitière; ce nouvel échec l'obligerait à abandonner l'entreprise pour retourner en Angleterre

– et comment le tirer d'affaire, cette fois-ci? Le voyage actuel de Miss Allan, pour lequel elle avait sacrifié un trimestre de son traitement, devint une folie à ses yeux, et non plus un magnifique loisir bien mérité après quinze ans d'enseignement scrupuleux et de corrections de devoirs de littérature anglaise. Sa sœur Emily, professeur également, lui écrivait : « *Il faut nous attendre à cela, quoique je ne doute pas que cette fois-ci Hubert se montrera plus raisonnable.* » Puis, avec son bon sens coutumier, elle racontait qu'elle passait d'agréables vacances parmi les Lacs. « *Ils sont extrêmement jolis en ce moment. J'ai rarement vu les arbres aussi avancés pour la saison. Nous avons déjeuné plusieurs fois en plein air. La vieille Alice est jeune comme toujours et demande affectueusement des nouvelles de chacun. Les jours passent très vite, bientôt le trimestre va commencer. En politique, l'avenir ne s'annonce pas bien, tel est mon avis personnel, mais je ne veux pas refroidir l'enthousiasme d'Ellen. Lloyd George s'est attelé à la besogne, mais bien d'autres avaient fait cela avant lui et nous en sommes toujours au même point; j'espère cependant que je me trompe. Nous, en tout cas, nous avons notre programme tout tracé... N'est-il pas vrai que Meredith manque de cet accent* humain *qui nous plaît chez W.W.?* » ajoutait-elle avant de passer à diverses questions relatives à la littérature anglaise et que Miss Allan avait soulevées dans sa dernière lettre.

A quelque distance de Miss Allan, sur un siège abrité dans une quasi-intimité par un groupe compact de palmiers, Arthur et Susan échangeaient les lettres qu'ils venaient de recevoir. Les gros manuscrits pleins de fougue, émanant de jeunes joueuses de hockey du Wiltshire, reposaient sur les genoux d'Arthur, tandis que Susan déchiffrait de petites écritures serrées de juristes, qui dépassaient rarement une page et qui, toutes, avaient le même caractère de bonne volonté alerte et joviale.

« J'espère bien que Mr. Hutchinson me trouvera à son goût, Arthur! dit Susan en levant les yeux.

– Qui est votre Flo qui vous aime? demanda Arthur.

– Flo Graves, la jeune fille dont je vous ai parlé, celle qui avait été fiancée avec cet affreux Mr. Vincent, expliqua Susan.

– Est-ce que Mr. Hutchinson est marié? »

Elle avait déjà la tête pleine de généreux projets concernant ses amies, ou plutôt d'un seul projet magnifique – et simple, d'ailleurs : elles allaient toutes se marier, tout de suite, dès qu'elle serait de retour. Le mariage, le mariage, c'était là la bonne, l'unique solution, la solution rêvée pour toutes les personnes de sa connaissance. Une grande part de ses méditations était consacrée à déceler l'origine de tous les cas de malaise individuel – (esseulement, déficience physique, ambition insatisfaite, instabilité, excentricité, manque de suite dans les idées, propension à parler en public, activité philanthropique, en particulier chez les femmes qui voulaient se marier, essayaient de se marier et ne réussissaient pas à se marier). Si, comme elle était obligée de le reconnaître, de tels symptômes persistaient parfois après le mariage, elle ne pouvait attribuer cela qu'à un regrettable décret de la nature, selon lequel il ne saurait exister qu'un seul Arthur Venning et qu'une seule Susan susceptible de l'épouser. Sa théorie avait évidemment l'avantage d'être amplement corroborée par son propre exemple. Depuis deux ou trois ans déjà, elle ne se sentait pas à l'aise dans sa famille et un voyage comme celui-ci, avec une vieille tante égoïste qui payait son entretien tout en la traitant à la fois comme une domestique et comme une dame de compagnie, montrait bien quel genre de comportement on attendait d'elle. Aussitôt les fiançailles annoncées, Mrs. Paley, d'instinct, devint respectueuse, allant jusqu'à protester chaque fois que Susan s'agenouillait comme de coutume pour lui lacer ses souliers et témoignait d'une réelle gratitude pour une seule heure de sa compagnie, au lieu d'en exiger deux ou trois comme son dû. Susan escomptait donc à l'avenir beaucoup plus de bien-être que ne lui en offrait son existence passée et cette métamorphose intensifiait déjà grandement la chaleur de ses sentiments envers autrui.

Il y avait une vingtaine d'années que Mrs. Paley ne pouvait plus lacer ses souliers, ni même les apercevoir, la disparition de ses pieds ayant coïncidé à peu près exactement avec le décès de son mari – un homme d'affaires – événement après lequel Mrs. Paley commença bientôt à grossir. C'était une vieille femme égoïste, indépendante, jouissant de revenus considérables qu'elle employait à l'entretien d'une maison dans Lancaster Gate avec sept domestiques et une femme de charge et d'une autre maison dans le Surrey, avec un jardin, des chevaux et des équipages. Les fiançailles de Susan la délivraient de la grande terreur de sa vie, celle de voir peut-être son fils Christophe « s'emberlificoter » avec sa cousine. Depuis que cette source de préoccupation familiale avait disparu, elle se sentait un peu diminuée et encline à accorder à Susan plus d'importance que par le passé. Elle avait décidé de lui faire un fort joli cadeau de mariage : un chèque de deux cents, deux cent cinquante, peut-être même – c'était à considérer – cela dépendrait de l'aide-jardinier et de la note de Huths pour la réfection du salon – trois cents livres sterling.

Elle était précisément en train d'étudier cette question, tournant et retournant des chiffres, assise dans son fauteuil roulant, une table couverte de cartes à côté d'elle. La patience qu'elle faisait s'était embrouillée, elle ne savait pourquoi, et elle hésitait à réclamer l'aide de Susan, car Susan paraissait occupée avec Arthur.

« Elle est bien en droit, évidemment, de compter sur un joli cadeau de ma part, pensait-elle en considérant d'un air vague le léopard dressé sur ses pattes de derrière, et elle y compte sans aucun doute. Tout le monde fait grand cas de l'argent. La jeunesse est très égoïste. Si je mourais, personne ne me regretterait sauf Dakyns, mais mon testament la consolerait, elle aussi. Enfin, je n'ai pas à me plaindre... Je sais encore profiter de l'existence. Je ne suis à charge à personne... Je tiens encore à bien des choses, en dépit de mes jambes. »

Quelque peu découragée malgré tout, elle se mit à penser aux rares êtres de sa connaissance qu'elle n'avait pas trouvés égoïstes ou attachés à l'argent et qu'elle estimait plutôt supérieurs à la moyenne, supérieurs à elle-même, elle l'admettait de bonne grâce. Il n'y en avait eu que deux. L'un, son frère, s'était noyé sous ses yeux; l'autre, une jeune femme, sa meilleure amie, était morte en donnant le jour à son premier enfant. Il y avait de cela une cinquantaine d'années.

« Ils n'auraient pas dû mourir, réfléchissaitelle. Et pourtant ils sont morts, et nous autres, vieilles créatures égoïstes, nous sommes toujours là. »

Des larmes lui montèrent aux yeux. Elle regrettait véritablement la disparition de ces êtres, avec une sorte de respect pour leur jeunesse, leur beauté, et une sorte de honte d'elle-même. Mais ses larmes ne tombèrent point; elle ouvrit un de ces innombrables romans qu'elle avait l'habitude de proclamer bons ou mauvais, ou bien comme ci comme ça, ou bien absolument merveilleux.

« Je me demande comment font les gens pour imaginer des choses pareilles », disait-elle parfois, ôtant ses lunettes et levant ses yeux décolorés par l'âge, qui commençaient à s'entourer de cernes blancs.

Juste derrière le léopard empaillé, Mr. Elliot jouait aux échecs avec Mr. Pepper. Il se faisait battre, bien entendu, car Mr. Pepper ne quittait pas des yeux l'échiquier, tandis que Mr. Elliot se renversait à chaque instant dans son fauteuil et lançait des remarques à un monsieur arrivé de la veille, un grand bel homme avec une tête de bélier intellectuel. Après quelques observations d'ordre général, ils découvraient maintenant qu'ils avaient des amis communs, comme ils auraient pu le deviner à première vue.

« Ah ! oui, le vieux Truefit, dit Mr. Elliot; il a un fils à Oxford. J'ai souvent fait des séjours chez eux. Une belle vieille demeure Jacques Ier. Des Greuze exquis, quelques tableaux hollandais que le bon vieux conservait dans ses caves. Et puis il y avait des montagnes d'estampes. Quelle saleté dans cette maison ! Il était très avare, vous savez. Le fils a épousé une fille de Lord Pinwells. Je les connais également. La manie des collections tend à se transmettre dans les familles. Ce garçon collectionne des boucles – cela doit être des boucles de chaussures d'homme, en usage entre 1580 et 1660; je me trompe peut-être sur les dates, mais le fait est exact. Un collectionneur authentique a toujours quelque inexplicable marotte de ce genre. Sur d'autres points, il demeure sensé comme un éleveur de bétail – qu'il est parfois, d'ailleurs. De leur côté, les Pinwells ont aussi leur grain d'excentricité, vous ne l'ignorez pas sans doute. Lady Maud, par exemple... »

Il dut s'interrompre pour réfléchir à sa tactique.

« ... Lady Maud a en horreur les chats, les hommes d'Eglise et les gens qui ont de grandes incisives. Je l'ai entendu crier par-dessus la table : « N'ouvrez pas la bouche, Miss Smith – elles sont « jaunes comme des carottes ! » Par-dessus la table, remarquez ! Envers moi elle a toujours été l'urbanité en personne. Elle se pique de littérature, elle se plaît à nous réunir, les uns ou les autres, dans son salon, mais parlez-lui d'un ecclésiastique, fût-il évêque, fût-il l'archevêque lui-même – elle se met à glousser comme un dindon. Cela vient, m'a-t-on dit, d'une querelle ancestrale, quelque chose qui concerne un aïeul du temps de Charles Ier. Oui, poursuivait-il, enregistrant déroute sur déroute, je suis toujours heureux de connaître les grand-mères de nos jeunes mondains. A mon sens, elles conservent encore tout ce que nous admirons dans le XVIIIe siècle, avec, dans la plupart des cas, l'avantage d'être personnellement propres. Ce n'est pas qu'on puisse faire à la vieille Lady Barborough l'injure de la déclarer propre. Selon vous, Hilda, cria-t-il, s'adressant à sa femme : combien de fois par semaine Sa Seigneurie prend-elle un bain ?

– Je me garderai bien de le dire, Hugh, ricana Mrs. Elliot, mais comme elle s'habille de velours puce, même en pleine chaleur du mois d'août, cela ne se voit pas tellement !

– Pepper, vous m'avez battu, dit Mr. Elliot, mon jeu est plus déplorable encore que je ne le croyais. »

Il acceptait sa défaite avec beaucoup de sérénité. Car au fond il avait envie de causer. Il tira son fauteuil du côté de Mr. Flushing, le nouveau venu.

« Vous vous intéressez à ceci ? demanda-t-il en indiquant, devant eux, une vitrine où des croix, polies à l'extrême, des bijoux, des pièces de broderie indigène étaient exposés dans le but de tenter les clients.

– Camelote, tout cela, répondit Mr. Flushing d'un ton bref. Mais voici un tapis qui n'est pas mal du tout. »

Il se pencha et souleva un coin du tapis sur lequel ils posaient les pieds :

« Pas ancien, bien entendu, mais le dessin est conforme à la vraie tradition. Alice, prêtez-moi votre broche. Voyez la différence entre le travail ancien et le nouveau. »

Une dame très absorbée par sa lecture dégrafa sa broche et la tendit à son mari sans le regarder, sans faire attention à la tentative de salut que Mr. Elliot s'apprêtait à lui adresser. Si elle avait écouté les conversations, elle eût peut-être trouvé amusants les propos sur Lady Barborough, sa grand-tante; mais, indifférente à ce qui l'entourait, elle avait continué de lire.

La pendule qui depuis un moment respirait avec bruit, comme un vieillard sur le point de tousser, sonna neuf heures. Cette sonnerie troubla le repos d'un certain nombre de négociants assoupis, de fonctionnaires ou de rentiers affalés dans leurs fauteuils, bavardant, fumant, ruminant leurs affaires, les yeux mi-clos. Leurs paupières se soulevèrent un instant, puis s'abaissèrent de nouveau. Ils avaient un aspect de crocodiles gavés par le repas qu'ils viennent de faire au point que l'avenir du monde ne leur inspire pas la moindre inquiétude. Sous le brillant éclairage, l'atmosphère placide de la salle n'était troublée que par un gros papillon qui volait d'une lampe à l'autre, bruissant au-dessus des coiffures compliquées et obligeant des jeunes femmes à lever les mains d'un geste nerveux en criant :

« Quelqu'un devrait bien le tuer ! »

Plongés dans leurs propres pensées, Hewet et Hirst étaient restés longtemps sans parler. Quand la pendule eut sonné, Hirst dit :

« Ah ! les animaux commencent à remuer. »

Il les regardait se lever, jeter un coup d'œil circulaire, puis se rasseoir.

« Ce que j'abhorre par-dessus tout, conclut-il, c'est la poitrine de la femme. Imaginer qu'on soit Venning et qu'on doive se mettre au lit avec Susan ! Mais le plus répugnant, c'est qu'elles n'éprouvent pas la moindre sensation, pas plus que moi lorsque j'entre dans un bain chaud. Elles sont grossières, elles sont ridicules, elles sont parfaitement insupportables ! »

Ayant ainsi parlé sans provoquer de réplique de la part de Hewet, il se mit à réfléchir à lui-même, à la science, à Cambridge, au barreau, à Helen, à ce qu'elle pensait de lui, jusqu'à ce que, très fatigué, il commençât à s'endormir. Hewet le réveilla brusquement :

« Comment sait-on ce que l'on ressent, Hirst ?

– Tu es amoureux ? demanda Hirst. Il mit son monocle.

– Ne fais pas l'idiot.

– Bon, laisse-moi réfléchir. Cela vaut la peine. Si seulement ces gens-là réfléchissaient aux choses, le monde y gagnerait beaucoup en tant que séjour pour nous tous. Est-ce que tu essaies de réfléchir ? »

C'était précisément ce à quoi Hewet s'appliquait depuis une demi-heure, mais il ne trouvait guère de sympathie du côté de Hirst.

« Je vais me promener, dit-il.

– Rappelle-toi que nous ne nous sommes pas couchés la nuit dernière », fit Hirst dans un prodigieux bâillement.

Hewet se leva, s'étira et dit :

« J'ai besoin de sortir et de respirer. »

Une sensation inaccoutumée l'avait poursuivi pendant toute la soirée, l'empêchant de s'engager dans une suite déterminée de réflexions. C'était exactement comme si, au milieu d'une conversation d'un intense intérêt, quelqu'un, en entrant, l'avait interrompu. Il ne pouvait plus achever ce qu'il était en train de dire et plus il restait assis là, plus il éprouvait le besoin d'arriver à une conclusion. Comme la conversation interrompue avait lieu entre lui et Rachel, il était bien obligé de se demander pourquoi il éprouvait cela et pourquoi il avait envie de continuer à lui parler. Hirst aurait dit tout bonnement qu'il en était amoureux. Mais il n'en était pas amoureux. Est-ce que l'amour commençait ainsi, par une envie de continuer à parler ? Non. Pour lui, cela commençait toujours par certaines sensations physiques; or, celles-ci n'existaient pas cette fois-ci; il ne la trouvait même pas attrayante au physique. Il y avait évidemment chez elle quelque chose de peu commun – elle était jeune, sans aucune expérience, pleine de curiosité; ils s'étaient montrés l'un envers l'autre plus francs que cela ne se pouvait d'habitude. Il avait toujours trouvé intéressant de parler avec une jeune fille, et tout cela expliquait suffisamment pourquoi il tenait à poursuivre sa conversation avec elle. Mais, la veille, à cause de la foule, de l'agitation générale, il n'avait pu qu'entamer l'entretien. Que faisait-elle en ce moment? Etendue sur un sofa, regardait-elle le plafond? Il arrivait bien à l'imaginer ainsi, et Helen assise, les deux mains sur le bras du fauteuil, regardant devant elle avec ses yeux très grands... Oh! non, elles devaient sûrement parler du bal. Mais si Rachel allait partir un de ces jours? Si c'était la fin de son séjour ici? Si son père venait d'arriver par l'un des bateaux qui se trouvaient à l'ancre dans la baie? C'était intolérable de n'en rien savoir. Voilà pourquoi il s'était écrié : « Comment sait-on ce qu'on ressent, Hirst? » Pour s'arrêter de penser.

Mais Hirst ne l'avait pas secouru et les autres, avec leurs gestes gratuits et leurs vies inconnues, étaient encombrants; il se sentit attiré vers l'obscurité vide. La première chose qu'il chercha en sortant par la porte du hall, c'était la lumière de la villa des Ambrose. Après avoir définitivement établi qu'une certaine lumière, à l'écart de celles qui s'étageaient plus haut sur la colline, était bien la leur, il eut l'impression d'une plus grande sécurité. Toute cette incohérence lui parut soudain s'ordonner tant soit peu. Sans aucun but précis, il prit le tournant à sa droite, traversa la ville et parvint jusqu'au mur, jusqu'à la jonction des deux routes, où il s'arrêta. On entendait au loin le grondement de la mer. La masse des montagnes se dressait, d'un bleu sombre, contre le bleu plus pâle du ciel. Il n'y avait pas de lune, mais des myriades d'étoiles et tout autour de lui des lumières à l'ancre, au creux des vagues de la terre. Il avait tout d'abord l'intention de rebrousser chemin, mais la clarté unique, dans la villa des Ambrose, se divisa en trois lueurs différentes et cela l'incita à continuer. Pourquoi ne pas s'assurer d'ailleurs que Rachel était toujours là ? Pressant le pas, il se trouva bientôt à la grille de fer du jardin et la poussa. Le contour de la maison se dessina soudain devant lui, avec l'ombre d'une frêle colonne de la véranda se détachant sur le gravier faiblement éclairé de la terrasse. Il hésitait. De l'autre côté de la maison, on entendait s'entrechoquer des ustensiles quelconques. Il s'approcha de la façade; l'éclairage de la terrasse indiquait que les pièces principales se trouvaient de ce côté. Il se plaça le plus près possible de la lumière, vers l'angle de la maison. Les feuilles d'une plante grimpante lui balayaient le visage. Au bout d'un moment, il distingua une voix. Le débit se poursuivait avec régularité. Il ne s'agissait pas d'une conversation; à en juger par la continuité du son, c'était une lecture à haute voix. Il se glissa un peu plus près et serra les feuilles dans sa main pour arrêter leur bruissement contre ses oreilles. Cela pouvait bien être la voix de Rachel. Il sortit de l'ombre dans le rayon de lumière, ce qui lui permit de saisir une phrase prononcée très distinctement.

– « Et c'est là que nous avons vécu, de 1860 à 1895, les plus belles années de la vie de mes parents et c'est là qu'en 1862 mon frère Maurice vint au monde pour la plus grande joie de sa famille, comme pour la joie qu'il était destiné à répandre parmi tous ceux qui le connaissaient. »

Le débit se précipita; le ton, annonçant une conclusion, monta légèrement comme à la fin d'un chapitre. Hewet se retira de nouveau dans l'ombre. Il y eut un long silence. Il n'entendait que le bruit des chaises que l'on remuait à l'intérieur. Il se décidait à partir quand deux formes se montrèrent soudain dans le cadre de la porte-fenêtre, à deux mètres à peine de lui.

« Il s'agit, bien entendu, de Maurice Fielding, celui avec qui ta mère était fiancée », disait la voix de Helen. Celle-ci paraissait réfléchir en parlant et regarder le jardin obscur, manifestement attentive au spectacle de la nuit tout autant qu'à ses propres paroles.

« Ma mère ? » dit Rachel. Le cœur de Hewet fit un sursaut et il enregistra ce fait. L'intonation de Rachel, si faible qu'elle fût, exprimait la surprise.

« Tu ne le savais pas ? demanda Helen.

– Je ne me doutais pas qu'il y ait jamais eu quelqu'un d'autre », répondit Rachel. Son étonnement se faisait sentir malgré la tonalité basse et inexpressive que prenaient les voix s'en allant vers la nuit fraîche et sombre.

« Je ne connais personne qui ait eu autant d'adorateurs qu'elle, déclara Helen. Elle possédait ce don... Elle savait jouir des choses. Elle n'était pas belle, mais... Je pensais à elle la nuit dernière, pendant le bal. Elle s'entendait avec les personnes les plus différentes. Et tout, avec elle, devenait si étonnamment... amusant. »

On se rendait compte que Helen remontait vers le passé, cherchant les mots, comparant Theresa avec les gens qu'elle avait connus depuis que Theresa était morte.

« Je ne sais pas comment elle s'y prenait... » recommença-t-elle; puis elle se tut et un long silence suivit, pendant lequel un petit hibou poussait son cri de-ci, de-là, passant de l'un à l'autre des arbres du jardin.

« Cela leur ressemble bien, à tante Lucy et à tante Katie, finit par dire Rachel. Elles vous expliquent toujours qu'elle était très triste et très bonne!

– Alors, au nom du Ciel, pourquoi n'ont-elles jamais cessé de la critiquer de son vivant? » répliqua Helen.

Leurs voix avaient un son très doux, comme si elles descendaient à travers les vagues de la mer.

« Si je devais mourir demain... » commença Helen.

A l'oreille de Hewet, les phrases inachevées prenaient une beauté extraordinaire, un accent de détachement, une sorte de mystère aussi, comme si quelqu'un les prononçait dans son sommeil.

« Non, Rachel, continua la voix de Helen, je ne descends pas au jardin, il fait humide, c'est sûr qu'il fait humide. Et puis j'aperçois au moins une douzaine de crapauds.

– Des crapauds? mais ce sont des pierres, Helen! Sortons. Il fait meilleur dehors. Les fleurs sentent bon », répliqua Rachel.

Hewet se retira plus loin. Son cœur battait très vite. On devinait que Rachel cherchait à entraîner Helen vers la terrasse et que Helen se défendait. Il y eut un moment de lutte, de supplications, de résistance et de rire; puis une forme masculine se montra. Hewet ne pouvait plus distinguer ce qu'ils se disaient entre eux. L'instant d'après, ils étaient rentrés. Un grincement de verrou, un silence de mort, puis toutes les lumières s'éteignirent.

Il fit volte-face, continuant à pétrir une poignée de feuilles qu'il avait arrachées au mur. Une sensation exquise, de plaisir et de détente, le possédait. Tout cela, après le bal de l'hôtel, c'était si solide, si paisible – qu'il fût ou non amoureux d'elles, et il n'en était pas amoureux. Non, mais c'était bon, de savoir qu'elles vivaient.

Après quelques instants d'immobilité, il se dirigea vers la grille. A mesure que son corps se mettait en mouvement, l'exaltation, le romanesque, la richesse de la vie envahissaient son cerveau. Il clamait un fragment de poème, mais les mots lui échappaient, les vers s'embrouillaient, ces bribes n'avaient plus aucun sens, sauf celui de la beauté des mots. Il referma la grille et s'élança sur la pente, chancelant, répétant à grands cris les absurdités qui lui passaient par la tête.

« Et me voilà, scandait-il, frappant du pied à gauche, à droite. Je plonge, éléphant dans la jungle, dénudant les buissons au passage – (il saisit les branches d'un arbuste au bord du chemin) – rugissant d'innombrables paroles, des mots merveilleux pour nommer des choses innombrables, courant sur la pente et disant des bêtises tout haut, pour moi-même, disant les routes et les feuilles, et les lumières et les femmes qui paraissent dans la nuit – et les femmes – et Rachel – et Rachel, et Rachel. »

Il s'arrêta pour respirer longuement. La nuit semblait immense et hospitalière et malgré son obscurité, des choses avaient l'air de bouger en bas, dans le port, de se mouvoir vers le large. Il continua de regarder les ténèbres jusqu'à en être engourdi. Puis il se mit à marcher très vite, poursuivant son murmure :

« Et moi qui devrais être au lit, à ronfler, et à

rêver, à rêver, à rêver. Rêves et réalités, rêves et réalités, rêves et réalités. »

Il ne cessa de répéter cela en remontant l'avenue sans savoir ce qu'il disait, jusqu'à l'entrée de l'hôtel. Là, il s'arrêta un instant et se ressaisit avant d'ouvrir la porte.

Ses yeux étaient éblouis, ses mains glacées, son cerveau surexcité en même temps qu'endormi à moitié. A l'intérieur, il trouva tout comme il l'avait laissé, sauf qu'à présent le hall était vide. Il y avait des chaises tournées l'une vers l'autre là où les gens s'étaient assis pour causer, et des verres vides sur les petites tables et des journaux qui traînaient par terre. Quand il eut refermé la porte, il se sentit enclos dans une boîte carrée et se replia sur lui-même. Tout lui paraissait très éclatant et très petit. Il s'arrêta un instant devant la longue table pour retrouver un journal qu'il se proposait de lire, mais les impressions de l'obscurité et du grand air étaient encore trop vives pour lui permettre de se demander posément de quel journal il s'agissait et à quel endroit il l'avait vu.

Tandis qu'il feuilletait vaguement les journaux, il aperçut du coin de l'œil une silhouette qui descendait l'escalier. Il entendit un froufrou de jupes et à son grand étonnement Evelyn M. vint à lui, posa la main sur la table comme pour l'empêcher de prendre un journal et dit :

« Vous êtes justement la personne à qui je désire parler. »

Sa voix métallique était assez désagréable, ses yeux très brillants le dévisageaient.

« Me parler, à moi ? répéta-t-il. C'est que je tombe de sommeil.

– Mais vous me paraissez plus compréhensif que la plupart des gens, répliqua-t-elle en s'installant sur une petite chaise placée près d'un grand fauteuil de cuir, si bien que Hewet fut obligé de s'asseoir à coté d'elle.

– Eh bien? » fit-il, bâillant ouvertement et allumant une cigarette. Il ne parvenait pas à admettre la réalité de ce qui lui arrivait là. « De quoi s'agit-il?

– Etes-vous bien quelqu'un qui sympathise avec les autres, ou est-ce uniquement de la pose? interrogea-t-elle.

– C'est à vous d'en juger. Je m'intéresse aux autres, il me semble. »

Il n'était pas encore sorti de sa torpeur et trouvait qu'Evelyn se tenait beaucoup trop près de lui.

Elle s'écria avec irritation :

« Tout le monde s'intéresse! Votre ami Mr. Hirst s'intéresse, lui aussi, j'en suis sûre... Quoi qu'il en soit, j'ai confiance en vous. On a l'impression, je ne sais pourquoi, que vous devez avoir une sœur très gentille. »

Elle se tut, tiraillant des sequins sur sa robe puis, comme prenant un parti, se lança :

« En tout cas, je vais vous demander un conseil. Est-ce qu'il vous arrive de vous trouver dans un de ces états où on ne sait plus ce qu'on veut? Moi, je suis dans cet état-là. Hier soir, au bal, Raymond Oliver – c'est le grand garçon brun qui a l'air d'avoir du sang indien, mais il dit que ce n'est pas vrai... – Eh bien, nous étions assis ensemble entre deux danses et il m'a raconté toute son histoire; combien il est malheureux chez lui et combien son séjour ici lui est odieux. On l'a fourré dans je ne sais quelle horrible exploitation de mines. C'est lui qui trouve cela horrible. Moi, je sens que cela me plairait, du moins s'il s'agissait d'une affaire importante. Je le plaignais énormément, on ne pouvait s'empêcher de le plaindre. Alors, quand il m'a demandé de l'embrasser, je l'ai fait. Je n'y vois aucun mal, et vous? Mais voilà : ce matin il me déclare que je lui avais paru prendre cela au sérieux, n'étant pas de celles qui se laissent embrasser par le premier venu. Alors, nous avons parlé tant et plus. J'ai été bête, sans doute, mais malgré soi on aime bien les gens que l'on prend en pitié. C'est vrai, du reste, qu'il me plaît énormément – (elle s'interrompit) –, alors je lui ai presque donné ma parole, mais il y a Alfred Perrott, vous comprenez?

– Ah! Perrott », dit Hewet.

Elle reprit :

« Nous avons fait connaissance à ce pique-nique, l'autre jour. Il avait l'air si abandonné, surtout depuis qu'Arthur était parti avec Susan; on voyait tout de suite ce qui se passait en lui. Alors nous avons causé longuement ensemble pendant que vous visitiez les ruines et il m'a raconté toute sa vie, ses luttes, ses difficultés effroyables. Savez-vous qu'il a été livreur dans une épicerie? Il portait les commandes à domicile dans un panier. Cela m'intéressait énormément parce que, comme je dis toujours, peu importe l'origine pourvu qu'on soit d'une bonne trempe. Il m'a parlé aussi de sa sœur qui est paralysée, la pauvre; on voit bien que c'est une grosse charge pour lui, malgré tout le dévouement qu'il lui montre. J'ai beaucoup d'admiration pour les hommes de ce genre, je dois dire! Vous n'en avez sans doute pas, vous, qui êtes si intelligent. Enfin, hier soir nous étions assis au jardin et, malgré moi, je devinais où il voulait en venir. J'essayais de le consoler, je lui disais ma sympathie qui est réelle... Mais, d'autre part, il y a Raymond Oliver. Ce que je voudrais que vous me disiez, c'est ceci : peut-on ou ne peut-on pas aimer deux personnes à la fois ? »

Elle se tut, le menton appuyé sur ses mains, le regard profond comme s'ils avaient devant eux un véritable problème à résoudre.

« Cela dépend, je crois, du genre d'individu que l'on est », dit Hewet.

Il la considéra. Elle pouvait avoir vingt-huit ou vingt-neuf ans, elle était petite et jolie, mais ses traits, énergiques et nettement accusés, n'exprimaient cependant rien de précis, sinon beaucoup d'entrain et une bonne santé.

« Qui êtes-vous ? Qu'est-ce que vous êtes ? Je ne sais rien de vous, vous comprenez ?

– Eh bien, j'allais justement vous le dire, répondit Evelyn M., le menton toujours sur ses mains, le regard fixé devant elle. Je suis fille d'une mère, mais je n'ai pas de père, si cela peut vous intéresser. Ce n'est pas une condition très enviable. Cela arrive à la campagne, ces choses-là. Elle était fille de fermier et lui plutôt un personnage, le jeune homme de la grande maison, là-haut. Il n'a jamais réglé la situation, il ne l'a pas épousée, bien qu'il nous donnât beaucoup d'argent. Sa famille s'y opposait. Pauvre père ! Malgré tout, je garde de l'affection pour lui. De toute façon, maman n'aurait pas su le mener comme il faut. Il a été tué à la guerre. Je suis persuadée que ses hommes l'adoraient. On raconte que les grands gros troupiers s'effondraient et pleuraient autour de son corps sur le champ de bataille. J'aurais aimé le connaître. Maman en a été broyée jusqu'à en mourir. Le monde... (Elle serra le poing.) Oh ! que les gens savent donc se montrer odieux envers une femme comme celle-là ! »

Elle se tourna vers Hewet.

« Eh bien, avez-vous besoin d'en savoir davantage ?

– Mais vous ? demanda-t-il, qui s'est occupé de vous ?

– Moi-même surtout ! répondit-elle en riant. J'ai eu des amitiés splendides. J'aime tant les gens ! C'est là l'ennui. Que feriez-vous si vous aimiez deux personnes, toutes deux énormément, sans pouvoir dire laquelle vous aimez le mieux ?

– Je continuerais à les aimer, en attendant de savoir. Pourquoi pas ?

– Mais il s'agit de décider, dit Evelyn. Ou bien êtes-vous de ceux qui ne sont pas du tout pour le mariage et tout ce qui s'ensuit ? Ecoutez donc, ce n'est pas juste, je parle tout le temps et vous, vous ne dites rien. Vous êtes peut-être comme votre ami ? (Elle le regarda d'un œil méfiant.) Peut-être que je vous déplais ?

– Je ne vous connais pas, dit Hewet.

– Moi, je sais du premier coup si une personne me plaît ! Je sais que vous m'avez plu depuis le tout premier soir à dîner ! Oh ! mon Dieu, continua-t-elle, agacée, que d'ennuis on pourrait éviter si seulement chacun disait carrément ce qu'il pense ! Moi, je suis ainsi faite. Je n'y peux rien.

– Mais vous ne trouvez pas que cela crée des complications ? demanda Hewet.

– C'est la faute des hommes, dit-elle. Ce sont eux qui y mêlent toujours ces choses-là... l'amour, je veux dire.

– Ainsi donc, vous avez eu toute une série de demandes en mariage ?

– Je ne crois pas en avoir eu plus que d'autres, répondit Evelyn, sans conviction toutefois.

– Cinq, six, dix ? » hasarda Hewet.

Elle parut admettre que dix était à peu près le nombre exact, tout en pensant qu'il n'avait rien d'excessif.

« Vous devez croire que je suis une coquette, une sans cœur, protesta-t-elle, mais cela m'est égal. Cela m'est égal, ce qu'on pense de moi. Sous prétexte qu'on témoigne de l'intérêt ou de l'amitié à des hommes, on passe aussitôt pour une coquette.

– Mais, Miss Murgatroyd...

– Je préfère que vous m'appeliez Evelyn.

– Après dix demandes en mariage, croyez-vous encore, en toute sincérité, que les hommes et les femmes sont pareils ?

– En toute sincérité – Je déteste cette expression ! Ce sont toujours les poseurs qui l'emploient, s'écria Evelyn. En toute sincérité, je crois qu'ils devraient l'être. C'est cela qui est si décevant. Chaque fois, on se figure que cela n'arrivera pas, et chaque fois cela se reproduit.

– La poursuite de l'Amitié, dit Hewet. Un titre de comédie.

– Vous êtes méchant ! cria-t-elle. Vous vous en moquez, tout comme si vous étiez Mr. Hirst.

– Attendez, nous allons réfléchir... nous allons réfléchir... »

Il s'interrompit, n'arrivant pas à se rappeler sur le moment à quoi il s'agissait de réfléchir. Il s'intéressait beaucoup plus à elle-même qu'à son histoire, car tandis qu'il l'écoutait, sa torpeur s'était dissipée, et il commençait à ressentir pour elle un mélange de sympathie, de pitié, de méfiance. Il résuma à la fin :

« Vous avez promis à Oliver de l'épouser, et à Perrott aussi ?

– Pas exactement promis : je n'arrive pas à

savoir lequel je préfère au fond. Oh! que je hais la vie moderne! éclata Evelyn. Cela devait être tellement plus facile pour les Elizabethains! L'autre jour, dans les montagnes, je me disais combien c'eût été beau de vivre parmi les premiers colons, d'abattre des arbres, de promulguer des lois et tout ça, au lieu de faire l'imbécile avec des gens qui ne voient en vous qu'une charmante jeune fille. Ce n'est pas ce que je suis. Je me sens capable vraiment de faire quelque chose. »

Elle réfléchit en silence pendant quelques instants. Puis elle dit :

« Tout au fond de mon cœur, je sens malheureusement qu'Alfred Perrott n'est pas ce qu'il me faut. Il n'est pas fort, n'est-ce pas?

– Peut-être pas assez pour abattre un arbre, dit Hewet. Vous ne vous êtes jamais attachée à personne?

– Je me suis attachée à des tas de gens, mais pas au point de les épouser. Je suis trop difficile, sans doute. Toute ma vie, j'ai cherché quelqu'un que je puisse admirer, quelqu'un de grand, d'important, de splendide. La plupart des hommes sont si petits!

– Qu'entendez-vous par splendide? demanda Hewet. Chacun *est,* et c'est tout. »

Evelyn resta interdite. Il essaya d'expliquer :

« Nous n'aimons pas quelqu'un en raison de ses qualités. C'est lui, tout simplement, que nous aimons. Il alluma une allumette et ajouta, indiquant la flamme : Simplement cela.

– Je vois ce que vous voulez dire, répliqua-t-elle, mais je ne suis pas de votre avis. Je sais fort bien pourquoi j'aime quelqu'un, et je ne me trompe pas souvent, il me semble. Je vois tout de suite ce que les gens ont en eux. Vous, par exemple, vous devez avoir quelque chose de splendide. Mais pas Mr. Hirst. »

Hewet secoua la tête.

« Il n'est de loin pas aussi désintéressé, ni aussi généreux, ni aussi compréhensif », continua Evelyn.

Hewet fumait sa cigarette en silence.

« Je détesterais abattre des arbres », dit-il ensuite.

Evelyn lui lança avec véhémence :

« Je n'essaie pas de faire la coquette avec vous, quoi que vous en pensiez ! Je ne serais jamais venue vous trouver si j'avais pu croire que vous alliez vous imaginer des horreurs sur mon compte ! »

Ses yeux s'emplirent de larmes.

« Vous ne flirtez jamais ? demanda-t-il.

– Bien sûr que non ! Ne vous l'ai-je pas dit ? Je veux de l'amitié. Je veux m'attacher à quelqu'un de plus grand, de plus noble que moi, et si l'on tombe amoureux de moi, ce n'est pas de ma faute. Je ne cherche pas cela. J'ai cela positivement en horreur. »

Hewet se rendait compte que cette conversation ne mènerait à rien; de toute évidence Evelyn n'avait rien de spécial à dire, mais désirait avant tout le frapper par une image impressionnante d'elle-même, se sentant, pour une raison qu'elle ne tenait pas à communiquer, malheureuse ou peu rassurée. Il était très fatigué. D'autre part, un serviteur pâle s'avançait ostensiblement jusqu'au milieu de la pièce et jetait vers eux des regards significatifs.

« Ils veulent fermer, remarqua Hewet. Je vous conseille de dire demain à Oliver et à Perrott que vous avez décidé de n'épouser ni l'un ni l'autre. Je suis persuadé que vous n'en avez pas l'intention. Si vous changez d'avis, vous pourrez toujours les prévenir. Ils ont du bon sens tous les deux, ils comprendront. Et ce sera la fin de tous ces tracas. »

Il s'était levé, mais Evelyn ne bougeait pas. Toujours assise, elle continuait à fixer sur lui, d'en bas, ses yeux vifs et avides, au fond desquels il croyait découvrir une déception, un mécontentement.

« Bonne nuit, fit-il.

– Il y a encore des masses de choses que je voudrais vous dire. Et je vous les dirai un de ces jours. Vous devez aller vous coucher à présent, je suppose ?

– Oui, dit Hewet, je tombe de sommeil. »

Il la quitta, assise toute seule dans le hall vide.

« Pourquoi se refusent-elles absolument à être honnêtes ? murmurait-il en montant l'escalier. Pourquoi les rapports entre individus sont-ils si insuffisants, si fragmentaires, si aléatoires, et les mots si dangereux que la sympathie envers ses semblables devient un instinct à surveiller attentivement et, selon toute probabilité, à étouffer ? Qu'est-ce qu'Evelyn avait voulu lui dire, au fond ? Qu'est-ce qu'elle ressentait, seule dans le hall vide ? Le mystère de l'existence et l'absence de réalité, même dans ses propres sensations, l'accablaient, tandis qu'il suivait les couloirs conduisant à sa chambre. L'éclairage réduit n'était cependant pas assez faible pour l'empêcher de voir passer rapidement devant lui une silhouette en peignoir clair, une silhouette de femme qui traversait le couloir, d'une chambre à une autre. »

CHAPITRE XV

Si ténus ou si vagues que soient les liens établis entre ceux qui se sont rencontrés par hasard, à minuit, dans un hôtel, ils ont au moins une supériorité sur les attaches entre gens d'un certain âge qui, sous prétexte qu'ils ont une fois commencé à vivre ensemble, doivent continuer à vivre ainsi pour toujours; ténus, c'est possible, mais vivaces et authentiques, du seul fait que chacun garde la faculté de les rompre et que rien ne l'oblige à les maintenir, sinon le sincère désir de les voir maintenus. Après des années de vie conjugale, les gens cessent de sentir la présence corporelle l'un de l'autre, de sorte que chacun se comporte comme s'il était seul, prononce des paroles auxquelles il n'attend pas de réponse et produit, en général, l'impression de goûter l'agrément de la solitude, sans en supporter l'ennui. Les existences réunies de Ridley et de Helen étaient parvenues à ce stade de la communauté; chacun d'eux était souvent obligé de faire un effort pour se rappeler si telle chose avait été dite ou seulement pensée, partagée ou bien rêvée à part soi.

Deux ou trois jours après le bal, à quatre heures de l'après-midi, Mrs. Ambrose, debout, se brossait les cheveux, tandis que son mari se trouvait dans le cabinet de toilette voisin. De temps à autre, à travers un bruit de cascade (il se lavait la figure), elle entendait des exclamations : « Et c'est ainsi d'une année à l'autre ! pourvu, pourvu, pourvu que cela finisse un jour », à quoi elle ne prêtait pas la moindre attention.

« Est-il blanc ? ou simplement brun ? » murmurait-elle de son côté, examinant un de ses cheveux qui mettait une lueur suspecte parmi les autres. Elle l'arracha et le posa sur la coiffeuse. Elle était en train de critiquer sa propre image, ou plutôt de lui donner son approbation, reculant un peu devant la glace et considérant son visage avec un orgueil superbe et mélancolique, quand son mari parut à la porte, en bras de chemise, la figure à demi dissimulée derrière une serviette.

« Vous me répétez souvent que je ne remarque rien, commença-t-il.

– Eh bien, dites-moi si c'est un cheveu blanc », répliqua-t-elle, en lui posant le cheveu sur la main.

Il se récria :

« Vous n'avez pas le moindre cheveu blanc sur la tête !

– Ah ! Ridley, je commence à en douter ! »

Elle soupira et inclina la tête pour qu'il pût juger de la chose; mais l'inspection n'eut pour résultat qu'un baiser à l'endroit où courait la ligne de la raie, après quoi les deux époux poursuivirent leur va-et-vient dans la chambre, avec des murmures espacés.

« De quoi parliez-vous ? fit Helen après une série de propos dont un tiers n'aurait pu saisir le sens.

– De Rachel. Vous devriez surveiller Rachel », déclara-t-il d'un air significatif, si bien que Helen, tout en brossant ses cheveux, le regarda. Ses observations, parfois, tombaient juste.

« Les jeunes gens ne s'intéressent pas sans motif à l'éducation des jeunes filles.

– Ah ! Hirst ? dit Helen.

– Hirst et Hewet, c'est tout un pour moi, ils sont tous suspects. Il lui conseille de lire Gibbon. Vous le saviez ? »

Helen l'ignorait, mais elle ne voulait pas se montrer inférieure à son mari en faculté d'observation. Elle se borna à dire :

« Rien ne m'étonne plus. Pas même cet affreux aviateur que nous avons rencontré au bal. Pas même Mr. Dalloway... ni même...

– Je vous recommande la circonspection, dit Ridley. C'est qu'il y a Willoughby, ne l'oubliez pas, Willoughby. »

Il montrait du doigt une lettre. Helen, avec un soupir, regarda l'enveloppe posée sur la coiffeuse. En effet, Willoughby était là, sec, inexpressif, perpétuellement facétieux, dépouillant tout un continent de son mystère, s'informant de la conduite et de la moralité de sa fille, espérant qu'elle ne les ennuyait pas trop, les priant, si tel était le cas, de la lui renvoyer par le prochain courrier; puis reconnaissant, affectionné, plein de sentimentalité contenue; puis consacrant une demi-page à ses propres triomphes sur de malheureux petits indigènes qui s'étaient mis en grève et avaient refusé de charger ses bateaux, jusqu'au moment où il se mit à hurler des jurons en anglais, « en sortant ma tête par le hublot, comme j'étais, en bras de chemise. Les gredins ont eu le bon esprit de se retirer ».

« Puisque Theresa a épousé Willoughby, remarqua Helen, tournant la page avec une épingle à cheveux, on ne voit pas ce qui pourrait empêcher Rachel... »

Mais Ridley en était à exprimer ses griefs particuliers concernant le blanchissage de ses chemises, sujet qui dévia, on ne sait comment, vers les fréquentes visites de Hughling Elliot : c'était un raseur, un pédant, un fruit sec, mais Ridley ne pouvait pourtant pas lui montrer simplement la porte et le prier de sortir. Pour tout dire, ils voyaient trop de monde. Et ainsi de suite. L'entretien conjugal continua de tambouriner, atténué, inintelligible, jusqu'à ce que tous deux fussent prêts pour aller prendre le thé.

En bas, le regard de Helen fut attiré d'emblée par une voiture qui s'arrêtait devant la porte, remplie de jupes et de plumes se dandinant sur des chapeaux. Elle eut à peine le temps de gagner le salon que déjà la servante espagnole prononçait en les écorchant deux noms de famille et Mrs. Thornbury s'avançait, précédant de quelques pas Mrs. Wilfrid Flushing.

« Mrs. Wilfrid Flushing, dit Mrs. Thornbury avec une ondulation de la main, une amie de notre amie commune, Mrs. Raymond Parry. »

La poignée de main de Mrs. Flushing fut énergique. C'était une personne d'une quarantaine d'années, bien bâtie et très droite, admirable de robustesse, quoique moins grande que son maintien ne la faisait paraître.

Elle regarda Helen bien en face et dit :

« Vous avez une maison charmante. »

Elle avait des traits fortement marqués, un regard direct et, malgré son caractère hautain, il y avait chez elle une certaine nervosité. Mrs. Thornbury faisait l'interprète et arrondissait les angles en débitant de charmants lieux communs.

« J'ai pris sur moi, Mrs. Ambrose, disait-elle, de promettre que vous seriez assez bonne pour faire profiter Mrs. Flushing de votre expérience. Personne ici, j'en suis sûre, ne connaît le pays comme vous. Personne n'entreprend d'aussi longues et merveilleuses promenades. Personne, j'en suis sûre, ne possède vos connaissances encyclopédiques sur n'importe quel sujet. Mr. Wilfrid Flushing est collectionneur. Il a déjà découvert des objets de toute beauté. Je ne me doutais pas qu'il pût y avoir de tels artistes parmi les paysans, il est vrai qu'il s'agit du passé.

– Pas d'ancien ! du nouveau, interrompit Mrs. Flushing, tranchante. Du moins s'il veut bien m'écouter. »

Les Ambrose n'avaient pas vécu de longues années à Londres sans connaître plus ou moins, ne fût-ce que de réputation, un grand nombre de gens. Helen se rappelait donc avoir entendu parler des Flushing. Mr. Flushing tenait un magasin d'antiquités. Autrefois, il avait déclaré qu'il ne se marierait jamais parce que les femmes, en général, ont des joues rouges, qu'il n'habiterait pas une maison particulière, parce que, en général, ces maisons ont des escaliers étroits, qu'il ne mangerait pas de viande parce que les animaux, en général, saignent quand on les tue; plus tard, cependant, il épousa une aristocrate excentrique qui, certes, n'avait pas le teint pâle, qui avait bien l'air de manger de la viande, qui lui faisait faire tout ce qu'il abhorrait le plus, et c'est cette femme que Helen avait maintenant devant elle. Elle l'examinait avec intérêt. Elles étaient descendues au jardin où l'on avait servi le thé sous un arbre. Mrs. Flushing prenait de la confiture de cerises. Son corps, tandis qu'elle parlait, était curieusement agité de secousses qui se communiquaient au panache couleur canari de son chapeau. Ses traits finement ciselés, vigoureux malgré leur finesse, de même que le rouge vif des joues et des lèvres, témoignaient de plusieurs générations d'ancêtres bien façonnés, bien nourris.

« Ce qui a plus d'vingt ans cesse de m'intéresser, poursuivait-elle, vieux tableaux moisis, vieux bouquins crasseux, tout c'qu'on fourre au musée quand ça ne vaut plus que d'êt' jeté au feu.

– Je suis de votre avis, dit Helen en riant, mais mon mari passe sa vie à déterrer des manuscrits dont personne n'a besoin. »

Cela l'amusait de voir l'expression scandalisée de Ridley.

Mrs. Flushing continua :

« Il y a à Londres un homme intelligent qui s'appelle John et qui peint cent fois mieux que les maîtres anciens. Ses tableaux m'emballent. Les chos' anciennes ne m'emballent jamais.

– Mais ses tableaux eux-mêmes deviendront anciens à leur tour, intervint Mrs. Thornbury.

– Alors j'les ferai brûler, ou j'dirai dans mon testament qu'on les brûle, répliqua Mrs. Flushing.

– Pourtant Mrs. Flushing habitait une des demeures anciennes les plus belles d'Angleterre, Chillingley, expliqua Mrs. Thornbury.

– Celle-là, j'la f'rais brûler dès demain, si j'avais les mains libres ! »

Le rire de Mrs. Flushing sonnait comme un cri de geai, brusque et sans joie.

« Qu'est-ce qu'une personne de bon sens peut bien faire d'une énorme bâtisse de ce genre ? Dès qu'il fait nuit, on descend et v'là les cafards qui vous grimpent dessus, et l'électricité est toujours en panne. Que diriez-vous en voyant des araignées sortir de vot' robinet d'eau chaude ? » interrogea-t-elle, l'œil fixé sur Helen.

Mrs. Ambrose haussa les épaules en souriant.

« C'est ça qui me plaît, dit Mrs. Flushing avec un mouvement sec de la tête du côté de la villa. Une petite maison au milieu d'un jardin. J'ai eu ça autrefois en Irlande. Le matin, sans sortir du lit, on pouvait cueillir des roses dehors avec ses doigts de pied.

– Et les jardiniers ? Cela ne les étonnait pas ? demanda Mrs. Thornbury.

– Il n'y avait pas de jardiniers, gloussa Mrs. Flushing, personne d'autre que moi et une vieille femme édentée. Vous savez que les pauvres, en Irlande, perdent leurs dents dès l'âge de vingt ans. Mais allez donc faire comprendre ça à un politicien. Arthur Balfour ne comprendrait pas ça. »

Ridley déclara en soupirant qu'il n'avait jamais compté que qui que ce fût comprît quoi que ce fût – un politicien moins que tout autre.

« En tout cas, conclut-il, je découvre dans mon extrême vieillesse, un avantage au moins : c'est que rien n'a plus la moindre importance, sauf la nourriture et la digestion. Tout ce que je demande, c'est qu'on me laisse tomber en poussière dans ma solitude. Il est évident que le monde se précipite à toute vitesse vers... l'abîme sans fond, et tout ce que j'ai à faire, moi, c'est de ne pas bouger et de dévorer le plus possible de ma propre fumée. »

Il poussa un grognement et, l'œil mélancolique, étala la confiture sur son pain : l'ambiance que créait cette dame bourrue lui paraissait décidément peu sympathique.

« Je contredis toujours mon mari quand il

parle ainsi, avança Mrs. Thornbury avec douceur. Ah! les hommes, que deviendraient-ils sans les femmes ?

– Lisez le *Symposium,* répliqua Ridley, féroce.

– *Symposium ?* cria Mrs. Flushing, c'est du latin ou du grec ? Dites-moi, y a-t-il une bonne traduction ?

– Non, fit Ridley, il vous faudra apprendre le grec.

– Ah ! ah ! ah ! J'aimerais mieux casser des cailloux sur les routes ! J'envie toujours les hommes qui cassent des cailloux et qui sont assis toute la journée sur ces beaux petits tas, avec des lunettes. J'aimerais infiniment mieux casser des cailloux que de nettoyer des poulaillers ou de donner à manger aux vaches, ou... »

A ce moment, Rachel parut, venant du fond du jardin avec un livre.

« Qu'est-ce que c'est que ce livre ? demanda Ridley, après l'échange de poignées de main.

– C'est Gibbon, répondit Rachel en s'asseyant.

– *La décadence et la chute de l'Empire romain ?* fit Mrs. Thornbury; je sais que c'est un ouvrage magnifique, mon cher père nous le citait à chaque instant, si bien que nous avions résolu de n'en jamais lire une ligne.

– Gibbon l'historien ? s'enquit Mrs. Flushing. Ce nom me rappelle quelques-uns des moments les plus heureux de mon existence. Nous lisions Gibbon au lit – les massacres des chrétiens, je me rappelle –, pendant qu'on nous croyait endormies. Ce n'est pas une petite affaire, j'vous garantis, de lire un gros volume comme ça, sur deux colonnes, à la lumière d'une veilleuse et à celle qui passe par une fente de la porte. Il y avait aussi des papillons de nuit, des tigrés, des jaunes, et d'horribles hannetons. Louisa, ma sœur, voulait que la fenêtre soit ouverte. Je voulais qu'elle soit fermée, nous nous battions à cause de cette fenêtre. Vous avez d'jà vu un papillon de nuit qui meurt dans une veilleuse ? »

Il y eut une nouvelle diversion : Hewet et Hirst se montrèrent à la porte-fenêtre du salon, puis se dirigèrent vers la table du goûter. Le cœur de Rachel battit violemment. Tous les objets lui apparurent avec une intensité extraordinaire, comme si cette présence enlevait un voile de leur surface. Les compliments d'usage furent échangés cependant avec une parfaite banalité.

A peine assis, Hirst se leva de nouveau en disant : « Je m'excuse ! » Il retourna au salon, puis revint avec un coussin qu'il disposa soigneusement sur son siège.

« Des rhumatismes, déclara-t-il en se rasseyant.

– Conséquence du bal ? s'informa Helen.

– A la moindre fatigue, je ressens des douleurs rhumatismales, expliqua Hirst. (Il replia brusquement son poignet en arrière.) J'entends de petits morceaux de craie qui crissent les uns contre les autres. »

Rachel le regarda, amusée, mais respectueuse. On aurait dit que le haut de son visage était rieur, tandis que le bas lui interdisait de rire.

Hewet ramassa le volume tombé sur le sol et demanda à mi-voix :

« Vous aimez cela ?

– Non, je ne l'aime pas. »

Elle avait, en effet, passé l'après-midi à essayer de le lire, mais pour une raison ou une autre, l'éclat qu'elle y avait entrevu tout d'abord avait disparu et, malgré ses efforts, son esprit se refusait à en saisir le sens.

« Cela s'enroule, cela s'enroule comme une toile cirée », commença-t-elle, s'adressant visiblement à Hewet tout seul. Mais ce fut Hirst qui demanda :

« Que voulez-vous dire ? »

Elle eut honte aussitôt d'avoir employé cette comparaison faute de pouvoir s'exprimer en termes de critique raisonnée.

Il reprit :

« S'il s'agit de style, c'est là certes le style le plus parfait qu'on ait jamais inventé. Chaque phrase est la perfection même; quant à l'esprit... »

« Vilain au physique, répulsif au moral », pensa-t-elle au lieu de réfléchir au style de Gibbon. Oui, mais fort mentalement, pénétrant, inflexible. Elle regarda sa grande tête dont une partie disproportionnée était occupée par le front, ses yeux sévères, directs. Il dit :

« Je désespère de vous. »

C'était un propos en l'air, mais elle s'en formalisa, se croyant diminuée dans sa valeur d'être humain du fait qu'elle n'admirait pas le style de Gibbon. Les autres, en groupe, parlaient maintenant des villages indigènes que Mrs. Flushing ferait bien de visiter.

« Je désespère, moi aussi, s'écria Rachel impétueusement. Comment peut-on juger quelqu'un, rien que d'après son esprit ?

– Vous partagez, me semble-t-il, l'opinion de ma tante qui est vieille fille, répliqua Hirst de son air maniéré, toujours irritant parce qu'il faisait paraître son interlocuteur maladroit et solennel outre mesure. « Sois sage, douce fille. » Je croyais Mr. Kingsley et ma tante désormais passés de mode.

– On peut être très gentil sans avoir jamais lu un seul livre », affirma Rachel.

La naïveté puérile de ces mots l'exposait franchement aux sarcasmes.

« Ai-je jamais soutenu le contraire ? » demanda Hirst en levant les sourcils.

De façon tout à fait inattendue, Mrs. Thornbury vint alors se mêler à leur entretien, soit qu'elle eût pour mission de toujours arrondir les angles, soit qu'elle éprouvât depuis longtemps le désir de causer avec Mr. Hirst, considérant, selon son habitude, tous les jeunes gens comme ses fils.

« J'ai vécu toute ma vie avec des gens pareils à votre tante, Mr. Hirst, dit-elle, se penchant en avant sur son siège. Ses yeux bruns d'écureuil brillaient plus encore que de coutume. – Ils n'ont jamais entendu parler de Gibbon. Ils n'ont souci que de leurs faisans et de leurs paysans. Ce sont des hommes grands et forts, qui ont une si belle allure à cheval, tout comme ceux d'autrefois, j'ai idée, du temps des grandes guerres. On peut en dire tout ce qu'on voudra : natures animales, sans intellectualité; ils ne lisent rien eux-mêmes et ne tiennent pas à voir lire les autres, et tout de même ils comptent parmi les êtres humains les meilleurs, les plus fins qu'il y ait au monde ! Je vous étonnerais beaucoup en vous contant certaines histoires. Vous êtes loin de soupçonner, sans doute, les intrigues romanesques qui se poursuivent au cœur du pays. J'ai l'impression qu'il y a là des gens parmi lesquels Shakespeare va naître, si jamais il doit naître à nouveau. Ces vieilles demeures, là-haut, dans les Downs...

– Ma tante, interrompit Hirst, passe tout son temps à East Lambeth parmi les indigents, les déchus. Je ne l'ai citée qu'en raison de sa tendance à persécuter ce qu'elle appelle « les intellectuels », comme Miss Vinrace me paraît le faire de son côté. C'est très en vogue en ce moment. Montrez de l'intelligence et on en déduira aussitôt que vous êtes absolument incapable de sympathie, de compréhension, d'affection – les seules choses qui comptent vraiment. Ah ! les chrétiens, avec vos airs protecteurs, vous êtes la clique la plus prétentieuse, la plus hypocrite entre tous les vieux charlatans du royaume ! Evidemment, se reprit-il, je suis le premier à reconnaître les grands mérites de vos gentilshommes campagnards. D'abord, ils sont sans doute très francs à l'égard de leurs passions, ce que nous ne sommes pas. Mon père qui est pasteur dit qu'il n'existe guère de châtelain dans son comté qui ne fasse...

– Mais pour en revenir à Gibbon ? fit Hewet. La tension nerveuse qui était apparue sur tous les visages s'atténua grâce à cette interruption. Vous devez le trouver monotone, je pense. Mais vous savez... »

Il ouvrit le volume et se mit à chercher des passages à lire à haute voix. Bientôt, il en trouva un bon, qui lui parut tout indiqué. Mais rien au monde n'excédait Ridley comme d'écouter la lecture à haute voix; d'autre part, il était sensible à l'extrême à la toilette et aux manières des femmes. En l'espace d'un quart d'heure, il avait condamné Mrs. Flushing pour son plumet orange qui jurait avec son teint, pour son verbe retentissant, pour sa façon de croiser les jambes; finalement, quand il la vit accepter une cigarette que Hewet lui offrait, il bondit avec une exclamation concernant quelque chose comme les « salles de café » et s'en alla. Mrs. Flushing parut visiblement satisfaite de ce départ. Elle tirait des bouffées de sa cigarette, montrait ses jambes et posait à Helen force questions sur le caractère et la réputation de leur commune amie, Mrs. Raymond Parry.

Par une série de menus stratagèmes, elle l'amena à décrire Mrs. Raymond Parry comme une personne plus très jeune, franchement pas belle, très maquillée, en un mot une vieille haridelle insolente, chez qui on ne s'amusait que parce qu'on y rencontrait des personnages bizarres. Personnellement, à chacune de ces réunions Helen avait plaint le pauvre Mr. Parry qui, pensait-on, restait enfermé en bas, avec des cassettes pleines de joyaux, pendant que sa femme se donnait du bon temps au salon.

« Ce n'est pas que j'ajoute foi à tout ce qu'on raconte sur elle, bien qu'elle laisse entendre, évidemment... »

Là-dessus, Mrs. Flushing, enchantée, s'écria :

« C'est ma cousine germaine ! Continuez ! Continuez ! »

Quand elle se leva pour partir, Mrs. Flushing était visiblement ravie de ses nouvelles connaissances. Elle exposa trois ou quatre projets différents de rencontres ou d'excursions et, tout en se dirigeant vers sa voiture, elle parla de montrer à Helen ses achats. Puis elle engloba l'assistance dans une vague mais superbe invitation.

Comme elle rentrait dans le jardin, Helen se rappela les avertissements de Ridley; elle s'arrêta un instant à regarder Rachel, assise entre Hirst et Hewet. Mais elle ne put rien en conclure, car Hewet continuait à lire du Gibbon à haute voix. Quant à Rachel, à en juger par son absence d'expression, elle n'était guère plus qu'un coquillage : la lecture effleurait son ouïe comme la mer effleure un coquillage au bord d'un rocher.

Hewet avait une voix très agréable. A la fin d'une période, il s'arrêta et personne ne formula de critique.

« Vraiment, j'adore les aristocrates! s'écria Hirst, après un silence. Ils sont d'un sans-gêne incroyable! Personne n'aurait l'aplomb de se conduire comme cette femme.

– Ce qui me plaît chez eux, dit Helen en s'asseyant, c'est qu'ils sont si bien bâtis. Mrs. Flushing toute nue doit être superbe. Habillée comme elle l'est, elle devient évidemment ridicule.

– Oui, dit Hirst, tandis qu'une ombre de contrariété passait sur son visage, je n'ai jamais dépassé soixante-quatre kilos; c'est absurde par rapport à ma taille; et j'ai encore perdu du poids depuis que nous sommes ici. Voilà qui explique mes rhumatismes, je pense. »

Il secoua de nouveau son poignet pour faire entendre à Helen le bruit des morceaux de craie. Elle ne put s'empêcher de sourire.

« Pour moi, il n'y a pas de quoi rire, je vous assure, s'indigna-t-il. Ma mère a une maladie chronique et je m'attends toujours à ce qu'on me dise que j'ai le cœur malade. Les rhumatismes finissent toujours pas gagner le cœur.

– Je t'en prie, Hirst, protesta Hewet, on dirait que tu es un éclopé de quatre-vingts ans. Si nous abordons ce chapitre, moi aussi j'ai une tante qui est morte d'un cancer et j'essaie tout de même de faire bonne contenance. »

Il se leva et se mit à balancer sa chaise sur les pieds de derrière, puis il dit :

« Personne n'a envie de se promener? Il y a une promenade magnifique à faire, en montant derrière la maison. On arrive à une falaise qui surplombe directement la mer. Les rochers sont tout rouges, on les distingue sous l'eau. L'autre jour, j'ai vu un spectacle à vous couper la respiration : une vingtaine de méduses translucides, roses, avec de longues franges qui flottaient sur les crêtes des vagues.

– Tu es sûr que ce n'étaient pas des sirènes ? dit Hirst. Il fait trop chaud pour monter là-haut. »

Il regarda Helen qui ne faisait pas mine de bouger. Elle décida finalement :

« Oui, il fait trop chaud. »

Il y eut un bref silence.

« Moi, j'aimerais bien y aller », dit Rachel.

« Mais elle aurait peut-être dit cela dans n'importe quelles circonstances », pensa Helen tandis que Hewet et Rachel s'éloignaient côte à côte, la laissant seule avec Saint-John, à la satisfaction manifeste de celui-ci.

Malgré cette satisfaction, la difficulté qu'il éprouvait toujours à choisir entre tous les sujets celui qui était le plus digne d'intérêt l'empêcha pendant quelque temps de prendre la parole. Il s'appliquait à examiner le bout d'une allumette éteinte, cependant que Helen, à en juger par l'expression de son regard, considérait quelque chose qui n'avait pas de rapport immédiat avec la minute présente.

A la fin, Saint-John s'écria :

« Zut ! Zut pour tout ça ! Zut pour tout le monde ! A Cambridge, on trouve des gens à qui parler.

– A Cambridge, on trouve des gens à qui parler », scanda Helen machinalement, comme un écho. Puis elle sortit de sa torpeur.

« A propos, vous avez décidé ce que vous allez entreprendre ? Cambridge ou le barreau ? »

Il fit la moue, mais ne répondit pas tout de suite : Helen ne lui prêtait toujours pas assez d'attention. Elle venait de penser à Rachel, essayant de deviner duquel des deux jeunes gens elle était le plus susceptible de tomber amoureuse; et maintenant, assise en face de Hirst, elle se disait :

« Il est laid. C'est dommage qu'ils soient si laids. »

Elle n'englobait pas Hewet dans cette critique : elle songeait aux gens de sa connaissance, intelligents, honnêtes, intéressants, ceux dont Hirst était un excellent spécimen, et elle se demandait s'il était bien nécessaire que la pensée et l'étude maltraitassent à ce point leur corps et fissent monter leurs esprits sur des tours si élevées, d'où les êtres humains leur apparaissaient comme des souris et des rats grouillant dans la plaine.

« Et l'avenir? s'interrogeait-elle, imaginant vaguement une race d'hommes de plus en plus semblables à Hirst, une race de femmes de plus en plus semblables à Rachel. Oh! non, conclut-elle en regardant Hirst : vous n'êtes pas de ceux qu'on épouse. Eh bien, alors, c'est à Susan et à Arthur qu'appartient l'avenir de la race. Non, ce serait affreux. Aux travailleurs agricoles? Non, pas aux Anglais en tout cas, mais aux Russes, aux Chinois... »

Ces réflexions qui ne la satisfaisaient guère furent interrompues par Saint-John.

« Je regrette que vous ne connaissiez pas Bennett, dit-il. C'est le plus grand homme qui existe.

– Bennett? » fit-elle.

Se sentant plus à l'aise, Saint-John abandonna sa façon de parler concise et cassante pour expliquer que Bennett était un personnage qui vivait dans un vieux moulin à vent, à six milles de Cambridge. Selon Saint-John, c'était là l'existence parfaite : il était solitaire, très simple, préoccupé uniquement de la vérité des choses, toujours disposé à parler, étonnamment modeste bien qu'il comptât parmi les esprits les plus évolués.

« Ne trouvez-vous pas, dit Hirst quand il eut terminé cette description, que *ceci* fait paraître *cela* singulièrement inconsistant ? Avez-vous remarqué pendant le goûter comme ce pauvre vieux Hewet s'est empressé de changer de conversation ? Comme ils étaient tous prêts à bondir sur moi, croyant que j'allais dire quelque chose d'inconvenant ? Et ce n'était rien du tout au fond. Si Bennett avait été là, il aurait dit exactement ce qu'il avait à dire, ou bien il serait parti. Mais cela agit dans le mauvais sens sur le caractère, du moins quand on ne possède pas le caractère d'un Bennett. Cela tend à vous aigrir. A votre avis, suis-je un homme aigri ? »

Comme Helen ne disait rien, il continua :

« Je le suis, bien sûr; affreusement aigri, et c'est quelque chose d'écœurant. Mais le pire, c'est que je suis si envieux. J'envie tout le monde. Je ne peux pas souffrir les gens qui font une chose quelconque mieux que moi – une chose parfaitement absurde, d'ailleurs – un garçon qui jongle avec des piles d'assiettes, ou bien même Arthur parce que Susan est amoureuse de lui. Je veux qu'on m'aime et on ne m'aime pas. C'est en partie à cause de mon physique, je suppose, bien qu'il soit absolument faux de prétendre que j'aie du sang juif. En fait, les Hirst de Hirstbourne Hall existent dans le Norfolk depuis trois siècles au moins. Quel réconfort cela doit être lorsque, comme vous, on plaît d'emblée à chacun.

– Je vous assure que ce n'est pas mon cas, dit Helen en riant.

– Mais si, affirma Hirst avec conviction.

D'abord, vous êtes la plus belle femme que j'aie jamais vue. Ensuite vous êtes, par nature, d'une gentillesse exceptionnelle. »

Si, au lieu de fixer obstinément sa tasse, Hirst avait jeté un coup d'œil sur Helen, il l'aurait vu rougir, de plaisir d'abord et aussi à cause d'un mouvement de sympathie envers ce jeune homme qui lui avait paru – et allait lui paraître à nouveau – si laid et si dépourvu de rayonnement. Elle le plaignait car elle devinait sa souffrance; il l'intéressait, car ses remarques, en grande partie, lui semblaient justes; elle admirait les conceptions morales de la jeunesse, et cependant elle avait l'impression d'être emprisonnée. Comme si un instinct la poussait à s'évader vers quelque chose d'éclatant et d'impersonnel, quelque chose qu'elle pût tenir dans ses mains, elle entra dans la maison et en ressortit avec sa broderie. Mais sa broderie n'avait aucun intérêt pour Hirst. Il ne la regarda même pas.

« Quant à Miss Vinrace, commença-t-il – ... écoutez donc, si nous disions simplement Saint-John et Helen, Rachel et Terence? – comment est-elle au juste? Est-ce qu'elle raisonne, est-ce qu'elle sent, ou bien n'est-elle qu'une sorte d'escabeau?

– Oh! non », s'écria Helen d'un ton péremptoire.

Ses observations au cours du goûter lui faisaient douter que Hirst fût la personne voulue pour éduquer Rachel. Elle était arrivée peu à peu à s'intéresser à Rachel, à s'y attacher. Certaines choses lui déplaisaient beaucoup en elle, d'autres l'amusaient. Dans l'ensemble elle voyait en elle une créature humaine, vivante quoique inachevée, qui hasarde des expériences, qui n'y réussit pas toujours, mais qui possède certains dons, une certaine capacité de sentiment. Quelque part au fond d'elle-même, Helen se reconnaissait d'ailleurs inexplicablement, mais indissolublement unie à Rachel par les liens de leur sexe.

« Malgré son air indécis, elle a de la volonté », déclara-t-elle comme si pendant son silence elle avait examiné les qualités de sa nièce.

Son ouvrage demandait de la réflexion, le dessin en étant compliqué et les couleurs difficiles à choisir; aussi le dialogue se trouvait-il coupé d'intervalles pendant lesquels Helen ne pensait plus qu'à ses écheveaux de soie ou bien, clignant des yeux, la tête rejetée en arrière, considérait l'effet général. C'est ainsi qu'elle se contenta de faire « m-m-m » lorsque Saint-John annonça :

« Je vais l'inviter à faire une promenade avec moi. »

Peut-être en voulait-il à Helen de ce partage de son attention. Il resta quelque temps à l'observer avec soin, puis il dit :

« Vous êtes absolument heureuse.

– Oui ? interrogea-t-elle, piquant l'aiguille dans sa broderie.

– Le mariage, sans doute.

– Oui, dit-elle en tirant son aiguille.

– Les enfants ? s'enquit Saint-John.

– Oui, dit Helen, poussant l'aiguille à nouveau. Je ne sais pas pourquoi je suis heureuse ! »

Elle se mit à rire tout à coup en le regardant bien en face. Le silence se prolongea cette fois.

« Il y a un abîme entre nous, dit Saint-John d'une voix qui semblait sortir des profondeurs d'une caverne rocheuse. Vous êtes infiniment plus simple que moi. Du reste, les femmes le sont toujours. C'est là la difficulté. On ne sait pas comment la femme y arrive. Peut-être que pendant tout ce temps, vous vous dites : « Qu'il est donc « morbide, ce jeune homme ! »

Helen le regardait, l'aiguille entre les doigts. De sa place elle voyait la tête de Hirst se détacher sur la sombre pyramide d'un magnolia. Elle-même, le pied appuyé au barreau d'une chaise, le coude soulevé en un geste de brodeuse, elle atteignait au sublime, comme une figure de femme des premiers âges filant le fil du destin, ce sublime que l'attitude imposée par la couture ou le nettoyage prête à bien des femmes de nos jours. Saint-John la considérait.

« J'imagine que de toute votre vie vous n'avez adressé un compliment à quiconque ! dit-il sans raison apparente.

– Ridley est plutôt gâté sous ce rapport, estima Helen.

– Je vais vous demander carrément : est-ce que je vous plais ? »

Après un instant de silence, elle répondit :

« Oui, certainement. »

Il s'écria :

« Dieu soit loué ! Voilà déjà une bonne chose. Voyez-vous, poursuivit-il avec émotion, j'aime mieux vous plaire à vous, plutôt qu'à n'importe qui d'autre.

– Et vos cinq philosophes ? dit Helen, riant et piquant son canevas avec une rapidité résolue. Je voudrais que vous me les décriviez. »

Hirst n'avait pas très envie de les décrire, mais une fois qu'il eut commencé à les évoquer, il se sentit apaisé, fortifié. Perdus là-bas, à l'autre bout du monde, dans leurs chambres enfumées, dans la grisaille de leurs cours médiévales, ils n'en apparaissaient pas moins comme des hommes remarquables, ayant leur franc-parler, avec qui l'on se sentait à l'aise, infiniment plus subtils dans leurs sentiments que les gens d'ici. Ils lui apportaient, certes, ce qu'aucune femme, pas même Helen, ne pouvait lui offrir. Emporté par ses sentiments, il en vint à exposer son propre cas devant Mrs. Ambrose. Devait-il rester à Cambridge ou s'inscrire au barreau? Du jour au lendemain, il changeait de résolution. Helen l'écoutait attentivement. A la fin, sans aucun préambule, elle prononça son arrêt :

« Quittez Cambridge et inscrivez-vous au barreau. »

Il la pressa de lui dire ses raisons.

« Je crois que vous vous plairez mieux à Londres. »

L'explication n'était pas très subtile, mais elle avait l'air de la trouver suffisante. Elle le regardait tel qu'il se détachait sur le fond du magnolia. Il y avait quelque chose de bizarre dans ce spectacle, peut-être du fait que ces fleurs lourdes, d'une consistance de cire, étaient si lisses et si muettes, tandis que son visage – (il avait rejeté au loin son chapeau, ses cheveux étaient en désordre, ses lunettes, qu'il tenait à la main, avaient laissé une marque rouge de chaque côté de son nez) – était si tourmenté et si éloquent. L'arbuste était magnifique avec ses branches largement étendues; pendant toute la conversation elle n'avait cessé d'observer les taches d'ombre, la forme des feuilles, la façon dont les grandes fleurs blanches se posaient dans la verdure. Elle avait regardé tout cela dans une demi-conscience, mais l'image en restait mêlée à leur entretien. Abandonnant sa broderie, elle se mit à faire les cent pas dans l'allée. Hirst se leva à son tour et la suivit. Il se sentait troublé, gêné, lourd de pensées. Tous deux se taisaient.

Le soleil allait se coucher, les montagnes avaient changé d'aspect comme si, dépouillées de leur substance terrestre, elles n'étaient faites que de brume intensément bleue. Des nuages fins, allongés, d'un rouge de flamant, aux franges recourbées comme des plumes d'autruche, s'étendaient dans le ciel à des altitudes différentes. Les toits de la ville avaient l'air d'être descendus au-dessous de leur niveau habituel. Les cyprès paraissaient très noirs entre ces toits, qui eux-mêmes étaient bruns et blancs. Comme chaque soir, on entendait des cris isolés, des tintements isolés qui montaient d'en bas.

Saint-John s'arrêta brusquement.

« Eh bien, vous en assumerez la responsabilité, dit-il, je suis décidé, je m'inscris au barreau. »

Son ton était grave, presque ému. Helen revint à elle après une seconde d'hésitation.

« Je suis sûre que vous avez raison, dit-elle avec chaleur en serrant la main qu'il lui tendait. Vous allez devenir un grand homme, c'est certain. »

Puis, comme pour l'obliger à regarder le décor, elle suivit de la main, dans toute son étendue, le cirque immense du panorama. De la mer, par les toits de la ville, par les crêtes des monts, par le fleuve et la plaine, par d'autres crêtes encore, sa main rejoignit la villa, le jardin, le magnolia, les silhouettes de Hirst et de Helen ensemble, debout – puis elle retomba à son côté.

CHAPITRE XVI

HEWET et Rachel avaient depuis longtemps atteint l'endroit particulier de la falaise d'où, se penchant sur la mer, on avait quelque chance de découvrir des méduses ou des dauphins. Quand ils regardèrent dans la direction opposée, l'ample paysage les frappa comme aucun site anglais, si vaste soit-il, ne saurait le faire, puisque les villages et les collines y portent des noms et que l'extrême ondulation s'y creuse en général pour découvrir un trait de brume, qui est la mer. Ici, ce n'était de toutes parts qu'un infini de terre desséchée au soleil, terre qui s'étendait, se prolongeait, s'en allait au loin comme le fond immense de la mer, terre que colorait l'alternance des jours et des nuits, terre compartimentée en pays différents, où de glorieuses cités furent bâties, ou des races humaines ont évolué, du Sauvage noir au Blanc civilisé pour retourner au Sauvage noir.

Peut-être leurs origines anglaises rendaient-elles ces perspectives désagréablement impersonnelles et hostiles à leurs yeux, car après avoir un instant tourné leurs visages de ce côté, ils les détournèrent aussitôt vers la mer et ne cessèrent plus de regarder celle-ci.

La mer qui, ici, n'était qu'une eau étincelante et peu profonde, incapable, semblait-il, de se dresser en furie, se resserrait ailleurs, voilait de gris sa teinte pure, se tordait dans des passages étroits, se précipitait dans un frémissement de vagues brisées contre les masses de granit. Cette mer-là s'étendait jusqu'à l'estuaire de la Tamise; et la Tamise baignait les racines de la ville de Londres.

Les pensées de Hewet devaient avoir pris une semblable orientation, car la première phrase qu'il prononça tandis qu'ils se tenaient à l'extrémité de la falaise fut :

« J'aimerais être en Angleterre! »

Rachel s'étendit, appuyée sur un coude et, pour mieux voir, écarta les hautes herbes qui poussaient sur le bord. L'eau était calme, à peine agitée d'un balancement au pied de la falaise et si claire qu'on distinguait au fond le rouge des galets. Telle elle avait été à la naissance du monde et telle elle restait depuis lors. Aucun être humain n'avait, vraisemblablement, fendu cette eau de sa barque ou de son corps. Obéissant à quelque impulsion, Rachel résolut de troubler cette éternité de paix et y lança le plus gros caillou qu'elle pût trouver. Il frappa la surface et des cercles s'élargirent tout autour. Hewet regarda en bas, lui aussi.

« C'est merveilleux », dit-il tandis que les cercles s'étendaient, puis disparaissaient. Il s'émerveillait devant cette pureté, cette nouveauté. Il lança un caillou à son tour. C'est à peine s'ils en entendirent le bruit.

« Mais l'Angleterre, murmura Rachel avec l'intonation distraite de quelqu'un qui concentre son regard sur un objet, qu'est-ce qui vous attire en Angleterre?

– Mes amis surtout, dit-il, et puis tout ce qu'on fait là-bas. »

Il était libre de regarder Rachel sans qu'elle s'en aperçût. Elle demeurait absorbée par l'eau et par les sensations exquises que procure la vue d'une légère épaisseur de mer passant par-dessus les rochers. Il remarqua qu'elle portait une robe d'un bleu soutenu, en cotonnade fine et souple qui dessinait les formes de son corps. Ce corps offrait les angles et les creux de tout corps de jeune femme qui n'a pas achevé de se développer, mais l'absence de toute déformation le rendait intéressant et même désirable. Regardant plus haut, Hewet examina la tête. Rachel avait ôté son chapeau et soutenait d'une main son visage. Pendant qu'elle baissait les yeux vers la mer, ses lèvres s'entrouvraient légèrement. L'expression était celle d'une attente puérile, comme si elle guettait le passage d'un poisson par-dessus les rochers rouges, sous l'eau. Ses vingt-quatre ans d'existence lui avaient toutefois conféré un certain air de réserve. Sa main, qui s'appuyait sur le sol, les doigts un peu incurvés, était bien modelée et dénotait l'adresse; les doigts nerveux, aux extrémités carrées, étaient ceux d'une musicienne. Avec une sensation voisine de l'angoisse, Hewet se rendit compte que, loin de manquer de séduction, ce corps lui semblait très attrayant. Elle leva brusquement sur lui des yeux vifs et pleins de curiosité.

« Vous écrivez des romans ? »

Il répondit sans savoir ce qu'il disait, envahi par le désir de la prendre dans ses bras.

« Oh ! oui... C'est-à-dire que je me propose d'en écrire. »

Elle tenait ses grands yeux gris obstinément fixés sur son visage.

« Des romans, répéta-t-elle. Pourquoi écrivez-vous des romans ? Vous devriez composer de la musique. La musique, voyez-vous – elle détourna le regard et devint moins désirable à cause de l'effort cérébral qui altérait légèrement ses traits – la musique va tout droit vers les choses. Elle dit d'un seul coup tout ce qu'il y a à dire. Dans la littérature, il me semble qu'il y a tant de... elle chercha l'expression en frottant le sol de ses doigts... tant de frottage sur la boîte d'allumettes. Presque tout le temps, en lisant Gibbon cet après-midi, je l'ai trouvé d'un ennui épouvantable, oh ! d'un ennui mortel, infernal. »

Elle partit d'un éclat de rire en regardant Hewet qui se mit à rire aussi.

« Ce n'est pas moi qui vous prêterais des livres ! dit-il.

– Comment se fait-il, reprit Rachel, que je puisse rire de Mr. Hirst avec vous, mais pas devant lui ? Pendant le goûter, je me sentais absolument accablée, pas par sa laideur, mais par sa mentalité. »

Elle forma un cercle avec ses mains autour d'une portion d'air. Elle constatait avec un réel soulagement combien il lui était facile de parler avec Hewet, une fois abolies ces épines ou ces arêtes en dents de scie contre lesquelles se déchire souvent la surface des rapports entre les humains.

« Je l'avais remarqué, dit Hewet. Il y a une chose qui ne manque jamais de m'intriguer... »

Il s'était ressaisi au point de pouvoir allumer une cigarette et, voyant Rachel très à l'aise, il se sentit heureux et léger à son tour.

« C'est le respect que les femmes, même des femmes très évoluées, très capables, gardent envers les hommes. Je crois que nous avons à vos yeux cette sorte de prestige qui, dit-on, nous fait obéir des chevaux. Ceux-ci nous voient trois fois plus grands que nature, sans quoi ils ne nous obéiraient pas. Voilà la raison qui me fait douter de vous voir arriver à quoi que ce soit, même si vous obtenez le droit de vote. »

Il la regarda d'un air méditatif. Elle lui parut très douce, très sensitive, très jeune.

« Il faudra au moins six générations avant que vous ayez la peau assez épaisse pour affronter les tribunaux et les cabinets d'affaires. Réfléchissez à l'énergumène qu'est un homme ordinaire, poursuivait-il, un avocat ou un commerçant quelconque, tant soit peu ambitieux, surchargé de besogne, avec des enfants à élever, certaine façade à garder. Les filles dans ces conditions passent naturellement après les fils. Les fils doivent être éduqués, ils auront, eux aussi, à se débattre pour leurs femmes et leurs enfants. Ainsi tout recommence. Et pendant ce temps, à l'arrière-plan, il y a les femmes... Croyez-vous vraiment que le droit de vote vous sera utile ?

– Le droit de vote ? répéta Rachel. Il lui fallut, pour comprendre, imaginer d'abord un petit morceau de papier qu'elle jetait dans une boîte. Ils se regardèrent et sourirent tous deux à quelque chose qui leur parut absurde dans la question.

– Pas à moi, dit-elle. Mais, moi, je joue du piano... » Puis revenant à ce qui l'intéressait, elle demanda : « Est-ce que les hommes sont vraiment comme ça ? Moi, je n'ai pas peur de vous. »

Elle le regarda délibérément.

« Oh ! moi, ce n'est pas la même chose, répliqua Hewet. Je dispose de six à sept cents livres par an. Et puis, grâce au Ciel, on ne prend jamais au sérieux un romancier. Il y a évidemment une certaine compensation aux corvées du métier dans le fait que les gens vous prennent tout à fait au sérieux, qu'on touche des appointements, qu'on possède un bureau et un titre, avec plusieurs initiales à la suite de son nom, et des bouts de ruban et des diplômes. Je ne reproche à personne ces choses-là, bien que parfois cela me dépasse : quelle étrange cuisine ! Quel miracle réalisé grâce à la conception masculine de l'existence : juges, administrateurs, armée, marine, parlements, municipalités – quel monde nous avons créé là ! Voyez Hirst, par exemple : depuis que nous sommes là, il ne s'est pas passé un seul jour sans qu'on ait soulevé la question : doit-il rester à Cambridge ou s'inscrire au barreau ? Il s'agit de sa carrière, et sa carrière est sacrée. S'il m'a fallu entendre cela vingt fois, sa mère et sa sœur doivent l'avoir entendu cinq cents fois au moins. Vous représentez-vous ces conclaves de famille, où l'on dit à la sœur d'aller porter à manger aux lapins pour laisser la salle d'études à Saint-John ? « Saint-John « travaille. Saint-John réclame son thé. » Vous ne connaissez pas ces choses-là ? Quoi d'étonnant si Saint-John attribue à cela la plus haute importance. Il a raison, d'ailleurs; il faut qu'il gagne sa vie. Seulement la sœur de Saint-John... (il s'interrompit pour tirer une bouffée de sa cigarette), personne ne la prend au sérieux, la pauvre chérie. Elle porte à manger aux lapins.

– Oui, dit Rachel, j'ai porté à manger aux lapins pendant vingt-quatre ans. Cela semble drôle maintenant. »

Elle paraissait réfléchir et Hewet, qui avait discouru au hasard, adoptant instinctivement le point de vue féminin, devina qu'elle s'apprêtait à parler d'elle-même, ce qu'il souhaitait, car ainsi ils pouvaient arriver à se connaître. Pensive, elle considérait son existence d'autrefois.

« A quoi passiez-vous votre temps ? » demanda-t-il.

Elle poursuivait sa méditation. Ses journées lui apparaissaient coupées en quatre morceaux par les repas. Ces divisions étaient d'une rigueur absolue et le contenu de la journée devait se loger tant bien que mal entre ces quatre barres rigides. C'était cela qu'elle voyait en se tournant vers le passé.

« Neuf heures, petit déjeuner; une heure, grand déjeuner; cinq heures, thé; huit heures, dîner, répondit-elle.

– Bon, dit Hewet, que faisiez-vous dans la matinée ?

– Je passais des heures à jouer du piano.

– Et l'après-midi ?

– Je faisais des courses avec l'une de mes tantes. Il y avait toujours une chose ou l'autre qu'il fallait arranger, des robinets qui fuyaient, par exemple. Mes tantes s'occupent beaucoup des pauvres, des vieilles femmes de ménage qui ont mal aux jambes, des femmes qui demandent à être hospitalisées... Ou bien je me promenais toute seule dans le parc. Après le thé il venait parfois des visites. En été on s'asseyait au jardin ou bien on jouait au croquet. En hiver, je lisais à haute voix pendant qu'elles travaillaient. Après le dîner, je jouais du piano et elles écrivaient des lettres. Quand mon père était là, nous recevions des amis à dîner et une fois par mois, à peu près, nous allions au théâtre. De temps en temps, nous dînions dehors. Quelquefois j'étais invitée à une soirée dansante, à Londres, mais ce n'était pas commode à cause du retour. Les gens que nous fréquentions étaient de vieux amis de la famille, ou des parents, mais ils n'étaient pas nombreux. Il y avait le pasteur, Mr. Pepper et les Hunt. Mon père préférait en général rester tranquille quand il séjournait à la maison; son travail à Hull est très fatigant. Et puis mes tantes n'ont pas une très bonne santé; une maison, cela prend beaucoup de temps quand on veut l'entretenir comme il faut. Nos domestiques ne valaient jamais rien et tante Lucy devait s'occuper beaucoup de la cuisine. Quant à tante Clara, je crois qu'elle passait une bonne partie de la matinée à épousseter le salon, à vérifier le linge et l'argenterie. Et puis il y avait les chiens. Il fallait leur faire prendre de l'exercice, en plus du lavage et du brossage. Maintenant Sandy est mort, mais tante Clara a un vieux cacatoès qui vient des Indes. Chaque chose, dans notre maison, s'écria-t-elle, vient de quelque part ! C'est plein de vieux meubles, pas très anciens, de l'époque victorienne, qui existaient dans la famille de ma mère ou dans celle de mon père et dont on n'a pas voulu se séparer, je suppose, quoique nous n'ayons vraiment pas de place chez nous pour les loger. La maison est assez agréable, continua-t-elle, sauf qu'elle est un peu sombre, terne plutôt. »

Elle revoyait leur salon : une grande pièce oblongue avec une fenêtre carrée donnant sur le jardin. Des fauteuils de peluche verte rangés contre le mur. Une bibliothèque vitrée, massive, en bois sculpté; un effet général de housses de canapé défraîchies, de larges espaces vert pâle, de corbeilles qui laissaient échapper des ouvrages au tricot. Aux murs étaient pendues des reproductions photographiques de tableaux de maîtres italiens, ainsi que des vues de ponts à Venise ou de cascades en Suède que quelqu'un de la famille avait contemplés jadis. Il y avait aussi des portraits de pères ou de grands-mères et une gravure représentant John Stuart Mill, d'après son portrait par Watts. C'était une pièce sans aucun caractère déterminé, ni typiquement et franchement hideuse, ni laborieusement artistique, ni réellement confortable. Rachel, s'arrachant à ce tableau familial, leva les yeux et dit :

« Mais ceci n'a pas beaucoup d'intérêt pour vous.

– Grand Dieu ! s'écria Hewet, rien ne m'a paru aussi intéressant de ma vie ! »

Elle se rendit compte alors que pendant qu'elle parlait de Richmond il ne l'avait pas quittée des yeux. Cette constatation la stimula.

« Continuez, continuez, je vous prie, insistait-il. Imaginons que ce soit un mercredi. Vous êtes en train de déjeuner. Vous êtes assise là, tante Lucy là et tante Clara ici. »

Il disposa trois cailloux sur le sol, dans l'espace qui les séparait.

« Tante Clara découpe une épaule de mouton, reprit Rachel, les yeux fixés sur les cailloux. J'ai devant moi un objet très laid, en porcelaine jaune, qu'on appelle un « serviteur muet » qui supporte trois plats, un pour les biscuits, un pour le beurre, un pour le fromage. Il y a une fougère en pot. Puis il y a Blanche, la femme de chambre qui renifle à cause de son nez. Nous parlons... Ah ! tiens, c'est le jour où tante Lucy passe l'après-midi à Walworth, alors le déjeuner est vite expédié. Elle s'en va. Elle a un sac violet et un carnet de notes noir. Tante Clara a, le mercredi, ce qu'elles appellent une réunion de G.F.S. au salon; alors je m'en vais promener les chiens. Je monte Richmond Hill, je suis la terrasse et j'arrive au parc. C'est le 18 avril, le même jour qu'ici. En Angleterre, c'est le printemps. Le sol est un peu humide. Cela ne fait rien, je traverse l'allée et nous marchons dans l'herbe et je chante comme toujours quand je suis seule; nous arrivons à l'espace libre d'où, par temps clair, on découvre tout Londres à ses pieds. Là, le clocher de l'église de Hampstead; là-bas, la cathédrale de Westminster; ici environ, des cheminées d'usines. En général les parties basses de la ville sont voilées, mais au-dessus du parc, c'est souvent tout bleu quand Londres est dans la brume. Il y a là un grand pan de ciel où passent les ballons qui vont à Hurlingham. Ils sont d'un jaune pâle. Il y a une bonne odeur, surtout quand par hasard on est en train de brûler du bois dans la loge du gardien qui est là. Je saurais encore vous dire le chemin qu'il faut prendre pour aller de tel à tel endroit, et quels arbres exactement vous rencontreriez, et où il faudrait que vous traversiez les avenues. C'est là que je jouais, vous savez, quand j'étais petite. Au printemps, c'est bien; mais c'est en automne que c'est le plus beau, lorsque les cerfs brament. Puis le jour commence à baisser et je m'en retourne par les rues, et on ne distingue plus bien les gens; ils passent très vite. On aperçoit un visage et il disparaît aussitôt – c'est ce qui me plaît – et personne ne s'occupe le moins du monde de ce que vous faites... »

Hewet la retint :

« Mais il faut que vous soyez rentrée pour le thé, je suppose?

– Le thé? Ah! oui. A cinq heures. Alors je raconte ce que j'ai fait, mes tantes racontent ce qu'elles ont fait, ou bien il arrive une visite, mettons que ce soit Mrs. Hunt. C'est une vieille dame qui boite. Elle a, ou elle a eu, huit enfants. Alors on lui pose des questions sur eux. Ils sont répandus dans le monde entier, et on lui demande où ils se trouvent. Quelquefois ils sont malades, ou en garnison dans une zone de choléra, ou dans une région où il pleut une fois tous les cinq mois. Mrs Hunt, ajouta Rachel avec un sourire, avait un fils qu'un ours a étouffé dans son étreinte. »

Ici elle s'arrêta et regarda Hewet pour voir s'il était amusé par les mêmes détails qu'elle. Elle fut rassurée. Cependant, elle crut bon de s'excuser à nouveau d'avoir trop parlé.

« Vous ne pouvez vous imaginer à quel point cela m'intéresse », protesta-t-il.

En effet, il avait laissé éteindre sa cigarette et dut en allumer une autre. Elle demanda :

« Pourquoi cela vous intéresse-t-il ?

– D'abord parce que vous êtes une femme. »

Dès qu'il eut prononcé ces mots, Rachel qui jusque-là avait tout oublié pour retourner au stade des curiosités et des jouissances enfantines, perdit toute sa liberté et reprit conscience de sa propre personne. Elle se sentit à la fois singulière et soumise à un examen, comme elle l'était en face de Saint-John Hirst. Elle était sur le point d'entamer une discussion qui les eût dressés l'un contre l'autre et de définir les sensations qui n'avaient pas toute l'importance que les mots auraient pu leur prêter, quand Hewet orienta ses pensées dans une nouvelle direction.

« Il m'est souvent arrivé d'errer par les rues où les gens vivent en rang, où chaque maison est exactement pareille aux autres, et de me demander ce que les femmes pouvaient bien faire là-dedans. Réfléchissez un peu : nous sommes au début du XXe siècle et jusqu'à il y a quelques années une femme ne sortait jamais seule, ne disait jamais rien. Cela se déroulait là, à l'arrière-plan, depuis tous ces milliers d'années – cette curieuse existence muette dont rien ne témoignait au-dehors. Nous multiplions, il est vrai, nos écrits sur les femmes, pour les invectiver, les railler, ou les adorer; mais cela n'est jamais venu des femmes elles-mêmes. Je crois que nous ignorons encore tout de la façon dont elles vivent, de ce qu'elles ressentent, de ce qu'elles font au juste. Quand on est homme, les seules confidences qu'on reçoive sont celles des jeunes femmes sur leurs aventures amoureuses. Mais les existences des femmes de quarante ans, des femmes non mariées, des femmes qui travaillent, qui tiennent des commerces ou qui élèvent des enfants, des femmes comme vos tantes ou Mrs. Thornbury ou Miss Allan, de celles-là on ne sait absolument rien. Elles ne nous le racontent pas, soit qu'elles se méfient, soit qu'elles aient leur façon particulière de traiter les hommes. Ce qui se manifeste, vous comprenez, correspond toujours à une conception masculine des choses. Pensez à un train : quinze wagons pour les hommes qui veulent fumer! N'est-ce pas à vous mettre le sang en ébullition? Si j'étais une femme, je brûlerais la cervelle à quelqu'un. Vous devez rire de nous bien souvent, n'est-ce pas? Vous devez voir dans tout cela une énorme mystification? Vous personnellement, je veux dire – qu'en pensez-vous? »

Sa volonté de savoir prêtait un sens à leur conversation, mais elle embarrassait Rachel. Il insistait de façon toujours plus pressante, si bien que la chose prenait une importance exagérée. Elle ne répondit pas avant quelques minutes et continua pendant ce temps de monter et de redescendre le cours de ses vingt-quatre années, s'arrêtant tantôt à un point, tantôt à un autre – ses tantes, sa mère, son père; finalement, c'est sur ses tantes et sur son père que sa pensée se fixa et elle tenta de les décrire, tels qu'ils lui apparaissaient, vus à cette distance.

Ses tantes craignaient beaucoup son père. Il représentait dans la maison la grande force obscure dont l'intervention les rattachait au vaste monde qui, chaque matin, se manifeste dans le *Times*. Mais l'existence réelle de la maison, c'était quelque chose de tout à fait différent. Elle se poursuivait indépendamment de Mr. Vinrace et essayait de se dissimuler en sa présence. Il les traitait avec bonne humeur, mais aussi avec un certain mépris. Rachel n'avait jamais douté que cet ordre de choses fût juste et fondé sur une échelle idéale des valeurs, selon laquelle l'existence de telle personne est, dans l'absolu, plus importante que celle de telle autre, en l'espèce que ses tantes et elle-même comptaient pour beaucoup moins que son père. Mais en était-elle bien persuadée? Les paroles de Hewet lui donnaient à réfléchir. Elle obéissait toujours à son père, comme ses tantes elles-mêmes, mais c'étaient ses tantes qui, au fond, exerçaient une influence sur elle, ses tantes qui créaient la trame aux fils ténus mais serrés de l'existence familiale. Elles avaient moins d'éclat et plus de naturel que son père. Or, toutes ses rancunes étaient dirigées contre elles; c'était leur monde à elles avec ses quatre repas, sa ponctualité, ses servantes nettoyant l'escalier à dix heures et demie, qu'elle passait si soigneusement en revue et qu'elle désirait si violemment pulvériser. Tout en poursuivant ces réflexions, elle leva les yeux et dit :

« Il y a même une certaine beauté là-dedans. En ce moment-ci, elles sont là-bas, à Richmond, en train d'organiser quelque chose. Elles se trompent peut-être, mais il y a là-dedans une certaine beauté, répéta-t-elle. C'est si inconscient, si modeste. Pourtant elles ne manquent pas de sensibilité, cela leur fait vraiment de la peine quand quelqu'un meurt. Les vieilles filles font toujours quelque chose. Je ne sais pas au juste ce qu'elles font, mais j'ai toujours eu cette impression en vivant avec elles. C'était très réel. »

Elle évoqua leurs petites expéditions à Walworth, aller et retour, chez les femmes de ménage qui ont mal aux jambes, à des réunions pour des œuvres quelconques, leurs menus actes de charité et d'abnégation, fleurissant ponctuellement sur la notion précise de ce qu'il fallait faire; leurs amitiés, leurs goûts et leurs habitudes; elle se représentait tout cela comme des grains de sable qui tombent, qui tombent pendant un nombre incalculable de jours pour créer une ambiance, une masse solide, un fond de décor. Hewet l'observait tandis qu'elle contemplait cela.

« Etiez-vous heureuse ? » demanda-t-il.

Encore une fois, absorbée par tout autre chose, elle reprit brusquement conscience de sa propre personne avec une intensité inaccoutumée.

« L'un et l'autre, répondit-elle, heureuse et malheureuse. Vous n'avez aucune idée de ce que c'est, quand on est jeune fille. »

Elle le regarda droit dans les yeux.

« On a des terreurs, on se tourmente... »

Elle le surveillait comme pour détecter le plus léger soupçon de rire de sa part. Il répondit à ce regard en toute sincérité :

« Je l'imagine.

– Des femmes qu'on voit dans la rue, dit-elle.

– Les prostituées ?

– Des hommes qui vous embrassent. »

Il hocha la tête.

« Des choses qu'on devine.

– On ne vous a jamais expliqué ? »

Elle secoua la tête.

« Et puis... » commença-t-elle pour s'arrêter aussitôt, car elle se trouvait maintenant devant une vaste zone de son existence où personne n'avait jamais pénétré. Tout ce qu'elle venait de raconter sur son père, sur ses tantes, sur les promenades dans Richmond Park, sur toutes leurs occupations d'heure en heure, n'était qu'une surface. Hewet attendait. Exigeait-il qu'elle lui décrivît même cela ? Pourquoi se tenait-il si près d'elle sans la quitter des yeux ? Pourquoi n'arrêtaient-ils pas ces investigations torturantes ? Pourquoi ne s'embrassaient-ils pas tout simplement ? Elle avait envie de l'embrasser. Au lieu de cela, elle ne cessait de dévider le fil des paroles.

« Une fille est plus seule qu'un garçon. Personne ne se soucie de ce qu'elle fait. Personne n'attend rien d'elle. A moins qu'elle ne soit très jolie, on n'écoute pas ce qu'elle dit... Et c'est ce que j'aime, ajouta-t-elle avec énergie, comme si le souvenir lui en fût agréable. J'aime à me promener dans Richmond Park et chanter pour moi seule et savoir que tout le monde s'en fiche. J'aime regarder ce qui se passe, comme le soir où nous vous regardions sans que vous nous voyiez. J'aime la liberté de tout cela, c'est comme si on était le vent ou la mer. »

Elle se détourna avec un curieux geste d'envol et regarda la mer. Celle-ci était encore très bleue et s'en allait à perte de vue en dansant, mais la lumière, au-dessus, se faisait plus jaune et les nuages se coloraient de rouge flamant.

En l'écoutant, Hewet avait éprouvé une impression de profond découragement. Il paraissait évident qu'elle ne s'attacherait jamais à une personne plutôt qu'à une autre. Envers lui, elle n'avait manifestement que de l'indifférence. Ils s'étaient, semblait-il, beaucoup rapprochés d'abord pour se retrouver ensuite aussi éloignés que jamais l'un de l'autre. Le geste qu'elle venait de faire en se détournant avait eu une étrange beauté.

« C'est absurde, fit-il d'un ton bref, vous aimez les gens. Vous aimez qu'on vous admire. Si vous en voulez à Hirst, c'est au fond parce qu'il ne vous admire pas. »

Elle ne répondit qu'après un moment de silence.

« C'est probablement vrai. Bien sûr, j'aime les gens. J'aime à peu près tous ceux que j'ai pu rencontrer jusqu'ici. »

Elle tourna le dos à la mer et dirigea sur Hewet un regard amical, bien que critique. Il avait bon aspect, comme quelqu'un qui a toujours eu suffisamment de bœuf à manger et d'air pur à respirer. Il avait une grande tête, de grands yeux, vagues d'une façon générale, mais capables de prendre parfois une expression de force; ses lèvres étaient sensitives. On pouvait le définir comme un homme très passionné, énergique par accès, susceptible de céder à des changements d'humeur sans beaucoup de rapport avec les faits; tolérant et très exigeant à la fois. L'ampleur de son front témoignait de ses facultés intellectuelles. L'intérêt avec lequel elle l'observait se fit sentir dans la voix de Rachel quand elle demanda :

« Quels romans écrivez-vous ?

– Je veux écrire un roman sur le Silence, dit-il, sur les choses que les gens ne disent pas. Mais c'est d'une difficulté énorme. » Il soupira. « Peu vous importe, du reste, reprit-il en la regardant d'un œil presque sévère. A qui cela importe-t-il ? On ne lit un roman que pour savoir à quelle espèce de gens appartient l'auteur, ou bien, si on le connaît déjà, pour voir lesquels de ses amis il a fait figurer là-dedans. Quant au roman proprement dit, à sa conception générale, à la façon dont l'auteur a vu, a senti son sujet, l'a présenté dans ses rapports avec le reste – entre un million d'individus, pas un n'en a le moindre souci. Et pourtant, je me demande parfois s'il existe au monde quelque chose d'autre qui vaille la peine de s'y appliquer. Ces gens-là – il indiqua l'hôtel – convoitent toujours des choses qu'ils ne peuvent obtenir. Mais dans le fait d'écrire, ou seulement d'essayer d'écrire, il y a une satisfaction extraordinaire. Ce que vous venez de dire est exact : on ne souhaite pas être une chose, on veut seulement être admis à la voir. »

Un peu de cette satisfaction dont il parlait se montra sur son visage, tandis qu'il regardait au loin, vers la mer.

C'était le tour de Rachel de se sentir découragée. En parlant de l'art d'écrire, il était subitement devenu très distant. Il n'allait peut-être jamais s'attacher à personne. Tout ce désir de la connaître, de l'atteindre, dont il l'avait talonnée avec une insistance presque pénible, avait complètement disparu. Elle demanda :

« Vous êtes un bon écrivain ?

– Oui, dit-il. Pas de premier ordre, bien sûr. Je

suis un bon écrivain de second ordre. A peu près de la valeur de Thackeray, je pense. »

Rachel en demeura confondue. D'une part, elle s'étonnait d'entendre traiter Thackeray d'écrivain de second ordre; et d'autre part, elle était incapable d'élargir ses conceptions jusqu'à admettre qu'à l'heure présente, il pût exister de grands écrivains ou, en tout cas, que quelqu'un parmi ses connaissances pût être un grand écrivain. Une telle confiance dans sa propre valeur la stupéfiait de la part de Hewet. Il lui paraissait de plus en plus lointain.

« Dans mon autre roman, poursuivit-il, il s'agit d'un jeune homme obsédé par une idée : il veut être un gentleman. Il s'arrange pour vivre à Cambridge avec cent livres par an. Il possède un veston qui était très bon autrefois. Mais le pantalon laisse à désirer. Puis il va à Londres et pénètre dans la bonne société grâce à une aventure matinale sur les bords de la Serpentine. Peu à peu, il est entraîné à dire des mensonges – mon projet, voyez-vous, consiste à montrer la corruption progressive de l'âme; il se fait passer pour le fils d'un grand propriétaire terrien du Devonshire. Entre-temps, son veston s'use de plus en plus et son pantalon, c'est à peine s'il ose le porter. Vous imaginez le malheureux qui contemple ses habits après une magnifique soirée de débauche, qui les suspend au pied de son lit, qui les tourne et les retourne, tantôt en pleine lumière, tantôt dans l'ombre, se demandant s'ils vont lui survivre ou bien le contraire? Il commence à avoir des idées de suicide. Il a un ami qui, de son côté, végète comme il peut en vendant des petits oiseaux qu'il prend au piège dans les champs, aux environs d'Uxbridge. Ces deux hommes sont des érudits. J'en connais quelques-uns, de ces pauvres types faméliques qui vous citent Aristote, attablés devant un hareng frit et une pinte de bière. Il faut, d'autre part, que je m'étende assez longuement sur la vie mondaine, afin de montrer mon héros dans diverses circonstances. Lady Théo Bingham Bingley, dont il a eu la bonne fortune d'arrêter la jument baie, est la fille d'un pair, vieux tory très distingué. Je vais décrire le genre de soirées que j'ai fréquentées autrefois – les intellectuels mondains, vous savez, ceux qui aiment avoir sur leur table le dernier livre paru. Ils donnent des réceptions, des réceptions sur l'eau, des réceptions où l'on joue aux petits jeux. Il n'est pas difficile d'inventer des péripéties. La difficulté, c'est de les ordonner, d'éviter qu'elles ne vous entraînent trop loin, comme c'est arrivé à la pauvre Lady Théo. La fin, pour elle, sera désastreuse, car le livre, dans mon esprit, s'achève dans la respectabilité la plus absolue et la plus sordide. Désavouée par son père, elle épouse mon héros et ils s'installent dans une gentille petite villa de Croydon, où il s'établit comme agent de location. En fin de compte il n'a pas réussi à devenir un vrai gentleman. C'est ce qu'il y a d'intéressant là-dedans. Croyez-vous qu'un livre de ce genre vous plairait? demanda Hewet; puis il reprit sans attendre la réponse : A moins que vous ne préfériez ma tragédie du temps des Stuart. A mon sens, il y a, dans le passé, une certaine qualité de beauté que le roman historique détruit complètement d'ordinaire par d'absurdes conventions. La lune y devient Régente des Cieux, les gens éperonnent leurs chevaux et ainsi de suite. Je traiterai mes personnages comme s'ils étaient exactement pareils à nous. L'avantage, c'est que, n'étant pas engagés dans nos circonstances modernes, ils peuvent être rendus plus expressifs, plus abstraits que ceux qui vivent comme nous. »

Rachel avait écouté tout cela avec attention, mais non sans en être passablement déroutée. Chacun d'eux méditait pour son propre compte.

« Je ne suis pas comme Hirst, dit Hewet après un silence. Il paraissait réfléchir. Je ne vois pas de cercles à la craie autour des pieds des gens. Je le regrette parfois. Tout cela m'a l'air si effroyablement compliqué et confus ! On ne peut plus prendre la moindre décision. On devient de moins en moins capable de porter un jugement. Vous n'avez pas cette impression ? Et puis on ne sait jamais ce que l'on ressent. Nous marchons tous dans le noir. Nous cherchons à nous rendre compte, mais peut-on imaginer quelque chose de plus grotesque que l'opinion d'une personne sur une autre personne ? On se figure connaître, mais en réalité on ne connaît pas. »

Il parlait appuyé sur son coude, déplaçant et replaçant les cailloux qui représentaient Rachel et ses tantes à leur déjeuner. Il s'adressait à lui-même tout autant qu'à Rachel. Il raisonnait pour contrecarrer le désir qui lui revenait, intense, de la prendre dans ses bras, d'en finir avec les allusions indirectes, d'expliquer exactement ce qu'il ressentait. Ses paroles allaient à l'encontre de sa conviction : tout ce qu'il y avait d'important chez Rachel, il le connaissait, il le sentait dans l'air qui les environnait. Mais il n'en disait rien; il continuait à ranger les cailloux.

« Vous me plaisez. Est-ce que je vous plais ? dit Rachel tout à coup.

– Vous me plaisez énormément », répondit Hewet avec l'accent de délivrance de quelqu'un à qui l'on offre l'occasion inattendue d'exprimer ce qu'il avait envie de dire. Il cessa de déplacer les cailloux.

– Ne pourrions-nous pas nous appeler Rachel et Terence ? demanda-t-il.

– Terence, répéta Rachel. Terence, c'est comme un cri de hibou. »

Transportée d'une brusque allégresse, elle leva sur Terence des yeux dilatés de plaisir et fut frappée aussitôt par le changement qui s'était opéré dans le ciel derrière eux. Le jour, d'un bleu substantiel, avait pris une teinte plus pâle, plus éthérée : les nuages étaient roses, très lointains, pressés les uns contre les autres. La paix du soir avait remplacé la chaude après-midi méridionale du début de leur promenade.

« Il doit être tard ! » s'écria-t-elle.

Il était près de huit heures.

Mais ici, cela n'a pas d'importance qu'il soit huit heures, n'est-ce pas ? demanda Terence tandis qu'ils se levaient et se dirigeaient vers l'intérieur du pays. Ils descendirent d'un bon pas la petite sente entre les oliviers.

Ils avaient le sentiment d'une intimité accrue du fait de savoir, tous les deux, ce qui se passait à huit heures à Richmond. Terence précédait Rachel, l'étroitesse du chemin les empêchant de marcher côte à côte.

« Ce que je veux atteindre en écrivant des romans se rapproche beaucoup, il me semble, de ce que vous voulez atteindre quand vous jouez du piano, commença-t-il, lui parlant par-dessus son épaule. Nous tâchons de saisir ce qui existe derrière les choses, n'est-ce pas ? Voyez ces lumières en bas, reprit-il, jetées là n'importe comment... Je cherche à les coordonner... Avez-vous déjà vu des feux d'artifice qui forment des figures?... Je veux faire des figures... Est-ce cela que vous cherchez aussi? »

Ils étaient maintenant sur la route et pouvaient avancer de front.

« Quand je joue du piano? La musique, c'est autre chose... Mais je vois ce que vous voulez dire. »

Chacun essayait d'inventer une théorie et de la faire concorder avec celle de l'autre. Hewet n'étant pas musicien, Rachel prit sa canne et se mit à tracer des signes dans la fine poussière blanche pour montrer comment Bach composait ses fugues.

Comme ils se remettaient en route après une de ces démonstrations, Hewet expliqua :

« Mes dispositions musicales ont été annihilées par un organiste de village, chez nous : il avait inventé un système de notation et se mit en tête de me l'enseigner, avec ce résultat que je n'ai jamais pu aborder l'exécution d'un morceau. Ma mère était d'avis que la musique, pour les garçons, cela manque de virilité. Elle voulait me voir tuer des rats et des oiseaux – c'est ce qu'il y a de plus assommant dans la vie à la campagne. Nous habitons le Devonshire. C'est le plus beau pays du monde, seulement on ne se sent jamais bien à la maison quand on n'est plus un enfant. J'aimerais que vous connaissiez une de mes sœurs... Oh! voici votre porte... »

Il poussa celle-ci. Ils restèrent un instant immobiles. Elle était incapable de le prier d'entrer, incapable de dire qu'elle espérait le revoir. Il n'y avait rien qui pût être dit. Sans un mot, elle franchit la porte et, très vite, devint invisible. Dès qu'il ne la vit plus, Hewet fut repris par son malaise de naguère, qui n'avait fait que s'accentuer. Leur entretien venait d'être interrompu au beau milieu, juste au moment où il commençait à formuler ce qu'il voulait exprimer. Qu'étaient-ils parvenus à se dire, après tout ? Il passa en revue leurs propos, décousus, inutiles, tournant sur eux-mêmes, qui leur avaient pris tout leur temps et les avaient si étroitement rapprochés, pour les rejeter ensuite si loin l'un de l'autre et le laisser, lui, insatisfait à la fin, ignorant toujours ce qu'elle sentait, comment elle était. Parler, parler, rien que parler, à quoi cela servait-il ?

CHAPITRE XVII

La saison battait son plein; les bateaux venant d'Angleterre déposaient chaque fois sur la côte de Santa Marina des voyageurs qui montaient vers l'hôtel. L'existence de la villa des Ambrose, où l'on pouvait se réfugier momentanément, loin de l'atmosphère quelque peu inhumaine de l'hôtel, devenait une source de plaisir sans mélange, non seulement pour Hirst et Hewet, mais aussi pour les Elliot, les Thornbury, les Flushing, Miss Allan, Evelyn M. et d'autres encore, à l'identité si peu marquée que les Ambrose ne s'aperçurent jamais qu'ils portaient des noms. Peu à peu, une sorte de correspondance s'établit entre les deux maisons, la grande et la petite, de sorte que la plupart du temps chacune d'elles pouvait se représenter ce qui se passait dans l'autre et qu'en disant « la villa » ou « l'hôtel » on évoquait deux systèmes d'existence bien séparés. De simples relations paraissaient devoir se changer en amitiés : le lien unique qui partait du salon de Mrs. Parry n'avait pas manqué de se diviser en une quantité d'autres attaches aboutissant à diverses régions de l'Angleterre. Certaines de ces alliances avouaient franchement leur fragilité, d'autres prenaient un caractère excessif, pathétique, faute de s'appuyer sur la solide routine des usages anglais. Un soir où la lune se montrait, ronde entre les arbres, Evelyn M. conta l'histoire de sa vie à Helen, lui réclamant en retour une éternelle amitié. Une autre fois, à la suite d'un simple soupir, d'un silence ou d'une parole inconsidérée, la pauvre Mrs. Elliot quitta la villa tout en larmes, jurant de ne plus jamais revoir la femme dédaigneuse et sans cœur qui l'avait insultée; et, de fait, elles ne se revirent plus jamais. Cela ne valait pas la peine, sans doute, de renouer une amitié aussi superficielle.

Pendant cette période, Hewet aurait, certes, pu trouver dans la villa une matière excellente pour certains chapitres de son roman : *Le Silence, ou Les Choses qu'on ne dit pas*. Helen et Rachel étaient devenues très silencieuses. Croyant avoir surpris un secret et pensant que Rachel préférait le garder pour soi, Mrs. Ambrose prenait soin de le respecter. Mais par cette attitude elle mettait sans le vouloir, entre elle et sa nièce, une distance qui ne faisait que s'accroître. Au lieu d'échanger leurs impressions sur toute chose, de bondir sur une idée sans se demander où elle allait les mener, elles se bornaient à parler de leurs connaissances et le secret qui les séparait se faisait sentir jusque dans leurs propos sur les Thornbury ou les Elliot. Toujours calme et sans passion dans ses jugements, Mrs. Ambrose penchait nettement désormais vers le pessimisme. Elle montrait moins de sévérité à l'égard des individus que de doute quant à la bonté du destin et aux résultats à longue échéance; elle insistait sur le fait que le sort est, en général, hostile aux gens en proportion de leurs mérites. Et cette théorie même, elle était prête à la rejeter au profit d'une autre, selon laquelle le chaos triomphait, les événements se produisaient sans raison aucune et l'homme ne pouvait que marcher à tâtons dans l'illusion et dans l'ignorance. Elle prenait un certain plaisir à développer ces vues devant sa nièce, citant comme exemple à l'appui les nouvelles qu'elle recevait de chez elle : celles-ci étaient bonnes, mais auraient pu tout aussi bien être mauvaises. Pouvait-elle savoir si à ce moment même ses enfants n'étaient pas morts, écrasés par un autobus ? – Il y a bien quelqu'un à qui cela arrive. Pourquoi ne serait-ce pas moi ? arguait-elle tandis que son visage prenait une expression stoïque de deuil anticipé. Ces dispositions, si sincères qu'elles fussent, n'en n'étaient pas moins une conséquence certaine du déséquilibre qui se manifestait chez Rachel. Son esprit subissait tant de fluctuations, il passait si vite de la joie au désespoir qu'il paraissait nécessaire de lui opposer une conception stable; or de telles conceptions, de par leur stabilité même, prennent un tour mélancolique. Peut-être Mrs. Ambrose se disait-elle qu'en orientant leurs entretiens dans ce sens elle parviendrait à découvrir ce que sa nièce pensait de son côté; mais ce n'était pas chose facile, car celle-ci se ralliait parfois aux idées les plus sombres, tandis qu'à d'autres moments elle ne voulait rien entendre et repoussait toutes les théories de Helen avec des rires, des propos en l'air, des sarcasmes mordants, ou même des accès de colère féroce devant ce qu'elle appelait « ces croassements de corbeau dans la boue ».

« C'est bien assez dur sans cela, déclara-t-elle un jour.

– Qu'est-ce qui est dur ? demanda Helen.

– La vie. »

Après cela, toutes deux se réfugièrent dans le silence. Il ne restait plus à Helen que de chercher à comprendre pourquoi la vie était dure et pourquoi, une heure plus tard, elle pouvait devenir si merveilleuse, si éblouissante que la vue seule des yeux de Rachel contemplant ce spectacle réjouissait les témoins. Fidèle à ses principes, Helen s'abstenait d'intervenir malgré les nombreux moments de détente, de dépression dont quelqu'un de moins scrupuleux aurait aisément profité pour pousser jusqu'au bout et savoir ce qu'il en était. Rachel elle-même regrettait peut-être que sa tante n'en décidât pas ainsi. Toutes ces sautes d'humeur se confondaient en un seul mouvement général que Helen comparait à la descente toujours plus vertigineuse d'un fleuve vers le lieu de la cataracte. Son instinct la poussait à crier : « Halte ! » Mais, y eût-il même quelque sens à crier « halte ! », elle n'en eût rien fait, estimant préférable de laisser les choses suivre leur cours, car si les eaux se précipitent, c'est que la conformation de la terre le veut aussi.

Rachel, de son côté, n'avait pas l'air de s'apercevoir qu'on l'observait, ni qu'il y eût dans son attitude quelque chose qui pouvait attirer l'attention. Ce qui lui était advenu, elle l'ignorait. Son esprit évoluait sur un mode fort semblable à celui de l'eau mouvante, à quoi Helen le comparait. Elle avait besoin de voir Terence. Quand il n'était pas là, elle ne faisait que souhaiter sa présence; manquer une occasion de le voir devenait un supplice; à cause de lui, toutes ses journées étaient jalonnées de supplices et, cependant, elle ne se demandait jamais d'où venait cette force qui s'implantait dans sa vie. Elle n'envisageait aucun résultat, pas plus qu'un arbre sans cesse rabattu vers le sol ne songe aux résultats de cette pression du vent.

Au cours de deux ou trois semaines, après leur promenade, une demi-douzaine de billets envoyés par Hewet s'étaient accumulés dans le tiroir de Rachel. Elle les lisait et en restait étourdie de bonheur toute une matinée; et le paysage ensoleillé devant sa fenêtre n'était pas plus impuissant qu'elle à analyser sa coloration ou sa chaleur. Dans cet état, elle n'avait pas le courage de lire ou de faire de la musique. Le moindre mouvement lui répugnait. Le temps passait sans qu'elle en tînt compte. La nuit tombée, les lumières de l'hôtel l'attiraient vers la fenêtre. L'une d'elles, qui paraissait et disparaissait, était celle de Terence : il était assis, là-bas, en train de lire peut-être; et maintenant il allait et venait, prenait des livres, l'un après l'autre; puis il se réinstallait dans son fauteuil et elle s'efforçait d'imaginer à quoi il pensait. Les lumières immobiles indiquaient les pièces ou Terence allait s'asseoir au milieu de gens qui bougeaient autour. Chaque personnage, à l'hôtel, avait quelque chose de romanesque ou d'intéressant. Ce n'étaient pas des gens ordinaires. Elle était prête à attribuer de la sagesse à Mrs. Elliot, de la beauté à Susan Warrington, une splendide vitalité à Evelyn M. pour la seule raison que Terence leur adressait la parole. Avec la même absence de motifs, la même tendance à généraliser, elle cédait au découragement. Son esprit s'assombrissait alors comme le paysage environnant aux heures où il était accablé de nuées, le vent et la grêle le fouettant à coups redoublés. Elle s'abandonnait, passive, à la souffrance, sans bouger de son fauteuil et les propos de Helen, fantasques ou sinistres, devenaient autant d'aiguillons qui lui arrachaient un cri de protestation contre la dureté de la vie. Les moments les meilleurs étaient ceux où, sans plus de motifs que pour le reste, la poussée des sensations faiblissait et la vie reprenait comme d'habitude, mais avec, dans ses détails, une joie, une couleur jusque-là ignorées. Cela prenait un sens comme celui qu'elle avait reconnu dans l'arbre; les nuits étaient des traits sombres qui la séparaient des jours. Elle eût aimé réunir tous les jours en une seule continuité ininterrompue de sensations. Bien que ces états d'esprit eussent pour cause directe ou indirecte la présence ou le souvenir de Terence, elle ne se disait jamais qu'elle était amoureuse de lui, ne se demandait jamais ce qui allait se produire si elle persistait à ressentir les choses de cette façon, de sorte que l'image du fleuve qui descend vers le lieu de la cataracte paraissait très conforme à la réalité et justifiait les fréquentes alarmes de Helen.

Dans ces curieuses dispositions où ses sentiments n'étaient jamais analysés, elle demeurait incapable de former un projet qui pût influer sur son état d'esprit. Elle s'abandonnait à la merci des incidents, souffrant de ne pas voir Terence un jour, le rencontrant le lendemain, recevant toujours ses lettres avec un mouvement de surprise. N'importe quelle femme sachant tant soit peu comment évolue une intrigue amoureuse aurait tiré de tout cela certaines conclusions, de manière à pouvoir du moins s'appuyer sur une théorie. Mais personne n'avait jamais été amoureux de Rachel et elle-même n'avait jamais été amoureuse de personne. En outre, aucun des livres qu'elle lisait, depuis *Les Hauts de Hurlevent* jusqu'à *L'Homme et le surhomme* en passant par le théâtre d'Ibsen, ne permettait de penser, d'après sa façon d'analyser l'amour, que les sentiments de ses héroïnes correspondaient exactement à ceux de Rachel. Elle avait l'impression de ressentir quelque chose qui n'avait pas de nom.

Elle voyait Terence très souvent. Les jours où ils ne devaient pas se rencontrer, il lui envoyait d'habitude un mot accompagnant un livre ou commentant un livre car, décidément, il ne renonçait pas à cette voie qui conduisait à plus d'intimité. Mais parfois il restait plusieurs jours sans se montrer, sans écrire. La rencontre après cela leur apportait ou bien une joie exaltante, ou bien un désespoir accablant. Sur l'instant de la séparation planait chaque fois l'ombre d'une rupture, de sorte qu'ils restaient insatisfaits, chacun ignorant d'ailleurs que l'autre partageait son impression.

Ignorant ce qu'elle ressentait elle-même, Rachel ignorait plus complètement encore les sentiments de Terence. Au début, ses gestes avaient été ceux d'un dieu; à mesure qu'elle le connaissait davantage, sans cesser d'être un centre de lumière, il joignait à cette beauté le pouvoir miraculeux de la rendre, elle, audacieuse et pleine d'assurance. Elle découvrait des sensibilités, des facultés insoupçonnées chez elle-même et, dans le monde extérieur, des profondeurs inconnues. De ce qui les unissait, elle se faisait une représentation visuelle plutôt que raisonnée : son idée de ce que Terence devait ressentir était figurée par une image de Terence qui traversait la pièce pour venir se placer à son côté. Ce passage à travers la pièce correspondait à une sensation physique. Mais quel en était le sens? Elle n'en savait rien.

Ainsi le temps suivait son cours, calme et clair à la surface. On recevait des lettres d'Angleterre, on recevait des lettres de Willoughby; les jours accumulaient leurs menus incidents, façonnant l'aspect de l'année. A la surface, trois odes de Pindare avaient été mises au point, Helen avait couvert environ cinq pouces de son canevas, Saint-John avait terminé les deux permiers actes d'une pièce de théâtre. Lui et Rachel étant désormais bons amis, il lui en fit la lecture. Elle fut si vivement impressionnée par sa science du rythme, par la variété de ses adjectifs, et aussi par le fait qu'il était l'ami de Terence, qu'il commença à se demander si sa vocation était bien le droit et non la littérature. Ce fut une période de réflexions approfondies et de révélations soudaines pour plus d'un couple et pour quelques individus isolés.

Un dimanche arriva, qu'aucun des hôtes de la villa, sauf Rachel et la servante espagnole, ne fit mine de vouloir célébrer. Rachel continuait à fréquenter l'église, parce que, selon Helen, elle n'avait jamais pris la peine de réfléchir à cela. Comme un service divin avait lieu à l'hôtel, c'est là qu'elle se rendit, escomptant le plaisir de traverser le jardin et le hall, bien qu'il y eût peu d'espoir d'y rencontrer Terence, moins encore de pouvoir lui parler.

Les Anglais étant en majorité à l'hôtel, la différence entre un dimanche et un mercredi y était presque aussi grande qu'en Angleterre. De même que là-bas, le dimanche y passait comme un spectre noir et muet, ou comme le fantôme repenti d'un jour ouvrable. Impuissants à réduire l'éclat du soleil, les Anglais parvenaient tout de même, miraculeusement, à ralentir les heures, à décolorer les incidents, à allonger les repas, à faire prendre aux domestiques et aux petits chasseurs eux-mêmes un air de solennité et d'ennui. La belle tenue arborée pour la circonstance contribuait à l'effet de l'ensemble : une dame ne pouvait s'asseoir, semblait-il, sous peine de chiffonner un jupon fraîchement empesé, un monsieur ne pouvait respirer sans faire craquer le plastron de sa chemise.

Ce dimanche-là, tandis que l'aiguille de la pendule s'avançait vers le chiffre 11, les gens se rassemblaient peu à peu dans le hall, serrant dans leurs mains de petits volumes à tranche rouge. Quelques minutes avant l'heure, un personnage épais et noir traversa la pièce d'un air préoccupé, comme si, tout en remarquant les saluts qu'on lui adressait, il préférait ne pas en tenir compte. Il s'engagea dans le couloir, au delà du hall.

« Mr. Bax », chuchota Mrs. Thornbury.

Le petit groupe s'ébranla alors sur les traces du personnage épais et noir. Dévisagés d'une façon bizarre par ceux qui n'étaient pas disposés à les imiter, ils se dirigèrent tous avec lenteur et componction vers l'escalier. Quelqu'un manquait cependant encore : c'était Mrs. Flushing. Elle descendit en courant, traversa précipitamment le hall, rejoignit, hors d'haleine, le cortège et interrogea Mrs. Thornbury en un tumultueux chuchotement :

« Où est-ce ? Où est-ce ?

– Nous y allons tous », répondit Mrs. Thornbury avec douceur. Et, deux par deux, l'on se mit à descendre. Rachel se trouvait parmi les premiers. Elle ne vit pas Terence et Hirst qui fermaient la marche, sans aucun livre noir, mais avec un mince volume relié en toile bleu clair, que Saint-John tenait sous le bras.

L'ancienne chapelle des moines était un lieu plein d'une fraîcheur souterraine, où pendant des siècles on avait dit la messe et accompli les pénitences sous le froid clair de lune, en adoration devant de vieilles peintures brunes et des statues de saints qui se tenaient dans les niches, la main levée en un geste de bénédiction. Entre le culte catholique et le culte protestant il y avait eu une période de désaffectation, pendant laquelle cet endroit abrita des jarres d'huile ou de liqueur et des fauteuils transatlantiques. L'hôtel devenu prospère, une organisation religieuse quelconque s'était chargée du local qui désormais se trouvait meublé d'un certain nombre de bancs vernis, jaunes, avec des tabourets lie-de-vin pour les pieds. Il y avait aussi une petite chaire et un aigle de cuivre portant la Bible sur son dos; la piété de quelques femmes avait fourni de vilains carrés de tapis et de longues bandes de broderies, lourdement ouvragées de monogrammes dorés.

A leur entrée, les fidèles furent salués par les accents mélodieux de l'harmonium sur lequel Miss Willett, dissimulée derrière un rideau de serge, plaquait avec des doigts incertains d'emphatiques accords. Les sons se propageaient dans la chapelle comme des cercles sur l'eau après la chute d'une pierre. Les vingt ou vingt-cinq personnes qui formaient l'assistance penchèrent la tête pour commencer, puis, se redressant, regardèrent autour d'elles. Tout était silencieux et la lumière, ici, semblait plus faible qu'en haut. On se dispensa d'échanger les saluts et les sourires d'usage, se contentant d'enregistrer la présence des uns et des autres. Tête basse, on écouta l'oraison dominicale. Tandis que leurs voix se mêlaient en un babil enfantin, les fidèles, dont beaucoup ne se connaissaient que pour s'être croisés dans l'escalier, sentirent une touchante unanimité et une bienveillance réciproque s'établir entre eux. La prière, comme une torche sur une matière inflammable, parut engendrer automatiquement des fumées et multiplier dans l'espace les fantômes d'innombrables services religieux au cours d'innombrables dimanches anglais. Susan Warrington en particulier se sentait exquisément sœur de chacun, lorsque le visage caché dans les mains, elle apercevait entre ses doigts des fragments de dos courbés. Les émotions montaient en elle avec calme et régularité, affirmant à la fois sa propre excellence et celle de la vie. Mr. Bax tourna soudain la page et commença la lecture d'un psaume. Bien qu'il n'eût pas changé d'intonation, le charme était rompu.

« *Aie pitié de moi, ô Dieu,* lisait-il, *car des hommes en veulent à ma vie; tout le jour, ils me font la guerre, ils me tourmentent... Sans cesse, ils altèrent le sens de mes paroles, ils ne songent qu'à me faire du mal. Ils complotent, ils épient... Brise-leur les dents, ô Dieu, dans la bouche; Eternel, arrache les mâchoires des lions; qu'ils se dissipent comme des eaux qui s'écoulent, qu'ils ne lancent que des traits émoussés.* »

Rien de ce que Susan connaissait de l'existence ne correspondait à cela. Et comme elle n'avait aucun goût du langage, elle avait cessé depuis longtemps de prêter attention aux propos de ce genre, tout en les écoutant avec le même respect automatique qu'une déclamation du *Roi Lear*. Son esprit demeurait serein, entièrement appliqué à rendre à sa propre nature et à Dieu l'hommage qui fait partie de l'ordonnance solennelle et satisfaisante du monde.

Cependant, un seul coup d'œil sur la plupart des visages – ceux des hommes surtout – montrait combien la brusque intrusion d'un antique barbare de la Bible paraissait déplacée; dans cet ensemble, chacun prenait un air de plus en plus séculier et critique devant les fureurs du vieil homme noir qui, les reins ceints de toile, multipliait des imprécations et des gestes véhéments près d'un feu de bivouac au désert. Il y eut ensuite un froissement de feuillets qu'on tourne, comme en classe; on lut un court passage de l'Ancien Testament où il était question de creuser un puits, avec des airs d'écoliers qui, après avoir refermé leur grammaire française, traduisent un fragment facile de l'*Anabase.* Puis, on en revint au Nouveau Testament, à la triste et belle figure du Christ. En écoutant sa parole, tous s'appliquèrent derechef à faire concorder cette interprétation de l'existence avec les existences qui étaient les leurs. Or, comme celles-ci offraient une grande variété, les unes pratiques, d'autres ambitieuses, d'autres ineptes, d'autres encore indisciplinées et expérimentales, ou bien amoureuses, ou bien depuis longtemps fermées à toute sensation, sauf celle du confort – les paroles du Christ aboutirent à des résultats fort dissemblables.

A en juger d'après les physionomies, la plupart des fidèles semblaient s'abstenir de tout effort, accueillant, dans une attitude pour ainsi dire prostrée, les idées auxquelles les mos conféraient un caractère d'excellence – de même, sans doute, qu'une experte brodeuse de l'endroit avait accueilli comme une chose belle l'affreux modèle bariolé de son tapis.

Quelle qu'en fût la raison, pour la première fois de sa vie, au lieu de s'enfoncer aussitôt dans un étrange et doux brouillard d'émotions, trop connu pour qu'on s'en occupe, Rachel écoutait ce qui se disait d'une oreille critique. Après tous ces écarts irréguliers entre la prière et le psaume, le psaume et l'histoire, l'histoire et la poésie, quand Mr. Bax annonça le texte, elle était déjà dans un état de malaise prononcé – malaise tel qu'elle en éprouvait lorsqu'il lui fallait par force écouter jusqu'au bout un morceau de musique mal venu, mal exécuté. De même qu'elle se voyait au supplice, exaspérée par l'insensibilité obtuse d'un chef d'orchestre accentuant à contresens tel passage, agacée par le grand troupeau des auditeurs indifférents et ignares qui manifestent une approbation moutonnière, de même, ici, elle était en proie à la souffrance et à la fureur; mais ici, parmi tant d'yeux mi-clos et de lèvres pincées, la solennité exagérée de l'ambiance augmentait son indignation. Tout autour d'elle, les gens faisaient semblant de sentir ce qu'ils ne sentaient pas du tout, tandis qu'au-dessus d'elle, quelque part, voletait une idée qu'aucun d'eux n'était capable de saisir, que chacun prétendait saisir, qui leur échappait sans cesse, une idée très belle, semblable à un papillon.

L'une après l'autre, vastes, dures et froides, apparaissaient devant elle les églises de toutes les parties du monde, où se poursuivent inlassablement cet effort insensé, ce malentendu perpétuel; majestueux édifices bondés d'hommes et de femmes qui, faute de voir clair, cessent de chercher à voir et s'adonnent bien sagement à l'approbation, à la louange, yeux mi-clos et lèvres pincées. Ces pensées provoquaient chez Rachel un malaise physique comparable à celui qu'on ressent lorsqu'un voile semble s'interposer continuellement entre les yeux et la page imprimée. Elle essayait en vain d'écarter ce voile et de concevoir un objet auquel vouer son adoration pendant la durée du service, mais chaque fois elle était déroutée par la voix de Mr. Bax prononçant des mots qui faussaient l'idée, et par les bêlements monotones, inexpressifs, d'autres voix humaines qui tombaient autour d'elle comme des feuilles humides. L'effort était fatigant, décourageant. Elle cessa d'écouter et arrêta son regard sur le visage d'une femme assise non loin d'elle, une infirmière dont l'expression de piété soutenue semblait indiquer qu'elle, du moins, se sentait satisfaite. Mais, à force de scruter ce visage, Rachel arriva à cette conclusion que l'infirmière se contentait d'approuver avec servilité et que son air de béatitude n'était justifié par aucune conception intime et rayonnante de la Divinité. Comment, en effet, aurait-elle conçu quelque chose d'infiniment lointain par rapport à son propre champ d'expérience – cette femme avec ce visage ordinaire, cette petite figure ronde et rouge, marquée par les tâches triviales, les rancunes triviales, dont les yeux bleus n'avaient rien d'éveillé, rien d'individuel, dont les traits étaient mal formés, émoussés, dépourvus de sensibilité ? Son adoration s'adressait à quelque chose de borné et de décoratif, à quoi elle s'attachait – ainsi en témoignait sa bouche obstinée – avec l'assiduité d'une patelle sur son rocher. Rien ne l'arracherait à sa foi faussement modeste en sa propre vertu et dans les vertus de sa religion. Une patelle dont le côté sensitif est collé au rocher, à jamais inerte dans la ruée des choses fraîches et belles qui la côtoient. Ce visage, entre tous, se grava dans l'esprit de Rachel, y suscitant une horreur violente et lui faisant comprendre soudain ce que voulait dire Helen, ce que voulait dire Saint-John en proclamant leur haine du christianisme. Avec l'impétuosité qui caractérisait désormais ses réactions, elle rejeta tout ce en quoi elle avait cru implicitement.

Entre-temps Mr. Bax avait atteint le milieu de

la deuxième leçon. Elle le regarda. C'était un homme du monde, aux lèvres flexibles, aux manières affables, d'une grande bienveillance et d'une réelle simplicité, quoique nul intellectuellement. Mais Rachel n'était pas d'humeur à donner son estime à quiconque en raison de ces qualités-là. Elle l'examinait comme s'il était un épitomé de tous les vices de son culte.

Tout au fond de la chapelle, Mrs. Flushing, Hirst et Hewet étaient assis en rang, dans de tout autres dispositions. Hewet, les jambes étendues, levait les yeux au plafond; n'ayant jamais essayé de faire concorder un culte religieux avec ses propres idées ou sentiments, il pouvait, en toute liberté, apprécier les beautés du langage. Sa pensée s'attacha d'abord à des détails, tels que les cheveux des femmes assises devant lui, la lumière sur les visages, puis les paroles qu'il trouvait magnifiques, puis, plus vaguement, les personnages de l'assistance. Mais dès qu'il aperçut Rachel, tout cela lui sortit de la tête et il ne pensa plus qu'à elle. Psaumes, prières, litanies et sermon, tout se trouva réduit à un bruissement unique, chantant, qui s'arrêtait, puis reprenait, un peu plus haut, un peu plus bas. Son regard se fixait alternativement sur Rachel ou sur le plafond, mais son expression répondait maintenant à ce qu'il avait dans l'esprit et non à ce qu'il voyait. Il était presque aussi douloureusement affecté par ses pensées que Rachel l'était par les siennes.

Au début du service, Mrs. Flushing s'était aperçue qu'elle avait apporté une Bible au lieu de son livre de prières. Assise à côté de Hirst, elle jeta un coup d'œil par-dessus son épaule et vit qu'il lisait tranquillement un mince volume bleu pâle. Ne pouvant distinguer ce que c'était, elle regarda de plus près, sur quoi Hirst, poliment, lui présenta le livre, montrant du doigt le premier vers d'un poème grec, puis, en face, la traduction.

« Qu'est-ce que c'est ? chuchota-t-elle, curieuse.

– Sappho, répondit-il, version de Swinburne, un chef-d'œuvre s'il en fut jamais. »

Comment résister à une pareille occasion ? Mrs. Flushing avala l'*Ode à Aphrodite* pendant les litanies, se retenant à grand-peine de demander à quelle époque vivait Sappho et si elle avait écrit autre chose qui vaille la peine d'être lu. Elle réussit à terminer juste à temps pour pouvoir ajouter : « Le pardon des péchés, la résurrection de la chair et la vie éternelle. Amen. »

Hirst cependant avait sorti de sa poche une enveloppe et commençait à gribouiller quelque chose au dos de celle-ci. Lorsque Mr. Bax monta en chaire, il referma le volume de Sappho, laissant l'enveloppe entre les pages, rajusta ses lunettes et fixa son regard sur l'ecclésiastique avec la plus grande attention. Debout dans la chaire, Mr. Bax apparaissait très massif, très gras. La lumière verdâtre de la fenête sans vitrail prêtait à son visage l'aspect lisse et blanc d'un gros œuf.

Il parcourut d'un coup d'œil circulaire tous ces visages levés docilement vers lui et dont beaucoup cependant appartenaient à des personnes d'âge à être ses grands-parents. Puis il énonça son texte d'un ton gravement significatif. Le sermon tendait à faire ressortir que les étrangers de passage dans ce beau pays avaient, malgré leurs vacances, des devoirs à remplir envers les autochtones. Le discours, à vrai dire, ne différait pas beaucoup d'un article de tête général dans un hebdomadaire quelconque. Avec une aimable verbosité, Mr. Bax passait d'un sujet à un autre, faisant observer que, sous la surface de leur peau, tous les êtres humains se ressemblent, illustrant ce propos par l'analogie entre les jeux des gamins espagnols et ceux des petits Londoniens, signalant l'influence des petites choses, en particulier sur les indigènes; un de ses amis très chers avait affirmé d'ailleurs à Mr. Bax que le succès de notre gouvernement dans l'Inde, cette vaste contrée, était dû en grande partie aux règles de politesse, strictement observées par les Anglais à l'égard des natifs du pays; ceci amena d'abord la remarque que les petites choses ne sont pas nécessairement petites, puis, on ne sait comment, une réflexion sur la vertu de la sympathie, vertu dont le besoin ne s'est jamais fait sentir autant qu'à notre époque d'expérimentations et de bouleversements – témoins l'aéroplane, la télégraphie sans fil et tant d'autres problèmes qui ne se posaient certes pas pour nos pères, mais qu'un homme qui se respecte ne saurait laisser en suspens. Ici Mr. Bax prit une attitude plus résolument ecclésiastique si possible et un certain ton d'innocente rouerie, en signalant que de tout ceci il résultait pour le bon chrétien un devoir particulier. De nos jours, on a tendance à dire : « Ce bonhomme-là ? C'est un pasteur. » Or, il est souhaitable qu'on dise : « C'est un brave homme » – en d'autres termes : « c'est mon frère »... Il exhorta ses ouailles à demeurer en contact avec les hommes du type moderne, à partager leurs préoccupations multiples, afin de ne jamais perdre de vue que, parmi toutes les découvertes possibles, il y en a une que rien ne saurait surpasser et qui, pour le plus brillant d'entre eux, le plus heureux dans ses entreprises, représente une nécessité aussi grande que pour ses ancêtres. Le plus humble des êtres peut se rendre utile; la chose la moins importante exerce une influence (à ce moment, l'attitude de Mr. Bax devint définitivement ecclésiastique et ses paroles parurent s'adresser aux femmes. Celles-ci, en effet, formaient toujours la majorité de ses fidèles et il avait la grande habitude de leur dicter leurs devoirs au cours de ses inoffensives campagnes pastorales). Après ces instructions d'un caractère précis, il reprit le fil de son discours qui s'élargit en arrivant à la péroraison pour laquelle il prit une longue respiration et redressa sa stature : « De même qu'une goutte d'eau détachée, isolée, séparée des autres, tombant d'un nuage dans l'immense océan, modifie, nous assurent les hommes de science, non seulement le point immédiat de sa chute, mais encore toutes les myriades de gouttes dont l'ensemble forme le grand univers des eaux, et, ce faisant, modifie la configuration du globe, l'existence des millions de créatures marines et enfin l'existence des hommes et des femmes qui vivent sur les côtes – de même que tout ceci est à la portée d'une seule goutte d'eau telle qu'une simple averse en envoie par millions se perdre dans le sol – se perdre, dis-je, mais nous savons bien que sans elles les fruits de la terre ne pourraient prospérer – de même chacun de nous peut réaliser un miracle comparable à celui-là puisque, grâce à une petite parole, à une petite action jetée dans le grand univers, il transforme celui-ci; oui, certes, le mot a un sens solennel : il le *transforme*, en bien ou en mal, et non point pour un instant ni dans son seul voisinage, mais dans toute la race humaine et pour toute l'éternité. »

Il fit un geste brusque comme pour décliner des applaudissements et continua, d'un même souffle, mais avec une intonation différente :

« Et maintenant adressons-nous à Dieu notre Père... »

Après la bénédiction, tandis que des accords solennels émanaient de nouveau de l'harmonium derrière le rideau, l'assistance hétérogène se mit à avancer vers la sortie à pas grinçants, avec des gestes gauches et des airs empruntés. A mi-hauteur de l'escalier, au point où les lumières et les bruits du monde supérieur entraient en conflit avec la pénombre du monde inférieur et les accents expirants du cantique, Rachel sentit une main se poser sur son épaule.

« Miss Vinrace, chuchota péremptoirement Mrs. Flushing, restez à déjeuner! C'est un jour tellement sinistre! Il n'y a même pas de rosbif au menu. Restez, je vous en prie! »

Sur ces mots, elles entrèrent dans le hall où de nouveau leur petite troupe fut reçue avec des regards d'une curiosité déférente de la part de ceux qui n'avaient pas assisté au service, mais dont la tenue proclamait leur respect pour le jour du Seigneur, respect qui s'arrêtait cependant au seuil de l'église. Rachel se sentait incapable de supporter plus longtemps cette ambiance particulière; elle était sur le point de prendre congé quand elle vit passer Terence qu'Evelyn M. entraînait dans une conversation. Aussi se contenta-t-elle d'observer que les gens avaient l'air très respectables – réponse négative que Mrs. Flushing interpréta toutefois comme un consentement à rester.

« Les Anglais en voyage! renchérit-elle en une explosion de rancune, c'qu'ils peuvent être affreux! Mais nous n'allons pas nous éterniser ici, poursuivit-elle, s'emparant du bras de Rachel. Montons dans ma chambre. »

Elle l'entraîna, passant devant Hewet et Evelyn, devant les Thornbury et les Elliot. Hewet fit un pas vers elles et commença :

« Le déjeuner...

– Miss Vinrace a promis de déjeuner avec moi », coupa Mrs. Flushing, tout en pilonnant l'escalier de son pas énergique, comme si tous les Anglais des classes moyennes étaient à ses trousses. Elle ne s'arrêta qu'après avoir fait claquer la porte de sa chambre.

« Eh bien, quelles sont vos impressions ? » interrogea-t-elle, autoritaire et légèrement essoufflée.

Rachel ne pouvait plus contenir le dégoût et l'horreur qui s'étaient accumulés en elle.

« C'est l'exhibition la plus odieuse que j'aie jamais vue ! Comment peuvent-ils ?... comment osent-ils ?... à quoi cela rime-t-il ?... Mr. Bax, les infirmières, les vieillards, les prostituées... c'est écœurant... »

Elle évoquait, en raccourci, les points principaux, mais l'indignation l'empêchait d'analyser ses sentiments. Mrs. Flushing se délectait à observer la jeune fille qui, debout au milieu de la pièce, lançait ses invectives avec des mouvements emphatiques de la tête et des mains.

Elle riait et applaudissait :

« Allez-y ! Allez-y ! Allez-y, je vous en prie ! C'est un plaisir que de vous entendre !

– Mais pourquoi assistez-vous à cela ? demanda Rachel.

– J'ai fait ça tous les dimanches de ma vie, autant que je m'en souvienne », ricana Mrs. Flushing, comme si c'était là une raison suffisante.

Rachel se tourna brusquement vers la fenêtre. Elle ne savait plus ce qui avait pu la mettre dans cet état; la rencontre de Terence dans le hall avait bouleversé toutes ses idées, ne lui laissant que son indignation. Son regard alla droit à la villa qu'elle habitait, à mi-côte sur la montagne. La vue la plus familière, lorsqu'elle s'encadre derrière une vitre, prend à nos yeux un aspect nouveau; cette contemplation apaisa Rachel. Puis il lui vint à l'esprit qu'elle se trouvait en présence d'une personne qui lui était presque étrangère; alors elle se retourna pour regarder Mrs. Flushing. Celle-ci, toujours assise sur le bord du lit, les yeux levés, les lèvres entrouvertes, montrait ses deux rangées de fortes dents blanches.

« Dites-moi, demanda Mrs. Flushing, qui préférez-vous, Mr. Hewet ou Mr. Hirst?

– Mr. Hewet », répondit la jeune fille; mais le ton de sa voix manquait de naturel.

« Lequel des deux lit du grec à l'église? »

Cela pouvait être l'un ou l'autre. Pendant que Mrs. Flushing décrivait les deux jeunes gens et avouait que tous deux lui faisaient peur, mais que l'un d'eux lui faisait plus peur que l'autre, Rachel essayait de trouver un siège. La chambre, comme de juste, était une des plus grandes et des plus luxueuses de l'hôtel. Elle ne manquait pas de fauteuils ni de causeuses recouvertes de toile écrue, mais chacun de ces meubles était occupé par un grand carré de carton jaune sur lequel s'étalaient des taches ou des traînées d'éclatantes couleurs à l'huile.

« Il ne faut pas regarder cela! » s'écria Mrs. Flushing, voyant que les yeux de Rachel erraient parmi les peintures. Elle se leva d'un bond et courut jeter le plus grand nombre possible de ces cartons à terre, en les retournant. Rachel réussit cependant à en saisir un. Alors, poussée par sa vanité d'artiste, Mrs. Flushing la questionna avec inquiétude :

« Eh bien ? Eh bien ?

– C'est une colline », répondit Rachel.

Sans le moindre doute, Mrs. Flushing avait représenté là le brusque et vigoureux élan d'un sol qui se soulève dans l'air; c'est tout juste si, dans cette précipitation, on ne voyait pas voler les mottes.

Rachel passa d'une étude à l'autre. Toutes rappelaient les mouvements saccadés et résolus de leur auteur; dans toutes, on voyait un pinceau parfaitement indiscipliné s'attaquer à quelque idée vague, suggérée par une colline ou un arbre. Et toutes, d'une manière ou d'une autre, répondaient aux caractéristiques de Mrs. Flushing.

« J'vois bouger les choses, expliqua celle-ci, comme ça ! »

Elle balaya de la main un mètre d'espace. Puis elle reprit un des cartons que Rachel avait mis de côté et s'installa sur un tabouret, brandissant un bout de fusain. La voyant occupée à multiplier les traits, ce qui semblait lui tenir lieu de conversation, Rachel se mit à regarder autour d'elle.

« Ouvrez l'armoire, prononça Mrs. Flushing après un silence, parlant indistinctement à cause du pinceau qu'elle tenait entre les dents. Regardez mes affaires. »

Comme Rachel hésitait, elle s'avança, le pinceau toujours à la bouche, ouvrit violemment les portes de l'armoire et jeta sur le lit une quantité de châles, d'étoffes, de capes, de tissus brodés. Rachel les remuait doucement. Mrs. Flushing revint pour laisser tomber cette fois parmi les draperies, une profusion de colliers, de broches, de boucles d'oreilles, de bracelets , de pendeloques, de peignes. Puis, retournant à son tabouret, elle continua de peindre en silence. Les étoffes éclatantes, sombres ou pâles formaient sur le couvre-lit un curieux enchevêtrement de lignes et de couleurs avec, çà et là, le volume rougeâtre d'une pierre, quelques plumes de paon, l'écaille blonde et translucide d'un peigne.

« Les femmes portaient de ces choses-là il y a des siècles, et elles en portent encore, observa Mrs. Flushing. Mon mari part en tournée à cheval et fait des trouvailles. Ces gens ne savent pas ce que ça vaut, ils nous le cèdent à bas prix. Et nous, nous allons le revendre aux élégantes de Londres. »

Elle ricanait, s'amusant, semblait-il, à l'idée de ces femmes absurdement accoutrées. Après quelques minutes de travail, elle déposa soudain ses pinceaux et dévisagea Rachel.

« Vous ne savez pas ce que je vais faire? dit-elle. Je vais y aller moi-même pour voir de quoi ça a l'air. C'est idiot de rester là avec une bande de vieilles filles, comme sur une plage anglaise. J'veux remonter le fleuve et voir les indigènes dans leurs campements. Une dizaine de jours à passer sous une toile de tente et c'est tout. Mon mari l'a déjà fait. La nuit, on couche sous les arbres et le jour on se fait remorquer sur l'eau. Et si on voit quelque chose d'intéressant, on leur crie de s'arrêter. »

Elle se leva et se mit à piquer le lit à coups redoublés avec une longue épingle d'or, tout en épiant l'effet produit sur Rachel par ses suggestions.

« Il faut réunir un petit groupe, poursuivit-elle. A dix, on louerait un bateau. Vous viendriez, vous, et puis Mrs. Ambrose. Et Mr. Hirst et l'aut'jeune homme, croyez-vous qu'ils viendraient ? Où y a-t-il un crayon ? »

A mesure que son plan se précisait, elle se montrait de plus en plus résolue et excitée. Assise au bord du lit, elle dressait une liste de noms qu'elle orthographiait invariablement de travers. Rachel était enthousiasmée. Cette idée la comblait de ravissement : elle avait toujours souhaité connaître le fleuve, et le nom de Terence ajoutait un tel lustre au projet que celui-ci en paraissait trop beau pour pouvoir se réaliser. Elle fit de son mieux pour se rendre utile en proposant des noms, en aidant Mrs. Flushing à les écrire correctement, en comptant sur ses doigts les jours de la semaine. Mrs. Flushing lui faisait raconter tout ce qu'elle savait sur les origines et les occupations de chacun, elle mêlait à cela d'incohérentes anecdotes de son cru, relatives aux tempéraments et aux mœurs des artistes ou à des homonymes des gens signalés par Rachel, qu'elle avait reçus autrefois à Chillingley et qui n'étaient évidemment par les mêmes personnes, mais qui possédaient, eux aussi, des intelligences supérieures et s'adonnaient à l'égyptologie... Tout cela n'était pas fait pour abréger le débat. A la fin, la façon de calculer les dates à l'aide des doigts s'étant avérée peu pratique, Mrs. Flushing voulut consulter son journal intime. Après avoir ouvert jusqu'au dernier tiroir du bureau, elle se mit à vociférer avec rage :

« Yarmouth ! Yarmouth ! Que le diable emporte cette femme ! Elle n'est jamais là quand on en a besoin ! »

Le gong du déjeuner commençait à ce moment à s'agiter jusqu'à la frénésie. Mrs. Flushing appuyait furieusement sur la sonnette. La porte s'ouvrit et l'on vit entrer une femme de chambre de belle prestance, se tenant presque aussi droit que sa maîtresse.

« Oh! Yarmouth, dit Mrs. Flushing, cherchez-moi donc mon journal et voyez à quelle date nous serons d'ici dix jours, et puis demandez au portier combien il faudrait de rameurs pour faire remonter le fleuve à huit personnes pendant une semaine et c'que ça coûterait, marquez ça sur un bout de papier et laissez-le sur la coiffeuse. Et maintenant... »

Elle pointa vers la porte un index impérieux, obligeant Rachel à sortir la première.

« Ah! et puis, Yarmouth, jeta-t-elle par-dessus l'épaule, rangez-moi ces affaires, pendez-les à leur place, vous serez gentille. Autrement Mr. Flushing va râler. »

A toutes ces recommandations, Yarmouth se contentait de répondre :

« Oui, m'dame. »

En pénétrant dans la longue salle à manger, elles constatèrent que c'était toujours dimanche, bien que les effets en fussent légèrement atténués.

Leur table, placée de côté, contre une fenêtre, permettait à Mrs. Flushing de dévisager les entrants avec une intense curiosité.

« La vieille Mrs. Paley, murmura-t-elle, tandis que le fauteuil roulant, poussé par Arthur, s'insérait lentement dans la porte. – Les Thornbury, annonça-t-elle ensuite. – Cette gentille personne – elle donna un coup de coude à Rachel pour lui signaler Miss Allan. Comment s'appelle-t-elle? »

La femme maquillée, qui arrivait toujours en retard et marchait à pas menus avec un sourire étudié comme si elle faisait une entrée en scène, fut sur le point de reculer devant l'œil de Mrs. Flushing, chargé d'une hostilité inflexible envers toute la tribu des femmes maquillées. Vinrent ensuite les deux jeunes gens que Mrs. Flushing désignait collectivement comme « les Hirst ». Ils s'assirent en face, de l'autre côté du passage.

Mr. Flushing traitait sa femme avec un mélange d'admiration et d'indulgence, corrigeant la brusquerie de ses propos par la suavité fluide des siens. La laissant à ses sursauts et à ses criailleries, il esquissa à l'intention de Rachel l'histoire de l'art sud-américain. De temps à autre, il répondait à quelque exclamation de sa femme, puis reprenait son sujet comme si de rien n'était. Il avait le don de faire passer agréablement un repas, sans tomber dans la monotonie ou dans un excès de familiarité. Il était persuadé, déclara-t-il à Rachel, que l'intérieur du pays recélait des trésors magnifiques. Les objets qu'elle avait pu voir n'étaient que des bagatelles ramassées au cours d'un seul et rapide voyage. Il supposait qu'on trouverait des divinités géantes, sculptées à même les flancs des montagnes, des figures colossales, isolées au milieu des verts pâturages où nul, sauf les indigènes, ne s'était aventuré. Selon lui, avant la naissance de l'art en Europe, les chasseurs et les prêtres d'ici devaient bâtir des temples en pierres massives et former avec de sombres rochers, avec des cèdres énormes, de majestueuses figures de dieux ou de bêtes, des symboles de puissances telles que l'eau, l'air, la forêt où ils vivaient. Il pouvait y avoir des villes préhistoriques, comme en Grèce ou en Asie, édifiées en rase campagne, regorgeant d'œuvres de cette humanité primitive. Personne n'était allé jusque-là. Ce qu'on en savait se réduisait à peu de chose. Tandis qu'il parlait, exposant la plus pittoresque de ses hypothèses, Rachel concentrait sur lui toute son attention.

Elle ne voyait pas les coups d'œil que Hewet lui lançait constamment de l'autre côté du passage, entre les silhouettes des garçons qui couraient, apportant les plats. Il paraissait distrait; Hirst le trouvait en outre coléreux et désagréable. Ils avaient effleuré tous les sujets habituels – politique et littérature, potins et christianisme. Ils s'étaient disputés à propos du service religieux, lequel, selon Hewet, était en tout point aussi beau que du Sappho, et cela montrait bien que le paganisme de Hirst n'était qu'une façade. Quel besoin avait-il d'aller à l'église simplement pour lire du Sappho? Hirst répliqua qu'il avait écouté le sermon d'un bout à l'autre et se déclara prêt à le répéter, si Hewet désirait cette preuve. Il allait à l'église, dit-il, pour saisir la nature de son créateur; or, ceci lui fut accordé d'une façon particulièrement éclatante, ce matin-là, grâce à Mr. Bax qui lui inspira trois ou quatre lignes parmi les plus prestigieuses de toute la littérature anglaise – une invocation à la Divinité.

« J'ai écrit ça au dos de l'enveloppe de la dernière lettre de ma tante », ajouta-t-il, sortant l'objet d'entre les pages du Sappho.

– Allons, lis-moi ça, dit Hewet, quelque peu radouci à l'idée d'une discussion littéraire.

– Mon cher Hewet, veux-tu donc nous voir flanquer tous deux à la porte de cet hôtel par la foule indignée des Thornbury et des Elliot? Le moindre écho suffirait à me faire condamner sans rémission. Seigneur! explosa-t-il, à quoi bon essayer d'écrire dans un monde peuplé de ces sacrés imbéciles? Sérieusement, Hewet, je te conseille de renoncer à la littérature. A quoi cela mène-t-il? Regarde un peu ton public. »

Il indiqua du menton les tables autour desquelles un assemblage d'Européens de tout poil était occupé à manger ou, dans certains cas, à ronger de coriaces volailles étrangères. Hewet les regarda et son irritation s'en accrut. Hirst regarda à son tour, aperçut Rachel et lui adressa un salut.

« J'ai idée que Rachel est amoureuse de moi, dit-il en ramenant le regard vers son assiette. C'est ce qu'il y a de regrettable dans l'amitié des femmes; elles ont toujours tendance à tomber amoureuses de vous. »

A cela Hewet, singulièrement immobile, s'abstint de répondre.

Hirst, sans se formaliser de ce silence, recommença à parler de Mr. Bax et à citer sa péroraison relative à la goutte d'eau. Hewet ne répondant toujours pas, il se contenta de plisser la bouche, de choisir une figue et de se replonger agréablement dans ses propres pensées dont il avait toujours une ample provision. Le repas terminé, ils se séparèrent, chacun emportant sa tasse de café dans un coin différent du hall.

De son fauteuil au pied d'un palmier, Hewet vit Rachel sortir de la salle à manger en compagnie des Flushing. Il les vit chercher des sièges et en choisir trois dans un coin où ils pouvaient tranquillement poursuivre leur conversation. Mr. Flushing en était au point culminant de son discours : tout en parlant, il faisait des dessins sur une feuille de papier et Rachel se penchait pour les voir, arrêtant son doigt sur certains détails. Hewet eut la malveillance de comparer Mr. Flushing, avec son costume trop recherché pour ce climat et ses manières trop apprêtées, à un boutiquier qui sait persuader son client. Mais tandis qu'il les observait, il se trouva pris dans le groupe des Thornbury et de Miss Allan qui, après avoir fureté de-ci de-là, venaient d'occuper les fauteuils proches du sien, leur tasse de café à la main. Ils lui demandèrent s'il pouvait leur donner quelques renseignements sur Mr. Bax. Mr. Thornbury, silencieux comme toujours, regardait devant lui d'un air vague, soulevait de temps à autre son pince-nez comme pour le chausser, puis, se ravisant, le laissait retomber. Après un court débat, les dames décidèrent que finalement, Mr. Bax ne devait pas être le fils de Mr. William Bax. On se tut un instant. Puis Mrs. Thornbury raconta que, dans l'hymne national, elle disait toujours, par habitude, *Queen* au lieu de *King*. On se tut de nouveau. Puis Miss Allan déclara avec une expression rêveuse qu'un service religieux à l'étranger lui produisait toujours l'impression d'un enterrement de marin. Il y eut alors un silence très prolongé, qui menaçait de n'en plus finir, quand par bonheur un oiseau de la grandeur d'une pie, mais d'un bleu métallique, parut sur la partie de la terrasse qu'ils voyaient de leur coin. Ceci poussa Mrs. Thornbury à se demander si les Anglais aimeraient voir tous leurs freux prendre une couleur bleue.

« Et vous, qu'en pensez-vous, William ? interrogea-t-elle en posant la main sur le genou de son mari.

– Si tous nos freux étaient bleus ? » dit-il, remontant ses verres jusqu'à les poser sur son nez. Puis il acheva : « Je ne leur donnerais pas longtemps à vivre dans le Wiltshire. »

Le pince-nez retomba de nouveau sur sa poitrine. Les trois vieux personnages méditaient en contemplant le volatile qui s'attardait obligeamment au centre du tableau, les dispensant de poursuivre la conversation. Hewet se décidait presque à aller rejoindre les Flushing, quand Hirst surgit tout à coup derrière ceux-ci, se glissa dans un fauteuil à côté de Rachel et lui adressa la parole avec toutes les apparences de la familiarité. C'en était trop pour Hewet. Il se leva, prit son chapeau et se précipita dehors.

CHAPITRE XVIII

TOUT ce qu'il voyait lui inspirait de l'aversion. Ce bleu et blanc, cette intensité et cette précision, cette bourdonnante chaleur méridionale, il les haïssait. Le paysage lui paraissait dur, romantique comme un découpage en carton formant le fond d'un décor. La montagne n'était qu'un volet de bois placé devant une vitre peinte en bleu. Malgré l'ardeur du soleil, il marchait à grands pas.

Deux routes partaient de la ville, à l'est; l'une obliquait vers la villa des Ambrose, l'autre s'enfonçait dans la campagne pour aboutir à quelque village de la plaine, mais de nombreux sentiers s'en séparaient : tracés au moment où le sol était boueux, ils s'en allaient à travers de grands champs arides vers des fermes éparses et des villas de riches indigènes. Hewet emprunta l'un d'entre eux pour éviter la chaleur et la dureté de la grand-route avec ses tourbillons de poussière constamment soulevés au passage des charrettes et des fiacres branlants; ceux-ci transportaient des paysans en goguette ou bien des dindons qui se gonflaient comme un tas de ballons de grosseur inégale, maintenus par un filet, ou bien encore un lit de cuivre et des coffres en bois noir, propriété d'un couple nouvellement marié.

La marche ne manqua pas de dissiper chez Hewet les agacements superficiels de la matinée, mais il continuait à se sentir abattu. Il paraissait clairement établi que Rachel ne se souciait pas de lui : elle l'avait à peine regardé, tandis qu'elle parlait à Mr. Flushing avec autant d'intérêt qu'elle lui en avait naguère manifesté à lui-même. Pour comble, l'odieuse remarque de Hirst vint cingler comme un fouet sa mémoire, lui rappelant qu'il avait laissé Rachel précisément en compagnie de Hirst. A ce moment même, ils étaient en train de causer ensemble et – qui sait? – Hirst avait peut-être raison de dire qu'elle était amoureuse de lui. Il examina toutes les preuves à l'appui d'une telle supposition : son intérêt soudain pour les écrits de Hirst, sa façon respectueuse, ou à peine souriante de citer ses propos, et jusqu'à ce surnom de « grand homme » qu'elle lui avait donné, tout cela pouvait bien indiquer quelque chose de sérieux. Et s'il y avait un rapprochement entre eux, qu'en résulterait-il pour lui, Hewet?

« Mais bon Dieu! s'écria-t-il, est-ce que je l'aime? »

A cela, il ne trouva qu'une réponse : sans aucun doute il l'aimait, pour autant qu'il sût ce que cela voulait dire. Depuis leur première rencontre, elle l'avait intéressé, captivé toujours davantage, jusqu'à bannir toutes ses autres pensées. Cependant à l'instant même où il allait s'abandonner aux délices d'une méditation sur leur couple, une question l'arrêta : avait-il le désir de l'épouser? Il se dit aussitôt qu'il ne désirait épouser personne. La seule idée de mariage lui parut irritante – en partie parce qu'il était irrité contre Rachel. Cela évoqua instantanément l'image d'un tête-à-tête au coin du feu, l'homme lisant, la femme cousant. Une autre image suivit : l'homme se levant d'un bond, disant bonsoir, faussant compagnie à la femme pour se précipiter ailleurs avec l'expression calme et renfermée de quelqu'un qui s'en va en fraude vers un bonheur assuré. Ces deux visions étaient fort déplaisantes et plus déplaisante encore fut la troisième : le mari, la femme et l'ami; le mari et la femme se regardant comme s'ils étaient contents de n'avoir pas soulevé une certaine question, chacun détenant sa vérité secrète. D'autres images se succédèrent comme sur un écran, sans effort conscient de sa part, tandis que son irritation lui faisait presser le pas. Il vit un ménage fatigué, entouré de ses enfants, armé de patience, d'indulgence, de sagesse – tableau également peu réjouissant. Il en choisit d'autres, dans le milieu de ses amis, car il fréquentait pas mal de gens mariés. Mais il se les représentait toujours dans une chambre tiède, bien close, illuminée par la flamme du foyer. En évoquant d'autre part des célibataires, il les imaginait actifs dans un espace illimité, et surtout se tenant sur le même plan que les autres, sans abri particulier, sans aucun avantage spécial. Tous ses amis, hommes ou femmes, doués de personnalité et de sentiments vraiment humains étaient célibataires. Il s'étonna même de constater que les femmes qu'il admirait le plus et connaissait le mieux n'étaient pas mariées. Sans doute le mariage leur réussissait-il encore moins qu'aux hommes. Abandonnant ces considérations générales, il passa aux personnes qu'il avait récemment observées à l'hôtel. Il s'était maintes fois posé ces questions en regardant Susan et Arthur, Mr. et Mrs. Thornbury ou le ménage Elliot. Il avait vu le timide bonheur des fiancés céder peu à peu la place à un état d'esprit résigné, de tout repos, comme si déjà leur intimité avait perdu son caractère d'aventure, comme si chacun s'apprêtait à jouer son rôle. Susan courait après Arthur pour lui faire mettre un sweater, l'ayant entendu dire incidemment qu'un de ses frères était mort de pneumonie. Ce souvenir amusait Hewet, mais il perdait son charme dès qu'on substituait Terence et Rachel à Arthur et à Susan. Arthur, du reste, était beaucoup moins pressé maintenant de vous prendre à part pour vous parler d'aviation et de constructions aéronautiques. Ils n'allaient pas tarder à s'installer dans la vie.

Il passa en revue les gens qui avaient derrière eux des années de mariage. On pouvait bien dire que Mrs. Thornbury avait un mari et qu'elle réussissait admirablement à l'entraîner dans une conversation générale, mais il était impossible d'imaginer ce qu'ils pouvaient se raconter une fois seul à seul. La même question se posait au sujet des Elliot. Ceux-là, ils devaient franchement se chamailler dans le privé. Ils se chamaillaient même en public, mais ces discussions, l'épouse s'ingéniait à les masquer grâce à de petits mensonges, par crainte de l'opinion publique, car elle était beaucoup plus bête que son mari et n'arrivait à le retenir qu'au prix de grands efforts. Sans aucun doute, pensa Hewet, le monde ne pouvait que gagner à ce que de tels couples fussent désunis. Les Ambrose eux-mêmes, qu'il admirait et respectait profondément – malgré tout leur amour réciproque, leur union n'était-elle pas un compromis ? Helen s'effaçait devant son mari; elle le gâtait; elle arrangeait ses affaires; elle, la vérité en personne avec d'autres, elle cessait d'être vraie avec son mari ou avec ses amis dès que ceux-ci entraient en conflit avec lui. C'était, dans sa nature, un étrange et regrettable défaut. Il se pouvait donc que Rachel ait eu raison de dire, l'autre nuit, au jardin : « Nous en arrivons à n'extérioriser que ce qu'il y a de pire en chacun; nous devrions vivre séparés. »

Non! Rachel avait tort, absolument tort! Tous les arguments avaient paru démontrer qu'il ne fallait pas assumer le fardeau conjugal, jusqu'au moment où Hewet se rappela ce mot de Rachel, dont l'absurdité était manifeste. De l'action défensive, il passa à l'attaque. Abandonnant le procès contre le mariage, il s'appliqua à examiner les particularités du caractère qui avaient amené Rachel à prononcer cette phrase. Pensait-elle vraiment cela? Il faut bien, n'est-ce pas, chercher à connaître le caractère d'une personne avec qui on est susceptible de passer toute sa vie. En sa qualité de romancier, il devait essayer de comprendre à quel genre de femme il avait affaire. En présence de Rachel, il ne pouvait analyser ses caractéristiques, il avait l'impression de les saisir instinctivement; loin d'elle, il se disait parfois qu'il ne la connaissait pas du tout. Elle était jeune, mais vieille aussi, en même temps. Elle manquait de confiance en elle-même et cependant elle jugeait fort bien les autres. Elle était heureuse, mais d'où lui venait ce bonheur? Une fois seuls, leur effervescence calmée, dans l'obligation de faire face aux banalités quotidiennes, qu'adviendrait-il d'eux? Un coup d'œil sur son propre caractère lui révéla deux choses : son manque de ponctualité et son horreur de répondre aux lettres. Rachel, à sa connaissance, était plutôt ponctuelle, mais il ne se rappelait pas l'avoir vue une plume à la main. Il essaya de se représenter un dîner, chez les Croom par exemple : Wilson, qui venait de conduire Rachel à table, expliquait la position du parti travailliste. Elle dirait... mais, naturellement, elle n'entendait rien à la politique. Pourtant, sans conteste, elle était intelligente et, de plus, elle était honnête. Ses changements d'humeur n'avaient pas échappé à Hewet; elle n'était pas femme d'intérieur, elle n'était pas commode, pas paisible; elle n'était pas belle, sauf avec certaines robes et dans certains éclairages. Mais elle possédait le don suprême de comprendre ce qu'on lui disait. Personne, sur ce point, ne lui était comparable. On pouvait lui parler de n'importe quoi, on pouvait tout lui dire; et pourtant elle n'avait rien de servile. Mais à ce point de ses réflexions il se ressaisit car il lui sembla soudain qu'il en savait moins sur elle que sur quiconque. Toutes ces pensées, il les avait eues maintes fois déjà; maintes fois il s'était efforcé de les approfondir, de les raisonner, mais pour retomber invariablement dans ses doutes habituels. Il ne la connaissait pas, il ignorait ses sentiments, il ne savait pas s'il leur serait possible de vivre ensemble, ni s'il avait envie de l'épouser, et pourtant il l'aimait.

En admettant qu'il allât la trouver pour lui dire – (il ralentit le pas et se mit à parler tout haut comme s'il s'adressait à Rachel) :

« Je vous adore, mais je hais le mariage, son intimité mesquine, sa sécurité, ses compromis, l'idée de vous voir vous mêler de mes travaux, chercher à me brider... Que me répondrez-vous ? »

Il s'arrêta, s'adossa à un arbre et se mit à regarder sans les voir les pierres éparses le long du lit desséché de la rivière. Le visage de Rachel lui apparaissait distinctement; les yeux gris, les cheveux, la bouche. Il pouvait prendre tant d'aspects différents, ce visage : être sans charme, sans expression, insignifiant presque, ou bien sauvage, passionné, presque beau – et cependant, pour lui, il restait toujours le même à cause de l'extrême liberté avec laquelle elle le regardait, avec laquelle elle disait les choses comme elle les sentait.

Que lui répondrait-elle? Quels étaient ses sentiments? L'aimait-elle ou n'éprouvait-elle rien, ni pour lui ni pour aucun autre, étant, selon son expression de l'autre jour, libre comme le vent et la mer?

« Oui, tu es libre! s'écria-t-il, transporté par ce souvenir, et je saurais te conserver ta liberté! Nous serions libres ensemble. Nous mettrions tout en commun. Nul bonheur ne surpasserait le nôtre. »

Il ouvrit les bras largement comme pour réunir Rachel et le monde dans son étreinte.

Incapable de songer plus longtemps au mariage, d'analyser froidement la nature de Rachel, d'imaginer ce que serait leur existence commune, il se laissa tomber à terre, entièrement absorbé par son image et bientôt tourmenté par la soif de sa présence.

CHAPITRE XIX

Hewet avait eu tort, cependant, d'ajouter à ses tourments l'idée que la conversation se prolongeait entre Hirst et Rachel. Le groupe n'avait pas tardé à se séparer; les Flushing étaient partis d'un côté, Hirst de l'autre, tandis que Rachel demeurait dans le hall, extrayant d'entre les journaux un illustré après l'autre avec des gestes qui traduisaient une aspiration indéfinie et lancinante de son esprit. Elle se demandait si elle allait partir ou rester, bien que Mrs. Flushing l'eût sommée de comparaître à l'heure du thé. Il n'y avait plus dans le hall que Miss Willett qui faisait des gammes en tambourinant sur un feuillet de musique religieuse et les Carter, couple somptueux qui considérait la jeune fille sans aucune sympathie parce que ses lacets de chaussures étaient dénoués et sa mine renfrognée, ce qui, d'une façon indirecte, leur faisait croire que, de leur côté, ils lui déplaisaient. Effectivement, ils auraient déplu à Rachel si elle les avait regardés, pour la bonne raison que Mr. Carter pommadait sa moustache, que Mrs. Carter portait des bracelets et que tous deux appartenaient à une espèce de gens à qui elle ne pouvait plaire. Mais elle était beaucoup trop troublée par son agitation intérieure pour réfléchir ou pour regarder autour d'elle.

Elle feuilletait les pages glissantes d'un magazine américain lorsque la porte extérieure s'ouvrit brusquement. Un triangle de lumière se posa sur le parquet et au centre de cette lumière parut une petite forme blanche qui aussitôt s'élança vers Rachel.

« Quoi ? Vous ici ! s'écria Evelyn. Je vous ai bien aperçue pendant le lunch. Mais vous n'avez pas daigné me regarder ! »

Il entrait dans le caractère d'Evelyn, malgré bon nombre d'affronts réels ou imaginaires, de ne jamais renoncer à poursuivre ceux qu'elle désirait connaître, ceux qu'en général elle réussissait à connaître, et qu'elle amenait même à sympathiser avec elle.

Elle jeta un regard circulaire et dit :

« J'ai horreur de cet endroit. J'ai horreur de ce public. Je serais si contente si vous veniez dans ma chambre. J'ai tellement envie de causer avec vous ! »

Rachel n'ayant envie ni de la suivre ni de rester là, Evelyn la saisit par le poignet et l'entraîna dans l'escalier. Tandis qu'elles montaient quatre à quatre, Evelyn, sans lâcher la main de Rachel, lançait des bribes d'exclamations tendant à laisser entendre qu'elle se fichait pas mal de ce que les gens pouvaient dire.

« Quelle importance ça a-t-il quand on a sa conscience pour soi ? Qu'ils aillent tous se faire pendre ! V'là l'opinion que je professe. »

Elle était dans un état d'excitation tel que les muscles de ses bras se contractaient par saccades. Visiblement, elle n'attendait que l'instant où la porte se refermerait sur elles pour livrer à Rachel toutes ses confidences. En effet, aussitôt dans la chambre, elle s'assit au pied de son lit et commença :

« Vous devez me prendre pour une folle ? »

Rachel n'était pas d'humeur à se prononcer sur les états d'esprit d'autrui, mais elle se sentait disposée à dire ce qui lui passait par la tête sans en redouter les conséquences; aussi déclara-t-elle :

« On vous a demandée en mariage.

– Comment diable avez-vous deviné ça ? cria Evelyn avec une surprise mêlée de satisfaction. Est-ce que je porte ça sur ma figure ?

– Vous portez ça sur votre figure tous les jours que Dieu fait », répondit Rachel.

Evelyn rit, pas tout à fait sincère :

« Vous avez dû recevoir au moins autant de demandes que moi ?

– Pas une seule.

– Alors, ça viendra. C'est tout ce qu'il y a de plus simple. Mais aujourd'hui, ce n'est pas de cela qu'il s'agit – pas exactement. C'est... oh ! c'en est un gâchis ! C'est odieux, c'est horrible, c'est dégoûtant ! »

Elle alla vers le lavabo et commença à tamponner avec de l'eau froide ses joues en feu. Sans quitter son éponge et continuant à trembler légèrement, elle se retourna et se mit à expliquer d'une voix que l'énervement rendait stridente :

« Alfred Perrott prétend que je lui ai donné ma parole et je soutiens que non. Sinclair prétend qu'il va se suicider si je ne l'épouse pas et je lui dis : « Allez-y, suicidez-vous ! » Bien entendu, il n'en fera rien, ils sont tous pareils. Eh bien, Sinclair m'a accaparée cet après-midi pour essayer de m'extorquer une réponse, m'accusant de flirter avec Alfred Perrott, me disant que je n'ai pas de cœur, que je ne suis qu'une sirène, bref, des tas d'aménités de ce genre. A la fin, je lui ai dit : « Ecoutez Sinclair, j'en ai assez! Laissez-moi « partir. » Alors, le voilà qui m'attrape et qui se met à m'embrasser, la sale bête! Je sens encore – ici, tenez – sa vilaine figure mal rasée! Comme s'il en avait le droit après tout ce qu'il venait de me dire! »

Elle pressa vigoureusement l'éponge contre une partie de sa joue gauche, puis reprit ses imprécations :

« Jamais je n'ai rencontré d'homme qui pût soutenir la comparaison avec une femme! Ils n'ont ni dignité ni courage, rien que leurs sales passions et leur force brutale. Est-ce qu'une femme aurait fait ça après avoir été repoussée par un homme? Nous avons trop de respect de nous-mêmes, nous sommes infiniment plus raffinées qu'eux. »

Elle marchait de long en large, tapotant avec une serviette ses joues mouillées, où les larmes ruisselaient maintenant avec les gouttes d'eau froide.

« Cela me met hors de moi », expliqua-t-elle, tout en s'essuyant les yeux.

Rachel continuait à l'observer. Elle ne songeait pas au cas particulier d'Evelyn; elle se disait seulement que le monde était plein de gens en détresse. Evelyn poursuivait :

« Il n'y a qu'un seul homme ici qui me plaise vraiment, c'est Terence Hewet. On a l'impression qu'il mérite la confiance. »

A ces mots, un indescriptible frisson s'empara de Rachel, comme si son cœur venait d'être comprimé entre deux mains glacées.

« Pourquoi ? demanda-t-elle; pourquoi mérite-t-il la confiance ?

– Je ne sais pas. Vous n'avez donc pas de ces intuitions à propos des gens ? Des intuitions que vous sentez absolument justes ? J'ai eu une longue conversation avec Terence, l'autre nuit. Et j'ai compris qu'après cela nous étions devenus de vrais amis. Il y a en lui quelque chose de féminin... »

Elle s'interrompit avec l'air de penser à des détails très intimes que Terence lui aurait confiés – c'est ainsi du moins que Rachel interpréta son attitude rêveuse. Elle essaya de se contraindre à dire : « Il vous a demandée en mariage ? », mais la question lui parut trop monumentale. Aussi bien, Evelyn était-elle déjà en train de raconter que les hommes les plus raffinés pouvaient se comparer à des femmes, mais que les femmes avaient plus de noblesse; on n'imaginait pas, par exemple, qu'une femme comme Lillah Harrison pût nourrir des idées mesquines ou commettre la moindre bassesse.

« Comme je voudrais vous la faire connaître ! » s'écria-t-elle.

Elle était considérablement apaisée, ses joues étaient tout à fait sèches, ses yeux avaient retrouvé leur expression habituelle de vitalité débordante; elle semblait avoir oublié Alfred, Sinclair et toutes ses émotions.

« Lillah dirige un asile dans Deptford Road, pour les femmes alcooliques. C'est elle qui l'a créé, qui l'a organisé, qui a tout arrangé à son idée et c'est devenu un des plus grands établissements de ce genre dans toute l'Angleterre. Vous ne pouvez pas vous figurer ce que c'est que ces femmes-là, et leurs intérieurs ! Mais elle, elle circule dans ce milieu à toute heure du jour et de la nuit. Je l'ai souvent accompagnée... Voilà bien ce qui nous manque : nous ne *faisons pas* les choses. Vous, qu'est-ce que vous *faites* ? » interrogea-t-elle, considérant Rachel avec un sourire légèrement narquois.

Rachel, l'air absent et malheureux, ne l'écoutait guère. Elle englobait dans une même antipathie Lillah Harrison, ses bonnes œuvres de Deptford Road, Evelyn M. et ses multiples intrigues amoureuses.

« Je joue du piano », déclara-t-elle, affectant un calme imperturbable.

Evelyn éclata de rire :

« C'est bien ça ! Personne ne fait jamais autre chose que de jouer ! C'est pourquoi les femmes comme Lillah Harrison, vingt fois supérieures à vous ou à moi, sont obligées de se tuer de travail. Moi, en tout cas, j'en ai assez de jouer », poursuivit-elle, se jetant à plat sur le lit, les bras levés au-dessus de la tête. Ainsi étendue de toute sa longueur, elle paraissait plus petite que jamais.

« Je m'en vais faire quelque chose. J'ai une idée magnifique. Ecoutez, il faut que vous travailliez avec moi. Vous ne manquez sûrement pas d'étoffe, bien que vous ayez l'air... enfin, de passer votre vie dans un jardin. »

Elle se mit sur son séant et se lança dans des explications fort animées :

« A Londres, je fais partie d'un club. On s'y réunit le samedi, c'est pourquoi cela s'appelle le Club du Samedi. Le but, c'est de s'entretenir sur des sujets artistiques. Mais j'en ai soupé de parler d'art. A quoi ça sert-il ? Alors que tant de choses se passent autour de nous dans la vie réelle ! Et d'ailleurs, on n'y raconte pas grand-chose d'intéressant sur l'art. Alors, je m'en vais leur dire que ça suffit comme ça et que, pour changer, il vaudrait mieux parler de la vie, des questions vraiment importantes dans l'existence, – la traite des blanches, vote des femmes, assurances sociales, etc... Une fois que nous aurons trouvé ce que nous voulons faire, nous nous formerons en Société pour pouvoir le réaliser... Je suis persuadée que si des gens comme nous prenaient les choses en main au lieu de les abandonner aux policiers et aux magistrats, on pourrait en avoir fini avec la prostitution (elle avait baissé le ton pour prononcer ce vilain mot) en l'espace de six mois. Je suis d'avis que dans ce domaine, hommes et femmes devraient collaborer. On devrait descendre dans Piccadilly, arrêter une de ces malheureuses et lui dire : « Ecoutez bien, je ne suis pas meilleure que vous, « je n'en ai pas la prétention; toujours est-il que « vous faites un métier dégoûtant, et je ne veux « pas que vous fassiez des choses dégoûtantes, « parce que au fond nous sommes tous les mêmes « et vos actions dégoûtantes m'importent à moi. » C'est ce que Mr. Bax disait ce matin et c'est la vérité. Seulement, vous autres, gens d'esprit – vous êtes bien de ceux-là, n'est-ce pas? – vous n'y croyez pas. »

Une fois lancée dans un discours – et cela, elle le regrettait bien souvent – Evelyn était assaillie par ses idées à une cadence telle qu'elle n'avait plus le temps de prêter l'oreille aux idées des autres. A peine avait-elle repris haleine qu'elle continua :

« Je ne vois pas pourquoi les membres du Club du Samedi n'auraient pas une activité de grande envergure en ce sens. Il faudrait une organisation, quelqu'un qui consacrerait sa vie à cela, mais j'y suis parfaitement disposée. Mon principe, c'est qu'on doit s'occuper d'abord des êtres humains et laisser les idées abstraites se débrouiller toutes seules. L'erreur de Lillah – si tant est qu'elle puisse commettre une erreur – c'est de penser à la tempérance d'abord et aux femmes ensuite. En ce qui me concerne, j'ai une chose à mon actif : je ne suis ni une intellectuelle, ni une artiste, ni rien de ce genre, mais je suis bigrement humaine. »

Elle se glissa hors du lit et s'assit par terre, les yeux levés vers Rachel, scrutant son visage comme pour découvrir le tempérament qui se dissimulait derrière ses traits. Elle posa la main sur le genou de Rachel.

« Ce qui importe, c'est bien que l'on soit humain, n'est-ce pas ? dit-elle. Qu'on soit réel quoi qu'en puisse dire Mr. Hirst. Etes-vous réelle ? »

Tout comme Terence naguère, Rachel trouvait qu'Evelyn la serrait de trop près et que cette proximité avait quelque chose d'excitant en même temps que de désagréable. La peine de chercher une réponse lui fut évitée, car Evelyn reprit :

« Est-ce que vous croyez à quelque chose ? »

Afin d'échapper au regard inquisiteur de ses yeux bleus pleins de flamme et aussi pour remédier à sa propre tension physique, Rachel poussa son fauteuil en arrière et s'écria :

« Je crois à tout ! »

En même temps, elle indiquait du doigt des objets variés : les livres sur la table, les photographies, la plante charnue, hérissée de piquants, dans un grand pot de grès, à la fenêtre.

« Je crois au lit, aux photos, à ce pot, au balcon, au soleil, à Mrs. Flushing, énumérait-elle, toujours avec la même témérité, quelque chose dans son subconscient la poussant à dire ce qu'on ne dit pas en général. Mais je ne crois pas en Dieu, je ne crois pas à Mr. Bax, je ne crois pas à l'infirmière de l'hôpital. Je ne crois pas... »

Elle prit une photographie et se mit à l'examiner sans achever sa phrase.

« C'est ma mère », dit Evelyn qui, toujours assise par terre, les genoux serrés dans ses bras, épiait Rachel avec curiosité.

Rachel considéra attentivement le portrait et dit à voix basse, après un silence :

« Je ne crois pas beaucoup en elle non plus. »

Mrs. Murgatroyd, en effet, semblait avoir été broyée par l'existence. Elle posait le genou sur une chaise et vous regardait d'un air piteux, s'abritant derrière un loulou de Poméranie qu'elle serrait contre sa joue comme pour se protéger.

« Et ça, c'est mon papa », dit Evelyn, montrant l'autre photographie dans le même cadre.

Celle-ci représentait un beau militaire aux grands airs réguliers avec une épaisse moustache noire. Sa main reposait sur la poignée de son sabre; la ressemblance entre Evelyn et lui était frappante.

« Et c'est à cause d'eux, dit Evelyn, que je vais aider les autres femmes. Vous connaissez mon histoire, je suppose? Je ne suis rien du tout, mais je n'en ai pas honte. Ils se sont aimés en tout cas, et tout le monde ne peut pas en dire autant de ses parents. »

Rachel s'assit sur le lit, tenant les deux portraits et les comparant entre eux : l'homme et la femme qui, à en croire Evelyn, s'étaient aimés. Ce fait l'intéressait plus que la campagne en faveur des femmes infortunées dont Evelyn recommençait à parler. Son regard passait d'une image à l'autre. Profitant d'un arrêt dans le discours d'Evelyn, elle demanda :

« Comment croyez-vous que c'est, quand on aime ?

– Vous n'avez donc jamais aimé ? s'informa Evelyn. Non, bien sûr : il suffit de vous regarder ! »

Elle réfléchit, puis ajouta :

« Une fois, j'ai été vraiment amoureuse. »

Elle s'absorba dans ses songes et la vitalité éclatante de son regard s'effaça derrière quelque chose comme une expression de tendresse.

« Ça a été divin, tant que ça a duré. Le malheur, c'est que ça ne dure pas, avec moi. »

Elle en revint aux complications avec Alfred et Sinclair, sur lesquelles elle avait fait semblant de consulter Rachel. Mais ce n'était là que prétexte à un rapprochement. Un coup d'œil vers le lit où Rachel contemplait toujours les photographies l'obligea à constater que celle-ci ne pensait pas à elle. A quoi donc pensait-elle alors ? Evelyn se sentait tourmentée par cette petite étincelle de vie qui, chez elle, essayait toujours de se communiquer aux autres et qui était sans cesse repoussée. Elle se tut et se mit à étudier Rachel, ses chaussures, ses bas, les peignes de ses cheveux, bref, tous les détails de sa toilette, comme si, les ayant tous enregistrés, elle allait se rapprocher davantage de la vie qu'ils recouvraient.

Rachel finit par abandonner les photographies. Elle alla jusqu'à la fenêtre et dit :

« C'est bizarre, les gens parlent d'amour tout autant que de religion.

– Venez donc vous asseoir et causons », dit Evelyn avec impatience.

Au lieu de cela, Rachel ouvrit les deux grands

battants de la fenêtre et se pencha pour regarder le jardin.

« C'est ici que nous nous sommes égarées le premier soir, dit-elle, probablement dans ces buissons-là.

– C'est ici qu'ils tuent leurs volailles, dit Evelyn. Ils leur coupent la tête avec un couteau, c'est dégoûtant ! Mais, dites-moi, qu'est-ce...

– J'aimerais bien explorer l'hôtel, interrompit Rachel, ramenant sa tête dans la chambre et regardant Evelyn toujours assise par terre.

– Il est comme tous les autres », répondit Evelyn.

Cela devait être vrai, bien qu'aux yeux de Rachel, le moindre appartement, couloir ou fauteuil de l'endroit eût un caractère particulier. Cependant, elle ne tenait plus en place. Elle s'avança lentement vers la porte.

« Mais que cherchez-vous donc ? s'écria Evelyn. J'ai l'impression que vous pensez tout le temps à quelque chose que vous ne dites pas ! Dites-le, allons ! »

Mais cette invite resta, elle aussi, sans réponse. Les doigts sur le bouton de la porte, Rachel s'arrêta comme si elle venait de se rappeler qu'on attendait d'elle une sorte de verdict.

« Je pense que vous allez épouser l'un des deux », dit-elle ; puis elle tourna le bouton, sortit et referma la porte. Lentement, elle suivit le couloir et laissa courir sa main le long du mur.

Ne cherchant pas à s'orienter, elle se trouva dans un passage qui aboutissait à une fenêtre et à un balcon. Elle put voir les abords de la cuisine, l'envers de la vie de l'hôtel, séparé de l'endroit par un fouillis de petits arbustes. Le sol était nu, jonché de vieilles boîtes de conserves ; des serviettes et des tabliers qui séchaient coiffaient les buissons; de temps à autre, un domestique en tablier blanc sortait et allait jeter des ordures sur le tas. Deux grosses femmes en robes de cotonnade étaient assises sur un banc avec, devant elles, des plateaux de fer-blanc maculés de sang, et, sur leurs genoux, des cadavres jaunes. Elles s'affairaient à plumer les volailles tout en bavardant. Soudain, un poulet accourut, voletant à moitié, pourchassé par une troisième femme qui ne pouvait guère avoir moins de quatre-vingts ans. Ratatinée et branlante, elle menait pourtant bien la poursuite, stimulée par le rire des autres. Sa figure exprimait le comble de la fureur et, sans cesser de courir, elle lançait des jurons en espagnol. Entre les mains qui claquaient par ici, les torchons qui s'agitaient par là, le poulet courait en zigzag pour finir par se jeter tout droit du côté de la vieille. Elle tendit ses maigres jupes grises pour l'attraper, s'écroula sur lui comme un paquet, puis, le sortant de dessous, elle lui trancha la tête avec une expression d'énergie vengeresse et triomphante. Ce sang, ces affreuses contorsions fascinaient Rachel à tel point que, tout en se rendant compte que quelqu'un l'avait rejointe et se tenait derrière elle, elle ne parvint pas à tourner la tête avant d'avoir vu la vieille s'asseoir sur le banc près des autres femmes. Alors, elle leva les yeux brutalement à cause de la laideur du spectacle. Auprès d'elle se trouvait Miss Allan.

« Pas très joli à voir, dit celle-ci; mais après tout, ce procédé est plus humain que le nôtre... Je ne crois pas que vous soyez jamais venue dans ma chambre, ajouta-t-elle en se retournant avec l'air d'inviter Rachel à la suivre. Et Rachel la suivit, car à chaque nouvelle rencontre, elle espérait se voir délivrée du mystère qui l'accablait. »

Toutes les chambres de l'hôtel étaient du même modèle et ne différaient que par leurs dimensions. Toutes comportaient un carrelage rouge foncé, un lit très haut enveloppé d'une moustiquaire, une table à écrire, un ou deux fauteuils. Mais il suffisait de déballer le contenu d'une malle pour que la chambre changeât d'aspect. Celle de Miss Allan était très différente de celle d'Evelyn. Il n'y avait pas, sur sa coiffeuse, d'épingles à chapeau de couleurs variées, pas de flacons de parfum, pas de ciseaux à ongles finement recourbés; il n'y avait aucun assortiment de souliers ou de bottines, aucun jupon de soie traînant sur un siège. La pièce était nette à souhait. Il semblait y avoir deux paires de chaque article. Le bureau, cependant, était encombré de manuscrits et sur une table qu'on avait placée contre le fauteuil s'élevaient deux piles séparées de volumes foncés provenant d'une bibliothèque; de nombreux papiers y étaient intercalés à différents degrés d'épaisseur.

C'est par amabilité que Miss Allan avait invité Rachel qui, pensait-elle, ne savait que faire en attendant le goûter. Elle aimait bien les jeunes filles, elle en avait eu beaucoup comme élèves et, d'autre part, reçue si souvent chez les Ambrose, elle était heureuse de leur rendre un peu de leur hospitalité. Elle se mit donc à chercher ce qu'elle pouvait bien montrer à Rachel. La chambre n'offrait rien de divertissant. Elle posa la main sur son manuscrit.

« Siècle de Chaucer, siècle d'Elizabeth, siècle de Dryden, fit-elle d'un air pensif. Heureusement, il n'y a pas beaucoup d'autres siècles. J'en suis toujours à la moitié du XVIIIe. Asseyez-vous donc, Miss Vinrace. Cette chaise est petite, mais elle est solide... *Euphues* ? Naissance du roman anglais, reprit-elle, examinant une autre page. Est-ce là ce qui vous intéresse vous-même ? »

Elle considérait Rachel avec beaucoup de bienveillance et de simplicité, disposée, semblait-il, à se mettre en quatre pour lui procurer ce qu'elle pouvait désirer. Cette expression prêtait un charme peu commun à sa physionomie qui, par ailleurs, portait les traces profondes des soucis et de la fatigue cérébrale.

« Ah ! non, se souvint-elle : vous, c'est la musique. Et je trouve qu'en général, ces deux choses ne vont pas ensemble. Parfois, évidemment, on rencontre des prodiges. »

Elle continuait à chercher quelque chose et soudain, apercevant une poterie sur la cheminée, elle la saisit et la tendit à Rachel :

« En enfonçant un doigt là-dedans, vous arriverez peut-être à extraire un morceau de gingembre confit... Etes-vous de ces prodiges ? »

Mais le gingembre, tout au fond du vase, refusait de se laisser atteindre.

« Ne vous dérangez pas, dit Rachel, voyant que Miss Allan cherchait un instrument quelconque; il me semble que je n'aimerais pas le gingembre confit.

– Vous n'en avez jamais goûté ? s'informa Miss Allan. Dans ces conditions, je trouve qu'il est de votre devoir d'essayer. Comment ! mais c'est un plaisir nouveau que vous ajouteriez à votre existence ! Et comme vous êtes jeune encore... »

Elle se demandait si un crochet à bottines ferait l'affaire.

« Essayer de toute chose – pour moi, c'est une règle. Ne seriez-vous pas désolée de goûter pour la première fois du gingembre sur votre lit de mort et de constater que jamais rien ne vous a paru aussi délicieux ? J'en serais si navrée, je crois, que cela seul suffirait à me guérir. »

Ses efforts furent couronnés de succès : un morceau de gingembre parut à l'extrémité du crochet à bottines. Pendant qu'elle essuyait celui-ci, Rachel mordit dans le gingembre et s'écria aussitôt :

« Il faut que je le recrache !

– Etes-vous sûre d'en avoir senti le goût ? » interrogea Miss Allan.

Pour toute réponse, Rachel alla jeter le morceau par la fenêtre.

« C'est une expérience, en tout cas, dit Miss Allan avec calme. Voyons... Je n'ai rien d'autre à vous offrir, à moins que vous ne vouliez goûter de ceci. »

Au-dessus de son lit était accrochée une petite armoire. Elle en sortit une bouteille de forme élégante, pleine de liquide vert vif.

« Crème de menthe, annonça-t-elle, une liqueur, vous savez ? On dirait, n'est-ce pas, que je m'adonne à la boisson ? En réalité, c'est la preuve d'une abstinence exceptionnelle. Voilà vingt-six ans que je suis en possession de cette bouteille, ajouta-t-elle en contemplant celle-ci avec fierté et en l'inclinant pour montrer, d'après le niveau du liquide, qu'elle demeurait intacte.

« Vingt-six ans ! » s'écria Rachel.

Miss Allan était aux anges : elle avait escompté cet effet de surprise.

« Lors de mon départ pour Dresde, il y a vingt-six ans, commença-t-elle, une de mes amies a eu l'idée de me faire un cadeau. Elle s'était dit qu'en cas de naufrage ou d'accident, un stimulant me serait précieux. Mais, n'ayant pas eu l'occasion de m'en servir, je lui ai rendu ce présent à mon retour. Chaque fois que je pars pour l'étranger, dès la veille, je vois revenir le même flacon, accompagné d'un billet identique. En rentrant saine et sauve, je le retourne chaque fois. J'ai bien subi, en voyage, un retard de vingt-quatre heures à cause d'un accident survenu au train qui précédait le mien, mais personnellement, je n'ai jamais eu d'accident. Oui, poursuivit-elle, s'adressant maintenant à la bouteille, nous avons connu ensemble bien des climats et bien des armoires, n'est-il pas vrai ? Je projette de faire faire un de ces jours une étiquette en argent avec une inscription. Vous remarquez qu'il s'agit d'un monsieur et que son nom est Oliver... Je crois que je ne pourrais vous pardonner, Miss Vinrace, si vous cassiez mon Oliver ! »

D'un geste décidé, elle reprit la bouteille des mains de Rachel et la replaça dans l'armoire. Rachel avait, en effet, balancé l'objet en le tenant par le goulot, sans penser à ce qu'elle faisait, tant elle prenait d'intérêt aux propos de Miss Allan.

« Eh bien, s'écria-t-elle, en voilà des choses bizarres ! Avoir une amie depuis vingt-six ans et une bouteille, et tous ces voyages derrière soi...

– Pas du tout, répliqua Miss Allan, cela n'a rien de bizarre; au contraire, je me tiens pour la personne la plus ordinaire qui soit. C'est une sorte de distinction, d'être ordinaire à ce point. Mais j'oubliais : êtes-vous un prodige ou m'avez-vous répondu que non ? »

Elle souriait à Rachel avec beaucoup de bonté. A la voir évoluer lourdement à travers la pièce, on se disait qu'elle devait posséder la connaissance, l'expérience de tant de choses que ses paroles, si seulement on pouvait l'amener à s'en servir, seraient un baume pour toutes les angoisses. Cependant, occupée à refermer l'armoire, Miss Allan ne montrait pas le moindre signe de vouloir sortir d'une réticence qui, depuis des années, s'était accumulée sur elle comme une couche de neige. Une sensation pénible empêchait Rachel de parler. D'une part, elle aurait voulu brandir quelque chose, frapper cette chair rose et froide pour en arracher une étincelle; d'autre part, elle se rendait compte qu'il n'y avait rien à faire, sinon passer l'une à côté de l'autre en silence.

« Je ne suis pas un prodige, dit-elle à la longue; j'éprouve beaucoup de difficulté à exprimer ce que je pense. »

Miss Allan voulut lui venir en aide :

« C'est, je crois, une question de tempérament. Pour certains, cette difficulté n'existe pas. Quant à moi, je rencontre un grand nombre de sujets dont il m'est absolument impossible de parler. Il faut dire que je me considère comme très lente d'esprit. Mais j'ai une collègue, par exemple, qui sait si vous lui êtes sympathique ou non... Attendez, comment s'y prend-elle? Ah! oui : d'après votre façon de dire bonjour en arrivant pour le petit déjeuner. Moi, il me faut parfois des années pour me faire une opinion. Chez les jeunes, cependant, on trouve cela facile, en général?

– Oh! non! protesta Rachel, c'est très difficile. »

Miss Allan continua de la regarder tranquillement, en silence, devinant elle ne savait quelles complications. Ensuite, levant la main vers sa nuque, elle constata qu'un des rouleaux gris de sa coiffure s'était défait.

« Il faut que je vous demande d'être assez aimable pour m'excuser si je me recoiffe, dit-elle en se levant; je n'ai encore jamais trouvé d'épingles à cheveux d'une forme pratique. Du reste, il faut aussi que je change de robe, et je serais particulièrement heureuse de votre aide : il y a une série d'agrafes très ennuyeuses que je parviens à accrocher, mais qui me prennent de dix à quinze minutes; tandis qu'avec votre assistance... »

Ayant abandonné son tailleur et sa blouse, elle arrangeait ses cheveux devant le miroir, silhouette massive et sans grâce, avec un jupon si court qu'il la montrait juchée sur une paire de grosses jambes gris ardoise.

« On vante les agréments de la jeunesse; pour ma part, je trouve l'âge mûr beaucoup plus agréable », dit-elle, enlevant ses épingles et ses peignes et prenant sa brosse. Une fois défaits, ses cheveux lui descendaient à peine plus bas que la nuque.

« Quand on est jeune, on prend les choses tellement au sérieux, pour peu qu'on ait cette tournure d'esprit... Ah ! ma robe, à présent ! »

En un rien de temps, ses cheveux s'étaient trouvés enroulés comme d'habitude. Son buste était maintenant revêtu de vert foncé, rayé de noir. La jupe cependant demandait à être agrafée de plusieurs côtés, ce qui obligea Rachel à s'agenouiller pour réunir les portes aux agrafes.

« Je me souviens que Miss Johnson, chez nous, trouvait beaucoup à redire au sujet de l'existence, poursuivait Miss Allan, se plaçant de manière à éclairer son dos. Puis elle s'est mise à élever des cochons d'Inde, à cause de leurs taches. Cela l'a complètement absorbée. Je viens d'apprendre que le cochon d'Inde jaune a eu un bébé noir. Nous avions parié six pence à ce propos. Elle sera fière de son triomphe. »

La jupe était agrafée. Elle se regarda dans la glace et ses traits se figèrent curieusement, comme cela se produit toujours quand on se regarde dans la glace.

« Suis-je en état de me présenter devant mes semblables ? demanda-t-elle... Je ne sais plus ce qu'il en est au juste, mais on dit que les animaux noirs ont très rarement des petits de couleur, ou le contraire. On me l'a pourtant expliqué bien souvent, je suis stupide de ne pas l'avoir retenu. »

Elle déambulait dans la chambre, s'emparant avec une force tranquille de menus objets qu'elle fixait sur sa personne : médaillon, montre avec chaîne, bracelet d'or massif, insigne mi-parti d'une association pour le suffrage des femmes. Enfin, équipée de pied en cap pour le thé dominical, elle s'avança vers Rachel, et lui sourit avec bienveillance. Elle n'était pas de nature impulsive et l'existence lui avait appris à discipliner sa langue. Mais, d'autre part, elle était animée d'une bonne volonté considérable à l'égard d'autrui, à l'égard des jeunes surtout et cela lui faisait déplorer de ne pouvoir s'exprimer librement.

« Voulez-vous que nous descendions ! »

Une main sur l'épaule de Rachel, elle se baissa pour ramasser de l'autre une paire de chaussures de marche qu'elle déposa soigneusement devant sa porte. Dans le couloir, elles rencontrèrent sur leur passage beaucoup d'autres chaussures noires ou jaunes, rangées côte à côte, et cependant dissemblables jusque dans la façon dont chaque unité d'une paire semblait se comporter envers l'autre.

« Je me dis toujours que les gens sont tellement pareils à leurs chaussures, observa Miss Allan. Voici celles de Mrs. Paley... »

Mais à ces mots la porte s'ouvrit et Mrs. Paley

dans son fauteuil roulant parut, également équipée pour le thé.

Elle salua Miss Allan et Rachel.

« Je disais justement que les gens sont tellement pareils à leurs chaussures », commença Miss Allan.

Mrs. Paley ne l'entendit pas. Elle répéta sa phrase plus fort. Mrs. Paley ne l'entendit pas davantage. Elle répéta pour la troisième fois. Mrs. Paley entendit, mais ne comprit pas. Miss Allan semblait se préparer à une quatrième répétition quand Rachel, après avoir murmuré quelque chose d'inintelligible, s'élança soudain dans le couloir et disparut. Elle n'avait pu supporter ces explications laborieuses et cet attroupement qui bloquait le passage. Se précipitant à l'aveuglette dans la direction opposée, elle aboutit à un *cul-de-sac*[1] au fond duquel, devant la fenêtre, il y avait une table et une chaise. Sur la table on voyait un encrier couvert de rouille, un cendrier, un vieux journal français et un porte-plume avec une plume cassée. Elle s'assit, faisant mine de lire le journal; mais une larme tomba sur le texte français et s'y étala en tache molle. Elle leva brusquement la tête et dit tout haut :

« « C'est intolérable ! »

Tournant vers la fenêtre des yeux qui n'eussent rien distingué, même s'ils n'avaient pas été aveuglés par les larmes, elle donna enfin libre cours à toute sa fureur contre l'ensemble de cette journée, odieuse d'un bout à l'autre. Le service religieux d'abord, puis le lunch; puis Evelyn; puis Miss Allan et, pour finir, Mrs. Paley bloquant le passage. Tout le temps, elle avait été frustrée

1. En français dans le texte.

après des supplices de Tantale. Maintenant, elle venait d'atteindre une de ces hauteurs qui apparaissait au moment des crises et d'où l'on découvre enfin le monde dans ses justes proportions. Ce spectacle lui déplaisait infiniment : églises, politiciens, vêtements ratés, impostures énormes, hommes tels que Mr. Dalloway ou Mr. Bax, le caquet d'Evelyn, Mrs. Paley bloquant le passage. Cependant, les battements réguliers de son pouls signalaient en elle-même la présence secrète et chaude d'un flux de sensations. Cela battait, cela luttait, cela se hâtait. Pour l'instant, c'était son corps à elle qui abritait la source de toute vie dans le monde, vie qui cherchait à s'extérioriser brusquement – ici, là – et qui se voyait refoulée tantôt par Mr. Bax, tantôt par Evelyn, tantôt par le fardeau de l'écrasante bêtise, par le poids du monde entier. En proie à ces angoisses, elle se tordait les mains, car tout était faux et tout le monde était bête. Quelques silhouettes qu'elle distingua vaguement en bas, dans le jardin, lui apparurent comme des amas de matière errant au hasard, sans autre but que de l'encombrer. Qu'avaient-ils à faire là, tous ces autres ?

« Personne n'en sait rien », se dit-elle. L'excès de sa rage commençait à faiblir et la vision si précise du monde s'atténua.

« C'est un rêve », murmura-t-elle. Les yeux fixés sur l'encrier couvert de rouille, la plume, le cendrier, le journal français, elle eut l'impression que ces petits objets sans valeur représentaient des vies humaines.

« Nous dormons, nous rêvons », dit-elle à nouveau.

Mais une possibilité se présenta à son esprit qui la fit sortir de son apathie mélancolique : une de ces formes ne serait-elle pas celle de Terence Hewet? Aussitôt, elle se sentit agitée comme avant de venir s'asseoir à cette place. Le monde ne lui apparaissait plus telle une ville étalée à ses pieds; un brouillard d'un rouge fiévreux l'enveloppait maintenant. Rachel était retombée dans l'état d'esprit qui, toute la journée, avait été le sien. Pour s'en évader, la réflexion ne lui était d'aucun secours. Le seul remède, c'était le mouvement physique : traverser des chambres, traverser des mentalités environnantes, en quête de quoi? Elle n'en savait rien. Elle se leva donc, repoussa la table et descendit.

Elle franchit la porte du hall, tourna le coin de l'hôtel et se trouva au milieu des personnes qu'elle avait aperçues de la fenêtre. Mais, en plein soleil après la pénombre des couloirs, en chair et en os après les images de rêve, leur groupe prenait une intensité étonnante, comme si de chaque détail on venait d'enlever la surface poussiéreuse, ne laissant que le réel et l'immédiat. C'était comme une apparition se détachant sur un fond de ténèbres. Des formes blanches, grises, violettes, étaient éparpillées sur du vert, autour des tables en rotin; au milieu, la flamme de la bouilloire à thé faisait vibrer l'air et lui prêtait l'aspect d'une vitre brouillée. Un arbre vert dominait tout cela de sa masse, comme une force mouvante retenue dans son élan. En approchant, Rachel reconnut la voix d'Evelyn qui répétait, monotone :

« Ici, allons! Ici, bon chien-chien! Viens ici! »

Pendant quelque temps, il ne se passa rien, tout resta immobile; puis Racel s'aperçut qu'une des formes présentes était Helen Ambrose; et la couche de poussière s'installa de nouveau sur les objets.

La société se composait à vrai dire d'éléments

disparates, réunis autour des tables qu'on avait rapprochées les unes des autres, tandis que des fauteuils de jardin servaient de traits d'union entre les différents groupes. Mais, même à distance, on se rendait compte que Mrs. Flushing, droite et autoritaire, dominait l'assistance. Elle parlait avec énergie à Helen, par-dessus la table :

« Dix jours sous la tente. Sans le moindre confort. S'il vous faut du confort, restez là où vous êtes. Mais je vous préviens : si vous ne venez pas, vous le regretterez toute votre vie. Vous êtes d'accord? »

A ce moment, le regard de Mrs. Flushing tomba sur Rachel.

« Ah! voici votre nièce. Elle a déjà accepté. Vous venez, n'est-ce pas? »

Ayant établi son projet, elle le mettait à exécution avec une impétuosité enfantine. Rachel prit son parti avec empressement :

« Mais bien sûr, je viens! Et toi aussi, Helen. Et Mr. Pepper aussi. »

Tandis qu'elle s'asseyait, elle se rendit compte qu'elle était entourée de visages connus, mais que Terence était absent. De tous côtés, on émettait des avis sur le voyage projeté. Selon les uns, il ferait chaud, mais les nuits seraient froides; selon d'autres, il serait difficile surtout de trouver un bateau et aussi de se faire comprendre des indigènes. Mrs. Flushing écartait tous les obstacles dressés soit par l'homme, soit par la nature en assurant que son mari arrangerait tout cela.

Pendant ce temps, Mr. Flushing expliquait tranquillement à Helen que l'expédition n'avait rien de compliqué : il s'agissait de cinq jours à passer dans l'intérieur du pays; le site, un village indigène, valait certes une visite avant le retour en

Angleterre. Helen répondait par des murmures ambigus sans se prononcer dans un sens ou dans l'autre.

Trop de personnes de catégories différentes étaient rassemblées autour de ces tables pour qu'une conversation générale pût se poursuivre avec succès. Du point de vue de Rachel, cela offrait le grand avantage de ne pas l'obliger à parler. Un peu plus loin, Susan et Arthur essayaient de faire comprendre à Mrs. Paley qu'on projetait une expédition; Mrs. Paley, ayant enfin compris, formula son conseil de voyageuse honoraire : il fallait emporter des boîtes de conserve, des manteaux de fourrure et de la poudre insecticide. Penchée vers Mrs. Flushing, elle lui chuchota quelque chose qui, à en juger par la façon dont son œil s'alluma, devait se rapporter à des punaises. D'un autre côté, Helen récitait à Saint-John Hirst *Sonnez le glas pour les braves,* manifestement dans l'espoir de gagner la pièce de six pence déposée sur la table. Ailleurs, Mr. Hughling Elliot imposait silence à son auditoire au moyen d'une savoureuse anecdote relative à Lord Curzon et à la bicyclette d'un étudiant. Mrs. Thornbury cherchait en vain le nom du personnage qui aurait pu devenir un nouveau Garibaldi et qui avait écrit un livre que chacun devait lire. Mr. Thornbury se rappela qu'il tenait une paire de jumelles à la disposition des amateurs. Miss Allan cependant, dans l'intimité qui souvent s'établit entre une vieille fille et un chien, susurrait quelque chose au fox-terrier qu'Evelyn avait enfin réussi à attirer. De temps à autre, un soupir des branches d'arbre laissait descendre sur les assiettes des grains de poussière ou de pollen. Dans la mesure où une rivière peut sentir une brindille qui y tombe ou voir le ciel au-dessus, Rachel percevait un peu de ce qui se passait autour d'elle; mais son regard était trop vague pour le goût d'Evelyn. Celle-ci contourna la table et vint s'asseoir par terre à ses pieds.

« Eh bien, interrogea-t-elle brusquement, à quoi pensez-vous ?

– A Miss Warrington », répondit Rachel sans réfléchir, simplement pour dire quelque chose.

Elle voyait en effet Susan parler à voix basse à Mrs. Elliot, tandis qu'Arthur la contemplait, plein d'une confiance absolue dans l'amour qu'il ressentait pour elle. Rachel et Evelyn prêtèrent l'oreille à ce que disait Susan.

« Il y a les rangements, les chiens, le jardin, les enfants qui viennent prendre des leçons, scandait la voix de Susan, comme s'il s'agissait de barrer les choses sur une liste – et mon tennis, et le village, et la correspondance de papa, et mille autres détails qui n'ont l'air de rien, mais qui ne me laissent pas un instant de liberté. Quand je vais me coucher, je m'endors avant d'avoir posé la tête sur l'oreiller. De plus, j'aime faire de longues visites à mes tantes, je vais souvent les ennuyer, n'est-ce pas, tante Emma ? (Elle adressa un sourire à la vieille Mrs. Paley qui, la tête un peu penchée, contemplait le cake dans une affectueuse expectative.) En outre, papa est très sujet au rhume en hiver, et cela entraîne beaucoup d'allées et venues, car il n'est pas capable de faire attention à lui-même – pas plus que vous ne le serez, Arthur ! C'est ce qui fait monter le tas de choses qu'il faut faire. »

Sa voix monta, elle aussi, en une extase de satisfaction béate devant son existence et devant son propre caractère. Rachel conçut soudain une violente antipathie à l'égard de Susan, oubliant tout ce que celle-ci avait de gentil, de modeste, de touchant même. Elle lui paraissait cruelle maintenant, dépourvue de sincérité. Elle la voyait devenir énorme, prolifique, l'œil aqueux et sans profondeur, la fleur de ses joues transformée en un réseau desséché de veinules rouges.

Helen, qui avait gagné les six pence et semblait se préparer à partir, se tourna vers Rachel :

« Tu es allée à l'église ?

– Oui », dit Rachel. Puis elle ajouta : « Pour la dernière fois. »

Helen, occupée à mettre ses gants, en laissa tomber un. Evelyn s'en empara, comme pour s'opposer au départ, en s'écriant :

« Vous n'allez pas partir !

– Il est grand temps, répliqua Helen. Vous ne voyez donc pas que personne ne dit plus rien ? »

Le silence s'était refermé sur eux tous, amené en partie par quelque hasard de la conversation, en partie par l'approche d'un nouveau personnage. Helen ne voyait pas qui c'était, mais elle lut dans l'expression de Rachel quelque chose qui lui fit penser : « Tiens, c'est Hewet ! » Elle se mit à enfiler ses gants avec un sentiment curieux de l'importance de cette minute. Puis elle se leva car Mrs. Flushing, de son côté, avait aperçu Hewet et l'interviewait déjà au sujet des fleuves et des bateaux, ce qui annonçait que la conversation allait reprendre depuis le commencement.

Rachel suivit Helen. Elles parcoururent l'avenue en silence. Malgré ce qu'elle venait de voir et de comprendre, la préoccupation dominante chez Helen était d'une étrange perversité : elle se disait que pendant cette expédition, elle ne pourrait pas prendre de bain – sacrifice qui lui paraissait important et pénible.

« C'est si déplaisant d'être parqué avec des gens qu'on connaît à peine, dit-elle, des gens qui ne veulent pas qu'on les voie tout nus.

– Tu n'as pas l'intention d'y aller ? » demanda Rachel.

L'intensité de son accent agaça Helen, qui prit un air de plus en plus détaché.

« Je n'ai l'intention ni d'y aller ni de ne pas y aller. Au fond, je crois que nous connaissons déjà tout ce qu'il y a à voir dans la région. De plus, il s'agit d'arriver jusque-là et ils ont beau dire, cela menace d'être affreusement inconfortable. »

Pendant quelque temps, Rachel s'abstint de répondre, mais son animosité augmentait à chaque phrase de Helen. A la fin, elle n'y tint plus et s'écria :

« Dieu merci, je ne suis pas comme toi, Helen ! Il me semble par moments que tu ne penses, ne sens, n'aimes, ne fais qu'une chose : exister ! Tu es comme Mr. Hirst. Tu constates que quelque chose est mauvais, et tu es toute fière de l'avoir dit. C'est ce que vous appelez être honnête. En réalité, c'est être paresseux, stupide, rien du tout. Vous n'apportez votre aide à rien, vous mettez un terme à toute chose. »

Helen souriait, comme si elle prenait plaisir à cette attaque.

« Et alors ? fit-elle.

– Je trouve que c'est mal, voilà tout.

– C'est bien possible », dit Helen.

A tout autre moment, Rachel eût été vraisemblablement réduite au silence par la franchise de sa tante, mais ce jour-là, elle n'était pas disposée à se laisser réduire au silence par quiconque. Elle appelait la querelle.

« Tu ne vis qu'à moitié !
– Est-ce parce que j'ai décliné l'invitation de Mr. Flushing ? demanda Helen, ou est-ce ton opinion de toujours ? »

Sur le coup, il sembla à Rachel qu'elle avait de tout temps constaté chez Helen les mêmes défauts, depuis le premier soir à bord de l'*Euphrosyne,* malgré la beauté et la grandeur d'âme de sa tante, malgré leur affection réciproque.

« Oh ! du reste, tout le monde est comme ça, dit-elle. Personne ne sent rien, personne ne fait rien, sinon blesser les autres. Je te le dis, Helen, le monde est mauvais. Vivre, vouloir – c'est une torture... »

Elle arracha une poignée de feuilles à un buisson pour se donner une contenance.

« L'existence de ces gens, essaya-t-elle d'expliquer, leur absence de but, leur façon de vivre... Tous tant qu'ils sont, c'est la même chose. Il n'y en a pas un seul qui vous apporte ce qu'on attendait de lui. »

Son exaltation, le désordre de ses idées en auraient fait une proie facile si Helen eu envie de discuter ou de lui extorquer des confidences. Mais, au contraire, elle s'enferma dans le silence pendant le reste du trajet. Les plaisanteries, les bavardages, les fadaises de l'après-midi avaient perdu leur consistance à ses yeux. Par-delà les affinités et les antipathies, les rapprochements et les séparations, de grandes choses prenaient naissance, des choses d'une redoutable grandeur. Toute impression de sécurité faillit l'abandonner, comme si sous des broussailles et des feuilles mortes elle venait de voir bouger un serpent. Il lui sembla qu'un instant de répit leur était accordé, un instant d'illusion, après lequel la loi impénétrable, la loi sans raison s'abattrait sur eux à nouveau, les modelant tous selon son caprice, les formant ou les détruisant.

Elle regarda Rachel qui marchait à ses côtés, froissant toujours les feuilles entre ses doigts et perdue dans ses méditations. Elle était amoureuse et Helen la plaignait profondément. Mais elle secoua ses pensées et dit :

« Je suis désolée, mais si je suis ennuyeuse, c'est dans ma nature; il n'y a rien à faire. »

Elle corrigea cependant sans difficulté ce défaut naturel en déclarant que le projet de Mr. Flushing lui paraissait excellent, qu'il fallait seulement l'examiner de plus près, ce qu'elle fit avant qu'elles eussent regagné leur villa. D'un commun accord il fut décidé que, si le projet revenait sur le tapis, elles accepteraient l'invitation.

CHAPITRE XX

Étudié en détail par Mr. Flushing et Mrs. Ambrose, le projet révéla que l'expédition ne serait ni difficile ni dangereuse. On apprit même qu'elle n'avait rien d'inusité. Tous les ans à pareille époque, des Anglais remontaient en groupe le fleuve, visitaient le village, achetaient aux indigènes un certain nombre d'objets, puis rentraient sains et saufs de corps et d'esprit. Dès qu'on eut l'assurance que six personnes avaient effectivement les mêmes intentions, il ne resta plus qu'à hâter les préparatifs.

Depuis le règne d'Elizabeth, bien peu de gens connaissaient ce fleuve; rien n'était venu modifier son aspect par rapport à celui que contemplaient les voyageurs élisabéthains. L'intervalle entre le règne d'Elizabeth et l'époque actuelle n'avait duré qu'un instant, en comparaison des siècles pendant lesquels les eaux coulaient toujours entre ces rives, et les bosquets se multipliaient, et les arbrisseaux se transformaient en arbres géants, sillonnés de rides, ignorés de tous. Ne changeant qu'au gré du soleil et des nuages, leur masse verte, doucement agitée, s'élevait toujours là, de siècle en siècle, et les eaux sans arrêt poursuivaient leur course, entraînant tantôt des morceaux de rivage, tantôt des branches, cependant qu'ailleurs, dans le monde, une ville s'érigeait sur les ruines d'une autre et que, dans ces villes, les hommes de plus en plus organisés se différenciaient toujours davantage. On pouvait suivre le fleuve sur plusieurs milles du haut de la montagne où le pique-nique avait eu lieu quelques semaines plus tôt. Susan et Arthur l'avaient eu sous les yeux tandis qu'ils s'embrassaient, Terence et Rachel, tandis qu'ils parlaient de Richmond, Evelyn et Perrott, tandis qu'ils déambulaient, s'imaginant être de grands capitaines chargés de coloniser le monde. Ils avaient aperçu cette large balafre bleue en travers des sables, rejoignant la mer et, en amont, la nuée verte des arbres qui s'épaississait peu à peu jusqu'à soustraire finalement aux regards la vue de ses eaux. Pendant une vingtaine de milles, on rencontrait çà et là le long du rivage, des maisons bientôt remplacées par des huttes, puis, sans plus la moindre maison ni hutte, il y avait des arbres et de l'herbe que seuls connaissaient les chasseurs, les explorateurs, les marchands venus jusque-là en bateau ou à pied, mais non pour s'y installer à demeure.

Parti de Santa Marina au début de la matinée, après avoir fait vingt milles en voiture et huit milles à cheval, le groupe, composé finalement de six Anglais et Anglaises, atteignit les bords du fleuve à la tombée de la nuit. Au petit galop ils sortirent du sous-bois : Mr. et Mrs. Flushing, Helen Ambrose, Rachel, Terence et Saint-John. Les petits chevaux, fatigués, s'arrêtèrent automatiquement et les Anglais mirent pied à terre. Mrs. Flushing, pleine d'entrain, s'avança à grands pas jusqu'au bord de l'eau. Durant cette journée longue et chaude, la vitesse et le grand air l'avaient cependant enchantée. Elle était loin de l'hôtel qu'elle avait en horreur et son entourage lui convenait tout à fait. Le fleuve tourbillonnait dans l'obscurité; on distinguait à peine la surface mouvante de l'eau dont le bruit emplissait l'air. Ils se tenaient à un endroit dégagé entre de gros troncs d'arbres; au loin, une petite lumière verte se balançait légèrement, signalant la présence du vapeur qui devait les emmener.

Lorsque enfin ils montèrent à bord, le bateau, très petit, leur fit sentir par en dessous une série de légères secousses, puis se mit à labourer l'eau d'un mouvement régulier. Ils avaient l'impression de voguer sur le cœur de la nuit, car devant eux les arbres paraissaient se rejoindre et tout autour on entendait bruire les feuillages. Comme cela se produit en général, l'obscurité profonde, prêtant aux paroles une sonorité grêle et mate, ôtait à chacun l'envie de communiquer avec d'autres. Après avoir fait trois ou quatre fois le tour du bateau, ils se retrouvèrent en groupe, bâillant à qui mieux mieux et regardant tous une même tache particulièrement sombre sur le rivage. D'une voix à peine murmurante, scandant les mots comme si l'air la faisait suffoquer, Mrs. Flushing se demandait où ils allaient dormir : ce ne pouvait être en bas, dans cette niche à chien qui sentait l'huile des machines, ni sur le pont, ni... Elle bâilla largement. Comme Helen l'avait prévu, la question de nudité se posait déjà, bien que chacun tombât de sommeil et fût à peu près invisible pour les autres. Ayant, avec l'aide de Saint-John, tendu une toile, elle persuada Mrs. Flushing qu'elle pouvait parfaitement se déshabiller derrière ce rideau et que personne ne regarderait si par hasard quelque partie d'elle-même, dissimulée pendant quarante-cinq ans, s'offrait nue aux yeux des humains. On étala des matelas, on apporta des couvertures et les trois femmes s'étendirent côte à côte dans la douceur du grand air.

Les messieurs, après avoir fumé un certain nombre de cigarettes dont ils lançaient dans l'eau les bouts encore allumés, après avoir regardé quelque temps l'eau noire se rider au-dessous d'eux, se déshabillèrent à leur tour pour se coucher à l'autre extrémité du bateau. Ils étaient très fatigués et, de plus, séparés les uns des autres par des cloisons d'ombre. La lumière de l'unique lanterne éclairait des cordages, quelques planches du pont, la lisse du bateau, mais ailleurs l'obscurité était ininterrompue, pas la moindre lueur n'effleurait les visages, ni les arbres massés sur les rives.

Peu de temps après, Wilfrid Flushing dormait. Hirst dormait. Hewet seul restait éveillé, les yeux levés droit vers le ciel. Le léger mouvement du bateau, les formes noires qui sans cesse passaient devant son regard l'empêchaient de réfléchir. La présence de Rachel berçait sa pensée comme pour l'endormir. Si proche, à quelques pas de lui, de l'autre côté du bateau, elle lui ôtait le moyen de penser à elle, comme elle l'eût mis dans l'impossibilité de la voir en se plaçant tout près de lui, le front contre son front. Il ne savait pourquoi, le bateau s'identifiait avec son être à lui, et pas plus qu'il n'y avait de sens à se lever pour aller gouverner le bateau, il n'était utile de lutter contre la force irrésistible de ses sentiments... Il était emporté toujours plus loin de tout ce qu'il connaissait, passant par-dessus les barrières, perdant de vue les jalons, pénétrant dans les eaux inconnues, à mesure que le bateau glissait à la surface unie du fleuve. Apaisé, en un relâchement de la conscience qu'il n'avait pas éprouvé depuis bien des nuits, il restait étendu sur le pont, suivant des yeux les cimes des arbres qui se déplaçaient peu à peu contre le ciel, s'arquaient, s'abaissaient, se dressaient, énormes, jusqu'à ce que cette vision se trouvât remplacée par des rêves, dans lesquels il était couché à l'ombre des grands arbres, les yeux levés vers le ciel.

Quand ils se réveillèrent le matin, le bateau avait déjà remonté le fleuve sur une bonne longueur. A droite on voyait une haute berge de sable jaune avec des bouquets d'arbres, à gauche un marécage tout frémissant de longs roseaux et de hauts bambous, à la pointe desquels se balançaient doucement des oiseaux au plumage éclatant, jaune et vert. La matinée était calme et chaude. Après le petit déjeuner, on réunit des sièges et on s'installa en demi-cercle irrégulier à l'avant. La toile au-dessus de leurs têtes les protégeait des ardeurs du soleil et la brise que soulevait le bateau les aérait avec douceur. Mrs. Flushing était déjà en train de zébrer et de pointiller une toile, rejetant la tête d'un côté ou de l'autre avec des mouvements nerveux d'oiseau qui picore des grains. Les autres avaient sur les genoux qui un livre, qui une feuille de papier, qui un ouvrage de broderie. Ils y jetaient un coup d'œil par instants, puis regardaient de nouveau le fleuve devant eux. A un moment donné, Hewet se mit à lire à haute voix un poème, mais les mots succombèrent devant le nombre de choses mouvantes. Il s'arrêta et personne ne dit plus rien. On avançait maintenant sous une voûte de feuillage. A gauche, sur un îlot, une couvée d'oiseaux rouges prenait son repas; plus loin, un perroquet bleu-vert volait en criant d'arbre en arbre. Le pays prenait un aspect de plus en plus sauvage. Les arbres et les broussailles semblaient s'étouffer réciproquement au ras du sol dans un vaste pugilat, tandis que de place en place, un tronc superbe se dressait au-dessus de la mêlée, agitant légèrement, dans une couche supérieure de l'air, de fines ombrelles de verdure. Hewet jeta un nouveau regard sur ses livres. La matinée était aussi paisible que la nuit et pourtant très étrange parce que maintenant il faisait jour, parce qu'il pouvait voir Rachel, entendre sa voix, se tenir près d'elle. Il se sentait comme en attente, immobile parmi les choses qui passaient au-dessus et autour de lui, voix, formes humaines, oiseaux. Mais il y avait avec lui Rachel, qui attendait, elle aussi. Il la regardait de temps en temps, comme si elle dût savoir qu'ils attendaient ainsi ensemble, emportés ensemble sans pouvoir offrir la moindre résistance. Il lut dans son livre :

Qui que vous soyez dont la main me tient aujourd'hui,
Faute d'une seule chose, tout sera inutile.

Un oiseau fit entendre un rire sauvage, un singe ricana, lançant une question malicieuse; alors, comme une flamme pâlit dans l'ardent éclat du soleil, les paroles du poème, après un sursaut, s'éteignirent.

Petit à petit, à mesure que le fleuve se rétrécissait, les bancs de sable perdaient leur relief, formaient un terrain plat, envahi d'une végétation touffue. On entendait les bruits de la forêt résonner comme dans une salle. Des cris s'élevaient soudain, suivis de longs intervalles de silence, tel qu'il s'en produit dans une cathédrale quand une voix d'adolescent vient de se taire, mais que son écho vibre encore parmi les extrêmes régions de la voûte. A un certain moment, Mr. Flushing se leva pour aller parler à un matelot; il annonça ensuite que dans l'après-midi le vapeur s'arrêterait quelque temps et que l'on pourrait aller faire une promenade dans la forêt.

« Il y a partout des pistes tracées entre les arbres, expliqua-t-il. Nous ne sommes encore qu'à deux pas de la civilisation. »

Il examina la peinture de sa femme. Trop bien élevé pour se prononcer en public, il se contenta de recouvrir d'une main la moitié de la pochade et de faire un grand geste avec l'autre.

« Seigneur! s'écria Hirst qui regardait droit devant lui, vous ne trouvez pas que c'est étrangement beau?

– Beau? » répéta Helen.

Le mot lui parut si menu, si bizarre, elle-même et Hirst si petits qu'elle ne songea pas à répondre.

Hewet jugea qu'il fallait dire quelque chose.

« C'est à cela que les elisabéthains ont emprunté leur style, déclara-t-il, pensif, plongeant le regard dans cette profusion de feuillages, de corolles et de fruits prodigieux.

– Shakespeare? J'ai horreur de Shakespeare! » s'écria Mrs. Flushing.

Et Wilfrid commenta, plein d'admiration :

« Vous êtes, je crois, la seule personne qui ait le courage de l'avouer, Alice. »

Mais Mrs. Flushing, toute à sa peinture, ne parut pas attacher beaucoup d'importance au compliment de son mari. Elle poursuivait son travail, laissant échapper, de temps à autre, une parole ou un grognement en sourdine. Il faisait très chaud maintenant.

« Regardez Hirst », murmura Mr. Flushing.

Saint-John avait laissé tomber sa feuille de papier. Sa tête était renversée en arrière, sa respiration devenait un ronflement prolongé.

Terence ramassa le papier et l'étala devant Rachel. C'était la suite du poème sur Dieu, commencé dans la chapelle et si indécent que Rachel, tout en constatant cette indécence, ne comprit pas la moitié du texte. Hewet commença à insérer des mots dans les blancs laissés par Hirst, mais il ne tarda pas à s'interrompre. Son crayon alla rouler sur le pont.

Ils se rapprochaient progressivement de la rive à leur droite; la lumière qui tombait sur eux à travers un parasol de feuillage devenait franchement verte, de sorte que Mrs. Flushing dut abandonner son esquisse et, en silence, regarda devant elle. Hirst se réveilla. Puis on vint les appeler pour le déjeuner. Pendant qu'ils étaient à table, le bateau s'arrêta à quelque distance du rivage. Le canot qu'il remorquait fut amené et on aida les dames à y descendre.

Pour le cas où elles s'ennuieraient, Helen glissa sous son bras un volume de mémoires et Mrs. Flushing prit sa boîte de peinture. Ainsi équipées, elles se laissèrent déposer sur la rive, à la lisière de la forêt.

A peine avait-on parcouru quelques centaines de mètres sur la piste parallèle au fleuve, que Helen déclara la chaleur intenable. La brise ne venait pas jusque-là et la forêt dégageait une atmosphère de buée chaude, saturée d'odeurs.

« Je vais rester ici », annonça Helen, désignant un tronc d'arbre depuis longtemps écroulé, sur lequel des lianes s'entrelaçaient en tous sens et les troncs resserraient leur étau. Elle s'assit et ouvrit son ombrelle, les yeux fixés sur le fleuve rayé par les troncs d'arbres; derrière elle, la forêt s'enfonçait dans l'ombre noire.

« Vous avez raison », dit Mrs. Flushing, commençant à préparer sa boîte de peinture, tandis que son mari lui cherchait un point de vue intéressant.

Hirst nettoya une place à terre près de Helen et s'y installa résolument, comme s'il avait l'intention de n'en pas bouger avant d'avoir épuisé les sujets d'une longue conversation. Seuls Terence et Rachel restaient debout, sans aucun programme. Terence se rendait compte que le moment décisif était arrivé, comme il était fatal qu'il arrivât. Il se sentait néanmoins parfaitement calme et maître de soi. Il fit exprès de s'attarder un instant, essayant de faire sortir Helen de son coin. Rachel se joignit à lui pour conseiller à sa tante de les accompagner.

« Vous êtes, à ma connaissance, la personne la moins aventureuse qui soit, observa Hewet. Vous supportiez de rester assise sur l'une des chaises vertes de Hyde Park ! Vous n'allez donc pas bouger de l'après-midi ? Cela ne vous dit rien de marcher un peu ?

– Oh ! non, répondit Helen. Il n'y a qu'à ouvrir les yeux, on trouve tout ici, tout, répéta-t-elle d'une voix somnolente. Que gagnerait-on à marcher ? »

Hirst intervint :

« Vous rentrerez pour le thé, excédés de chaleur et d'humeur massacrante, tandis que nous, nous serons frais et suaves. »

Dans ses yeux levés sur eux, on voyait les reflets jaunes et verts du ciel et des branches qui estompaient l'acuité du regard; il semblait mettre une intention dans ce qu'il disait. Pour lui et pour Helen, il était donc entendu que Terence et Rachel allaient se promener ensemble dans la forêt. Ceux-ci échangèrent un coup d'œil et se mirent en route.

« Au revoir! cria Rachel.

– Au revoir! Attention aux serpents », répondit Hirst.

Il s'installa plus confortablement encore à l'ombre que faisaient l'arbre abattu et la silhouette de Helen. Mr. Flushing cria aux jeunes gens qui s'éloignaient :

« Nous repartons dans une heure d'ici. Ne l'oubliez pas, Hewet! Une heure. »

Tracée par l'homme ou respectée on ne sait pourquoi par la nature, une large avenue perpendiculaire au fleuve coupait la forêt. Elle eût rappelé un chemin forestier d'Angleterre, n'étaient les arbustes tropicaux qui la bordaient, avec leurs feuilles en lames d'épée, et le sol que recouvrait au lieu d'herbe une mousse vierge, élastique, étoilée de petites fleurs jaunes.

A mesure qu'ils s'enfonçaient dans les profondeurs sylvestres, le jour s'obscurcissait et aux bruits ordinaires du monde se substituaient ces craquements, ces soupirs qui donnent au voyageur le sentiment de marcher au fond de la mer. Le chemin se rétrécit, obliqua entre deux haies de lianes qui tenaient étroitement enlacés les troncs d'arbres et semblaient exploser par endroits en étoiles de fleurs écarlates. Dans les hauteurs, soupirs et craquements étaient parfois interrompus par le cri discordant d'une bête effrayée. Seules de langoureuses bouffées de parfum agitaient un peu l'atmosphère étouffante. Dans la vaste étendue de lumière verte, un rond de soleil, d'un jaune pur, faisait irruption çà et là à travers l'immense ombrelle de verdure et, dans ces interstices de jaune, des papillons noir et cramoisi tournoyaient ou se posaient. Terence et Rachel ne disaient presque rien.

Accablés par le poids du silence, l'un et l'autre étaient d'ailleurs incapables de prêter une forme à leurs pensées. Il y avait entre eux quelque chose qu'il fallait exprimer. L'un des deux devait commencer, mais lequel? Hewet ramassa un fruit rouge et le lança aussi haut qu'il put. Quand le fruit retomberait sur le sol, il parlerait. On entendit de grands battements d'ailes; on entendit le fruit tambouriner contre les feuilles, puis tomber avec un bruit mat. Et ce fut de nouveau le silence profond.

« Est-ce que cela vous fait peur? demanda Terence quand le bruit de la chute eut cessé complètement.

– Non, répondit Rachel, j'aime cela. »

Elle répéta : « J'aime cela. » Elle marchait vite et se tenait plus droite que d'habitude. Il y eut un nouveau silence.

« Vous aimez être avec moi? » demanda Terence.

Elle répondit :

« Oui, avec vous. »

Il se tut pendant quelques instants. Le silence semblait être descendu sur le monde entier.

« C'est ce que je ressens depuis le jour où je vous ai connue, dit-il. Ensemble, nous sommes heureux. »

Il n'avait pas l'impression de parler, ni elle d'écouter. Elle reprit :

« Très heureux. »

Ils continuèrent à marcher sans rien dire, pressant inconsciemment le pas.

« Nous nous aimons », dit Terence.

Elle répéta :

« Nous nous aimons. »

Ensuite, le silence fut rompu par leurs voix réunies en d'étranges accents inaccoutumés qui ne formaient pas de paroles. Ils marchaient vite, toujours plus vite; puis, simultanément, il s'arrêtèrent, s'étreignirent, se dégagèrent de l'étreinte et tombèrent assis sur le sol, côte à côte. Des sons se détachant du fond de l'espace jetaient un pont par-dessus leur silence. Ils entendaient le bruit sifflant des branches, un cri rauque d'animal dans un monde lointain.

« Nous nous aimons », répéta Terence, scrutant le visage de Rachel.

Leurs deux visages étaient très pâles, très calmes; ils se taisaient. Il avait peur à l'idée de l'embrasser de nouveau. Elle se rapprocha progressivement, s'appuya contre lui. Pendant quelque temps ils restèrent ainsi. Elle prononça une fois : « Terence. » Il répondit : « Rachel. »

Après une nouvelle pause, elle murmura : « Terrible... terrible », mais en disant ce mot, elle ne pensait pas plus à ce qu'elle ressentait qu'au bruit tourbillonnant de l'eau qui persistait dans le lointain, qui se prolongeait, absurde et cruel. Elle vit des larmes couler sur le visage de Terence.

C'était à lui de prendre la prochaine initiative.

Beaucoup de temps semblait s'être écoulé. Il sortit sa montre.

« Flushing a dit : une heure. Il y a plus d'une demi-heure que nous sommes partis.

– Il en faudra autant pour le retour », dit Rachel.

Très lentement, elle se leva. Une fois debout, elle étendit les bras et prit une longue respiration, mi-soupir, mi-bâillement. Elle paraissait très lasse, ses joues étaient blêmes.

« De quel côté ? demanda-t-elle.

– Par ici », répondit Terence.

Ils s'en retournèrent le long de la piste moussue. Au-dessus d'eux, très loin, continuaient les soupirs, les croassements, les discordantes clameurs animales. Les papillons tournoyaient toujours dans les taches de soleil jaune. Sûr d'abord de son chemin, Terence conçut des doutes. Ils s'arrêtèrent pour délibérer, retournèrent à leur point de départ, repartirent de nouveau : il savait dans quelle direction se trouvait le fleuve, mais n'était pas certain d'arriver à l'endroit précis où ils avaient laissé les autres. Rachel le suivait, s'arrêtant quand il s'arrêtait, tournant quand il tournait, ignorant le chemin, ignorant pourquoi il s'arrêtait, pourquoi il tournait.

« Je ne veux pas que nous soyons en retard », dit-il.

Il lui mit une fleur dans la main et les doigts de Rachel se refermèrent, dociles, sur sa tige.

« Nous sommes tellement en retard, tellement en retard, si terriblement en retard, répétait-il comme en rêve. Ah ! voilà, c'est ici qu'il faut tourner. »

Ils se retrouvèrent dans la large avenue, pareille à celles des forêts d'Angleterre, qu'ils avaient prise en quittant leurs amis. Ils continuèrent à marcher, silencieux comme des somnambules, avec par instants une étrange conscience de la masse de leurs corps. Puis Rachel s'écria tout à coup :

« Helen ! »

Dans un endroit ensoleillé, à la lisière de la forêt, ils aperçurent Helen, toujours assise sur le tronc d'arbre, avec la blancheur éclatante de sa robe en pleine lumière, près de Hirst étendu, appuyé sur son coude. Ils s'arrêtèrent machinalement. La vue des autres les empêchait d'avancer. Ils restèrent sur place pendant quelques instants, la main dans la main, silencieux. La vue des autres leur paraissait insupportable.

« Il faut pourtant y aller », dit Rachel sur ce ton étrangement sourd qui avait été le leur jusque-là. Et au prix d'un effort considérable, ils s'obligèrent à franchir la courte distance qui les séparait du couple assis sur le tronc d'arbre.

Comme ils en approchaient, Helen se retourna et les vit. Elle les regarda pendant quelque temps sans rien dire. Quand ils furent tout près, elle demanda tranquillement :

« Avez-vous rencontré Mr. Flushing ? Il est allé au-devant de vous, pensant que vous vous étiez perdus. Je lui disais bien pourtant que vous n'étiez pas perdus. »

Hirst se retourna à moitié et rejeta la tête en arrière de façon à regarder les branches qui se croisaient en l'air au-dessus de lui.

« Eh bien, cela valait-il la peine ? » demanda-t-il d'un air rêveur.

Hewet s'assit près de lui sur l'herbe et commença à s'éventer.

« Chaud », dit-il.

Rachel, installée en équilibre près de Helen, sur le tronc d'arbre, répéta :

« Très chaud.

– Vous avez l'air exténués, en tout cas, observa Hirst.

– Il fait affreusement étouffant sous ces arbres », dit Helen, ramassant son livre et le secouant pour faire tomber les brins d'herbe qui s'étaient glissés entre les pages.

Puis tout le monde se tut et regarda le fleuve qui coulait, tourbillonnant entre les arbres, jusqu'au moment où Mr. Flushing rompit ce silence. Il surgit de la forêt, à une centaine de mètres sur la gauche, criant d'une voix autoritaire :

« Ah! vous avez fini par retrouver le chemin. Mais il est tard, bien plus tard qu'il n'avait été convenu, Hewet! »

Il était quelque peu fâché et, comme chef d'expédition, enclin à se comporter en dictateur. Il parlait vite, en termes inutilement sévères :

« En temps normal, un retard n'a pas d'importance, en effet, mais quand on demande aux hommes d'être exacts... »

Il les rassembla et les fit descendre sur la berge où la barque les attendait pour les ramener au bateau.

La chaleur de l'après-midi s'atténuait et devant leurs tasses de thé, les Flushing redevenaient communicatifs. En les écoutant, Terence avait l'impression que la vie évoluait désormais sur deux plans distincts. Il y avait les Flushing qui bavardaient sans arrêt, quelque part dans les airs, au-dessus de sa tête, tandis que Rachel et lui-même étaient descendus ensemble au plus profond de l'univers. Cependant, avec ce quelque chose de direct qui, chez elle, rappelait les enfants, Mrs. Flushing possédait aussi l'instinct qui fait dépister aux enfants ce que leurs aînés veulent garder secret. De ses yeux bleus, elle scrutait Terence et s'adressait à lui en particulier. Que ferait-il – voilà ce qu'elle voulait savoir – si le bateau rencontrait un rocher et coulait ?

« Vous pourriez penser à aut'chose qu'à vous sauver vous-même ? Je pourrais faire ça, moi ? Oh !

que non, disait-elle en riant, pas de danger ! Il n'y a que deux êtres dont une femme moyenne se soucie en général : son enfant et son chien. Et pour un homme, j'crois bien qu'il n'y en a même pas deux. On vous parle d'amour dans les livres, c'est c'qui fait que la poésie est si embêtante. Mais dans la vie réelle, qu'est-ce qu'on trouve, hein ? C'est toujours pas l'amour ! » cria-t-elle pour finir.

Terence murmura quelque chose d'inintelligible. Mr. Flushing, entre-temps, avait recouvré son urbanité. Il fumait une cigarette et ce fut lui qui répondit à sa femme :

« Vous ne devez pas perdre de vue, Alice, que votre éducation a été très peu normale, très spéciale, devrais-je dire. Ils n'avaient plus de mère, expliqua-t-il, abandonnant un peu de son formalisme, et leur père – un homme charmant, je n'en doute pas – n'avait de tendresse que pour les chevaux de course et les sculptures grecques. Racontez l'histoire du bain, Alice.

– Dans la cour des écuries, dit Mrs. Flushing, sous la glace, en hiver. Il fallait y entrer de gré ou de force, sans quoi c'était le fouet. Les plus forts résistaient, les autres mouraient. Ce qu'on appelle la survivance des plus aptes. Excellent principe, on peut le dire, quand on a treize enfants !

– Tout cela en plein cœur de l'Angleterre, au dix-neuvième siècle ! » s'exclama Mr. Flushing, se tournant vers Helen. Mais Mrs. Flushing déclara :

« J'en ferais tout autant pour mes enfants si j'en avais. »

Chaque mot résonnait distinctement aux oreilles de Terence; mais que disaient-ils ? A qui parlaient-ils ? Qui étaient-ils, ces personnages irréels, qui se promenaient quelque part, tout en haut dans les airs ? Après avoir absorbé son thé, chacun se leva et alla se pencher à l'avant du bateau. Le soleil se couchait, l'eau était noire à un endroit, cramoisie à un autre. Le fleuve s'était élargi de nouveau. On passait près d'une petite île, plantée dans un coin sombre dans le milieu du courant. Deux grands oiseaux blancs, baignés de clartés rouges, se tenaient là comme sur des échasses; de squelettiques empreintes de pattes d'oiseaux marquaient seules la plage unie au bord de l'île. Le long du fleuve, les branches d'arbres paraissaient plus tordues, plus anguleuses qu'avant, le vert glauque des feuillages était éclaboussé d'or. Hirst, penché sur la proue, rompit le silence par des lamentations.

« On est affreusement mal à l'aise, vous ne trouvez pas? Ces arbres vous portent sur les nerfs. C'est un tel fouillis. Dieu est fou, il n'y a pas de doute. Qui donc, étant sain d'esprit, aurait pu concevoir un pays aussi sauvage et le peupler de singes et d'alligators? Je deviendrais fou s'il me fallait vivre ici, fou à lier. »

Terence voulut lui répondre, mais Mrs. Ambrose le devança pour inviter Hirst à observer la façon dont se groupaient les objets, les couleurs étonnantes, les formes des arbres. Elle semblait vouloir protéger Terence contre le contact des autres.

« Oui, dit Mr. Flushing. Et à mon avis, cette absence de population qui déplaît à Hirst apporte précisément la note caractéristique. Avouez, Hirst, que même une petite ville italienne dépoétiserait ce paysage, lui ôterait de son ampleur, de sa majesté originelle. »

Il fit un geste vers la forêt et contempla un instant sans rien dire l'énorme masse verte qui commençait à s'entourer de silence.

« J'avoue que nous paraissons bien petits à côté de cela – nous, mais pas eux ! »

Il indiqua de la tête un matelot qui se penchait sur la lisse et crachait dans l'eau.

« Voilà, je pense, à quoi ma femme est si sensible : la supériorité essentielle du paysan. »

A la faveur des discours de Mr. Flushing qui se mit avec douceur à raisonner et à persuader Saint-John, Terence entraîna Rachel vers le côté du bateau, lui montrant ostensiblement un grand tronc d'arbre difforme, tombé dans l'eau et à demi submergé. Il avait besoin, coûte que coûte, de se rapprocher d'elle, mais parler lui était impossible. Ils entendaient Mr. Flushing déverser ses flots d'éloquence, à propos de sa femme, à propos d'art, à propos de l'avenir du pays, de petits mots dépourvus de sens qui flottaient là-haut dans les airs. Comme la fraîcheur tombait, les deux hommes se mirent à faire les cent pas sur le pont. A leur passage, on saisissait des bribes de phrases : art, émotion, vérité, réalité.

« C'est vrai, ou bien est-ce un rêve ? murmura Rachel quand ils se furent éloignés.

– C'est vrai, c'est vrai », répondit Terence.

Mais la brise fraîchissait et chacun éprouva le désir de bouger. Quand ils se réunirent ensuite, enveloppés dans leurs manteaux ou leurs couvertures, Terence et Rachel se trouvèrent aux extrémités opposées du groupe et ne purent se parler. Mais, à mesure que la nuit descendait, les paroles des autres semblaient se recroqueviller, se désagréger comme des papiers en cendres, quelque part au-dessus d'eux, qui demeuraient parfaitement silencieux, tout au fond de l'univers. Des sursauts d'une joie sans pareille les secouaient parfois, puis c'était la paix de nouveau.

CHAPITRE XXI

GRÂCE à la discipline imposée par Mr. Flushing, chaque étape avait été atteinte à l'heure prévue et le lendemain matin, après le petit déjeuner, quand les sièges furent de nouveau réunis en demi-cercle à l'avant, le bateau n'était plus qu'à quelques milles du campement indigène qui marquait le terme du voyage. Mrs. Flushing, tout en s'installant, conseilla à chacun de ne pas quitter des yeux la rive gauche, où bientôt l'on verrait une clairière et, sur cette clairière, la hutte dans laquelle Mackenzie, le célèbre explorateur, mourut de la fièvre, une dizaine d'années plus tôt, pour ainsi dire à deux pas du monde civilisé; « Mackenzie, répéta-t-il, l'homme qui pénétra plus avant que tout autre dans l'intérieur du pays. » Tous les yeux se tournèrent docilement dans cette direction. Mais les yeux de Rachel ne distinguaient rien. Des formes jaunes ou vertes passaient, il est vrai, devant leur regard, mais elle se rendait compte seulement que les unes étaient grandes et les autres petites, sans se dire que c'étaient des arbres. Ces ordres de regarder d'un côté ou de l'autre l'irritaient comme toute interruption nous irrite quand nous sommes absorbés par nos pensées; en réalité cependant elle ne pensait à rien. Elle était agacée par tout ce qu'on disait, par les mouvements inutiles des corps autour d'elle; tout cela lui semblait empiéter sur sa liberté, l'empêcher de parler à Terence. Au bout de très peu de temps, Helen la vit fixer d'un air sombre un rouleau de cordages, sans plus faire d'effort pour écouter. Mr. Flushing et Saint-John étaient engagés dans un entretien plus ou moins suivi sur l'avenir politique du pays et sur la mesure dans laquelle celui-ci était déjà exploré. Les autres, jambes étendues ou menton appuyé sur la main, contemplaient en silence. Mrs. Ambrose regardait et écoutait, non sans bonne volonté, mais avec un malaise intérieur dont l'origine exacte n'était pas facile à déterminer. En regardant la rive sur l'injonction de Mr. Flushing, elle se disait que le pays était beau, mais aussi qu'il était étouffant, inquiétant. Il lui déplaisait d'être le jouet de sensations désordonnées; or, à mesure que le bateau se glissait toujours plus avant sous l'ardent soleil du matin, elle se sentait, sans raison, de plus en plus émue. Etait-ce dû au spectacle inusité de la forêt ou à quelque autre cause moins définie, elle n'aurait su le dire. Délaissant le paysage, elle retomba dans ses inquiétudes au sujet de Ridley, de ses enfants, des choses à longue échéance, telles que la vieillesse, la pauvreté et la mort. Hirst était déprimé, lui aussi. Il avait attendu cette expédition comme de véritables vacances, pensant qu'une fois loin de l'hôtel ce ne serait qu'une série d'aventures merveilleuses, au lieu de quoi il ne se passait rien et chacun restait là, mal à l'aise, refoulé, centré sur soi-même comme d'habitude. Voilà ce qu'on recueillait toujours pour avoir fondé trop d'espoirs sur n'importe quoi. On était invariablement déçu. Il en voulait à Wilfrid Flushing d'être si bien habillé et si formaliste. Il en voulait à Terence et à Rachel. Pourquoi ne parlaient-ils pas? Il les voyait, assis en silence, préoccupés d'eux-mêmes, et cette vue l'exaspérait. Il les supposait fiancés ou sur le point de l'être, mais ce fait, loin de lui sembler romanesque, excitant, demeurait aussi plat que tout le reste. Cela l'irritait d'ailleurs de les savoir amoureux. Il se rapprocha de Helen et commença à lui raconter la mauvaise nuit qu'il avait passée, couché sur le pont, ayant trop chaud ou trop froid, sous les étoiles trop brillantes qui l'empêchaient de dormir. Il était resté éveillé jusqu'au matin, à réfléchir, puis, la lumière peu à peu revenue, il avait noté une vingtaine de vers de son poème sur Dieu; et ce qu'il y avait de terrible, c'est que l'existence de Dieu s'y trouvait pratiquement démontrée. Sans s'apercevoir qu'il importunait Helen, il continua de faire des suppositions sur ce qui se passerait si Dieu existait.

« Ce vieux monsieur barbu, avec une longue robe de chambre bleue, pointilleux et querelleur comme de juste... Avez-vous des rimes à me suggérer? Dieu, pieu, lieu, c'est usé. Voyez-vous autre chose? »

Bien qu'il s'exprimât comme d'habitude, un seul regard aurait permis à Helen de constater qu'il était, lui aussi, troublé, énervé. Mais elle n'eut pas à lui répondre, car Mr. Flushing s'écria :

« La voici! »

Tout le monde regarda la hutte au bord du fleuve, construction solitaire au toit largement effondré, s'élevant sur un terrain jaune, grillé par les feux, jonché de boîtes de conserve béantes et rouillées.

« C'est là qu'on a découvert son cadavre ? cria Mrs. Flushing, le buste projeté en avant dans son empressement à contempler les lieux qui avaient vu mourir l'explorateur.

– C'est là qu'on a trouvé son corps, ses peaux de bêtes et son carnet de notes », répondit le mari. Mais déjà le bateau les entraînait loin du site entrevu.

La chaleur était si forte que personne ne bougeait, sinon pour changer de pied de temps en temps, ou pour allumer une cigarette. Les yeux attachés au rivage s'emplissaient des mêmes reflets verts, les bouches se contractaient légèrement comme si les paysages obligeaient à des réflexions, seul Saint-John remuait les lèvres, continuant machinalement à chercher des rimes à Dieu. Les autres, quelles que fussent leurs pensées, demeurèrent longtemps silencieux. Habitués à voir de chaque côté une muraille de verdure, ils furent surpris quand, tout à coup, l'espace éclairé s'élargit et les arbres s'arrêtèrent.

« Ne dirait-on pas un parc anglais ? » observa Mr. Flushing.

On ne pouvait imaginer, en effet, un plus saisissant contraste. Sur chaque rive s'étendait maintenant une sorte de pelouse, plantée (car cettre grâce et cette ordonnance évoquaient la sollicitude de l'homme) d'arbres élégants, posés sur de petits monticules. A perte de vue, ce gazon montait ou se creusait, rappelant les ondulations des parcs d'Angleterre. Le changement de décor voulait qu'on changeât de place et la plupart des voyageurs en furent heureux. Ils allèrent se pencher sur le bastingage.

« On se croirait à Arundel ou à Windsor, continuait Mr. Flushing. Il suffirait d'enlever cet arbuste à fleurs jaunes. Mais, ma parole, regardez donc! »

Sur plusieurs rangs, des dos bruns, un instant immobiles, s'élancèrent comme s'ils bondissaient par-dessus des vagues et disparurent.

Ils n'en croyaient pas leurs yeux : était-il possible que ce fût là un passage d'animaux en chair et en os, un troupeau de daims en liberté ? Excités comme des enfants, ils oublièrent leur humeur maussade. Hirst, avec un enthousiasme spontané, s'écria :

« Jamais je n'avais rien vu de plus grand qu'un lièvre! Je suis idiot de n'avoir pas emporté mon Kodak! »

Peu après, le bateau s'immobilisa progressivement et le capitaine vint expliquer à Mr. Flushing qu'une promenade à terre ne pouvait manquer d'être agréable aux voyageurs. S'ils décidaient de revenir dans une heure, il les emmènerait jusqu'au village; s'ils préféraient marcher (un mille ou deux tout au plus), il les retrouverait à l'embarcadère.

Cette question réglée, on les déposa de nouveau sur la rive. Les matelots sortirent de leurs poches du tabac et des raisins secs, et accoudés à la lisse, regardèrent s'éloigner les Anglais, dont les vestons et les robes faisaient un si drôle d'effet sur ce fond de verdure. Une plaisanterie, assurément peu convenable, provoqua un éclat de rire général; puis l'équipage fit demi-tour pour aller s'étendre confortablement sur le pont.

Aussitôt débarqués, Terence et Rachel devancèrent légèrement tous les autres.

« Dieu soit loué! s'écria Terence avec un long soupir, enfin nous sommes seuls.

— Si nous ne nous laissons pas rattraper, nous pourrons nous parler », dit Rachel.

Pourtant, malgré la distance qui leur permettait

de dire tout ce qu'ils voulaient, ils restaient silencieux.

« Vous m'aimez ? » demanda Terence à la longue, rompant à grand-peine ce mutisme.

Parler ou se taire exigeait un effort égal : quand ils ne disaient rien, chacun d'eux sentait trop vivement la présence de l'autre; quand ils parlaient, leur langage leur paraissait trop trivial ou trop grandiloquent.

Elle murmura quelque chose d'inintelligible qui se terminait par : « Et vous ?

– Oui, oui », répondit-il.

Mais tant de choses restaient à dire ! Il semblait indispensable, maintenant qu'ils étaient seuls, de se rapprocher davantage, de franchir la barrière qui s'était formée entre eux depuis leur dernier entretien. La difficulté paraissait effroyable, étrangement complexe. Après un instant de lucidité parfaite, Terence retombait dans la confusion.

« Je vais commencer par le commencement, déclara-t-il, prenant un parti. Je vais vous dire ce que j'aurais dû vous dire plus tôt. En premier lieu, je n'ai jamais aimé personne d'autre, mais j'ai eu d'autres femmes. Ensuite, j'ai de grands défauts. Je suis paresseux, je suis fantasque... »

Malgré l'exclamation de Rachel, il poursuivit :

« Il faut que vous connaissiez ce qu'il y a de pire chez moi. Je suis sensuel, je suis dominé par le sentiment de mon inutilité, de mon incompétence. Je n'aurais sans doute jamais dû vous demander de m'épouser. Et puis je suis snob. Je suis ambitieux... »

Elle protesta :

« Ah ! nos défauts, quelle importance cela a-t-il ? »

Puis aussitôt elle demanda :

« Suis-je amoureuse? Est-ce cela être amoureux? Est-ce que nous allons nous marier? »

Transporté par le charme de sa voix et de sa présence, il s'écria :

« Oh! vous êtes libre, Rachel. Pour vous, le temps ne changera rien, ni le mariage, ni... »

Les voix des autres continuaient à flotter derrière eux, tantôt plus proches, tantôt plus lointaines, et le rire isolé de Mrs. Flushing résonnait distinctement.

« Le mariage? » répéta Rachel.

De nouveaux cris leur parvinrent, avertissant qu'ils s'engageaient trop à gauche. Ils reprirent la bonne direction et Terence continua :

« Oui, le mariage... »

L'idée qu'ils ne pouvaient être unis sans qu'elle fût entièrement renseignée sur son compte, l'obligeait à tenter de nouvelles explications.

« Tout ce qu'il y avait de mauvais en moi, toutes mes concessions, mes pis-aller... »

Elle se contentait de vagues murmures, examinant sa propre existence, mais incapable de la décrire telle qu'elle lui apparaissait désormais.

« Et la solitude! » poursuivait-il. Puis, tout à coup, il se vit marchant avec Rachel par les rues de Londres :

« Nous ferons des promenades ensemble... »

Cette remarque simpliste provoqua une détente et, pour la première fois, ils éclatèrent de rire. S'ils l'avaient osé, ils se seraient pris volontiers par la main, mais ils n'avaient pas encore oublié la présence des regards qui les surveillaient parderrière.

« Les livres, les gens, les choses à voir... Mrs. Nutt, Greeley, Hutchinson », murmurait Hewet.

Chaque mot dissipait davantage le brouillard qui les enveloppait et qui depuis la veille les faisait paraître irréels l'un à l'autre. Leur contact se faisait de plus en plus naturel. Par-delà le brûlant paysage du Sud, le monde qu'ils connaissaient s'offrait à eux avec plus de précision et de clarté que jamais. Comme l'autre jour à l'hôtel, quand elle était assise devant la fenêtre, l'univers s'ordonnait sous les yeux de Rachel, très net, très exactement proportionné. De temps à autre, elle regardait Terence avec curiosité, examinant son veston gris, sa cravate violette, examinant l'homme avec qui elle allait passer le reste de ses jours.

Après un de ces coups d'œil, elle dit tout bas :

« Oui, je suis amoureuse. Il n'y a pas de doute. Je suis amoureuse de vous. »

Pourtant il restait entre eux quelque chose qui la gênait. Pendant qu'elle parlait, rien ne semblait les isoler l'un de l'autre; l'instant d'après, ils étaient séparés et lointains. Cette sensation douloureuse lui arracha un cri.

« Cela va être une bataille! »

Mais en regardant les détails de son visage, la forme de ses yeux, le pli de sa bouche, elle se rendit compte qu'il lui plaisait et elle ajouta :

« Ce qui me donne envie de me battre vous inspire, à vous, de la compassion. Vous avez plus de finesse que moi; beaucoup plus de finesse. »

Il lui rendit son regard avec un sourire, notant chez elle, comme elle venait de le faire pour lui, de tout petits détails caractéristiques qui l'enchantaient. Elle était à lui pour toujours. Cette barrière franchie, des joies sans nombre les attendaient tous deux.

« Je n'ai pas plus de finesse, répliqua-t-il, je suis

seulement plus âgé, plus paresseux, un homme et non une femme. »

Elle répéta : « Un homme » et, envahie d'un sentiment de propriété, se dit que, désormais, elle pourrait le toucher. Elle tendit la main et lui effleura légèrement la joue. Les doigts de Terence se posèrent sur les traces des siens et ce contact de sa propre main avec son visage ranima chez lui l'invincible sensation d'irréalité. Son corps redevint irréel, le monde entier était irréel.

« Qu'est-ce qui s'est passé ? fit-il. Pourquoi vous ai-je demandé de m'épouser ? Comment est-ce arrivé ? »

« Est-ce que vous m'avez demandé de vous épouser ? » s'étonna-t-elle à son tour. Ils s'effaçaient, s'en allaient, loin l'un de l'autre et aucun des deux ne se souvenait des paroles échangées.

« Nous étions assis par terre, se rappela Terence.

– Nous étions assis par terre », confirma Rachel.

Ce simple souvenir commun suffit à les rapprocher de nouveau. Ils continuèrent à marcher en silence, l'esprit tantôt travaillant avec effort, tantôt renonçant à ce travail, les yeux seuls percevant les objets autour d'eux.

Par moments, il recommençait à lui expliquer ses défauts, et pourquoi il l'aimait, ou bien c'était elle qui décrivait ce qu'elle avait ressenti en telle ou telle circonstance et ensemble ils interprétaient ces impressions. Le son de leurs voix leur paraissait si beau qu'ils en arrivaient à ne plus écouter les paroles. De longs silences interrompaient leurs propos, silences non plus hostiles et confus, mais pleins d'une fraîcheur où les pensées banales pouvaient circuler librement.

Ils parlèrent ensuite avec simplicité des choses ordinaires, et des fleurs rouge vif que chez eux on cultivait dans les jardins, d'un arbre tordu comme le bras d'un vieillard difforme.

Très doucement, très tranquillement, comme s'il s'agissait du sang qui chantait dans ses veines ou de l'eau d'un ruisseau sur les pierres, Rachel prit conscience de la sensation qui naissait en elle. Elle se demanda un instant ce que cela pouvait être, puis se répondit à elle-même, un peu étonnée de reconnaître, dans sa propre personne, la présence d'une chose aussi réputée :

« C'est le bonheur, je suppose. Tout haut, elle dit à Terence :

– C'est le bonheur. »

Suivant pas à pas ses paroles, il répéta : « C'est le bonheur », et cela leur fit croire que cette sensation était née chez tous deux en même temps. Alors ils commencèrent à comparer leurs façons de sentir, si semblables et si différentes; car elles étaient très différentes.

Les appels qui retentissaient derrière eux ne pouvaient les atteindre au fond des eaux où ils venaient de sombrer. Ils prenaient pour des craquements de bois mort ou des rires d'oiseaux la répétition du nom de Terence en brèves syllabes détachées. Au milieu des bruits sonores ou murmurants d'herbes et de brises, ils ne s'aperçurent pas que la rumeur sifflante des herbes augmentait malgré l'accalmie des brises. Une main s'abbattit, soudaine comme un fer, sur l'épaule de Rachel; ainsi tombe la foudre céleste. Sous le coup, elle s'affaissa et les herbes lui fouettèrent les yeux, lui emplirent la bouche, les oreilles. A travers leurs tiges mouvantes, elle vit une silhouette, volumineuse et informe contre le ciel.

Helen était sur elle. Roulant d'un côté à l'autre, apercevant tantôt seules les forêts de verdure, tantôt les hauteurs bleues du ciel, elle avait perdu la parole, perdu presque les sens. Enfin, elle resta immobile, tandis que devant elle, autour d'elle, toutes les herbes étaient secouées par son souffle haletant. Deux grandes têtes la dominaient dans l'espace, têtes d'homme et de femme, de Terence et de Helen. Toutes deux avaient les joues en feu, toutes deux riaient et leurs lèvres s'agitaient. Elles se rejoignirent dans l'air, échangèrent un baiser. Des bribes de paroles descendirent vers elle jusqu'au sol. Elle crut entendre parler d'amour, puis de mariage. Elle se souleva, se redressa. Elle sentit, elle aussi, la douceur du corps de Helen, ses bras forts et hospitaliers, la montée et la chute de la joie, en une seule vague immense. Quand ceci se fut apaisé, quand les herbes cessèrent de frémir, quand le sol se déroula de nouveau à plat de chaque côté, quand les arbres reprirent leur position verticale, ce fut elle qui remarqua la première une petite rangée de formes humaines qui attendaient patiemment, à distance. Elle ne put se rappeler tout de suite qui étaient ces gens-là; elle demanda : « Qui est-ce? » Puis la mémoire lui revint.

En prenant leur place dans la file, derrière Mr. Flushing, ils eurent la précaution de laisser une distance de trois mètres au moins entre le bout du pied de l'un et le bord de la jupe de l'autre. Mr. Flushing leur fit traverser une étendue verte au bord du fleuve, puis un bosquet. Il leur signalait les marques du passage des humains : herbes noircies, souches calcinées, et là-bas, derrière les arbres, de curieux nids de bois assemblés en demi-cercle sur une clairière, le village, but de leur expédition.

Marchant avec précaution, ils observaient les femmes, silhouettes triangulaires, accroupies sur le sol, les mains occupées à presser de la paille ou à pétrir quelque chose dans des jattes. D'abord inaperçue, la présence des étrangers fut bientôt découverte; Mr. Flushing, s'avançant jusqu'au centre de la clairière, adressa la parole à un personnage maigre et majestueux dont l'ossature, avec ses saillies et ses creux, fit aussitôt ressortir combien l'anatomie de l'Anglais était laide et peu naturelle. Les femmes ne se laissaient pas distraire par les visiteurs; seules leurs mains s'arrêtèrent un instant et leurs longs yeux étroits glissèrent de côté pour fixer sur eux le regard immobile et inexpressif des êtres que sépare d'autrui une distance supérieure à la portée du langage. Les mains se remirent en mouvement, mais le regard demeura. Il suivit les visiteurs qui s'éloignaient en jetant des coups d'œil à l'intérieur des huttes, où l'on distinguait des fusils dans un coin, des jattes par terre, des bottes de roseaux. Les yeux solennels des petits enfants les considéraient du fond de l'ombre, les vieilles femmes sortaient la tête pour les voir. Ces regards s'attachaient à leurs pas, parcouraient les jambes, les têtes, avec un soupçon inattendu d'hostilité, comme vous poursuit une mouche d'hiver. Ecartant son châle et approchant son sein nu de la bouche d'un nourrisson, une femme ne les quittait pas des yeux tandis qu'ils piétinaient, incommodés, et finalement renonçaient à la contempler davantage. On leur offrit des sucreries et ils tendirent de grandes mains rouges pour les recevoir; ils avaient l'impression de se déplacer lourdement, comme des soldats guindés dans leurs uniformes, parmi ces créatures de douceur et de spontanéité. Mais bientôt l'existence du village reprit son train sans plus s'occuper d'eux : elle les avait absorbés. Les mains des femmes maniaient de nouveau leur paille, leurs yeux demeuraient baissés. Elles ne bougeaient que pour aller chercher quelque objet dans leur hutte, ou pour ramener un enfant qui s'était trop écarté, ou pour traverser la clairière, une jarre en équilibre sur la tête; elles n'ouvraient la bouche que pour lancer de temps en temps un cri rauque, inintelligible. Des voix s'élevèrent quand quelqu'un se mit à battre un enfant, puis elles se turent de nouveau. Un chant se fit entendre, monta jusqu'à un certain diapason, redescendit un peu, se fixa sur une tonalité basse et mélancolique. Terence et Rachel, qui se cherchaient, se retirèrent sous un arbre. Le spectacle de ces femmes qui maintenant ne les regardaient plus les avait attirés d'abord par sa sérénité, sa beauté; mais il avait fini par leur communiquer une sensation glaciale de tristesse.

« Eh bien, finit par dire Terence avec un soupir, voilà qui nous montre dans toute notre insignifiance, n'est-ce pas ? »

Rachel acquiesça : ceci, pensait-elle, allait durer sans discontinuité, ces femmes assises sous les arbres, ces arbres, ce fleuve.

Ils s'en détournèrent et se mirent à marcher, appuyés au bras l'un de l'autre, sans se soucier d'être vus. A peine avaient-ils fait quelques pas que déjà chacun d'eux affirmait à l'autre qu'il l'aimait, qu'il était heureux, qu'il était content. Mais pourquoi était-ce si douloureux d'aimer? Pourquoi y avait-il dans le bonheur tant de souffrance ?

La visite du village les avait tous impressionnés, d'ailleurs, chacun à sa façon. Saint-John, abandonnant les autres, s'en allait lentement vers le fleuve, absorbé par des réflexions pleines d'amère tristesse car il se sentait très seul. Helen, debout, au soleil, parmi les femmes indigènes, était en proie à des pressentiments sinistres. Des cris d'animaux dépourvus de raison qui bondissaient parmi les branches lui parvenaient, plus ou moins forts selon qu'ils montaient ou descendaient. Comme elles étaient petites, les deux silhouettes qui s'en allaient entre les arbres ! Elle se représenta avec acuité les membres grêles, les veines ténues, la chair fragile des hommes et des femmes, si facile à abattre, si prompte à laisser la vie lui échapper, en comparaison de ces grands arbres, de ces eaux profondes. Une branche qui tombe, un pied qui glisse, et les voilà écrasés sur le sol ou noyés dans l'eau. Elle méditait ainsi, les yeux fixés avec anxiété sur les amoureux comme si c'était là un moyen de les protéger contre leur destin. En se retournant, elle trouva les Flushing à ses côtés.

Ils discutaient à propos des objets qu'ils venaient d'acheter, se demandant s'ils étaient vraiment anciens et s'ils ne portaient pas quelque trace d'influence européenne. Helen fut appelée à donner son avis. On lui fit examiner une broche, une paire de boucles d'oreilles. Pendant tout ce temps, elle ne cessait d'en vouloir aux Flushing d'avoir organisé cette expédition trop lointaine et trop périlleuse. Puis elle se ressaisit, essaya de soutenir la conversation; au bout de quelques instants, elle se surprit à contempler un bateau en train de couler sur un fleuve d'Angleterre, en plein jour. Imagination morbide, elle le savait bien; cependant elle cherchait toujours, parmi les arbres, les silhouettes de Rachel et de Terence et chaque fois qu'elle les rencontrait, elle les couvait des yeux, prête à les protéger en cas de désastre.

Néanmoins, après le coucher du soleil, lorsque le vapeur eut fait demi-tour et repris le chemin de la civilisation, ses angoisses s'apaisèrent. Sur le pont, les fauteuils et les gens qui les occupaient profilaient des contours anguleux dans le crépuscule; çà et là, un petit point de feu indiquait la place d'une bouche : un bras était signalé par le mouvement ascendant ou descendant de ce même point, selon que le cigare ou la cigarette se rapprochait ou s'éloignait des lèvres. Des paroles prenaient leur essor dans l'obscurité mais, faute de savoir où elles allaient se poser, elles manquaient d'énergie et de substance. Du gros monticule blanc qui représentait Mrs. Flushing, s'exhalaient à intervalles réguliers des soupirs à demi réprimés. Après cette longue journée accablante, une fois les couleurs effacées, la nuit fraîche parut appuyer ses doigts délicats sur les paupières, comme pour les sceller. Une observation d'ordre philosophique, destinée vraisemblablement à Saint-John, manqua son but et resta si longtemps suspendue en l'air avant de s'engloutir dans un bâillement qu'on la considéra comme morte; ce fut le signal d'un remue-ménage de pieds et de murmures précurseurs du sommeil. Le monticule blanc s'agita, s'étira, finit par disparaître. Après avoir piétiné un moment, Saint-John et Mr. Flushing s'éclipsèrent, laissant trois fauteuils toujours occupés par trois personnages muets. La clarté qui tombait d'un fanal au sommet du mât et celle du firmament pâli par les étoiles leur prêtaient des contours, mais n'accusaient pas leurs traits. Cependant, depuis le départ de leurs compagnons, ils se sentaient, malgré l'ombre, très près les uns des autres, car une même pensée hantait leurs esprits. Le silence dura quelque temps, puis, avec un soupir, Helen dit :

« Vous voilà donc très heureux tous les deux ? »

Comme purifiée au grand air, sa voix avait un accent plus spirituel, plus grave que d'habitude. Deux autres voix, un peu lointaines, lui répondirent :

« Oui. »

Elle cherchait à percer l'obscurité pour les distinguer l'un de l'autre. Qu'avait-elle à leur dire? Rachel venait de se libérer de sa tutelle. Une voix pouvait frapper son oreille, mais jamais plus elle n'y pénétrerait aussi loin qu'elle l'eût fait vingt-quatre heures plus tôt. Il paraissait obligatoire pourtant que Helen leur dît quelque chose avant d'aller se coucher. Elle souhaitait leur parler, mais elle se sentait étrangement vieille et découragée.

« Est-ce que vous vous rendez compte de ce que vous faites? interrogea-t-elle. Rachel est jeune, vous êtes jeunes tous deux; or, le mariage... »

Là-dessus, elle s'interrompit. Mais ils la prièrent de continuer, avec des intonations si pressantes, avec un tel air de réclamer un conseil, que force lui fut de conclure :

« Le mariage! Eh bien, ce n'est pas chose facile.

– C'est ce que nous voulions savoir, répondirent-ils; elle devina qu'à ce moment ils se regardaient entre eux.

– Cela dépend de chacun de vous », déclara Helen, le visage tourné vers Terence qui la voyait à peine, mais qui devinait sous ses paroles un sincère désir de mieux le connaître. Il rectifia sa position à demi allongée et se mit en devoir de la renseigner, sur un ton aussi léger que possible afin de combattre son pessimisme.

« J'ai vingt-sept ans et environ sept cents livres de rentes. J'ai bon caractère dans l'ensemble et une excellente santé, bien que Hirst discerne chez moi une prédisposition à la goutte. Bon. Et puis, je crois être très intelligent... »

Il s'interrompit, attendant, semblait-il, une confirmation. Helen acquiesça.

« ... Mais assez paresseux, malheureusement. J'ai l'intention de laisser Rachel libre de faire des folies si cela lui chante et... Me trouvez-vous acceptable, en général, sous d'autres rapports ? demanda-t-il timidement.

– Oui, ce que je sais de vous me paraît sympathique, répondit Helen, mais, au fond, on sait si peu de chose ! »

Il reprit :

« Nous vivrons à Londres, et... »

Soudain, d'une seule voix, ils demandèrent si Helen ne trouvait pas qu'ils étaient le plus heureux des couples.

« Chut ! fit-elle. Mrs. Flushing ! Faites attention, elle est derrière nous ! »

Ils se turent. Terence et Rachel avaient l'impression que leur bonheur rendait Helen mélancolique; aussi, malgré leur envie de continuer à parler d'eux-mêmes, hésitaient-ils à le faire.

« Assez parlé de nous, fit Terence, dites-nous plutôt...

– Oui, dis-nous... » répéta Rachel.

Leur propre état d'esprit leur faisait supposer que chacun devait avoir quelque chose de très profond à exprimer.

« Que pourrais-je vous dire ? » commença Helen. Puis elle se mit à parler sans beaucoup de suite, comme pour elle-même, plutot qu'en prophétesse qui prononce des oracles. Elle se contraignait à parler.

« Après tout, j'ai beau gronder Rachel, je ne suis guère plus sage moi-même. Je suis plus vieille, bien sûr, j'ai fait la moitié du chemin, vous n'en êtes qu'au départ. C'est difficile à comprendre... C'est parfois décevant, je trouve... les grandes choses ne sont peut-être pas aussi grandes qu'on l'imaginait... mais c'est intéressant. Oh! vous trouverez sûrement que c'est intéressant... Et cela se prolonge... »

C'était comme s'ils avaient devant eux une perspective d'arbres sombres que Helen explorait du regard.

« Et puis, on trouve des plaisirs là où on ne s'attendait pas à en trouver – (il faut que tu écrives à ton père) – bref, vous serez très heureux, j'en suis sûre. Mais il faut que j'aille me coucher. Si vous êtes raisonnables, vous en ferez autant d'ici dix minutes. Alors – elle se leva et se tint devant eux, figure pour ainsi dire dépourvue de traits personnels, et très grande – bonne nuit! »

Elle se retira derrière le rideau.

Après avoir passé en silence la plus grande partie des dix minutes qu'elle leur avait accordées, ils se levèrent pour aller se pencher sur la lisse. Au-dessous, l'eau noire et unie s'en allait en glissant, très vite et sans bruit. La lueur d'une cigarette disparut derrière eux.

« Quelle belle voix », murmura Terence.

Rachel acquiesça. Helen avait une belle voix.

Un peu plus tard, les yeux levés vers le ciel, elle demanda :

« Sommes-nous à bord d'un bateau, sur un fleuve, en Amérique du Sud? Suis-je Rachel? Etes-vous Térence? »

Le monde vaste et noir s'étendait autour d'eux. Tandis qu'ils se laissaient emporter insensiblement, il leur apparaissait dans toute sa solidité, d'une endurance à toute épreuve. Ils distinguaient des cimes d'arbres, les unes aiguës, les autres rondes, sans dentelures. Levant les yeux plus haut que les arbres, ils les fixèrent sur les étoiles et sur la pâle bordure de ciel au-dessus des forêts. Ces petites pointes de lumière givrée, infiniment lointaines, attiraient et retenaient leurs regards, si bien qu'ils eurent l'impression de redescendre d'une grande hauteur, après une longue absence, quand ils reprirent conscience de leurs mains rivées à la lisse et de leurs corps séparés, debout côte à côte.

« Vous m'aviez complètement oublié, reprocha Terence, prenant Rachel par le bras et l'entraînant avec lui. Moi, pourtant, je ne vous oublie jamais.

– Oh ! non, chuchota-t-elle; elle ne l'avait pas oublié... mais les étoiles, la nuit, l'obscurité...

– Vous êtes comme un oiseau qui dort à moitié dans son nid, Rachel. Vous dormez, vous parlez en dormant. »

A moitié endormis, murmurant des mots sans suite, ils se tenaient dans l'angle formé par la proue. Le bateau glissait le long du fleuve. Une cloche sonna sur la dunette; on entendit le clapotis de l'eau qui s'en allait en petites vagues de chaque côté; un oiseau réveillé poussa un cri rauque, changea d'arbre et se tut. A cause de l'obscurité qui ruisselait sur eux, ils ne sentaient presque plus rien de la vie, sinon qu'ils étaient là, debout, ensemble, dans l'obscurité.

CHAPITRE XXII

L'OBSCURITÉ descendait, elle se dissipait à nouveau; à mesure que les journées successives s'étalaient sur la terre, les séparant de l'étrange après-midi dans la forêt où ils avaient été contraints à s'avouer ce qu'ils désiraient, ce désir, qui n'était qu'à eux, se révélait aux autres et leur paraissait ainsi presque étranger à eux-mêmes. Ce qui venait d'arriver n'avait rien d'extraordinaire en apparence : ils s'étaient fiancés, ils se marieraient bientôt. Le monde, représenté surtout par l'hôtel et par la villa, se montrait en général satisfait de ce que deux personnes fussent sur le point de se marier; aussi leur faisait-on comprendre qu'ils étaient dispensés de prendre part aux activités qui font marcher ce monde et libres de s'en écarter pour un temps. On les laissa donc tranquilles, si bien qu'à la fin le silence les enveloppa comme si, pendant qu'ils jouaient dans une église immense, la porte se fût refermée sur eux. Il leur fallut se promener tout seuls, rester assis tout seuls, découvrir des retraites où les fleurs n'avaient jamais été cueillies, où les arbres se dressaient solitaires. Leur isolement leur permettait de formuler ces désirs magnifiques mais trop vastes qui offusquent si curieusement d'habitude les oreilles des hommes et des femmes – ces aspirations à un monde pareil à celui qui n'abritait que leurs deux individus, un monde où, dans une profonde connaissance mutuelle, les hommes n'établiraient leurs jugements que sur ce qui est bon, et ne se disputeraient jamais, car c'est là une perte de temps. Ils s'entretenaient de ces choses parmi les livres, ou bien dehors, au soleil, ou encore paisiblement installés à l'ombre d'un arbre. Rien ne les embarrassait plus; les idées qu'on n'arrive pas à exprimer ne leur donnaient pas une sensation d'étouffement; ils n'étaient pas effrayés l'un par l'autre, ni, comme le voyageur qui suit les méandres d'un fleuve, éblouis par les beautés brusquement découvertes à chaque tournant. L'inattendu se réalisait, mais le banal même paraissait attrayant et souvent préférable à l'extatique, au mystérieux, car sa solidité était reposante, elle incitait à l'effort, et l'effort, dans les conditions où ils se trouvaient, n'était plus un effort, mais une joie.

Tandis que Rachel jouait du piano, Terence se tenait près d'elle, occupé – ainsi qu'en témoignaient des mots crayonnés de temps à autre – à remodeler le monde selon l'idée qu'il s'en faisait depuis que Rachel et lui étaient appelés à se marier. Un monde certes tout à fait différent. Le livre intitulé *Silence* ne pouvait plus être ce qu'il promettait d'être. Posant le crayon, il fixa son regard dans l'espace et se demanda dans quel sens le monde s'était modifié. Il avait acquis plus de solidité, peut-être, plus de cohésion, plus d'importance, une plus grande profondeur. La terre elle-même ne paraissait-elle pas creusée de profondeurs nouvelles, non plus ciselée en collines, en villes, en campagnes, mais entassée en masses énormes ? Pendant dix minutes entières, il regarda par la fenêtre. Mais non, il n'avait pas de goût pour une terre d'où les êtres humains étaient absents. Il aimait les êtres humains – plus, même, que ne les aimait Rachel, se dit-il. Elle, balançant le buste, elle se livrait avec enthousiasme à sa musique, et ne pensait plus du tout à lui. Cette particularité chez elle lui plaisait cependant parce qu'elle lui prêtait quelque chose d'impersonnel. Après avoir noté une série de petites phrases avec des points d'interrogation correspondants, il commença tout haut :

– *Femmes.* Sous ce titre, j'avais noté : « Pas tellement plus vaniteuses que les hommes. Manque de confiance en soi à l'origine de la plupart des graves défauts. Antipathie envers leur propre sexe – traditionnelle ou fondée sur une réalité ? Toute femme, au fond, est moins une libertine qu'une optimiste, car elle ne pense pas. » Qu'en dites-vous, Rachel ?

Il s'arrêta, son crayon à la main, son papier sur le genou.

Rachel ne disait rien. Pas à pas, elle gravissait la spirale ardue d'une des toutes dernières sonates de Beethoven, comme si elle montait un escalier en ruine – avec énergie d'abord puis de plus en plus laborieusement, avançant le pied à grand-peine, montant aussi loin que possible, puis redescendant d'un seul trait jusqu'en bas pour recommencer l'ascension.

– « D'autre part, selon la mode du jour, on prétend que les femmes sont plus pratiques, moins idéalistes que les hommes, douées d'une grande faculté d'organisation, mais dépourvues du sens de l'honneur. » – Il s'agit de savoir ce qu'on entend par ce terme masculin, « l'honneur ». A quoi cela correspond-il, d'après votre sexe ? Hein ?

Aux prises de nouveau avec son escalier, Rachel négligea cette fois encore l'occasion de révéler les secrets de son sexe. Au surplus, dans sa poursuite de la sagesse, elle était parvenue à un degré qui lui permettait de laisser dormir en paix ces secrets. Leur analyse philosophique semblait être réservée à une génération ultérieure.

Après avoir plaqué de la main gauche l'accord final, elle pivota sur son tabouret et s'écria enfin :

« Non Terence, cela ne peut pas durer ! Me voilà, moi, la meilleure pianiste de l'Amérique du Sud, sans parler de l'Europe et de l'Asie, dans l'impossibilité de jouer une note parce que vous êtes là et m'interrompez à tout moment !

– Vous ne semblez pas vous rendre compte que tel était mon but depuis une demi-heure, répliqua-t-il. Je n'ai pas d'objection contre une bonne petite mélodie bien simple, je trouve cela même favorable à ma création littéraire, mais un morceau de ce genre me fait l'effet d'un pauvre vieux chien savant qui parade sous la pluie. »

Il se mit à retourner les petites feuilles de papier à lettres éparpillées sur la table et qui contenaient les félicitations de leurs amis.

– ... « Tous les vœux imaginables pour tout le bonheur imaginable. » Correct, mais pas très expressif, n'est-ce pas ?

– Tout cela est absurde ! s'écria Rachel. Mais vous n'allez pas comparer les mots avec les sons ? Quand on pense aux romans, aux pièces de théâtre, aux livres d'histoire... »

Perchée sur le bord de la table, elle remuait d'un air dédaigneux les volumes rouges et jaunes.

De la hauteur où elle se trouvait, elle croyait pouvoir mépriser toute l'érudition humaine. Terence de son côté examina les livres.

« Mon Dieu, Rachel, vous en lisez, des insanités ! s'écria-t-il. D'ailleurs, ma chérie, vous n'êtes pas à la page. Personne n'a idée de lire ces choses-là de nos jours : pièces à thèse surannées, descriptions poignantes de la vie dans l'East End – ah ! mais non ! nous avons pulvérisé tout cela. Lisez des poèmes, Rachel ! Des poèmes, des poèmes, des poèmes ! »

Il prit un des volumes et commença à lire à haute voix avec l'intention de tourner en ridicule les aboiements brefs et secs du style de l'auteur. Mais Rachel ne l'écoutait pas. Après avoir réfléchi pendant quelques instants elle dit :

« Est-ce que parfois vous n'avez pas l'impression, Terence, que le monde est fait tout entier de gros blocs de matière parmi lesquels nous ne sommes que de petites taches de clarté, comme celles-là ? »

Elle regardait les ronds de soleil qui se déplaçaient légèrement sur le tapis et montaient sur le mur.

« Non, répondit Terence, je me sens solide, immensément solide, comme si les pieds de ma chaise étaient enracinés dans les entrailles de la terre. Mais je me rappelle qu'à Cambridge certains jours on tombait dans de drôles d'états semi-comateux vers cinq heures du matin. Cela arrive encore à Hirst, je suppose... oh non, avec lui, il n'y a plus de danger.

– Le jour où on a apporté votre mot nous invitant au pique-nique, reprit Rachel, j'étais assise là où vous êtes et je pensais à cela. Je me demande si je pourrais encore penser la même chose. Je me demande si le monde a changé. Et si oui, quand cessera-t-il de changer? Et quel est le monde réel?

– Quand je vous ai vue pour la première fois, commença-t-il, je vous ai prise pour une créature qui aurait vécu toute sa vie parmi des perles et de vieux ossements. Vous aviez les mains mouillées, vous vous souvenez? Et vous n'avez pas ouvert la bouche avant le moment où je vous ai donné un morceau de pain. Et vous avez dit alors : « Des « êtres humains. »

– Et moi, je vous ai pris pour un... poseur. Non, ce n'est pas tout à fait cela. Il y avait des fourmis qui avaient volé de la langue et je trouvais que vous et Saint-John, vous étiez comme ces fourmis : très gros, très laids, très énergiques, portant sur le dos toutes vos vertus. Pourtant quand nous avons causé, vous m'avez plu.

– Vous êtes tombée amoureuse de moi, rectifia Terence. Vous étiez amoureuse de moi depuis le commencement, sans vous en rendre compte.

– Non, je ne suis jamais tombée amoureuse de vous, affirma-t-elle.

– Rachel! quel mensonge! Ne restiez-vous pas assise ici même, à regarder ma fenêtre? N'avez-vous pas erré à travers l'hôtel comme un hibou au soleil? »

Elle répéta :

« Non, je ne suis jamais tombée amoureuse, si l'amour, c'est ce que les gens entendent par ce mot. C'est le monde qui dit des mensonges; moi, je dis la vérité. Et quels mensonges... quels mensonges! »

Elle saisit et chiffonna une poignée de lettres d'Evelyn M., de Mr. Pepper, de Mrs. Thornbury, de Miss Allan, de Susan Warrington. C'était absurde de voir ces gens, si différents les uns des autres, employer à peu près les mêmes expressions pour la féliciter de ses fiançailles.

Qu'un quelconque de ces personnages eût jamais senti ce qu'elle sentait, qu'il eût la possibilité de le sentir, qu'il eût seulement le droit de prétendre une seconde qu'il était capable de le sentir – elle en demeurait confondue autant que par le service dans la chapelle ou par le visage de l'infirmière. Mais s'ils ne pouvaient sentir certaines choses, quel besoin avaient-ils de faire semblant ? La simplicité, l'arrogance, la dureté de sa jeunesse, toutes condensées désormais en une seule étincelle sous l'action de son amour pour lui, plongeaient Terence dans la stupéfaction. Sur lui, le fait d'être fiancé ne produisait pas cet effet. Le monde lui paraissait transformé, mais pas de cette façon. Les choses qu'il avait désirées, il les désirait toujours et, en particulier, il désirait peut-être plus que jamais la compagnie de ses semblables. Il prit les lettres des mains de Rachel en protestant :

« Bien sûr que c'est absurde, Rachel. Bien sûr qu'ils disent certaines choses parce que d'autres ont l'habitude de les dire. Mais, malgré cela, quelle femme charmante que Miss Allan ! Pouvez-vous le nier ? Et Mrs. Thornbury ! Elle a trop d'enfants, je vous l'accorde, mais même si une demi-douzaine d'entre eux avaient mal tourné au lieu de grimper infailliblement jusqu'en haut de leur mât de cocagne – n'y a-t-il pas en elle une sorte de beauté, de simplicité originelle, comme dirait Flushing ? N'a-t-elle pas l'air d'un grand vieil arbre qui murmure sous la lune ou d'un fleuve qui continue à couler envers et contre tout ? A propos, Ralph a été nommé gouverneur des îles Carroway

– le plus jeune gouverneur en exercice. C'est bien, n'est-ce pas ? »

Mais Rachel, pour l'instant, était incapable de concevoir qu'une immense majorité des affaires du monde pût se poursuivre sans le moindre fil qui la reliât avec sa destinée à elle. Elle déclara :

« Je ne veux pas avoir onze enfants. Je ne veux pas avoir des yeux de vieille femme. Elle vous regarde tout le temps de la tête aux pieds, comme si on était un cheval.

– Il faut que nous ayons un fils et aussi une fille », dit Terence, posant les lettres sur la table, parce que, sans compter l'inestimable avantage d'être nos enfants, ils seront élevés à la perfection.

Ils se mirent à tracer les grandes lignes d'une éducation idéale : leur fille serait habituée, dès sa plus tendre enfance, à contempler un grand carré de carton peint en bleu pour évoquer l'infini, car les femmes sont devenues trop terre à terre. Quant à leur fils, on lui apprendrait à se moquer des grands hommes, c'es-à-dire des personnages distingués qui ont réussi, de ceux qui portent des décorations et grimpent au sommet des mâts de cocagne. Ce fils ne ressemblerait en rien, spécifia Rachel, à Saint-John Hirst.

Là-dessus, Terence proclama son admiration sans bornes pour Saint-John Hirst; à force d'insister sur ses qualités, il finit par s'en persuader lui-même. Son intelligence, déclara-t-il, était comme une torpille dirigée contre la fausseté : où en serions-nous, sans lui et ses pareils ? Etouffés par les mauvaises herbes – les chrétiens, les cagots. Quoi ! Rachel elle-même serait-elle autre chose qu'une esclave avec un éventail, chantant des berceuses à des hommes assoupis ?

« Mais vous ne comprendrez jamais cela,

s'écria-t-il : parce que, malgré toutes vos vertus, vous ne vous attachez pas, vous ne vous attacherez jamais, de toutes les fibres de votre être, à la recherche de la vérité! Vous n'avez pas le respect des faits, Rachel. Vous êtes essentiellement femme. »

Elle ne se donna pas la peine de nier et ne jugea pas opportun d'avancer le seul argument irréfutable contre les mérites qui faisaient l'admiration de Terence : Saint-John avait prétendu qu'elle était amoureuse de lui; elle ne le lui pardonnerait jamais; mais ce n'était pas là un argument à soumettre à un homme.

« N'empêche que je l'aime bien », dit-elle. A part soi, elle ajouta que, de plus, elle le plaignait, comme on plaint les malheureux qui se sont exclus de cette sphère chaude et mystérieuse, pleine de métamorphoses et de miracles, au sein de laquelle on évolue soi-même. Cela devait manquer de charme, d'être Saint-John Hirst, pensait-elle.

Pour résumer ses sentiments envers lui, elle avoua qu'elle ne pourrait jamais l'embrasser, en supposant qu'il le lui demandât, ce qui n'était pas probable.

Comme si le baiser qu'elle donna après cela à Terence exigeait qu'on s'en excusât devant Hirst, le jeune homme déclara :

« Du reste, à côté de Hirst, je ne suis qu'un bouffon. »

A ce moment, la pendule sonna douze coups au lieu de onze.

« Nous perdons notre matinée, je devrais travailler à mon livre, et vous, répondre à toutes ces lettres.

– Il ne nous reste plus que vingt et une matinées en tout, dit Rachel. Et dans un jour ou deux, mon père sera ici. »

Néanmoins, elle attira vers elle du papier et une plume et se mit à écrire avec effort : « Ma chère Evelyn »...

Terence, pendant ce temps, lisait un roman de quelqu'un d'autre, procédé qu'il jugeait essentiel pour la composition de ses propres ouvrages. Un long moment s'écoula sans qu'on entendît autre chose que le tic tac de la pendule et le grattement irrégulier de la plume de Rachel, alignant avec peine des phrases très semblables à celles qu'elle venait de condamner. Elle dut en être frappée elle-même, car elle s'arrêta, leva les yeux, regarda Terence enfoncé dans son fauteuil, regarda les meubles divers, son lit dans un coin, la fenêtre où le ciel apparaissait dans les interstices des branchages, distingua le tic tac de la pendule et s'étonna de l'abîme qui séparait tout cela de sa feuille de papier. L'instant viendrait-il jamais où le monde serait un et indivisible? Terence lui-même – comme il pouvait être lointain parfois, comme elle savait peu de chose de ce qui se passait dans son cerveau en ce moment! Alors, elle termina sa phrase, lourde et malvenue, en déclarant : « Nous sommes très heureux tous les deux, nous allons nous marier en automne probablement et espérons habiter Londres où nous comptons bien recevoir votre visite à notre retour. »

Ayant, après mûre réflexion, choisi « affectueusement » de préférence à « sincèrement », elle signa la lettre et prenait la résolution d'en commencer une autre lorsque Terence l'interrompit pour lui citer un passage du livre qu'il lisait :

« Ecoutez cela, Rachel : « Il est probable qu'au

« moment de son mariage, Hugh (c'est le héros de
« l'histoire, un littérateur), n'avait pas compris,
« pas plus que ne la comprennent en général les
« jeunes hommes de talent et d'imagination, la
« nature de l'abîme qui sépare les besoins et les
« désirs masculins des désirs et des besoins fémi-
« nins... Au début, ils étaient très heureux. Leur
« voyage en Suisse, à pied, marqua une période de
« joyeux compagnonnage, de révélations encoura-
« geantes de part et d'autre. Betty était vraiment
« la camarade idéale... Ils se renvoyaient à pleine
« voix des fragments de l'*Amour dans la vallée*
« sur les pentes neigeuses du Rittelhorn (etc., je
« vous fais grâce des descriptions). Mais à Lon-
« dres, après la naissance de leur fils, tout chan-
« gea. Betty était une mère admirable; cependant,
« elle ne tarda pas à s'apercevoir que cette fonc-
« tion, telle que la comprennent les mères aux
« échelons supérieurs de la classe moyenne, n'ab-
« sorbait pas tout l'ensemble de ses énergies.
« Jeune et robuste, elle avait des membres sains,
« un corps et un cerveau qui exigeaient une acti-
« vité. Bref, elle se mit à donner des réceptions
« pour le thé... Rentrant tard, après cette singu-
« lière conversation avec le vieux Bob Murphy
« dans la chambre enfumée, tapissée de livres, où
« les deux hommes s'étaient ouverts l'un à l'autre,
« alors que les bruits de la rue bourdonnaient
« encore à ses oreilles et que le ciel brumeux de
« Londres restait tragiquement suspendu sur ses
« pensées... il trouva ses papiers jonchés de cha-
« peaux de femme. Des manteaux, d'absurdes
« petites chaussures, des parapluies de femme
« encombraient le vestibule. Puis les factures se
« mirent à pleuvoir... Il essaya de lui parler fran-
« chement. Il la trouva étendue sur la grande

« peau d'ours polaire, dans leur chambre à cou-
« cher, vêtue à moitié, car ils allaient dîner chez
« les Green, dans Wilton Crescent. Le rougeoie-
« ment du feu faisait clignoter et scintiller les dia-
« mants sur ses bras nus et dans le creux adora-
« ble de ses seins – vision d'une exquise fémi-
« nité. Il lui pardonna tout. » Alors, cela va de mal en pis et, finalement, cinquante pages plus loin, Hugh prend un billet de week-end pour Swanage et « va réfléchir lui-même sur les dunes au-dessus de Corfe... ». Suit une quinzaine de pages que nous passerons. Et voici la conclusion) : « Ils
« étaient dissemblables. Il se peut que dans un
« avenir éloigné, après que des générations
« d'hommes auront lutté et échoué comme il
« avait dû lutter et échouer lui-même, la femme
« devienne réellement ce qu'elle fait semblant
« d'être aujourd'hui, l'amie et le compagnon, non
« l'ennemie et le parasite de l'homme. » Et tout cela aboutit, voyez-vous, à ce que Hugh retourne, le malheureux, auprès de sa femme. C'est son devoir, puisqu'il est marié. Grand Dieu ! Rachel, en sera-t-il de même quand nous serons mariés ? »

Elle demanda au lieu de répondre :

« Et pourquoi donc les gens ne décrivent-ils pas les choses qu'ils sentent réellement ?

– Ah ! c'est là la difficulté, soupira-t-il en rejetant le livre. Mais dites : comment sera-ce quand nous serons mariés ? Quelles sont les choses que les gens sentent réellement ? »

Elle paraissait hésiter.

« Asseyez-vous par terre et laissez-moi vous regarder », commanda-t-il.

Le menton appuyé au genou de Terence, elle le regarda bien en face. Il se mit à la détailler avec curiosité :

« Vous n'êtes pas belle, mais votre visage me plaît. J'aime la pointe que forment vos cheveux sur le front; j'aime aussi vos yeux qui ne voient jamais rien. Votre bouche est trop grande, vos joues gagneraient à être plus colorées. Mais ce qui me plaît dans ce visage, c'est qu'en le voyant, on est forcé de se demander à quoi diable vous pouvez bien penser. Cela me donne envie de faire ceci... »

Il serra le poing et l'agita si près qu'elle fit un mouvement de recul.

« ... parce que alors vous prenez l'expression de quelqu'un qui voudrait me brûler la cervelle. Il y a des moments où, si nous étions tous les deux au sommet d'un rocher, vous me précipiteriez dans la mer. »

Hypnotisée par la force du regard qu'il plongeait dans le sien, elle répéta :

« Si nous étions tous les deux au sommet d'un rocher... »

Etre précipitée dans la mer, baignée, ballottée par les eaux, promenée parmi les racines du monde, cette idée la séduisait par son incohérence. Elle se leva d'un bond et se mit à aller et venir, bousculant, repoussant chaises et table comme si vraiment elle se débattait au fond de l'eau. Il prenait plaisir à l'observer. Elle semblait se frayer un passage, écarter triomphalement les obstacles qui pouvaient entraver sa progression à travers l'existence.

« Décidément, cela doit être possible, s'écria-t-il, cette chose qui m'a pourtant toujours paru la plus invraisemblable du monde! Je vous aimerai toute ma vie et notre mariage sera ce qu'il y a jamais eu de plus exaltant! Il n'y aura pas une minute de trêve entre nous... »

Il la saisit au passage, la serra dans ses bras et ils commencèrent à se mesurer, s'imaginant au sommet d'un rocher, au-dessus d'une mer houleuse. Elle finit par se laisser vaincre et resta à terre, haletante et criant merci.

« Je suis une ondine! Je sais nager, le jeu n'est pas fini! » reprit-elle ensuite. Sa robe était déchirée et, la paix étant rétablie, elle alla chercher une aiguille et du fil pour la raccommoder.

« Maintenant, dit-elle, restez tranquille et parlez-moi du monde. Racontez-moi tout ce qui a pu se passer depuis le commencement. Moi, je vous raconterai... Attendez, qu'est-ce que je pourrais bien vous raconter? Je vais vous parler de Miss Montgomerie et de la promenade sur l'eau. Elle est restée, vous comprenez, un pied dans le bateau et l'autre sur le bord... »

Ils avaient déjà consacré beaucoup de temps à reconstituer l'un pour l'autre le cours de leur existence passée, les personnages de leurs parents et amis, de sorte que Terence était capable non seulement de se représenter ce que les tantes de Rachel diraient en telle ou telle circonstance, mais encore de décrire les meubles de leurs chambres à coucher et les chapeaux qu'elles portaient. Il savait alimenter une conversation imaginaire entre Mrs. Hunt et Rachel ou évoquer avec une exactitude étonnante un thé auquel assistaient le révérend William Johnson et Miss Macquoid, scientistes chrétiens. Quant à lui, ses connaissances étaient beaucoup plus nombreuses et son talent de narrateur beaucoup plus développé que celui de Rachel dont les souvenirs se teintaient en général d'un humour curieusement puéril; aussi, la plupart du temps, se contentait-elle d'écouter et de poser des questions.

Il ne se bornait pas à lui raconter les faits, il lui expliquait aussi ses pensées et ses sensations, lui dépeignait de façon hallucinante les pensées et les sensations qu'on pouvait attribuer avec vraisemblance à d'autres individus, hommes ou femmes. Cela lui donnait une envie folle de regagner l'Angleterre où il y avait tant de gens, où elle n'aurait qu'à s'arrêter dans la rue pour les regarder passer. D'ailleurs, à en croire Terence, il existait un ordre, un dessin qui prêtait à la vie un caractère raisonnable ou, pour ne pas employer cette expression absurde, la rendait en tout cas profondément intéressante, puisqu'on arrivait parfois à comprendre pourquoi les choses se passaient de telle façon et non d'une autre. Et puis, les êtres n'étaient pas aussi isolés qu'elle le croyait, aussi séparés par des cloisons étanches. Qu'elle essayât, par exemple, de considérer la vanité, cette caractéristique générale, d'abord chez elle-même, puis chez Helen, chez Ridley, chez Saint-John; chacun d'eux en avait sa part et elle la retrouverait chez dix personnes sur douze. Or, unis par ce trait commun, les individus ne lui apparaîtraient plus comme séparés et redoutables, elle ne les distinguerait pour ainsi dire plus les uns des autres, elle les aimerait d'être semblables à elle-même. Si elle se refusait à admettre cela, elle n'avait qu'à prouver le bien-fondé de sa propre conviction, selon laquelle les humains étaient aussi divers que les animaux du Zoo, avec leurs rayures et leurs crinières, leurs cornes et leurs bosses. Ainsi, à force de discuter à propos de chaque nom dans la liste de leurs connaissances, avec des incursions dans le domaine anecdotique, théorique ou spéculatif, ils arrivaient à mieux se connaître. Les heures passaient rapidement et chacune leur paraissait pleine à déborder. Après une nuit de séparation, ils étaient toujours prêts à recommencer.

Les vertus que Mrs. Ambrose attribuait naguère à la liberté de propos d'homme à femme agissaient en effet sur chacun d'eux, quoique pas tout à fait dans la mesure qu'elle en attendait. La nature de la poésie les préoccupait beaucoup plus que la nature des rapports sexuels, mais il est juste de dire que les conversations sans entraves étaient propres à approfondir et à étendre la vision intelligente, mais étrangement limitée, d'une jeune fille. En échange de ce qu'il lui apprenait, elle apportait à Terence tant de curiosité, une telle finesse de perception, qu'il en arrivait à se demander si vraiment une faculté acquise au prix de beaucoup de lectures et d'expériences pouvait rivaliser avec celle-là pour les plaisirs et les douleurs qui l'accompagnaient. Après tout, qu'est-ce que l'expérience était donc susceptible d'offrir à Rachel, sauf une espèce d'équilibre ridicule et conventionnel comme celui d'un chien savant dans la rue? Il contemplait son visage et se demandait de quoi il aurait l'air dans une vingtaine d'années, quand l'œil se serait terni, quand le front se serait creusé de ces petits plis persistants qui semblent indiquer qu'avec l'âge, les gens fixent leur regard sur quelque chose de pénible dont les jeunes ne s'aperçoivent pas? Quelle serait pour eux deux cette chose pénible? Il songea à l'existence qu'ils mèneraient en Angleterre.

C'était une joie que de penser à l'Angleterre; là-bas, les vieilles choses leur apparaîtraient sous un jour nouveau. Ce serait l'Angleterre du mois de juin, les nuits de juin à la campagne. Les rossignols chanteraient dans les chemins creux où ils se glisseraient tout doucement, abandonnant les chambres trop chaudes. Il y aurait les prairies anglaises, avec leurs miroitements d'eau et leurs vaches solennelles, et les nuages bas traînant sur les vertes collines. Souvent, assis près de Rachel, dans sa chambre, il éprouvait le désir de se replonger au cœur de la vie où, ensemble, ils réaliseraient des choses.

Il s'approcha de la fenêtre et s'écria :

« Dieu, que c'est bon d'imaginer des chemins creux, pleins de boue, pleins de ronces et d'orties – vous savez ? – et de vrais champs de verdure, et des cours de ferme avec des cochons et des vaches, et des hommes qui marchent à côté des charrettes, une fourche à l'épaule. Ici, il n'y a rien de comparable à cela. Voyez cette terre rouge, pierreuse, et cette mer d'un bleu dur, et les maisons d'une blancheur aveuglante – comme on se lasse de tout cela ! Et cet air, sans un frisson, sans une tache. Je donnerais n'importe quoi pour voir du brouillard sur la mer. »

Rachel pensait, elle aussi, à la campagne anglaise, aux terrains plats se déroulant vers la mer, aux bois, aux routes longues et droites, où l'on marche pendant des milles sans rencontrer âme qui vive, aux grosses tours des églises, aux curieuses maisons qui se groupent dans les vallées, aux oiseaux, aux crépuscules, à la pluie qui tombe contre les vitres.

« Mais c'est Londres, c'est Londres qui est le lieu rêvé », continuait Terence. Ils regardaient tous deux le tapis, comme si la ville elle-même était là, à leurs pieds, avec ses clochers et ses flèches transperçant les fumées.

« En fin de compte, ce qui me plairait le mieux en ce moment, réfléchissait Terence, c'est de me retrouver tout à coup me promenant dans Kingsway, passant devant ces grandes affiches, vous savez, puis tournant dans le Strand. Peut-être irais-je donner un coup d'œil au Waterloo Bridge. Puis je suivrais le Strand, le long des boutiques pleines de livres nouveaux. J'arriverais au Temple par le passage voûté. J'apprécie toujours le silence après le grand bruit. On entend tout à coup ses propres pas qui résonnent très fort. C'est très agréable, le Temple. Je crois que je passerais voir si le bon vieux Hodgkin est chez lui – celui qui écrit sur Van Eyck, vous savez? Au moment où je quittais l'Angleterre, il se désolait à cause de sa pie apprivoisée : il soupçonnait quelqu'un de l'avoir empoisonnée. Il y a aussi Russel, dans l'escalier d'à côté. Je crois qu'il vous plairait. Il a une passion pour Haendel... Eh bien, Rachel, conclut-il, abandonnant la vision de Londres, voilà ce que nous ferons ensemble dans six semaines! et ce sera le milieu de juin, de juin à Londres. Mon Dieu, que tout cela est réjouissant!

– Et puis, nous sommes sûrs de l'obtenir, dit-elle, ce n'est pas comme si nous avions des exigences énormes! Nous ne demandons qu'à nous promener et à regarder les choses.

– Rien que mille livres de rente et une liberté complète. Combien croyez-vous qu'il y ait de gens, à Londres, qui possèdent cela?

– Allons, vous avez tout gâté! se plaignit-elle. Nous voilà obligés de penser à des horreurs. »

Elle regarda avec rancune un roman qui, autrefois, l'avait peut-être troublée l'espace d'une heure et que, pour cette raison, elle n'avait plus rouvert, mais qu'elle laissait sur sa table et considérait parfois, comme un moine du Moyen Age considérait un crâne ou un crucifix, rappel constant de la fragilité de la chair.

« Terence, est-ce vrai qu'il y a des femmes qui meurent avec des punaises qui grouillent sur leur figure ? demanda-t-elle.

– C'est très probable. Mais nous pensons si rarement, avouez-le, à autre chose que nous-mêmes, qu'une pointe d'horreur de temps en temps devient plutôt un plaisir. »

Elle l'accusa d'affecter un cynisme tout aussi condamnable que la sensiblerie, puis s'écarta de lui pour aller s'agenouiller au rebord de la fenêtre, pressant entre ses doigts les glands du rideau. En proie à un indéfinissable ennui, elle s'écria :

« Ce que je déteste, dans ce pays, c'est ce bleu ! Toujours le ciel bleu, la mer bleue. On dirait un rideau. Tout ce dont on a envie se trouve de l'autre côté. Je veux savoir ce qui se passe derrière. Je hais ces divisions – pas vous, Terence ? Un individu dans l'ignorance absolue de ce qui concerne un autre. Par exemple, j'aimais bien les Dalloway, et ils sont partis. Je ne les reverrai plus jamais. Nous montons sur un bateau et nous voilà entièrement retranchés du reste du monde. Ce que je veux voir ici, c'est l'Angleterre, c'est Londres et toutes sortes de gens. Pourquoi n'est-ce pas possible ? Pourquoi faut-il qu'on soit enfermé tout seul dans sa chambre ? »

Tandis qu'elle parlait ainsi, à moitié pour elle-même, d'une façon de plus en plus vague, parce qu'elle venait d'apercevoir un bateau qui entrait dans la baie, elle ne voyait pas que Terence, cessant de regarder devant lui avec une expression satisfaite, la fixait maintenant d'un œil attentif et maussade. Ainsi, elle était capable de s'écarter de lui, de s'en aller vers des régions inconnues où elle n'avait plus besoin de sa présence ? Cette pensée excitait sa jalousie.

« J'ai parfois l'impression que vous ne m'aimez pas, que vous ne m'aimerez jamais », dit-il d'un ton énergique.

Surprise par ces mots, elle se retourna. Il continuait :

« Je ne vous satisfais pas comme vous me satisfaites. Je ne sais quoi de vous m'échappe toujours. Vous ne me désirez pas comme je vous désire – c'est toujours quelque chose d'autre que vous désirez. »

Il se mit à marcher de long en large :

« J'en demande trop, peut-être. Peut-être n'est-il vraiment pas possible d'obtenir ce que je désire. Les hommes et les femmes sont trop dissemblables. Vous ne pouvez pas comprendre... vous ne comprenez pas... »

Il s'avança vers l'endroit où elle se tenait, le regardant en silence.

Elle était en train de penser que ce qu'il disait était parfaitement vrai; elle désirait, en effet, beaucoup plus de choses que l'amour d'un seul être humain – la mer, le ciel.

Elle se détourna de nouveau et regarda, au loin, le bleu si uni, si serein, là où le ciel rejoignait la mer. Non, elle ne pouvait se borner à aimer un seul être.

« Ou bien est-ce l'effet de ces sacrées fiançailles? poursuivait Terence. Si nous nous mariions ici, avant de rentrer? Mais c'est peut-être trop risqué? Sommes-nous sûrs de vouloir nous marier? »

Ils arpentaient la pièce tous deux, passaient tout près l'un de l'autre, mais évitaient soigneusement de se toucher. Cette situation désespérée les accablait. Il n'y avait rien à faire. Jamais ils ne s'aimeraient assez pour venir à bout de tous les obstacles, mais jamais non plus ils ne pourraient se satisfaire de moins. Ayant senti cela avec une intolérable acuité, elle s'arrêta en face de lui et s'écria :

« Il faut rompre, alors ! »

Ces mots eurent pour effet de les unir mieux que toutes les explications. Au bord du précipice, ils s'accrochèrent l'un à l'autre, comprenant qu'ils ne pouvaient se séparer. Si douloureux, si terrible que ce fût, ils étaient liés pour toujours. Ils restaient là sans rien dire; puis, sans rien dire, ils se traînèrent jusqu'à un siège. Le simple contact, le seul fait d'être assis côte à côte finit par les apaiser, abolissant toutes les divisions. Le monde leur parut recouvrer sa solidité, son intégrité, et eux-mêmes, par on ne sait quel mystère, semblaient être devenus plus grands et plus forts.

Ils ne bougèrent pas avant très longtemps et quand ils bougèrent, ce fut à contrecœur. Se plaçant ensemble devant la glace, à l'aide d'une brosse, ils essayèrent de se donner l'air de gens qui n'auraient rien ressenti de la matinée – ni souffrance ni bonheur. Mais, à voir leur double reflet, ils éprouvèrent une sensation de froid, car, loin de paraître énormes et indivisibles, ils étaient vraiment très petits et séparés. Il restait encore une grande marge dans la glace pour d'autres reflets.

CHAPITRE XXIII

Aucune brosse, cependant, n'aurait pu effacer leur expression de bonheur; aussi, quand ils descendirent, Mrs. Ambrose ne vit-elle pas le moyen de les traiter comme s'ils avaient eu, dans la matinée, des occupations dont on pouvait parler normalement. Il ne lui restait donc plus qu'à se joindre au monde entier, qui avait convenu, semblait-il, de les considérer comme frappés d'incapacité provisoire quant aux affaires d'une existence à laquelle l'intensité de leurs sentiments les rendait hostiles. Elle réussit presque à les éliminer de ses préoccupations.

Elle songeait que, du point de vue pratique, elle avait fait tout ce qu'il fallait; elle avait écrit une quantité de lettres, elle avait obtenu le consentement de Willoughby. A force d'insister sur la carrière future de Mr. Hewet, sur sa naissance, son aspect, son caractère, elle avait presque oublié comment il était. Quand elle le regardait pour se rafraîchir la mémoire, la question se posait de nouveau : comment était-il? Alors, elle se disait que, de toute façon, les jeunes gens étaient heureux, et elle n'y pensait plus.

Il eût peut-être été plus profitable de réfléchir à

ce qui pouvait se passer en l'espace de trois ans, ou à ce que Rachel serait devenue si on l'avait laissé explorer le monde sous l'égide de son père. Le résultat – qui sait? – aurait pu être meilleur. Helen avait la franchise de le reconnaître. Elle ne se dissimulait pas que Terence avait des défauts. Elle le taxait volontiers de paresse et de tolérance excessive, tout comme lui, de son côté, la trouvait un peu dure – non, plutôt incapable de compromis. Sous certains rapports, elle eût préféré Saint-John. Seulement, bien entendu, il ne pouvait convenir à Rachel. Entre elle-même et Saint-John, l'amitié s'était établie, car, tout en oscillant entre l'exaspération et l'intérêt d'une façon qui parlait en faveur de sa sincérité naturelle, Helen, dans l'ensemble, appréciait la compagnie du jeune homme. Avec lui, elle sortait de ce monde confiné dans les émotions et les amours. Lui, il possédait le don d'interpréter les faits. En supposant que l'Angleterre, par exemple, fît brusquement un geste vers quelque port inconnu de la côte marocaine, Saint-John eût compris aussitôt ce que cela signifiait. Elle éprouvait une étrange impression de stabilité en l'entendant discuter avec son mari de questions financières ou de l'équilibre des puissances. Ses arguments, sans même qu'elle les écoutât, lui inspiraient un respect semblable à celui qu'elle avait pour un mur de briques solides ou pour une de ces énormes constructions municipales qui forment aujourd'hui une bonne partie de nos villes, mais que des mains inconnues ont mis des jours et des jours, des années et des années à édifier. Assise près d'eux, elle se plaisait à écouter les deux hommes et ne pouvait se défendre d'un certain contentement lorsque les fiancés, après avoir manifesté un manque absolu d'intérêt, se faufilaient hors de la pièce pour aller massacrer des fleurs au jardin. Ce n'est pas qu'elle en fût jalouse, mais elle leur enviait incontestablement le grand avenir inconnu qu'ils avaient devant eux.

C'est ainsi que, passant d'une idée à l'autre, elle circulait à ce moment entre le salon et la salle à manger, transportant des fruits. Parfois, elle s'arrêtait pour redresser une bougie qui penchait sous la chaleur ou pour modifier la disposition trop rigide des sièges. Elle soupçonnait vaguement Chailey de s'être livrée, pendant leur absence, à des exercices au sommet d'une échelle, avec un chiffon mouillé. La pièce n'arrivait plus à reprendre son aspect habituel. Comme elle revenait pour la troisième fois de la salle à manger, elle s'aperçut qu'un des fauteuils était occupé par Saint-John. Etendu, les yeux mi-clos, il semblait, comme toujours, hermétiquement enfermé dans son complet gris, correct et boutonné avec soin, pour le protéger contre les excès du climat d'outre-mer, susceptible de lui jouer à tout moment quelque mauvais tour. Le regard de Mrs. Ambrose se posa légèrement sur lui, puis s'éloigna par-dessus sa tête. Mais elle finit par s'asseoir dans le fauteuil qui lui faisait face. Il dit, au bout d'un moment :

« Je n'avais pas l'intention de venir, mais on m'y a positivement forcé... »

Puis il ajouta dans un grognement :

« Evelyn M. »

Et, se redressant, il commença d'expliquer, avec une solennité ironique, comment cette odieuse créature s'était mis en tête de l'épouser.

« Elle me poursuit dans toute la maison. Ce matin, elle a fait son apparition au fumoir. Il ne me restait plus qu'à prendre mon chapeau et à filer. Je ne voulais pas venir ici, mais je n'ai pu supporter l'idée d'un repas de plus en sa compagnie.

– Eh bien, tâchons d'en tirer le meilleur parti possible », répondit philosophiquement Helen.

Par cette chaleur, ils ne demandaient pas mieux que de se taire, allongés dans leurs fauteuils, en attendant qu'il se passât quelque chose. La cloche du déjeuner sonna sans qu'on entendît le moindre mouvement dans la maison. Helen demanda s'il y avait des nouvelles quelconques, quelque chose dans les journaux. Saint-John secoua la tête. Si, pourtant : il avait reçu une lettre de chez lui : sa mère lui racontait le suicide de leur femme de chambre. Elle s'appelait Susan Jane; un après-midi, elle entra dans la cuisine, déclarant qu'elle voulait confier son argent à la cuisinière : vingt livres en pièces d'or. Puis elle sortit pour s'acheter un chapeau. A quatre heures et demie, elle rentra, disant qu'elle venait de s'empoisonner. Le temps de la mettre au lit et d'appeler le docteur, elle était morte.

« Et alors ? demanda Helen.

– On attend l'enquête. »

Pourquoi avait-elle fait cela ? Il haussa les épaules. Pourquoi les gens se suicident-ils ? Quels sont les motifs qui poussent les gens des classes inférieures à agir de telle ou telle façon ? Personne ne le sait. Ils retombèrent dans le silence.

« Il y a un quart d'heure que la cloche a sonné et ils ne descendent pas », dit enfin Helen.

Dès qu'ils apparurent, Saint-John expliqua de nouveau ce qui l'avait obligé à venir déjeuner. Il imitait les accents enthousiastes d'Evelyn se précipitant sur lui dans le fumoir.

« Elle trouve qu'il n'y a rien qui soit « de loin »

aussi passionnant que les mathématiques, alors je lui ai prêté un gros ouvrage en deux volumes. Je serais curieux de savoir ce qu'elle y aura compris. »

Rachel pouvait désormais se permettre de rire de lui. Elle lui rappela l'incident du Gibbon; le premier volume était encore quelque part dans sa chambre; s'il entreprenait d'éduquer Evelyn, voilà qui serait une excellente épreuve. Ou encore, elle avait entendu dire que Burke, dans sa *Rébellion américaine*... Evelyn devrait bien lire ces deux auteurs simultanément... Lorsque Saint-John eut repoussé ses attaques et assouvi sa faim, il se mit à raconter que l'hôtel tout entier était en ébullition à cause des scandales survenus pendant leur absence et dont quelques-uns étaient absolument épouvantables.

« Evelyn M., par exemple... Mais ceci m'a été communiqué sous le sceau du secret.

– Allons donc! interrompit Hewet.

– Et puis, tu sais ce qui arrive à ce pauvre Sinclair?

– Oh! oui, je sais ce qui arrive à Sinclair. Il est reparti pour ses mines, muni d'un revolver, et il écrit chaque jour à Evelyn qu'il songe à se suicider. Je lui ai affirmé qu'il n'a jamais été plus heureux de sa vie et, au fond, elle n'est pas loin de penser comme moi.

– C'est que, par ailleurs, elle s'est emberlificotée avec Perrott, poursuivait Saint-John. J'ai aussi des raisons de croire, d'après quelque chose que j'ai surpris dans le couloir, que tout ne va pas pour le mieux entre Arthur et Susan. Il y a certaine jeune personne qui vient d'arriver de Manchester. A mon avis, ce serait une bonne chose si ces fiançailles étaient rompues. L'existence conjugale, c'est affreux, rien que d'y penser. Ah ! et puis, en passant devant la porte de Mrs. Paley, je l'ai entendu très distinctement lâcher des jurons effroyables. On croit qu'elle torture sa femme de chambre en secret, c'est à peu près certain. Cela se voit aux coups d'œil qu'elle vous jette.

– A quatre-vingts ans, quand tu seras travaillé par la goutte, tu en lâcheras des jurons de troupier ! répliqua Terence; tu seras obèse, ronchonneur, désagréable à souhait. Vous vous le représentez, chauve comme un caillou, avec un pantalon comme un sac à éponges, une petite cravate à pois et une bedaine ? »

Après un silence, Hirst observa que ce n'était pas encore là ce qu'il y avait de plus infamant. Il continua, s'adressant à Helen :

« On a flanqué à la porte la prostituée. Un soir, pendant que les autres étaient sortis, ce vieux gâteux de Thornbury clopinait dans les couloirs à une heure tardive (on se demande ce qu'il avait à y faire lui-même). Il a vu la señora Lola Mendoza, comme elle s'intitule, traverser le couloir en chemise de nuit. Le lendemain matin, il faisait part de ses soupçons à Elliot. Résultat : Rodriguez s'est présenté chez cette femme et lui a donné vingt-quatre heures pour vider les lieux. Personne ne semble avoir essayé de tirer l'affaire au clair ni de savoir de quel droit Thornbury et Elliot s'en mêlaient. Ils ont fait cela sans demander l'avis de personne. Je propose que l'on signe une protestation et qu'on aille en masse trouver Rodriguez pour exiger une enquête sérieuse. Il est indispensable de faire quelque chose, vous ne trouvez pas ? »

Hewet répliqua qu'il n'y avait aucun doute quant à la profession de la dame.

« N'empêche, ajouta-t-il, que tout cela est honteux. Pourtant, je ne vois pas ce qu'on peut faire...

– Je suis absolument de votre avis. Saint-John! s'écria Helen, explosant tout à coup. C'est monstrueux! Ces Anglais me font bouillir avec leur correction hypocrite. Quelqu'un qui a fait fortune dans le commerce comme Mr. Thornbury a sûrement deux fois plus de péchés sur la conscience qu'une prostituée! »

La moralité de Saint-John lui inspirait du respect. Elle le prenait beaucoup plus au sérieux que les autres, aussi commença-t-elle à chercher avec lui quelles démarches ils pourraient entreprendre pour faire triompher leur conception personnelle de la justice. Ce débat les amena à des conclusions d'ordre général, profondément mélancoliques. Qui étaient-ils, après tout? Quelle autorité avaient-ils? Quel pouvoir sur la masse des préjugés et de l'ignorance? C'était, certes, la faute des Anglais. Il devait y avoir dans leur sang quelque chose de défectueux. Dès qu'on apercevait un Anglais moyen, on était pris d'une sensation indéfinissable de répugnance. Dès qu'on apercevait, au-dessus de Douvres, les maisons brunes rangées en demi-cercle, on éprouvait cette même sensation. Malheureusement, de l'avis de Saint-John, tous ces étrangers non plus ne vous disaient rien qui vaille...

Ils furent interrompus par les échos d'une conversation à l'autre bout de la table. Rachel en appela à sa tante :

« Terence veut que nous allions prendre le thé avec Mrs. Thornbury, sous prétexte qu'elle a été très gentille. Moi, je ne trouve pas... Franchement, j'aimerais mieux qu'on me coupe la main droite en morceaux... Rien que d'imaginer les yeux de toutes ces femmes!

– Ne dites pas de bêtises, Rachel! répliqua Terence. Pourquoi vous regarderait-on? Vous êtes pourrie de vanité! Vous êtes un monstre de prétention! Vraiment, Helen, à l'heure qu'il est, vous devriez lui avoir déjà fait comprendre qu'elle est une personne absolument dénuée d'intérêt : ni belle, ni bien habillée, ni remarquable par son élégance, son esprit ou son allure. Jamais on n'a rien vu de plus banal que vous, ajouta-t-il – à part l'accroc de votre robe. Quoi qu'il en soit, restez si cela vous fait plaisir. Moi, je m'en vais. »

De nouveau, elle eut recours à sa tante, lui expliquant que ce qui la gênait, ce n'était pas qu'on la regardât, mais ce que les gens ne manqueraient pas de dire. Les femmes surtout. Elle aimait bien les femmes, mais, dès qu'il s'agissait d'émotions, elles devenaient comme des mouches sur du sucre. Elles allaient sûrement lui poser des questions; Evelyn M. demanderait : « Vous êtes amoureuse? Est-ce que c'est agréable? » Et Mrs. Thornbury! Elle la dévorerait des yeux, de la tête aux pieds. Cette seule idée la faisait frémir. De fait, le caractère tout intime de son existence, depuis ses fiançailles, l'avait rendue si sensible qu'elle n'exagérait rien en exposant son cas.

Elle trouva une alliée en la personne de Helen, qui commença à développer ses opinions sur l'espèce humaine, tout en contemplant avec un plaisir manifeste la pyramide de fruits divers au milieu de la table. Ce n'était pas que les gens fussent cruels, ou enclins à vous faire du mal, ou vraiment stupides; non, mais elle s'était toujours dit que, pour une personne ordinaire, ayant si peu d'émotions dans sa propre existence, le moindre relent d'émotion dans la vie des autres devient ce que l'odeur du sang est au flair d'un limier.

Emportée par son sujet, elle continua :

« Dès qu'il se passe quelque chose, mariage, naissance ou décès – en général c'est le décès qu'on préfère – chacun éprouve le besoin de vous voir. Ils y tiennent absolument. Ils n'ont rien à vous dire, vous êtes le cadet de leurs soucis, mais il faut à toute force que vous assistiez à leur lunch, à leur thé ou à leur dîner, sous peine d'être maudit. C'est l'odeur du sang. Je ne leur en veux pas, mais ce n'est pas moi qui leur en offrirai à bon escient ! »

Elle regarda autour d'elle comme si elle avait fait surgir une légion d'êtres humains, tous hostiles et antipathiques, ouvrant des bouches prêtes à avaler du sang, encerclant la table qui prenait l'aspect d'un îlot de terre neutre en plein pays ennemi.

Ces propos éveillèrent l'attention de son mari qui, jusque-là, avait scandé quelque chose tout bas, fixant sur ses hôtes, sur les plats, sur sa femme, un œil tantôt mélancolique, tantôt farouche, selon les tribulations de la dame dont parlait sa ballade. Il coupa la parole à Helen par une protestation énergique. Le moindre soupçon de cynisme chez une femme lui était insupportable.

« Sottises que tout cela ! » trancha-t-il.

Terence et Rachel échangèrent par-dessus la table un regard qui signifiait que de telles manières ne seraient pas admises dans leur vie conjugale. L'entrée de Ridley dans la conversation générale eut pour effet immédiat et curieux de rendre celle-ci plus officielle, plus policée. Il n'y avait plus moyen de raconter simplement des choses qui vous passaient par la tête ni de prononcer le mot

« prostituée » comme n'importe quel autre. On parlait maintenant littérature et politique. Ridley conta quelques anecdotes relatives aux personnalités qu'il avait connues dans sa jeunesse. Ce genre d'entretien, qui relevait de la nature des arts, mit fin aux questions personnelles et aux écarts de langage des jeunes gens. Tandis que chacun se levait, Helen s'attarda un instant, les coudes sur la table, et dit :

« Vous êtes tous restés là pendant près d'une heure, sans faire la moindre attention à mes figues, ni à mes fleurs, ni à la façon dont la lumière traverse la pièce, ni à quoi que ce soit. Je n'écoutais pas parce que j'étais occupée à vous regarder. Vous étiez très beaux. J'aurais voulu que vous restiez là indéfiniment. »

Elle les précéda dans le salon, reprit sa broderie et essaya de nouveau de dissuader Terence de descendre jusqu'à l'hôtel par cette chaleur. Mais plus elle insistait, plus il était résolu à partir. Il s'énervait, s'obstinait et tous deux en venaient presque à se détester. Il avait besoin de voir d'autres gens. Il avait besoin de Rachel pour les voir avec elle. Il soupçonnait Mrs. Ambrose de vouloir la faire renoncer à l'accompagner. Il en avait assez de cette ambiance, de cette pénombre, de cette beauté et de Hirst vautré dans son fauteuil, laissant tomber un illustré de sa main.

« Je pars, répéta-t-il. Rachel n'a pas besoin de venir si elle n'en a pas envie.

– Si tu y vas, Hewet, tâche donc d'avoir des détails au sujet de la prostituée, dit Hirst. Attends, je vais faire un bout de chemin avec toi. »

A la grande surprise de tous, il se leva, consulta sa montre et déclara qu'une demi-heure après le déjeuner, les sucs gastriques devaient avoir achevé leur sécrétion. Il essayait une méthode qui comportait de courtes périodes d'exercice physique alternant avec des moments plus prolongés de repos.

« Je serai de retour à quatre heures, annonça-t-il à Helen, et je m'allongerai sur le sofa pour détendre complètement tous mes muscles.

– Tu t'en vas donc, Rachel? demanda Helen, tu ne veux pas rester avec moi ? »

Elle souriait, mais peut-être pas sans tristesse. Etait-elle triste, ou souriait-elle de bon cœur? Rachel n'aurait su le dire et, l'espace d'un instant, sa situation, entre Helen et Terence, lui parut bien désagréable. Puis elle tourna les talons, disant simplement qu'elle accompagnerait Terence s'il se chargeait de faire les frais de la conversation.

Une mince bordure d'ombre courait le long du chemin, qui était assez large pour deux, mais non pour trois. Saint-John resta donc un peu en arrière des deux fiancés et cette distance s'accrut peu à peu. Ne marchant que pour stimuler sa digestion et surveillant sans cesse sa montre, il regardait de temps à autre le couple qui le précédait. Ils avaient l'air si heureux, si étroitement unis, bien que leur allure ne se distinguât en rien de celle de n'importe quels promeneurs marchant côte à côte. Parfois, ils se tournaient légèrement l'un vers l'autre pour dire quelque chose qui lui paraissait devoir être strictement intime. En réalité, ils discutaient au sujet du caractère de Helen. Terence essayait d'expliquer pourquoi, par moments, elle l'ennuyait à ce point. Mais Saint-John, s'imaginant qu'ils ne voulaient pas être entendus, se mit à songer à son propre isolement. Ils étaient heureux et, en un certain sens, il les méprisait d'accepter le bonheur aussi simplement.

A un autre point de vue, il les enviait. Il était beaucoup plus intéressant qu'eux et pourtant il n'était pas heureux. Personne ne le trouvait sympathique. Parfois même, il doutait que Helen eût de la sympathie pour lui. Etre simple, être capable d'exprimer simplement ce qu'on ressent, sans cette terrifiante conscience de soi-même qui le dominait, qui ne cessait de lui montrer dans un miroir son propre visage, ses propres paroles — cela valait en somme n'importe quel talent, puisque cela vous rendait heureux. Bonheur, bonheur, qu'était-ce que le bonheur ? Jamais il ne se sentait heureux. Il discernait trop clairement les petits vices, les mensonges, les tares de la vie et, du moment qu'il les discernait, il jugeait honnête d'en tenir compte. C'est pour cette raison, sans nul doute, qu'on ne l'aimait pas, qu'on lui reprochait d'être amer, insensible. Jamais certes, on ne lui disait ce qu'il souhaitait d'entendre : qu'il était gentil, aimable, sympathique. Au fond, les critiques sévères qu'il adressait aux autres provenaient surtout de ce qu'il était malheureux ou blessé lui-même. Il avouait cependant que les cas étaient très rares où il avait exprimé son affection à quelqu'un; et chaque fois il avait regretté ensuite ces épanchements. Pour Terence et Rachel, la complexité de ses sentiments l'empêchait de leur dire que leur prochain mariage lui faisait plaisir. Leurs défauts, la nature en grande partie inférieure de leur attachement réciproque lui apparaissaient avec trop d'évidence; il se disait d'ailleurs que leur amour ne serait pas de longue durée. Il les regarda de nouveau et, à sa grande surprise, car, habitué à réfléchir, il ne remarquait pas souvent les choses, ce spectacle l'emplit d'une émotion simple, d'une affection où il entrait aussi un soupçon de pitié. Qu'importaient, après tout, les défauts des gens en comparaison de ce qu'il y avait de bon en eux ? Décidé à leur exprimer sans délai ses sentiments, il pressa le pas et les rejoignit comme ils arrivaient à la jonction du chemin avec la route principale. Ils s'arrêtèrent, riant de lui, lui demandant si les sucs gastriques... Il les interrompit et commença avec précipitation et raideur :

« Vous vous rappelez le matin après le bal ? C'est ici que nous étions venus nous asseoir; toi, tu disais des bêtises, Rachel faisait de petits tas de pierres. Moi, cependant, tout le sens de la vie m'apparut en l'espace d'une seconde. » Il s'arrêta un instant et resserra ses lèvres comme avec une coulisse. « L'amour, dit-il, voilà qui me paraît tout expliquer. Donc, en somme, je suis très content de savoir que vous allez vous marier. »

Sans les regarder, il fit demi-tour et reprit la direction de la villa, à la fois exalté et honteux d'avoir ainsi mis à nu ce qu'il ressentait. Ils devaient rire de lui sans doute, ils devaient le prendre pour un imbécile et, en fin de compte, avait-il vraiment dit ce qu'il ressentait ?

Ils avaient ri, en effet, après son départ, mais la discussion au sujet de Helen, assez âpre depuis quelques instants, s'arrêta. La paix et la bonne entente régnaient entre eux de nouveau.

CHAPITRE XXIV

Ils arrivèrent à l'hôtel assez tard dans l'après-midi, quand la plupart des hôtes faisaient encore la sieste ou restaient sans parler dans leurs chambres. Mrs. Thornbury, qui pourtant les avait invités à goûter, était introuvable. Ils s'installèrent donc dans le hall plein d'ombre, dont le grand espace vide était traversé par les légers sifflements des courants d'air... Oui, ce fauteuil était bien celui où Rachel était assise l'autre après-midi, quand Evelyn avait fait son apparition; et ce magazine était bien celui qu'elle regardait ce jour-là, et cette illustration également : une vue de New York sous un éclairage de nuit. Quelle chose étrange ! Il n'y avait rien de changé.

Petit à petit, les gens se mirent à descendre, à passer par le hall — personnages inconnus, mais dont les silhouettes prenaient dans cette pénombre une certaine grâce, une certaine beauté. Quelques-uns passaient directement dans le jardin par la porte battante. D'autres s'arrêtaient un instant et, penchés sur les tables, feuilletaient les journaux. Terence et Rachel les observaient par-dessous leurs paupières baissées — tous ces Johnson, ces Parker, ces Bailey, ces Simmons, ces Lee, ces

Morley, ces Campbell, ces Gardiner. Certains, en pantalon de flanelle blanche, portaient des raquettes sous le bras; certains étaient petits, d'autres grands; certains étaient des enfants, d'autres sans doute des domestiques, mais chacun connaissait sa place dans la vie, la raison pour laquelle il suivait les autres dans ce hall, sa fortune, sa situation quelle qu'elle fût. Terence, fatigué, cessa bientôt de les regarder, ferma les yeux et s'assoupit dans son fauteuil. Rachel continua quelque temps encore à observer les gens. Elle était fascinée par l'assurance et la grâce de leurs allures, par la façon imperturbable qu'ils avaient de se suivre, de s'arrêter, de repartir, de disparaître. Mais, bientôt, elle en fut distraite par le souvenir du bal qui avait eu lieu dans cette salle, si différente d'aspect aujourd'hui. Elle n'en croyait pas ses yeux : était-ce bien la même pièce? Cette nuit-là, quand on y entrait, quittant le jardin obscur, on y trouvait tant d'éclat et de solennité, une telle foule de petits visages rougis, excités, se déplaçant sans arrêt, tant de toilettes resplendissantes, tant d'animation que les gens ne semblaient plus avoir la moindre réalité et qu'on n'aurait pas eu l'idée de leur adresser la parole. Maintenant, l'ombre et le silence envahissaient cette salle où passaient de beaux personnages tranquilles qu'on pouvait aborder pour leur parler de n'importe quoi. Elle-même, elle se sentait étonnamment solide dans son fauteuil, capable d'évoquer avec tendresse, avec humour, non seulement la nuit du bal, mais encore le passé tout entier; c'était comme si, après avoir longtemps tâtonné dans le brouillard, elle voyait enfin avec précision les endroits où elle avait erré. Les voies qui lui avaient permis d'atteindre sa position actuelle lui paraissaient étranges, d'autant plus étranges qu'elle n'avait pas compris où elles devaient la mener. L'étrange, c'était de ne pas savoir où l'on va, ni ce qu'on cherche, d'avancer aveuglément, souffrant si fort en secret, dans la consternation, l'inexpérience, l'ignorance. Mais un détail en amenait un autre et, peu à peu, avec rien il se formait quelque chose, on parvenait enfin à cette sérénité, à cette quiétude, à cette assurance; et toute cette évolution, c'était ce que les gens appelaient « *vivre* ». Peut-être que chacun parvenait ainsi à savoir où il allait, comme elle-même le savait maintenant; pour les autres comme pour elle-même, les choses devaient s'arranger de manière à former un dessin, et c'est de ce dessin que se dégageaient la satisfaction et le sens de l'existence. Regardant en arrière, elle arrivait à discerner un certain sens dans la vie de ses tantes, dans la brève apparition des Dalloway qu'elle ne reverrait plus, dans l'existence de son père.

Le bruit que faisait Terence en respirant dans son sommeil accentuait encore sa quiétude. Elle n'avait pas sommeil, bien qu'aucun objet ne lui apparût avec une netteté particulière. Les personnages qui passaient devant elle devenaient de plus en plus vagues, mais elle se disait que chacun d'eux savait exactement où il allait et cette assurance qu'elle leur attribuait l'emplissait d'aise. Pour l'instant, elle envisageait l'existence avec un détachement, une absence d'intérêt qui aurait pu faire croire qu'elle-même n'avait plus aucun rôle à y jouer. Tout ce qui lui arriverait désormais, il lui semblait qu'elle l'accepterait sans se laisser dérouter par la forme que cela aurait prise. Qu'y avait-il d'effrayant ou d'inquiétant dans la perspective de l'existence? Pour quelle raison la notion à laquelle

elle était parvenue l'abandonnerait-elle? Le monde, en vérité, était si vaste, si hospitalier – et si simple en définitive! « L'amour, avait dit Saint-John, cela semble expliquer toute chose. » Oui, mais pas l'amour de l'homme pour la femme, de Terence pour Rachel. Malgré l'intimité de leur attitude, ils avaient cessé d'être deux petits organismes séparés des autres; ils avaient cessé de lutter, de se convoiter entre eux. Ils semblaient avoir fait la paix. C'était peut-être l'amour, ce n'était certes pas un amour d'homme à femme.

Par-dessous ses paupières mi-closes, elle regarda Terence enfoncé dans le fauteuil et sourit de voir sa grande bouche, son menton trop petit, son nez en zigzag avec une grosseur au bout. Evidemment, vu sous cet angle, il avait bien l'air paresseux, ambitieux, plein de défauts et de lubies. Elle songea à leurs querelles, à celle en particulier qu'ils venaient d'avoir cet après-midi même au sujet de Helen, et à toutes celles qu'ils auraient encore au cours de trente, quarante ou cinquante années, vivant ensemble sous le même toit, courant ensemble pour attraper des trains, déplorant de plus en plus d'être si différents l'un de l'autre. Mais tout cela était superficiel, cela n'avait rien à voir avec la vie qui se poursuivait derrière les yeux, le menton et la bouche de Terence, car cette vie-là gardait son indépendance par rapport à elle, par rapport à tout le reste. De même, elle qui allait être sa femme, qui allait passer trente, quarante ou cinquante ans avec lui, tantôt en discussion, tantôt dans une intimité profonde – elle était indépendante de lui, indépendante de tout le reste. Toutefois, comme l'avait dit Saint-John, c'était grâce à l'amour qu'elle comprenait ces choses, car jamais elle n'avait senti cette indépendance, ce calme, cette certitude avant d'aimer Terence, et tout cela faisait peut-être partie de l'amour. Elle n'avait besoin de rien d'autre.

Depuis deux minutes environ, Miss Allan contemplait de loin les fiancés si paisiblement installés dans leurs fauteuils. Elle se demandait si elle pouvait se permettre de les déranger; enfin, comme si quelque chose lui revenait à l'esprit, elle traversa le hall. Au bruit de ses pas Terence, éveillé, se redressa et se frotta les yeux. Il entendit Miss Allan parler à Rachel.

« Eh bien, disait-elle, voilà qui est charmant! Les fiançailles sont tout à fait à la mode, il me semble! Cela ne doit pas arriver souvent que deux couples qui ne se connaissaient pas se rencontrent dans le même hôtel et que chacun d'eux décide de se marier. »

Elle s'arrêta, sourit, paraissant n'avoir plus rien à dire. Terence se leva alors et lui demanda s'il était exact qu'elle avait terminé son livre, ainsi qu'on le lui avait annoncé. Miss Allan tourna vers lui son visage éclairé par une expression plus vivante que d'habitude.

« Oui, je crois pouvoir dire que je l'ai terminé, répondit-elle; cela s'arrête d'ailleurs à Swinburne. *De Beowulf à Browning.* Je suis assez contente de cette idée des deux *B.* Elle répéta : *Beowulf à Browning.* Ce genre de titre doit attirer l'œil dans les bibliothèques de gare. »

Elle était très fière, en effet, d'avoir mené à bien cet ouvrage; personne ne pouvait se douter de l'application qu'il avait fallu pour cela. Elle trouvait par ailleurs que c'était du travail bien fait, malgré les inquiétudes au sujet de son frère qui la poursuivaient tout ce temps; aussi ne put-elle résister au désir d'en parler un peu plus longuement.

« Je dois avouer, continua-t-elle, que si je m'étais doutée du nombre des classiques dans la littérature anglaise, et de la prolixité à laquelle arrivent parfois les meilleurs d'entre eux, je n'aurais jamais entrepris cet ouvrage. Les éditeurs ne vous accordent que soixante-dix mille mots au maximum.

– Soixante-dix mille mots au maximum ! s'écria Terence.

– Oui, or il faut dire quelque chose sur chacun, poursuivit Miss Allan; c'est cela qui me paraît si difficile, trouver pour chacun quelque chose de différent. »

Puis, jugeant qu'elle avait assez parlé d'elle-même, elle demanda s'ils étaient venus à l'hôtel pour prendre part au tournoi de tennis :

« La jeunesse est très excitée à ce propos. Cela recommence dans une demi-heure. »

Son regard se posait sur eux avec bienveillance. Elle se tut un instant, puis, regardant Rachel comme si elle se rappelait un détail qui lui permettait désormais de ne pas la confondre avec d'autres, elle déclara :

« Vous êtes la curieuse personne qui n'apprécie pas le gingembre. »

Cependant, la bonté du sourire sur son visage passablement fatigué, mais courageux, leur donnait l'impression que, dût-elle même les oublier en tant qu'individus, elle ne leur en confiait pas moins la tâche qui incombait aux nouvelles générations.

« Quant à cela, je suis bien d'accord avec elle, dit une voix derrière eux, celle de Mrs. Thornbury, qui avait entendu les derniers mots relatifs au gingembre. Cela me rappelle toujours une horreur de vieille tante à nous (elle souffrait si atrocement, la pauvre, que ce n'est guère gentil de la traiter d'horreur !). Elle nous en offrait toujours quand nous étions petits, et nous n'osions pas avouer que nous n'aimions pas cela. Nous allions le recracher dans les buissons. Elle avait une grande propriété près de Bath. »

Ils se dirigeaient doucement vers la sortie quand Evelyn vint se jeter contre eux comme si l'élan pris dans l'escalier pour courir à leur poursuite lui avait fait perdre le contrôle de ses jambes.

« Dites donc, cria-t-elle avec son enthousiasme habituel, saisissant Rachel par le bras, je trouve ça splendide ! Je m'en suis doutée depuis le premier jour. Je voyais bien que vous étiez faits l'un pour l'autre. Maintenant, vous allez me raconter tout ça. C'est pour quand ? Où allez-vous habiter ? Etes-vous formidablement heureux tous les deux ? »

Mais leur attention fut soudain attirée par Mrs. Elliot, qui arrivait par-derrière, de son pas agile mais incertain, portant un plateau et une bouillotte vide. Mrs. Thornbury l'arrêta au passage pour lui poser une question.

« Merci, répondit Mrs. Elliot, Hughling va mieux. Mais il n'est pas facile à soigner. Il veut savoir ce qu'il a comme température; si je le lui dis, il s'affole et si je ne lui dis pas, il se méfie. Vous savez ce que c'est quand un homme est malade ! Et, bien entendu, on ne trouve rien de ce qu'il faudrait. Et le docteur Rodriguez (ici elle baissa la voix d'un air mystérieux), malgré sa bonne volonté et son dévouement, on n'a pas l'impression que c'est un vrai médecin... Si vous veniez voir mon mari, Mr. Hewet, ajouta-t-elle, je suis sûre que cela lui ferait du bien, alité comme il l'est toute la journée... avec ces mouches... Mais il faut que j'aille trouver Angelo... la nourriture d'ici... Naturellement, pour un malade, on aurait besoin de choses très bien préparées... »

Elle les quitta pour se précipiter à la recherche du maître d'hôtel. Ses soucis de garde-malade avaient imprimé sur son front une petite ride dolente. Elle était pâle, abbattue, plus que jamais incapable, et son regard particulièrement vague ne cessait d'errer d'un point à un autre.

« Pauvre femme ! » s'écria Mrs. Thornbury. Puis elle expliqua à ses invités que Hughling Elliot était souffrant depuis plusieurs jours déjà et que le seul médecin qu'on pût appeler était le frère du patron de l'hôtel, du moins d'après ce que disait ce dernier; mais avait-il vraiment droit au titre de docteur ? Voilà qui paraissait contestable. Prenant de nouveau, avec Rachel, la tête du petit groupe qui se dirigeait vers le jardin, Mrs. Thornbury déclara :

« Je sais combien on se sent malheureux à l'hôtel quand on est malade. Pendant mon voyage de noces, j'ai eu la fièvre typhoïde à Venise. Et pourtant, ces six semaines, quand j'y pense, compteront parmi les plus heureuses de ma vie. Eh, oui ! (elle prit le bras de Rachel), vous vous croyez heureuse aujourd'hui, mais ce n'est rien en comparaison du bonheur qui vous attend. Je vous assure qu'en cherchant bien, je découvrirais que je vous envie, vous les jeunes ! Vous avez tellement plus de chance que nous, de notre temps ! Quel changement, c'est à peine croyable ! Pendant nos fiançailles, je n'avais pas la permission de sortir seule avec William; à la maison, il y avait toujours quelqu'un avec nous. Si je me rappelle bien, il me fallait montrer toutes les lettres de William à mes parents; ils avaient beaucoup d'affection pour lui, d'ailleurs. Je peux même dire qu'ils le considéraient comme leur propre fils. Cela m'amuse de penser qu'ils étaient si sévères avec nous et de voir à quel point ils gâtent leurs petits-enfants aujourd'hui! »

Le thé était servi de nouveau sous les arbres. Tout en s'installant devant les tasses, Mrs. Thornbury distribuait à droite et à gauche des saluts et des signes, si bien qu'un groupe assez nombreux finit par se réunir autour d'elle, entre autres Susan, Arthur et Mr. Pepper, qui flânaient en attendant la reprise du tournoi de tennis.

« Un arbre qui murmure, un fleuve qui coule à pleins bords sous la lune », ces paroles de Terence revenaient à l'esprit de Rachel tandis qu'elle prenait le thé et écoutait les propos de Mrs. Thornbury se dérouler, si légers, si bienveillants, formant une surface si unie avec ses reflets argentés. Après toute sa longue existence, après tous ses enfants, cette nature restait lisse et intacte; on en avait effacé les marques individuelles, lui laissant seulement les caractéristiques de l'âge et de la maternité.

« Et tout ce que vous êtes appelés à voir, vous, les jeunes! » reprenait Mrs. Thornbury. Elle les englobait tous dans sa vision de l'avenir, elle étendait sa maternité sur eux tous, y compris William Pepper et Miss Allan, qui pourtant devaient avoir déjà contemplé une bonne partie de ce panorama.

« Quand je vois à quel point le monde s'est transformé, rien que depuis ma naissance, je n'imagine plus de limites à ce qui peut se passer d'ici cinquante ans! Oh! non, je ne suis pas du tout de votre avis, Mr. Pepper, ajouta Mrs. Thornbury, coupant court à une remarque pessimiste de ce dernier sur le fait que les choses suivent leur cours régulier, allant de mal en pis. Je sais bien que je devrais me dire cela, mais non, je n'y crois pas. Les nouvelles générations seront bien meilleures que la nôtre. N'en voit-on pas des preuves partout ? Dans mon entourage, je ne rencontre que des femmes, des femmes jeunes, avec toutes sortes de soucis domestiques, qui arrivent à faire des choses qu'il nous aurait paru impossible d'entreprendre. »

Mr. Pepper la trouvait sentimentale et déraisonnable, comme toutes les vieilles femmes, mais dompté et charmé par sa façon de le traiter comme un vieux bébé rageur, il ne lui répondit que par une grimace bizarre, un sourire plutôt qu'une moue.

« Et elles restent très femmes. Elles apportent beaucoup à leurs enfants. »

Elle renvoya un sourire discret dans la direction de Susan et de Rachel. Peu flattées d'être comprises dans la même catégorie, toutes deux répondirent cependant par des sourires satisfaits, tandis que, de leur côté, Arthur et Terence échangeaient un regard. En présence de Mrs. Thornbury, ils avaient l'impression de s'être embarqués sur le même bateau; ils regardèrent, en les comparant, les femmes qu'ils allaient épouser. Il paraissait inexplicable à l'un qu'on pût avoir l'idée d'épouser Rachel, inconcevable à l'autre qu'on fût prêt à passer sa vie avec Susan. Mais, si singulier que semblât à chacun le choix de l'autre, cela n'engendrait entre eux aucune hostilité; bien au contraire, l'extravagance même de leurs goûts respectifs augmentait leur sympathie.

« Il faut vraiment que je vous félicite », dit Susan, se penchant sur la table pour prendre la confiture.

Les potins rapportés par Saint-John au sujet de Susan et d'Arthur paraissaient dénués de fondement. Hâlés et robustes, ils se tenaient côte à côte, leurs raquettes sur les genoux, parlant peu, mais ne cessant de sourire. Le fin tissu des vêtements blancs laissait transparaître les contours de leurs corps, de leurs jambes, les belles courbes des muscles, secs chez lui, charnus chez elle, et l'on pensait tout naturellement aux enfants vigoureux qu'ils allaient avoir. Leurs visages étaient trop peu modelés pour paraître beaux; mais, avec leurs yeux limpides, ils avaient un air de santé, d'endurance à toute épreuve. On avait l'impression que le sang ne s'arrêterait jamais de couler dans les veines de cet homme, ni de colorer d'une tranquille rougeur les joues de cette femme. Pour l'instant, leur regard, plus vif que de coutume, avait cette expression particulière de plaisir et de confiance en soi qu'on observe chez les athlètes : on jouait au tennis et tous deux étaient des joueurs de premier ordre.

Evelyn ne disait rien, occupée à regarder tantôt Susan, tantôt Rachel. Allons! elles n'avaient pas été longues à prendre un parti : en quelques semaines, elles avaient accompli quelque chose à quoi elle-même ne pourrait jamais se résoudre, pensait-elle parfois. Malgré leur différence, elle croyait discerner chez toutes deux la même impression satisfaite, rassasiée, la même placidité, la même lenteur des mouvements. Cette inertie, cette confiance, ce contentement, c'était cela qui lui faisait horreur, se dit-elle. Elles bougeaient au ralenti, parce qu'elles n'étaient plus seules, elles étaient doubles, Susan liée à Arthur, Rachel à Terence; pour l'amour d'un seul elles avaient renoncé à tous les autres hommes, au mouvement, aux choses réelles de l'existence. C'était très joli, l'amour, la coquette maison familiale, la cuisine au sous-sol, la chambre d'enfants au second, toutes ces choses bien isolées, circonscrites comme des îles minuscules parmi les torrents du monde. Pourtant, ce qu'il y avait de réel, c'étaient les événements, les grandes causes, les guerres, les idéaux, tout ce qui se passait à l'extérieur dans le vaste univers, sans rapport avec ces femmes, tournées vers des hommes en des attitudes si belles et si calmes. Elle leur lança un coup d'œil sévère. Bien sûr, elles étaient heureuses, satisfaites, mais enfin ce n'était pas tout, il devait y avoir quelque chose de meilleur. On devait pouvoir étreindre plus fort l'existence, y puiser plus profondément, en tirer des joies et des sensations que ces femmes ne connaîtraient jamais. Rachel, en particulier avait l'air si jeune, que pouvait-elle connaître de l'existence ? Trop agitée pour rester en place, Evelyn alla s'asseoir à côté de Rachel et lui rappela qu'elle devait adhérer à son club.

« L'ennui, continua-t-elle, c'est que je ne pourrait peut-être pas m'en occuper sérieusement avant le mois d'octobre. Je reçois une lettre d'une amie dont le frère est dans les affaires, à Moscou. Ils veulent que je passe quelque temps avec eux et, comme ils sont en plein dans les conspirations et les activités anarchistes, j'ai bien envie de m'arrêter chez eux sur le chemin du retour. Cela a l'air si passionnant ! (Elle aurait voulu faire sentir à Rachel combien c'était passionnant.) Mon amie connaît une fillette de quinze ans qui a été envoyée en Sibérie pour le reste de ses jours, simplement parce qu'on l'a surprise adressant une lettre à un anarchiste. Et ce qu'il y a de plus fort, c'est que la lettre ne venait pas d'elle. Je donnerais tout au monde pour pouvoir participer à une révolution contre le gouvernement russe. Et la révolution arrivera, c'est fatal. »

Son regard allait de Rachel à Terence. Ils éprouvaient un léger remords d'avoir, quelques jours plus tôt, prêté l'oreille à des propos malveillants à son égard. Aussi Terence lui posa-t-il des questions sur les projets dont elle venait de parler. Elle allait fonder un club, expliqua-t-elle, un club où l'on réaliserait des choses... ce qui s'appelle réaliser. De plus en plus emportée par son éloquence, elle parlait sans arrêt, affirmant sa conviction que si vingt personnes — ou dix seulement, pourvu qu'elles fussent énergiques — décidaient de réaliser les choses au lieu d'en parler, elles arriveraient à supprimer pratiquement toutes les plaies de l'existence. Il fallait des cerveaux. Si seulement ceux qui ont des cerveaux... Bien entendu, il s'agissait de trouver un local, dans Bloomsbury de préférence, où l'on se réunirait une fois par semaine...

Pendant qu'elle discourait, Terence observait sur son visage les traces d'une jeunesse qui se fanait déjà, les petites rides que l'excitation et les constants bavardages creusaient autour de la bouche et des yeux. Mais il ne la plaignait pas : il suffisait de voir ces yeux vifs, presque durs et très courageux, pour comprendre qu'elle ne se plaignait pas non plus, qu'elle n'avait nulle envie d'échanger son existence contre une autre, plus raffinée, plus équilibrée — celle d'un Terence ou d'un Saint-John, par exemple — malgré toutes les difficultés qui, pour elle, iraient s'accroissant d'année en année. Mais, peut-être trouverait-elle à s'établir ? Peut-être finirait-elle par épouser Perrott ? Ne prêtant qu'une partie de son attention à ce qu'elle disait, Terence réfléchissait, par ailleurs, à l'évolution probable de cette destinée, tandis que la fumée de sa cigarette voilait légèrement son visage devant le regard d'Evelyn.

Terence, Arthur, Evelyn fumaient à qui mieux mieux, répandant dans l'espace le brouillard et l'arôme d'un tabac de qualité. Quand les conversations s'arrêtaient, on entendait au loin le faible murmure de vagues qui se brisent doucement, étalent sur la plage une pellicule liquide et se retirent pour revenir aussitôt. Une tiède lumière verte filtrait à travers le feuillage de l'arbre. Sur les assiettes, sur la nappe, il y avait de légers croissants de soleil, des diamants épars. Mrs. Thornbury qui, depuis quelque temps, contemplait tout son monde en silence, commença à poser des questions à Rachel : quand comptaient-ils partir? Rachel répondit qu'ils attendaient son père. Elle devait être bien contente de retrouver son père, elle avait tant de choses à lui dire, et lui-même (Mrs. Thornbury regarda Terence avec sympathie), il serait très heureux, elle en était convaincue. Elle se souvenait d'ailleurs – cela remontait à dix ans, à vingt ans peut-être – d'avoir rencontré Mr. Vinrace à une soirée. Sa physionomie, si différente de celles qu'on voit en général à ces soirées, l'avait tellement frappée qu'elle avait demandé qui c'était; on lui avait répondu que c'était Mr. Vinrace et le nom lui était resté dans la mémoire – un nom si peu commun. Il était accompagné d'une dame qui avait l'air si charmante, mais il y avait une de ces foules, comme souvent dans les réceptions londoniennes, où il est impossible de causer, où l'on ne peut que se regarder. Elle avait bien serré la main de Mr. Vinrace, mais elle ne se rappelait pas avoir échangé un seul mot avec lui. Elle eut un imperceptible soupir en évoquant ce passé.

Ensuite, elle se tourna vers Mr. Pepper qui s'était attaché à elle au point de s'installer toujours à ses côtés et de suivre attentivement ses propos, s'abstenant toutefois de faire des remarques personnelles.

« Vous qui savez tout, Mr. Pepper, dit-elle, expliquez-nous comment ces admirables grandes dames de France s'y prenaient pour administrer leurs salons ? Avons-nous jamais eu quelque chose de semblable en Angleterre, ou bien croyez-vous qu'il y ait des raisons qui s'opposent à ce que cela existe chez les Anglais ? »

Mr. Pepper se fit un plaisir d'expliquer avec force détails pourquoi l'Angleterre n'avait jamais pu avoir de salon. Il trouvait à cela trois raisons, toutes trois excellentes. Quant à lui, lorsque parfois, pour éviter des froissements, il se voyait obligé de se rendre à une réception – ces temps-ci par exemple, c'était le mariage de sa nièce – il s'avançait jusqu'au milieu du salon, faisait « ha ! ha ! » le plus distinctement possible, puis, considérant qu'il avait rempli son devoir, il partait. Mrs. Thornbury se récria. Elle se proposait de donner, dès son retour, une réception à laquelle ils seraient tous conviés; elle ferait alors surveiller Mr. Pepper et si elle apprenait qu'il avait dit « ha ! ha ! », eh bien, elle lui... elle lui infligerait quelque chose de terrible comme punition. Arthur Venning fut d'avis qu'elle devrait lui préparer une attrape : dissimuler par exemple derrière le portrait d'une aimable vieille dame en bonnet de dentelle un récipient d'eau froide qui, au signal convenu, se viderait sur la tête de Mr. Pepper; ou bien ce serait une chaise qui le projetterait à vingt pieds en l'air dès qu'il se serait assis.

Susan riait. Elle avait expédié son thé et se sentait fort aise, d'abord de s'être montrée très brillante au tennis, ensuite parce que tout le monde était si gentil. Elle trouvait maintenant beaucoup plus facile de s'exprimer en public, jusqu'à tenir tête à des gens très intelligents, car ceux-ci, elle ne savait pourquoi, avaient cessé de lui faire peur. Mr. Hirst lui-même, qui lui déplaisait tant au début, n'était pas si désagréable que cela; et puis il avait toujours l'air si malade, le pauvre. C'était peut-être l'amour. Peut-être était-il amoureux de Rachel, cela n'aurait rien eu d'étonnant. Ou peut-être d'Evelyn, qui avait vraiment du succès auprès des hommes. Penchée en avant, Susan prit part à la conversation. Si les réunions mondaines devenaient si ternes, c'était, à son avis, parce que les messieurs ne voulaient plus s'habiller. Même à Londres, dit-elle, il était surprenant de constater à quel point on négligeait la tenue de soirée, et si l'on ne s'habillait plus à Londres, comment voulait-on qu'on s'habillât en province? Quel régal pour les yeux, aux environs de Noël, que ces bals de chasseurs où les messieurs paraissaient en habit rouge! Mais Arthur n'aimait pas la danse, et sans doute n'iraient-ils même pas au bal dans leur petite ville provinciale. Quand on se passionnait pour un sport, on n'en aimait pas un autre, en général, elle l'avait remarqué; son père cependant était une exception, mais lui, il était exceptionnel à tous les points de vue : quel jardinier! que de choses il savait sur les oiseaux, sur les animaux! et, naturellement, toutes les vieilles femmes du village l'adoraient; mais ce qu'il préférait encore à tout cela, c'était la lecture. Quand on avait besoin de lui, on savait bien où le trouver : dans son bureau, avec un livre, presque toujours un vieux, vieux bouquin tout moisi que personne d'autre n'aurait eu l'idée de feuilleter. Elle lui disait souvent qu'il serait devenu un vrai rat de bibliothèque si seulement il n'avait pas eu six enfants à sa charge.

« Six enfants, ajouta Susan avec une charmante confiance dans la sympathie universelle, cela ne vous laisse pas beaucoup de loisir pour explorer les bibliothèques ! »

Tout en parlant encore de ce qui faisait son orgueil, elle se leva, car Arthur avait consulté sa montre et déclaré qu'il était temps de retourner au tennis. Les autres restèrent à table.

« Ils sont très heureux ! » dit Mrs. Thornbury, suivant le couple d'un regard plein de bénignité. Rachel acquiesça. Ils avaient l'air sûrs d'eux-mêmes, ils semblaient savoir exactement ce qu'ils voulaient.

« Vous croyez vraiment qu'ils sont heureux ? » demanda Evelyn tout bas à Terence dans l'espoir de l'entendre dire qu'il ne le croyait pas. Mais Terence se contenta d'observer que Rachel et lui étaient obligés de partir eux aussi, de rentrer chez eux; ils arrivaient toujours en retard pour les repas et Mrs. Ambrose, rigide dans ses principes, n'aimait pas cela. Evelyn s'accrocha à la jupe de Rachel en protestant. Pourquoi partaient-ils ? Il était encore très tôt et elle avait tant de choses à leur dire.

« Il le faut, dit Terence, nous marchons si lentement ! Nous nous arrêtons pour regarder, pour parler.

– Et de quoi parlez-vous ? s'informa Evelyn.

– De tout », répondit-il en souriant.

Mrs. Thornbury les accompagna jusqu'à la

grille, avançant très lentement, avec grâce, sur l'herbe et sur le gravier, parlant de fleurs et d'oiseaux. Elle s'était mise à étudier la botanique après le mariage de sa fille, disait-elle, et c'était incroyable le nombre de fleurs qu'elle n'avait jamais vues encore, à soixante-douze ans! Il était bon de se créer une occupation tout à fait indépendante dans sa vieillesse. Mais ce qu'il y avait de curieux, c'est qu'elle ne se sentait pas vieille du tout. Elle gardait toujours l'impression d'avoir vingt-cinq ans, pas un jour de plus ni de moins. Mais les autres ne pouvaient évidemment pas partager cette impression, il ne fallait pas s'y attendre.

« Cela doit être merveilleux d'avoir vingt-cinq ans en réalité, et non pas uniquement dans son imagination! » ajouta-t-elle, les regardant l'un après l'autre de son œil intelligent et serein; cela doit être merveilleux, absolument merveilleux!

Elle s'attarda longtemps à leur parler ainsi devant la grille, regrettant, semblait-il, de les laisser partir.

CHAPITRE XXV

IL faisait, ce jour-là, une chaleur si lourde que les bruits de vagues sur la plage semblaient être autant de soupirs exhalés par une créature à bout de forces. Même sous l'auvent de la terrasse, les briques restaient brûlantes; l'air dansait sans arrêt au-dessus de l'herbe courte et sèche. Dans les urnes de pierre, les fleurs rouges penchaient la tête et les blanches corolles, si fermes et si lisses quelques semaines plus tôt, montraient des pétales jaunis, aux bords recroquevillés. Seules les plantes guindées et hostiles du Sud, dont les feuilles charnues ont l'air d'être fixées sur des épines, conservaient leur raideur, défiant le soleil. Il faisait trop chaud pour parler, il n'était pas facile de choisir une lecture susceptible de résister à la puissance solaire. Après avoir ouvert, puis rejeté l'un après l'autre plusieurs volumes, Terence s'était mis à lire à haute voix du Milton – « parce que, disait-il, les mots chez Milton ont, par eux-mêmes, une substance et une forme; on n'a pas besoin d'en comprendre le sens. Il suffit de les écouter. Ils sont presque palpables ».

On voit non loin d'ici la douce nymphe
lisait-il,

Qui d'une aqueuse loi régente la Severn.
Sabrine, c'est son nom, est une chaste vierge;
Au temps jadis elle était fille de Locrine
Qui tint le sceptre de son père Brut.

Ces mots, quoi qu'en pensât Terence, semblaient lourds de sens; c'est sans doute ce qui rendait si pénible l'effort de les écouter. Ils avaient quelque chose d'étrange, une signification tout autre que d'habitude. Rachel se sentait incapable, en tout cas, de les suivre attentivement; elle se laisser entraîner par de curieuses associations d'idées que faisaient naître les mots tels que : *loi, Locrine, Brut,* évoquant, indépendamment de leur sens, des images désagréables. A cause de la chaleur et du papillotement de l'air, le jardin, lui aussi, prenait un aspect étrange : les arbres semblaient trop proches parfois, et parfois trop lointains... C'était très probablement une migraine. Mais n'en étant pas sûre, Rachel se demandait s'il valait mieux en parler tout de suite ou bien laisser Terence continuer le poème. Elle résolut d'attendre la fin d'une strophe; jusque-là elle essaierait de tourner la tête dans tous les sens et si, décidément, elle souffrait dans n'importe quelle position, elle expliquerait avec beaucoup de calme qu'elle avait mal à la tête.

Sabrine belle,
Entends, du fond de l'onde qui miroite,
Translucide fraîcheur où te voici
Entrelaçant des torsades de lis
Parmi l'ambre croulant de tes cheveux épars,

Entends, pour l'amour de l'honneur,
Déesse du lac argenté,
Entends et sois secourable!

Mais sa tête lui faisait mal, de quelque côté qu'elle la tournât. Elle se redressa et dit comme elle l'avait décidé :

« J'ai si mal à la tête que je préfère rentrer. »

Parvenu déjà au milieu de la strophe suivante, Terence laissa instantanément retomber le livre et répéta :

« Vous avez mal à la tête ? »

Ils restèrent quelques instants les mains dans les mains, à se regarder sans rien dire. Terrifié par un pressentiment de catastrophe, Terence éprouvait presque une douleur physique. Tout autour de lui, il croyait entendre frémir puis se briser des vitres qui, tombant à terre, le laissaient soudain exposé au grand air. Mais au bout de deux minutes, voyant que Rachel ne partageait pas son effroi, qu'elle avait seulement la mine plus dolente, les yeux plus fatigués que de coutume, il se ressaisit et alla trouver Helen pour lui demander ce qu'il fallait faire car Rachel avait mal à la tête.

Mrs. Ambrose, sans s'alarmer, conseilla le repos au lit et ajouta qu'on devait bien s'attendre à attraper la migraine quand on se couchait à des heures impossibles et se promenait en pleine chaleur. Mais enfin, un peu de tranquillité suffirait à guérir le mal. Terence fut rassuré plus que de raison par ces mots, de même qu'il s'était plus que de raison affolé d'abord. Helen avait un certain sens des choses, très voisin de l'implacable bon sens de la nature qui punit les témérités par des migraines. Et, aussi bien qu'on se fie à la nature, on pouvait se fier à elle.

Rachel se mit au lit. Pendant un temps qui lui parut très long, elle demeura dans l'obscurité. Puis, s'éveillant après une sorte de sommeil transparent, elle vit que les fenêtres en face d'elle étaient blanches; elle se souvint qu'elle était allée se coucher quelque temps auparavant, avec un mal de tête, mais Helen avait déclaré qu'après avoir dormi elle n'y penserait plus. Elle se dit donc qu'elle devait être complètement remise. Cependant, le mur de sa chambre avait une blancheur qui lui faisait mal et au lieu d'être vertical et plat, il s'incurvait légèrement. Ce qui se passait à la fenêtre ne la rassura guère quand elle tourna les yeux de ce côté. Le store poussé par le courant d'air se tendait vers l'extérieur et le bout du cordon le suivait le long du parquet avec un petit bruit traînant. Terrifiée comme si un animal remuait dans la chambre, elle ferma les yeux. Chaque pulsation dans sa tête semblait appuyer sur un nerf et vouloir transpercer le front à petits coups douloureux. Ce n'était peut-être plus la même migraine, mais c'en était une en tout cas. Elle se tournait et se retournait, dans l'espoir que la fraîcheur des draps la soulagerait et qu'en ouvrant les yeux elle retrouverait l'aspect familier de sa chambre. Après bien des tentatives infructueuses, résolue à tirer au clair la situation, elle se leva, se mit debout, la main sur la boule de cuivre au pied de son lit. D'abord froide comme la glace, la boule devint vite aussi chaude que sa paume. Les douleurs dans la tête et les membres, l'instabilité du parquet prouvaient que le lit était encore préférable à la marche ou à la station debout. Elle se recoucha donc. Mais, après le premier instant de réconfort, rester étendue devint aussi pénible que de se tenir sur ses jambes. Elle se résigna à passer toute la journée au lit et, posant la tête sur l'oreiller, renonça aux joies promises.

Une ou deux heures plus tard, quand Helen parut, quand les paroles d'encouragement s'arrêtèrent soudain sur ses lèvres, quand, après une seconde d'alarme, elle prit un air de tranquillité excessive, le fait que Rachel était malade fut définitivement acquis. Il se trouva confirmé ensuite, quand toute la maisonnée en eut pris connaissance, quand une chanson que quelqu'un chantait au jardin s'interrompit tout à coup, quand Maria, qui apportait de l'eau, passa près du lit, furtive et détournant les yeux. Il y avait encore en perspective toute la matinée, puis tout l'après-midi. Rachel s'efforçait par moments de rétablir le contact avec le monde quotidien, mais chaque fois elle s'apercevait que son malaise et sa fièvre créaient entre ce monde-là et le sien un abîme infranchissable. A un moment donné, la porte s'ouvrit et Helen entra, accompagnée d'un petit homme noir qui avait – détail que Rachel remarqua avant tout – des mains extrêmement poilues. Somnolente, excédée de chaleur, elle ne se donna pas la peine de répondre à ses questions, bien qu'elle se rendît compte que ce personnage timide et obséquieux était le médecin. A un autre moment, la porte s'ouvrit encore, et ce fut Terence qui entra tout doucement avec un sourire trop persistant, pensa-t-elle, pour être spontané. Il s'assit près d'elle et lui parla, mais bientôt, agacée de rester dans la même position, elle changea de côté et quand elle leva les yeux de nouveau, elle vit Helen, mais Terence n'était plus là. Cela ne faisait rien, elle le reverrait le lendemain, quand tout serait redevenu comme avant. Son occupation principale de la journée fut d'essayer de se rappeler l'enchaînement des vers :

Translucide fraîcheur de ronde qui miroite...
Entrelaçant des torsades de lis
Parmi l'ambre croulant de tes cheveux épars...

L'effort la fatiguait, les adjectifs ne tombaient pas à la place qu'il fallait.

Le deuxième jour ne fut guère différent du premier, sauf que le lit avait pris une grande importance et que le monde extérieur, quand elle essayait d'y penser, semblait avoir considérablement reculé dans l'espace. Miroitante, fraîche, translucide, l'onde se faisait presque visible, en volute à l'extrémité du lit, d'une si réconfortante fraîcheur que Rachel s'appliqua à fixer sur elle son attention. Tout le long de la journée, Helen apparaissait ici ou là, annonçant que c'était l'heure du déjeuner, l'heure du goûter; mais dès le lendemain, ces jalons disparurent et le monde extérieur se retira à une telle distance qu'à moins d'un grand effort de mémoire il devint impossible de reconnaître les bruits dans l'escalier, les allées et venues à l'étage supérieur. Le souvenir de ce qu'elle avait pu sentir, ou faire, ou penser trois jours auparavant s'était entièrement effacé. En revanche, le moindre objet dans la chambre, le lit lui-même, et son propre corps avec ses membres et leurs différentes sensations, tout cela acquérait de jour en jour une importance plus particulière. Complètement retranchée, sans aucune communication avec le reste du monde, elle était désormais seule avec son corps.

Des heures et des heures se traînaient ainsi parfois sans se rapprocher du matin; à d'autres moments, en l'espace de quelques minutes, la nuit noire succédait au grand jour. Une fois, quand la chambre était pleine d'ombre à cause du crépuscule ou à cause des stores baissés, Helen dit :

« Quelqu'un restera près de toi, cette nuit. Cela ne t'ennuie pas ? »

Rachel ouvrit les yeux et vit à côté de Helen une infirmière à lunettes dont la physionomie lui rappela vaguement quelque chose. Elle l'avait aperçue dans la chapelle.

« Nurse Mac Innis », présenta Helen.

L'infirmière montra le sourire placide qu'elles ont toutes et déclara qu'elle ne connaissait pas beaucoup de gens à qui elle faisait peur. Elles attendirent un instant, puis disparurent et Rachel, tournant la tête sur l'oreiller, s'éveilla en plein cœur d'une de ces nuits interminables qui, loin de s'arrêter à douze heures, s'allongent jusqu'à treize, quatorze, dépassent la vingtaine, la trentaine, la quarantaine. Elle se dit qu'il n'y avait pas moyen de les empêcher si tel était leur bon plaisir. Très loin d'elle était assise une vieille femme qui penchait la tête. Rachel se souleva un peu et vit avec effroi qu'elle jouait aux cartes à la lumière d'une bougie cachée au creux d'un journal replié. Terrifiée par cette vision qui avait quelque chose d'inexplicablement sinistre, Rachel poussa un cri. Alors la vieille femme posa ses cartes et s'avança dans la pièce, abritant d'une main la bougie. Elle approchait, elle approchait, à travers un espace immense, puis, se dressant au-dessus de la tête de Rachel, elle dit :

« Vous ne dormez pas ? Attendez que je vous installe mieux que ça. »

Elle déposa la bougie et se mit à arranger les couvertures. Rachel se demandait comment une femme occupée toute la nuit à jouer aux cartes dans une caverne pouvait avoir des mains aussi froides et dont le contact vous faisait frémir.

« Tiens, qu'est-ce que c'est que ces doigts de pied qui se promènent au bout du lit ? » disait la femme en bordant les couvertures. Rachel ne comprit pas qu'il s'agissait de ses propres doigts de pied.

« Il faut tâcher de rester tranquille; si vous restez tranquille, vous aurez moins chaud; vous vous échauffez à force de remuer, et vous avez déjà assez chaud comme ça. »

Elle resta là pendant une éternité à regarder Rachel, répétant :

« Plus vous serez tranquille, plus vite vous guérirez. »

Rachel gardait les yeux fixés sur l'ombre pointue qui se dessinait au plafond, employant toute son énergie à souhaiter qu'elle s'éloignât. Mais l'ombre aussi bien que la femme semblait fixée au-dessus d'elle pour toujours. Elle ferma les yeux. Quand elle les rouvrit, plusieurs heures s'étaient écoulées, mais la nuit durait encore, interminablement. La femme jouait toujours aux cartes, mais à présent elle était assise dans un tunnel au fond de l'eau et la lumière était placée sous une petite arche pratiquée en haut, dans le mur. Rachel cria : « Terence ! » Et l'ombre pointue se déplaça de nouveau au plafond, tandis que la femme, d'un mouvement énorme et lent, se levait. L'ombre et la femme s'immobilisèrent au-dessus de Rachel.

« On a du mal à vous faire tenir tranquille. C'est comme avec Mr. Forrest, dit la femme, et il était si grand, ce monsieur ! »

Pour échapper à cette terrible vision immobile,

Rachel ferma de nouveau les paupières et s'aperçut qu'elle marchait dans un tunnel sous la Tamise, où de petites vieilles, difformes, accroupies sous des arches, jouaient aux cartes; l'humidité suintait entre les briques, formait des gouttes, glissait le long du mur. Mais au bout d'un moment, les petites vieilles n'étaient plus que Helen et Nurse Mac Innis, chuchotant, chuchotant sans arrêt devant la fenêtre.

Entre-temps, au-delà de cette chambre, le bruit, le mouvement, l'existence des hôtes de la maison se poursuivaient sous la lumière habituelle du soleil, selon la succession normale des heures. Dès le premier jour qui était un mardi, on avait compris qu'avec une température aussi élevée Rachel ne serait pas remise avant vendredi, et Terence en éprouvait du ressentiment non pas contre Rachel, mais contre cette force extérieure qui venait les séparer. Il calculait le nombre de jours qui risquaient d'être gâchés ainsi. Avec un curieux mélange de plaisir et d'ennui, il constatait qu'il s'était attaché à quelqu'un au point que son bonheur en dépendait désormais. Après trois semaines d'une telle intimité, d'une telle intensité, il avait l'impression de perdre son temps à des vétilles; les gestes de tous les jours lui paraissaient insupportables, mesquins et inopportuns. Le moins exaspérant encore, c'était de s'entretenir avec Saint-John de la maladie de Rachel, d'en discuter les symptômes et leur portée, puis, ce sujet épuisé, de parler des maladies en général, de leurs origines, des moyens de les guérir.

Deux fois par jour, il allait s'asseoir à côté de Rachel et chaque fois les choses se déroulaient de la même façon. En entrant dans la chambre où il ne faisait pas très sombre, où l'on voyait traîner comme d'habitude des cahiers de musique, des livres, des lettres, il redevenait optimiste aussitôt. La vue de Rachel achevait de le rassurer. Elle n'avait pas l'air très malade. Il s'installait près d'elle et lui racontait ses occupations de sa voix ordinaire, à peine plus basse que de coutume. Mais il n'était pas là depuis cinq minutes que les pensées les plus décourageantes s'emparaient de lui. Elle n'était pas la même; il n'arrivait pas à rétablir entre eux les rapports de naguère; tout en se rendant compte que c'était absurde, il ne pouvait réprimer le désir de la ramener à lui, de l'obliger à se souvenir et, n'y parvenant pas, il se désespérait. La voir était plus douloureux encore que de rester loin d'elle, il se le répétait chaque fois en la quittant, mais petit à petit le désir de la voir s'accumulait de nouveau jusqu'à devenir intolérable.

En entrant dans la chambre le jeudi matin, il sentit comme toujours un regain de confiance. Rachel se tourna vers lui, elle fit des efforts pour se raccrocher aux événements d'un monde dont tant de millions de milles la séparaient. Elle demanda :

« Vous venez de l'hôtel ?

– Non, j'habite ici pour l'instant, répondit-il. Nous venons de déjeuner. Il est arrivé du courrier, tout un paquet de lettres pour vous, des lettres d'Angleterre. »

Au lieu d'exprimer, comme il s'y attendait, le désir de les voir, elle resta quelque temps sans rien dire. Puis elle s'écria tout à coup :

« Tenez ! les voilà qui roulent du haut de la colline !

– Qu'est-ce qui roule, Rachel ? Qu'est-ce que vous voyez ? Il n'y a rien qui roule.

– La vieille femme avec son couteau », dit-elle sans s'adresser à Terence, sans arrêter les yeux sur lui. Comme elle avait l'air de regarder un vase sur l'étagère, en face du lit, Terence alla ôter le vase.

« Voilà. Ils ne rouleront plus », la rassura-t-il.

Mais elle continuait à fixer des yeux le même point, sans plus faire attention à ce qu'il lui disait. Trop profondément affecté pour pouvoir demeurer auprès d'elle, il s'en alla rôder par la maison jusqu'à ce qu'il tombât sur Saint-John qui lisait le *Times* sous la véranda. Saint-John écarta le journal pour écouter patiemment les propos de Terence au sujet du délire : il se montrait toujours très patient avec lui et le traitait comme un enfant.

Le vendredi, on dut se convaincre qu'il ne s'agissait pas d'une attaque passagère, mais d'une vraie maladie qui nécessitait toute une organisation et qui engageait désormais l'activité de cinq personnes au moins, mais il n'y avait pas de quoi s'affoler; cela durerait dix jours au lieu de cinq, voilà tout. Rodriguez avait l'air de dire qu'il existait plusieurs formes de cette maladie, toutes bien connues. Il semblait trouver qu'on s'en exagérait la gravité. Ses visites étaient toujours empreintes d'optimisme et dans ses entretiens avec Terence il repoussait les interrogations inquiètes et méticuleuses du jeune homme avec un grand geste qui semblait signifier que tout le monde prenait cela beaucoup trop au sérieux. Il paraissait curieusement peu enclin à s'asseoir.

« Température élevée », déclara-t-il, tout en jetant des coups d'œil furtifs autour de lui, visiblement plus intrigué par le mobilier ou par la broderie de Helen que par autre chose. « Comment la température ne serait-elle pas élevée dans ce pays ? Cela n'a rien d'alarmant. C'est le pouls qui nous guide (il tapotait son poignet velu), or le pouls reste excellent. »

Là-dessus, avec une courbette, il s'esquivait. Ces entretiens se poursuivaient en un français laborieux d'un côté comme de l'autre. Pour cette raison et aussi à cause de l'optimisme de Rodriguez et du respect que Terence professait *a priori* à l'égard de la profession médicale, le jeune homme y apportait moins d'esprit critique que s'il avait rencontré le docteur en toute autre occasion. Il prenait inconsciemment son parti contre Helen qui semblait traiter Rodriguez avec une méfiance préconçue.

Le samedi, on constata qu'il fallait régler plus strictement l'activité de la journée. Saint-John offrit ses services, déclarant qu'il n'avait rien à faire et pouvait consacrer tout son temps à se rendre utile dans la villa. Comme s'ils partaient tous ensemble pour une expédition difficile, chacun reçut son fardeau à porter et on épingla à la porte du salon un emploi du temps soigneusement établi sur une grande feuille de papier. On était loin de la ville; or, il s'agissait de se procurer aux endroits les plus inattendus des choses inusitées dont on ne savait pas les noms, ce qui exigeait des réflexions préalables. A accomplir les tâches simples et d'utilité immédiate, chacun éprouvait une étrange difficulté, comme si, étant d'une taille démesurée, il se voyait condamné à se baisser pour exécuter sur le sol un dessin avec des grains de sable.

Saint-John avait pour mission de faire des courses en ville, de sorte que Terence, tout seul devant la porte ouverte du salon, passait les longues heures chaudes à attendre quelque bruit au premier ou bien un appel de Helen. Il oubliait toujours de baisser les stores et se tenait en plein soleil, incommodé, mais sans en chercher la cause. La pièce avait pris un aspect rébarbatif et peu confortable. On trouvait des chapeaux sur les fauteuils et des flacons de médicaments au milieu des livres. Il essayait de lire, mais les bons livres étaient trop bons, les mauvais trop mauvais; seul le journal paraissait acceptable; les nouvelles de Londres, les faits et gestes des gens normaux qui donnent des dîners et prononcent des discours, cela apportait un élément de réalité dans ce qui, par ailleurs, n'était qu'un cauchemar. Mais juste au moment où son attention commençait à se fixer sur une colonne imprimée, la voix assourdie de Helen l'appelait; ou bien c'était Mrs. Chailey qui lui remettait quelque chose à porter en haut; il montait tout doucement, déchaussé, et posait l'objet sur une petite table déjà encombrée de pots et de tasses, à la porte de la chambre. Si Helen se montrait un instant, il l'interrogeait.

« Comment est-elle ? »

Elle répondait, selon le moment : « Assez agitée », ou bien : « Un peu plus calme, il me semble. »

Comme toujours, il y avait chez elle une sorte de réticence. Il sentait bien un désaccord entre eux, une discussion latente. Helen était d'ailleurs trop pressée, trop anxieuse pour pouvoir parler.

L'obligation de rester toujours sur le qui-vive, de prendre des mesures d'ordre pratique, de surveiller leur exécution, absorbait toutes les facultés de Terence. Il n'essayait pas de comprendre ce que pouvait signifier ce long et sinistre cauchemar qui l'englobait lui-même. Rachel était malade : il fallait s'assurer tout simplement qu'on avait apporté les médicaments et le lait, que rien n'allait manquer. La pensée ne fonctionnait plus, la vie elle-même s'était arrêtée. La journée du dimanche fut pire que celle du samedi pour la seule raison que la tension générale augmentait peu à peu, sans qu'il y eût par ailleurs le moindre changement. Les réactions isolées, plaisir, intérêt ou chagrin, qui se coordonnent d'habitude au cours d'une journée, étaient noyées maintenant dans un même sentiment prolongé de complète misère morale et d'ennui sans issue. Jamais depuis le jour où, enfant, on l'avait enfermé dans sa chambre, Terence n'avait connu pareil ennui. L'image de Rachel telle qu'elle était à présent, dans son état de confusion et d'indifférence, avait presque oblitéré le souvenir de ce qu'elle était autrefois, dans un passé lointain. Il n'arrivait pas à se représenter qu'ils avaient pu être heureux, penser à se marier : il s'agissait bien de sentiments ! Qu'y avait-il donc à sentir ? Les choses, les gens avaient pris un aspect trouble et c'est à travers un brouillard qu'il apercevait Saint-John, Ridley ou bien les habitants de l'hôtel qui venaient parfois aux nouvelles. Les seuls personnages que ce brouillard ne masquait pas étaient Helen et Rodriguez, car d'eux seuls il espérait apprendre quelque chose de précis sur Rachel.

Malgré cela, les rites quotidiens suivaient leur cours : à certaines heures, on passait dans la salle à manger, on s'asseyait autour de la table, on parlait de choses quelconques. Saint-John se chargeait en général d'engager et d'alimenter la conversation.

« J'ai découvert un moyen de forcer Sancho à passer devant la maison blanche, dit-il ce dimanche-là pendant le déjeuner. Il faut froisser un morceau de papier contre son oreille. Alors il s'emballe sur une centaine de mètres, et ensuite il trotte bien sagement.

– Oui, mais il aurait besoin d'avoine. Tu devrais veiller à cela.

– Je me méfie de ce qu'on lui donne comme pitance. Angelo m'a l'air d'un fieffé coquin. »

Après cela il y eut un silence prolongé. Ridley, qui marmottait des fragments de poème, observa comme pour dissimuler ce fait :

« Il fait bien chaud aujourd'hui.

– Deux degrés de plus qu'hier, répliqua Saint-John. Je me demande d'où peuvent venir ces noix », continua-t-il, choisissant l'une d'elles, la tournant entre ses doigts et la regardant avec curiosité. Terence l'examina également et dit :

« De Londres, je suppose.

– Quelqu'un d'entreprenant doit pouvoir faire fortune dans ce pays en un rien de temps, poursuivit Saint-John. Je crois bien que la chaleur leur tape sur le cerveau, aux habitants d'ici. Les Anglais eux-mêmes commencent à dérailler. En tout cas, c'est désespérant d'avoir affaire à ces gens-là. Ce matin on m'a fait attendre pendant trois quarts d'heure chez le pharmacien, sans raison aucune. »

Le silence se prolongea de nouveau. Puis Ridley demanda :

« Rodriguez a l'air satisfait ?

– Absolument, répondit Terence avec conviction. Il faut que cela suive son cours. »

Ridley exhala un profond soupir. Il partageait de tout cœur les ennuis de chacun, mais Helen lui manquait énormément et la présence continuelle des deux jeunes gens l'ennuyait un peu.

Ils retournèrent au salon.

« Ecoute, Hirst, dit Terence, pendant deux heures il n'y aura rien à faire. – (Il consulta l'emploi du temps affiché à la porte). – Va t'étendre; moi, j'attendrai ici. Chailey restera auprès de Rachel le temps que Helen déjeune. »

C'était beaucoup demander à Hirst que de le faire partir sans avoir entrevu Helen. Les brèves apparitions de celle-ci, même si elle n'avait rien à leur dire, représentaient pour les jeunes gens les seuls instants de répit dans la tension monotone de la journée. Parfois même elles en compensaient presque les désagréments. Cependant, puisqu'il s'agissait d'une expédition qu'ils avaient entreprise tous ensemble, Saint-John s'inclina.

Helen descendit avec beaucoup de retard. Elle avait l'air de quelqu'un qui vient de séjourner longtemps dans l'obscurité. Elle était pâle, amaigrie et ses yeux, malgré leur fatigue intense, exprimaient la résolution. Elle mangeait vite, indifférente à ce qu'elle faisait et répondait évasivement aux questions de Terence. Mais à la fin, tout comme s'il n'avait rien dit, elle le regarda avec une certaine gravité et déclara :

« Nous ne pouvons pas continuer ainsi, Terence : ou bien il faut trouver un deuxième médecin, ou bien vous direz à Rodriguez de ne plus revenir et je m'occuperai de tout moi-même. Il a beau dire que Rachel va mieux, elle n'est pas mieux, elle est plus mal. »

Ce fut pour Terence un coup aussi effroyable que celui du jour où Rachel avait dit : « J'ai mal à la tête. » Il se calma un peu en se rappelant combien Helen s'était surmenée; d'autre part, la sentant toujours en désaccord avec lui, il n'en était que plus enclin à défendre son opinion.

« Vous la voyez en danger ? demanda-t-il.

– Personne ne pourrait résister pendant des jours et des jours à une maladie pareille », répondit Helen.

Il y avait de l'indignation dans son regard et dans sa façon de parler.

« Entendu. Je dirai un mot à Rodriguez aujourd'hui même. »

Elle remonta aussitôt.

Rien ne pouvait plus atténuer l'angoisse de Terence. Il n'était plus capable ni de lire ni de rester sans rien faire; il était ébranlé dans son optimisme, tout en restant persuadé que Helen exagérait, que la maladie de Rachel n'avait rien de grave. Mais il attendait qu'une tierce personne le soutînt dans cette conviction.

Dès que Rodriguez descendit de chez Rachel, il lui demanda :

« Eh bien, comment va-t-elle ? Croyez-vous qu'elle soit plus mal ?

– Il n'y a pas de raison pour s'inquiéter, je vous l'affirme », répondit Rodriguez en son français exécrable, avec un sourire gêné et de petits sauts en avant comme s'il cherchait tout le temps à s'évader.

Hewet se tenait résolument entre lui et la porte, décidé à voir par lui-même quelle sorte de personnage il avait devant lui. Toute sa confiance s'évanouit en face de cet être médiocre avec sa propreté douteuse, son allure fuyante, son visage poilu, inintelligent. Il s'étonna de n'avoir pas remarqué cela plus tôt.

« Vous ne vous opposez pas, bien entendu, à ce qu'on appelle un autre médecin en consultation ? » reprit-il.

Le petit homme se montra franchement courroucé.

« Ah ! s'écria-t-il, vous n'avez pas confiance en moi ? Vous désapprouvez mon traitement ? Vous voulez me retirer la malade ?

– Pas du tout, répliqua Terence; mais dans les maladies graves comme celle-ci... »

Rodriguez haussa les épaules :

« Elle n'a rien de grave, je vous assure. Vous vous affolez inutilement. Cette jeune personne n'a pas de maladie grave, et je suis médecin. C'est la dame qui a pris peur, bien sûr, ricana-t-il. Je comprends parfaitement !

– Le nom et l'adresse du docteur ? continua Terence.

– Il n'y a pas d'autre docteur, riposta Rodriguez. Tout le monde a confiance en moi. Tenez, je vais vous montrer ! »

Il sortit de sa poche un paquet de vieilles lettres et se mit à les feuilleter, cherchant sans doute celle qui devait confondre les soupçons du jeune homme. En même temps, il racontait l'histoire d'un lord anglais qui lui avait accordé sa confiance, un grand lord anglais dont il avait malheureusement oublié le nom.

« Il n'y a pas d'autre médecin dans cette ville, conclut-il, toujours tournant et retournant ses lettres.

– Tant pis, répondit sèchement Terence. Je me renseignerai. »

Rodriguez remit les lettres dans sa poche et dit :

« Très bien. Je n'y vois pas d'inconvénient. »

Levant les sourcils et haussant les épaules comme pour déclarer une fois de plus qu'on prenait la maladie trop au tragique, et qu'il n'y avait pas d'autre médecin, il s'en alla, vexé et plein de rancune.

Après cette conversation, Terence n'eut pas le courage de rester en bas. Il monta, frappa à la porte et demanda à Helen s'il pouvait voir Rachel pendant quelques minutes. Il ne l'avait pas vue la veille. Helen n'éleva pas d'objection et alla s'installer à une table dans l'embrasure de la fenêtre.

Terence s'assit près du lit. Le visage de Rachel avait changé. Elle semblait se concentrer sur l'effort qu'il lui fallait pour rester en vie. Sa bouche était tirée, ses joues caves n'avaient plus de couleur, mais n'en paraissaient pas moins brûlantes. Les paupières laissaient entrevoir un peu de blanc, non qu'elle essayât de regarder, mais parce qu'elle n'avait plus la force de fermer les yeux. Elle les ouvrit tout grands quand Terence l'embrassa. Mais elle ne vit qu'une vieille femme en train de trancher la tête d'un homme avec un couteau.

« La voilà qui tombe », murmura-t-elle.

Puis elle se tourna vers Terence pour l'interroger anxieusement au sujet d'un homme avec des mulets. Il n'arrivait pas à la comprendre. Elle répétait :

« Pourquoi ne vient-il pas ? Pourquoi ne vient-il pas ? »

Il se représentait avec terreur le petit homme malpropre qu'il venait de voir en bas, aux prises avec un mal de cet ordre; et d'instinct il se tourna vers Helen. Mais celle-ci, occupée à sa table devant la fenêtre, ne semblait pas se rendre compte du coup qui s'abattait sur Terence. Il n'en pouvait plus d'écouter Rachel et se leva pour partir. Comme il passait près d'elle, Helen, d'une voix basse, toujours empruntée mais énergique, lui demanda de lui rapporter de la glace et de faire remplir le pot à lait qui se trouvait devant la porte. Ceci fait, il s'en alla chercher Hirst. Fatigué et mourant de chaleur, Hirst s'était endormi sur un lit, mais Terence le réveilla sans scrupule.

« Helen croit que cela va plus mal, dit-il. Il n'y a plus de doute, cette maladie est quelque chose de terrible. Rodriguez n'est d'aucune utilité. Il s'agit de trouver un autre médecin.

– Mais il n'y a pas d'autre médecin, répliqua Hirst qui s'assit, mal réveillé et se frottant les yeux.

– Ne fais pas l'imbécile ! s'écria Terence. – Bien sûr qu'il y en a un, et même s'il n'y en a pas, il faudra que tu en trouves un. Voilà plusieurs jours qu'on aurait dû faire cela. Je descends seller le cheval. »

Moins de dix minutes plus tard, Saint-John, par une chaleur torride, se rendait à la ville en quête d'un médecin qu'il avait pour mission de ramener coûte que coûte, fût-ce par train spécial.

« Il y a longtemps que cela aurait dû être fait », répétait Hewet avec indignation.

En retournant au salon, il y trouva Mrs. Flushing, plantée toute raide au milieu de la pièce où elle avait pénétré en passant, comme tous les visiteurs depuis quelques jours, par la cuisine ou par le jardin, sans se faire annoncer.

« Elle va mieux ? » s'enquit-elle de but en blanc.

Ils ne songèrent pas à se serrer la main. Terence répondit :

« Non. S'il y a du changement, c'est plutôt en mal. »

Mrs. Flushing parut réfléchir un instant sans détourner les yeux. Puis elle entama avec nervosité une série de propos saccadés :

« J'vais vous dire : c'est toujours vers le septième jour qu'on commence à s'affoler. Vous étiez là, j'suis sûre, à vous morfondre tout seul. Vous vous figurez que ça va mal, mais quelqu'un qui arrive du dehors verrait certainement qu'elle est mieux. Mr. Elliot a eu la fièvre et le v'là remis. Ce n'est pas qu'elle ait attrapé quelque chose pendant l'expédition. Qu'est-ce que c'est que ça, quelques jours de fièvre ? Mon frère a eu la fièvre, une fois, pendant vingt-six jours. En une semaine ou deux il a repris le dessus. On ne lui donnait que du lait et des bouillies... »

Mrs. Chailey entra, chargée d'un message.

« On me réclame en haut, dit Terence.

– Vous voyez ! Ça va aller », lui envoya Mrs. Flushing tandis qu'il sortait. Sa volonté de le convaincre était immense, aussi fut-elle mécontente et irritée de le voir la quitter sans un mot. Il lui déplaisait de rester, mais elle ne se résignait pas à partir. Elle fit le tour du rez-de-chaussée, cherchant quelqu'un à qui parler, mais toutes les pièces étaient vides.

En haut, Terence franchit la porte pour recevoir les instructions de Helen, jeta un regard vers Rachel, mais n'essaya pas de lui adresser la parole. Elle parut deviner vaguement qu'il était là, mais cela devait l'incommoder, car elle changea de position de manière à lui tourner le dos.

Depuis six jours, en effet, elle vivait dans l'oubli du monde extérieur, car il lui fallait toute son attention pour suivre les visions rouges, rapides, brûlantes qui se succédaient devant ses yeux. Il était, semblait-il, d'une importance énorme pour elle de s'attacher à ces visions et d'en pénétrer le sens; mais chaque fois elle arrivait une seconde en retard pour entendre ou pour voir quelque chose qui devait tout expliquer. C'est pourquoi les visages – ceux de Helen, de l'infirmière, de Terence, du médecin – qui par moments venaient se placer de force si près du sien la gênaient tant; en distrayant son attention, ils risquaient de lui faire manquer le mot de l'énigme. Au reste, dès le quatrième jour, le visage de sa tante se confondit pour elle avec ses visions. Penchée sur le lit, Helen écartait les lèvres et, comme les autres, marmottait quelque chose d'inintelligible. Les personnages de ces visions étaient tous engagés dans une sorte d'intrigue, d'aventure, d'évasion, mais il y avait toujours à cela une raison secrète qu'il s'agissait de comprendre. Ils surgissaient parfois au milieu d'arbres et d'hommes sauvages; puis tout à coup elle les voyait sur la mer ou bien au sommet de hautes tours; tantôt ils sautaient, tantôt ils se mettaient à voler. Mais juste à l'approche du moment critique, quelque chose d'autre se glissait invariablement dans son cerveau et tous les efforts étaient à recommencer. La chaleur devenait suffocante. Enfin les visages s'écartaient; alors elle tombait dans une eau profonde, visqueuse, qui finalement se refermait sur elle. Elle ne voyait plus rien, elle n'entendait plus qu'un grondement assourdi – le bruit de la mer déferlant au-dessus de sa tête. Ses bourreaux la croyaient morte, mais elle n'était pas morte du tout, elle restait pelotonnée au fond de la mer. Elle était là, voyant tantôt l'obscurité, tantôt la lumière, selon que quelqu'un la tournât d'un côté ou d'un autre au fond de la mer.

Après avoir passé des heures en plein soleil, à discuter avec des indigènes retors et verbeux, Saint-John finit par obtenir le renseignement voulu : il existait bien un médecin, un docteur français qui passait pour l'instant ses vacances à la montagne. Il était toutefois absolument impossible de parvenir jusqu'à lui. Saint-John connaissait suffisamment le pays pour juger improbable qu'un télégramme pût être transmis ou seulement expédié. Mais quand la distance jusqu'à cette ville des montagnes se trouva réduite à trente milles au lieu de cent, il loua une voiture à chevaux, partit aussitôt en personne chercher le docteur, le trouva et parvint à forcer cet homme récalcitrant à quitter sa jeune femme pour le suivre sans délai. Le mardi à midi ils arrivaient à la villa.

Terence vint au-devant d'eux. Saint-John fut frappé de voir combien il avait maigri dans l'intervalle. De plus, son visage était blanc et ses yeux avaient un regard étrange. Les deux jeunes gens furent favorablement impressionnés par la parole brève et l'air réservé du docteur Lesage, bien que celui-ci ne cachât point l'ennui que lui causait toute cette affaire. Quand il redescendit, il donna ses instructions sur un ton très énergique mais, soit à cause de la présence de Rodriguez, aussi obséquieux que plein de rancune, soit parce qu'il supposait tout le monde déjà renseigné, il n'exprima pas une seule fois son avis personnel. A la question de Terence : « Est-elle très malade ? » — il répondit en haussant les épaules :

« Evidemment. »

Les deux jeunes gens éprouvèrent une sensation de détente lorsque le docteur Lesage les quitta, laissant des directives précises et promettant de revenir dans quelques heures. Par malheur, ce soulagement les incita à bavarder et à force de bavarder ils finirent par se disputer. L'objet de la discussion était une route, la route de Portsmouth. Saint-John prétendait qu'elle était macadamisée du côté de Hindhead. Terence, lui, soutenait mordicus qu'à cet endroit elle ne l'était pas. Cette querelle prit une tournure assez âpre de sorte que le dîner se termina en silence, à part quelques réflexions en sourdine, émises par Ridley.

La nuit tombée, au moment où l'on apporta les lampes, Terence était hors de lui. Saint-John, à bout de forces, partit se coucher après avoir pris congé de son ami plus affectueusement que jamais, en raison de cette querelle. Ridley s'en retourna vers ses livres. Resté seul, Terence se mit à faire les cent pas. Puis il s'arrêta devant la fenêtre ouverte.

En bas, dans la ville, les lumières s'allumaient une à une; il faisait calme et frais au jardin. Il sortit sur la terrasse. Là, dans l'ombre, ne distinguant sous la fine clarté grise que les formes des arbres, il fut pris d'un désir d'évasion – désir d'en avoir fini avec la souffrance, d'oublier que Rachel était malade. Il se laissa sombrer dans l'oubli de toute chose. Comme un vent qui longtemps a fait rage s'assoupit tout à coup, l'agitation, la contrainte, l'angoisse qui le harcelaient s'évanouirent. Il lui sembla qu'il était debout, dans un espace d'air inviolé, sur une petite île, tout seul, il était libre, indemne de toute douleur. Cela n'avait pas d'importance que Rachel allât bien ou mal, qu'ils fussent séparés ou ensemble; rien, rien n'avait d'importance. Au loin, les vagues battaient contre le rivage, le vent doux s'insinuait entre les branches des arbres, comme pour l'isoler de tout, dans la paix et la sécurité, dans l'ombre et le néant. Le monde des efforts, de l'agitation, de l'angoisse n'était assurément pas le monde réel. Le monde réel, c'était bien celui-ci, celui qui demeurait sous la surface de l'autre. Ainsi, quoi qu'il advînt, on restait en sécurité. Le silence et la paix l'emmaillotaient comme un drap fin et frais, apaisant chacun de ses nerfs. Sa pensée semblait se détendre, redevenir naturelle.

Mais au bout de quelque temps un bruit dans la maison l'alerta. Il se retourna machinalement et rentra dans le salon. A la vue de cette pièce éclairée par des lampes, tout ce qu'il avait oublié lui revint à l'esprit si brutalement qu'il dut s'arrêter, incapable de faire un pas. Il se rappelait tout : l'heure, la minute, le point où l'on en était et ce qui allait venir. Il se maudissait d'avoir un instant fait semblant que les choses n'étaient pas ce qu'elles étaient. La nuit n'en serait que plus dure à passer.

N'ayant pas le courage de rester seul dans le salon vide, il alla s'asseoir sur une marche de l'escalier qui conduisait à la chambre de Rachel. Il avait soif de parler à quelqu'un, mais Hirst dormait, Ridley dormait et pas un son ne venait de la chambre de Rachel. Le seul bruit de la maison était celui que faisait Chailey dans la cuisine. Enfin, en haut de l'escalier, un froufrou se fit entendre et Nurse Mac Innis descendit, boutonnant ses manchettes et prête à veiller la malade. Terence se leva et l'arrêta. Il lui avait à peine parlé jusque-là. Mais peut-être confirmerait-elle la conviction qui persistait toujours dans son esprit et selon laquelle Rachel n'était pas gravement malade. Il lui raconta tout bas que le docteur Lesage était venu et ce qu'il avait dit.

« Mais, je vous en prie, chuchota-t-il, dites-moi ce que vous en pensez. Trouvez-vous que ce soit très grave ? Est-elle en danger ?

– Le docteur a dit... commença l'infirmière.

– Oui, mais c'est votre avis que je voudrais connaître. Avez-vous déjà eu beaucoup de cas semblables ?

– Je ne saurais vous en dire plus long que le docteur Lesage, Mr. Hewet, répondit-elle avec prudence, comme si ses paroles risquaient d'être tournées contre elle. Le cas est très sérieux, mais vous pouvez être certain que nous faisons tout notre possible pour Miss Vinrace. »

Il y avait une note d'auto-approbation professionnelle dans sa voix. Mais peut-être sentit-elle que ses réponses ne satisfaisaient pas le jeune homme qui continuait à lui barrer le chemin, car elle déplaça un peu ses pieds sur la marche et regarda la fenêtre par laquelle on voyait la lune sur la mer. Puis elle commença avec une intonation curieuse, comme à la dérobée :

« Moi, si vous voulez le savoir, j'ai toujours constaté que le mois de mai ne valait rien pour mes malades.

– Le mois de mai ? répéta Terence.

– C'est peut-être une idée, mais je n'aime pas voir quelqu'un tomber malade en mai. En mai, tout a l'air de se détraquer. Il se peut que ce soit la lune. On dit bien que la lune agit sur le cerveau, n'est-ce pas, monsieur ? »

Il la regardait, mais ne parvenait pas à lui répondre. Comme tous les autres, dès qu'on la regardait elle semblait se ratatiner sous vos yeux, devenait insignifiante, mauvaise, n'inspirant aucune confiance. Elle passa furtivement devant lui et disparut.

Terence regagna sa chambre, mais n'eut pas la force de se déshabiller. Après avoir marché de long en large, il se pencha à la fenêtre et regarda longuement la terre qui s'étendait si sombre sous le bleu plus pâle du ciel. La vue des cyprès qui se détachaient encore, sveltes et noirs, au jardin, les petits craquements, les crissements qui rappelaient que la terre restait chaude lui inspiraient une crainte mêlée d'aversion. Ces formes, ces rumeurs prenaient un caractère sinistre, plein d'hostilité, de menace. Avec la population de l'endroit, avec l'infirmière, avec le docteur, avec la terrible puissance de la maladie elle-même, elles semblaient conspirer contre lui, unir leurs efforts pour extraire de lui le maximum de souffrance. Jamais encore il n'avait compris que sous la moindre action, sous toute l'existence quotidienne, la souffrance est tapie, au repos, mais déjà prête à mordre. Il croyait la voir, pareille à une flamme, se recourber en volutes au bord de chacun de nos actes, consumer peu à peu les vies d'hommes et de femmes. Pour la première fois, des mots qui lui avaient toujours paru creux prirent un sens : lutte pour la vie, dureté de la vie. Maintenant il savait par lui-même que la vie est dure et remplie de souffrance. En regardant à ses pieds les lumières éparses de la ville, il se représenta Arthur et Susan, Evelyn et Perrott qui se lançaient si étourdiment dans l'aventure et risquaient, à cause de leur bonheur même, de connaître une souffrance telle que la sienne. Comment avaient-ils le courage de s'aimer? Comment lui-même avait-il osé vivre avec tant de hâte et d'insouciance, courir d'un objet à l'autre, aimer Rachel à ce point? Jamais plus il n'éprouverait un sentiment de sécurité, une impression de stabilité dans la vie. Jamais il n'oublierait les abîmes de souffrance à peine recouverts par les maigres bonheurs, les satisfactions, la tranquillité apparente. Jetant un regard en arrière, il se dit qu'à aucun moment leur bonheur n'avait égalé sa souffrance présente. Il avait toujours manqué quelque chose à ce bonheur, quelque chose qu'ils souhaitaient mais qu'ils n'arrivaient pas à atteindre. Cela restait fragmentaire, incomplet, parce qu'ils étaient trop jeunes et ne savaient ce qu'ils faisaient.

Sa bougie clignotante éclairait un arbre devant la fenêtre. Une branche vint à se balancer dans l'ombre et cela fit surgir devant lui l'image du monde qui s'étendait par-delà cette fenêtre : le fleuve immense et l'immense forêt, les vastes espaces de terre sèche et les plaines de la mer tout autour. Au-dessus de la mer, le ciel s'élevait, énorme et abrupt, et l'air circulait entre eux sur toute la profondeur qui les séparait. Comme on devait se sentir perdu dans cette immensité et dans ces ténèbres, abandonné au caprice du vent! On s'étonnait de voir combien, dans tout cet espace, les villes étaient clairsemées, combien réduits les petits cercles de lumières – ou de vers luisants isolés, comme il se les représentait – jetés çà et là parmi les replis profonds et inexplorés du monde. Et ces villes abritaient des hommes et des femmes petits, tout petits. Quelle absurdité, quand on y pensait, de rester là, dans cette petite chambre, à souffrir, à se tourmenter! Quelle importance tout cela avait-il? Au-dessous de lui, Rachel, créature minuscule, était malade, et lui, ici, dans cette petite chambre, souffrait pour elle. La proximité de leurs deux corps au milieu du vaste univers et la petitesse de ces corps lui paraissaient absurdes, risibles. Il se répétait que rien n'avait d'importance. Ils n'avaient aucune action sur les choses. Ils n'avaient aucun espoir. Accoudé à la fenêtre, il réfléchissait jusqu'à en perdre la notion du temps et du lieu.

Cependant, tout persuadé qu'il fût de cette absurdité risible et de la petitesse désespérée des êtres, il ne pouvait s'empêcher de songer que ces pensées se rattacheraient un jour d'une façon quelconque à sa vie commune avec Rachel.

Le lendemain, grâce peut-être au changement de médecin, Rachel parut aller mieux. Malgré l'extrême pâleur et la fatigue de Helen, on sentait se dissiper un peu le nuage qui tous ces derniers jours avait obscurci son regard.

« Elle m'a parlé, déclara-t-elle spontanément. Elle m'a demandé quel jour nous étions, comme si de rien n'était. »

Mais soudain, sans raison apparente, des larmes se formèrent dans ses yeux, puis se mirent à rouler lentement sur ses joues. Elle pleurait sans la moindre contraction dans ses traits, sans aucun effort pour se dominer, sans se rendre compte, semblait-il, qu'elle pleurait. Si ses paroles avaient rassuré Terence, ce spectacle en revanche le bouleversa : était-ce la fin de tout ? N'y avait-il plus de limites à la puissance de ce mal ? Ferait-il tout céder devant lui ? Helen, qu'il croyait si forte et si résolue, était là comme une enfant. Il la prit dans ses bras et, comme une enfant, elle se laissa aller contre son épaule, pleurant tranquillement et sans bruit. Puis elle se ressaisit, essuya ses larmes, confessa que c'était stupide au moment où sans aucun doute Rachel commençait à se remettre. Il fallait lui pardonner cette folie. Avant de sortir, elle s'arrêta à la porte, revint sur ses pas et, sans un mot, embrassa Terence.

Ce jour-là, en effet, Rachel se rendait compte de ce qui se passait. Elle venait d'émerger de l'eau noire et visqueuse, montant et descendant au gré de la vague qui la portait. Sans plus aucune volonté personnelle, elle restait étendue au sommet de la vague avec une légère sensation de douleur, mais surtout de faiblesse. La vague se changea en un flanc de montagne. Le corps de Rachel devint un monceau de neige molle que ses genoux dominaient comme des cimes énormes et pointues, en os poli. Elle voyait Helen, il est vrai; elle voyait sa chambre, mais tout lui paraissait très pâle, presque transparent. Par moments, son regard transperçait le mur d'en face. A d'autres moments, Helen, en s'écartant du lit, semblait reculer à une distance où les yeux de Rachel ne parvenaient plus à la suivre. La chambre elle-même avait acquis une étrange faculté d'expansion. Rachel avait beau s'efforcer de pousser sa voix le plus loin possible – si bien que souvent cette voix devenait un oiseau qui s'envole – elle doutait fort que le son parvînt à destination. Les différents moments étaient séparés par des intervalles immenses, ou plutôt par des précipices, car les choses revêtaient toujours pour elle une forme visible. Il fallait parfois une heure à Helen pour soulever le bras avec des arrêts prolongés entre les petites saccades, avant de verser un médicament. Le volume de Helen penchée sur le lit prenait des proportions gigantesques et descendait sur Rachel comme un plafond qui s'écroule. Mais il y avait de longues périodes où Rachel ne gardait qu'une vague conscience de son propre corps qui flottait à la surface du lit, tandis que son esprit demeurait relégué quelque part, dans un coin de ce corps ou bien s'en échappait pour aller voleter tout autour de la pièce. Tout ce qu'elle devait regarder exigeait un effort, mais l'effort le plus dur, c'était de regarder Terence, car alors le besoin de se rappeler quelque chose l'obligeait à rattacher ensemble l'esprit et le corps. Elle n'avait pas envie de se souvenir; on la dérangeait en essayant d'interrompre son esseulement. Elle tenait à rester seule. Elle ne tenait à rien d'autre au monde.

Bien que Helen eût pleuré, ce n'est pas sans un sentiment de triomphe que Terence la voyait reprendre espoir : après leur contestation, elle semblait prête à avouer qu'elle s'était trompée. Cet après-midi-là il attendait le docteur Lesage avec beaucoup d'anxiété, tout en restant intimement persuadé qu'un de ces jours cet homme les obligerait tous à confesser leur erreur.

Le docteur, comme d'habitude, se montra d'un abord réservé et d'un laconisme marqué. Aux paroles de Terence : « Elle a l'air d'aller mieux » – il répondit avec un coup d'œil bizarre :

« Elle a une chance de vie. »

La porte se ferma. Terence traversa la pièce pour aller à la fenêtre. Il appuya son front contre la vitre.

« Rachel, répétait-il tout bas – elle a une chance de vie. Rachel. »

Comment pouvait-on dire une chose pareille à propos de Rachel? Est-ce que la veille quelqu'un avait vraiment cru que Rachel était mourante? Ils étaient fiancés depuis quatre semaines. Quinze jours plus tôt, elle était en parfaite santé. Qu'est-ce qui, en quinze jours, avait pu l'amener de cet état-là à cet autre? Le fait qu'ils étaient fiancés lui ôtait tout moyen d'imaginer ce qu'on pouvait entendre en disant qu'elle avait une chance de vie. Sans sortir du sinistre brouillard qui l'enveloppait, il se dirigea vers la porte. Et soudain il comprit. Il vit la chambre, le jardin, les arbres qui balançaient leurs branches. Elle pouvait mourir. Pour la première fois, depuis sa maladie il se rappela exactement comment elle était et comment ils s'aimaient. A l'intense bonheur de la sentir près de lui vint se mêler une angoisse plus intense que jamais. Il ne pouvait pas la laisser mourir. Il ne pouvait pas vivre sans elle. Mais après cette révolte de quelques instants, le rideau retomba; tout redevint trouble autour de lui et en lui. Tout reprit comme avant. A part une douleur physique à chaque battement de son cœur, à part le fait que ses doigts étaient glacés, il n'éprouvait aucune anxiété particulière. Rien dans son esprit n'indiquait qu'un sentiment quelconque le rattachât à Rachel ou à qui que ce fût, ou à quoi que ce fût. Il continuait à donner des ordres, à conférer avec Mrs. Chailey, à dresser des listes, à monter de temps en temps pour poser quelque chose sans bruit sur la table, à la porte de Rachel. Le docteur Lesage se montra moins distant que d'habitude. S'adressant à Saint-John et à Terence à la fois, comme s'il ne se rappelait plus qui des deux était le fiancé de la jeune fille, il dit :

« Je considère que ce soir son état est très grave. »

Aucun d'eux n'alla se coucher ni ne poussa l'autre à se retirer dans sa chambre. Ils restèrent dans le salon à jouer au piquet, la porte ouverte. Saint-John arrangea ensuite un lit sur le sofa et voulut à toute force l'offrir à Terence. Une discussion s'ensuivit pour savoir lequel des deux prendrait le sofa et lequel s'étendrait sur des fauteuils avec des couvertures. Saint-John finit par obliger Terence à occuper le sofa.

« Ne fais pas l'idiot, Terence! Si tu ne dors pas, tu tomberas malade et c'est tout... Mon vieux... »

commença-t-il, tandis que l'autre se débattait encore – puis il s'arrêta brusquement de peur de se montrer sentimental. Déjà les larmes lui montaient aux yeux.

Il tenait à exprimer ce que depuis longtemps il avait sur le cœur : qu'il plaignait Terence, qu'il l'aimait bien, qu'il aimait Rachel. Se doutait-elle de cette affection ? Avait-elle dit quelque chose, ou peut-être demandé quelque chose ? Il avait le plus vif désir de parler de tout cela, mais il s'était dominé, se disant qu'au fond il s'agissait là d'une considération égoïste et qu'il ne fallait pas ennuyer Terence qui, du reste, dormait à moitié.

Saint-John cependant n'arrivait pas à trouver le sommeil. Si seulement, pensait-il, étendu dans l'obscurité – si seulement il arrivait quelque chose, si seulement cette tension générale pouvait cesser ! Peu lui importait l'événement, pourvu qu'il interrompît cette série de journées arides et sinistres; peu lui importait même que cet événement fût la mort de Rachel. La déloyauté de son indifférence ne lui échappait pas, mais il lui semblait qu'il avait épuisé sa faculté de sentir.

De toute la nuit, on n'entendit ni appel ni mouvement. Une seule fois, la porte de la chambre à coucher s'ouvrit, puis se referma. Peu à peu la lumière reparut dans la pièce en désordre. A six heures, les domestiques se mirent à bouger; à sept, elles descendirent à pas feutrés vers la cuisine; une demi-heure plus tard la journée commença.

Mais elle n'était pas comme les autres, cette journée, bien qu'il eût été difficile de préciser ce qui la rendait différente, sauf le fait que chacun semblait attendre quelque chose. Il y avait manifestement moins à faire que d'habitude. Des gens traversaient le salon : Mr. Flushing, Mr. et

Mrs. Thornbury. Ils parlaient tout bas, s'excusant beaucoup, refusant de s'asseoir, mais s'éternisant là, debout, ne trouvant rien à dire, sinon : « Pouvons-nous faire quelque chose pour vous ? » Or, ils ne pouvaient rien.

Curieusement détaché de tout cela, Terence se rappelait comment Helen caractérisait naguère l'attitude des gens devant ce qui arrive à leur prochain. Son jugement était-il exact, était-il faux ? Cela ne l'intéressait pas assez pour qu'il formulât une opinion personnelle. Il écarta cette question, comme s'il allait la reprendre un autre jour; pas pour l'instant. Le brouillard de l'irréalité se refermait de plus en plus sur lui au point que tout son corps en paraissait engourdi. Mais était-ce bien son corps ? Et ses mains, étaient-ce vraiment les siennes ?

Ce matin-là, Ridley, de son côté, jugea impossible de rester tout seul dans sa chambre. En bas, il ne se sentait pas à son aise et, n'étant pas au courant de ce que faisaient les autres, il les gênait constamment; malgré cela il ne voulait pas quitter le salon. Trop agité pour continuer sa lecture et ne sachant que faire, il se mit à marcher de long en large en récitant des vers à voix basse. Cette psalmodie et ce pas rythmé formant un refrain indistinct obsédèrent toute la matinée Terence et Saint-John qui vaquaient à des occupations variées : défaire des paquets, déboucher des bouteilles, dresser des listes.

Luttant de-ci, luttant de-là
Ils s'affrontaient sans trêve,
L'esprit malin aveugle l'homme,
Au soir il triompha.
Tels aux abois des cerfs meurtris,
Sur l'herbe ils s'écroulèrent...

« Oh! c'est intolérable! » s'écria Hirst, mais il s'arrêta aussitôt comme s'il venait de rompre une convention. Terence se glissait à chaque instant dans l'escalier avec l'espoir de glaner quelque nouvelle. Mais celles-ci se présentaient maintenant sous une forme très fragmentaire : Rachel avait bu quelque chose; elle avait sommeillé un peu; elle paraissait plus calme. De même le docteur Lesage se bornait à de petits détails, sauf lorsqu'il raconta d'une façon spontanée qu'il venait d'être appelé auprès d'une vieille dame de quatre-vingt-cinq ans pour s'assurer, en ouvrant une veine du poignet, qu'elle était bien morte. Elle avait une terrible appréhension d'être enterrée vivante.

« C'est là une appréhension, ajouta le médecin, que nous rencontrons en général chez les gens très âgés; rarement chez les jeunes. »

Ils témoignèrent beaucoup d'intérêt à ce qu'il leur expliquait; cela leur paraissait très étrange. Autre particularité étrange de cette journée : personne n'avait pensé au déjeuner; ce fut Mrs. Chailey qui le servit, tard dans l'après-midi; elle aussi avait l'air étrange avec sa robe de percale toute raide et ses manches retroussées. Elle paraissait d'ailleurs aussi peu soucieuse de son apparence que si elle avait dû sauter hors du lit à minuit pour courir au feu. Sa réserve, son sang-froid habituels avaient également disparu. Elle parlait à chacun sur un ton familier, comme à quelqu'un qu'elle aurait élevé et abrité tout nu dans son giron. Elle ne cessait de leur rappeler leur devoir, qui était de manger.

Ainsi écourté, l'après-midi passa plus vite qu'on ne s'y attendait. A un certain moment, Mrs. Flushing ouvrit la porte, mais dès qu'elle les vit, elle la referma aussitôt. A un autre moment, Helen descendit pour chercher quelque chose et, avant de repartir, regarda une lettre qui lui était adressée. Tandis qu'elle se tenait là, la lettre à la main, l'extraordinaire et tragique beauté de son attitude frappa Terence, de la façon dont les choses le frappaient à présent – comme une impression à mettre de côté dans son cerveau pour y réfléchir plus tard. Ils avaient à peine échangé quelques mots, mais leur mésentente paraissait suspendue, sinon oubliée.

Depuis que le soleil avait quitté la façade de la villa, Ridley allait et venait sur la terrasse, répétant d'une voix assourdie, mais avec de brusques éclats, les strophes d'un long poème dont les fragments, à son passage, entraient en bouffées par la fenêtre ouverte du salon :

Péor et les Baalim
Délaissent leurs temples obscurs
Avec ce Dieu de Palestine deux fois battu,
Et la lunaire Astaroth...

Ces mots sonnaient d'une façon étrangement irritante à l'oreille des deux jeunes gens; mais il fallait bien les supporter. A l'approche du soir, quand la lueur rouge du couchant parut au loin sur la mer, un même désespoir s'empara de Terence et de Saint-John à l'idée que le jour finissait et qu'une nuit de plus allait venir. La vue des lumières apparaissant une à une dans la ville à leurs pieds réveilla chez Hirst la terrible, la révoltante envie de tout lâcher, d'éclater en sanglots. A ce moment Chailey apporta les lampes. Elle expliqua que Maria avait eu la sottise de se faire une vilaine coupure au poignet en débouchant une bouteille et qu'elle lui avait fait un pansement; c'était malheureux, avec tout ce qu'on avait à faire. Chailey elle-même boitait à cause de ses rhumatismes aux pieds, mais elle n'était pas femme à perdre son temps à des incartades d'une chair de servante. La soirée s'avançait. Le docteur Lesage arriva inopinément et resta très longtemps en haut. Il descendit seulement pour prendre une tasse de café.

« Elle va très mal », répondit-il à une question de Ridley.

Il avait complètement abandonné son air ennuyé. Son attitude était grave, officielle, mais en même temps empreinte d'une considération qu'il n'avait pas montrée jusque-là. Il remonta au premier, laissant les trois hommes ensemble au salon. Ridley était maintenant d'un mutisme parfait et son attention semblait entièrement éveillée. A part quelques petits gestes ou exclamations presque involontaires et aussitôt réprimés, le silence était absolu. Ils attendaient comme si enfin ils se trouvaient tous trois devant quelque chose de précis.

Il était onze heures à peu près quand le docteur parut de nouveau. Il s'avança vers eux très lentement et ne parla pas tout de suite. Il regarda d'abord Saint-John, puis Terence et dit à celuici :

« Mr. Hewet, je crois que vous devriez monter à présent. »

Terence se leva en hâte, tandis que les deux autres restaient assis, avec, entre eux, le docteur Lesage, debout, immobile.

Dans le couloir, Chailey répétait sans arrêt :

« C'est cruel... c'est cruel... »

Terence n'y fit pas attention; il entendait ce

qu'elle disait, mais n'y voyait aucun sens. Tout en montant, il ne cessait de répéter :

« Cela ne m'est pas arrivé. Il est impossible que cela me soit arrivé. »

Il regarda avec curiosité sa propre main sur la rampe. Les marches étaient très raides, il n'en finissait pas de les escalader. Au lieu d'une sensation aiguë à laquelle il s'attendait, il n'éprouvait rien du tout. En ouvrant la porte, il vit Helen assise près du lit. Il y avait des lumières voilées sur la table, et la chambre, bien que pleine, semblait-il, d'une foule d'objets, était très en ordre. La faible odeur de désinfectant n'y était pas désagréable. Helen se leva en silence pour lui céder la place. Comme ils se croisaient, leurs regards se rencontrèrent sur un plan particulièrement horizontal et il fut frappé par l'extraordinaire limpidité de ses yeux, par le calme profond et la tristesse qui les habitaient. Il s'assit près du lit et, l'instant d'après, entendit la porte se fermer doucement sur Helen. Il était seul avec Rachel. Un faible reflet de ce soulagement qu'ils ressentaient tous deux quand on les laissait seuls se répandit sur lui. Il la regarda. Il s'attendait à trouver chez elle quelque chose d'affreusement changé, mais il n'en était rien. Elle paraissait très amaigrie, il est vrai, et, autant qu'il pouvait en juger, très lasse; mais elle restait ce qu'elle avait toujours été. Et puis elle le voyait, elle le reconnaissait. Elle lui sourit en disant : « Hello, Terence! »

Le rideau qui les séparait depuis si longtemps disparut aussitôt.

« Eh bien, Rachel? » fit-il de sa voix normale. Elle ouvrit les yeux tout grands et sourit de son sourire habituel. Il l'embrassa et lui prit la main. Puis il dit :

« C'était lamentable, sans vous. »

Elle le regardait, toujours souriante; bientôt cependant une légère expression de fatigue et de trouble se montra dans ses yeux et elle les ferma de nouveau.

« Mais quand nous sommes ensemble, c'est le bonheur parfait », dit-il, lui tenant toujours la main.

Le demi-jour ne permettait pas de voir s'il y avait une altération quelconque sur son visage. Un immense apaisement descendit sur Terence, lui ôtant toute envie de bouger ou de parler. C'en était fini de l'atroce torture et du sentiment d'irréalité. Il émergeait dans la certitude parfaite et dans la paix. Son esprit retrouvait son activité naturelle et toute son aisance. Chaque minute intensifiait en lui la conscience de cette paix qui pénétrait jusqu'aux moindres recoins de son âme. Un instant, il retint son souffle, tendit l'oreille; elle respirait toujours. Il s'abandonna quelque temps à ses pensées; il lui semblait qu'ils pensaient en commun; il avait l'impression d'être Rachel en même temps que lui-même; puis il écouta de nouveau; non, elle ne respirait plus. Tant mieux. C'était la mort. Ce n'était rien. Elle avait cessé de respirer, voilà tout. C'était le bonheur parfait. Ils venaient d'obtenir ce qu'ils avaient toujours souhaité — l'union qu'ils n'avaient pu réaliser quand ils étaient en vie. Sans savoir s'il parlait en pensée ou tout haut, il dit :

« Jamais il n'y eut deux êtres aussi heureux que nous l'avons été. Nul n'a jamais aimé comme nous avons aimé. »

Il lui sembla que de leur fusion absolue et de leur bonheur émanaient des cercles qui allaient s'élargissant, qui emplissaient l'espace. Aucun de ses désirs les plus vastes ne restait inexaucé. Ils possédaient ce qui jamais plus ne leur serait repris.

Il n'avait pas remarqué si quelqu'un était entré dans la chambre, mais plus tard, après des minutes ou après des heures, il sentit un bras derrière ses épaules. Des bras le serraient. Il n'avait pas envie d'être serré dans des bras; le chuchotement mystérieux l'ennuyait. Il posa sur la couverture la main de Rachel, froide maintenant, se leva de sa chaise, alla jusqu'à la fenêtre. Il n'y avait pas de rideaux et on voyait la lune, ainsi qu'une longue piste d'argent à la surface des vagues.

« Tiens, dit-il, de sa voix ordinaire, regardez la lune! Elle a un halo, la lune. Il pleuvra demain. »

Les bras – ceux d'un homme ou d'une femme – l'entouraient de nouveau, le poussaient doucement vers la porte. Il se tourna de son plein gré et marcha d'un pas ferme, précédant ces bras, vaguement amusé par la curieuse attitude que prennent les gens sous prétexte que quelqu'un est mort. Il voulait bien sortir de là, s'ils y tenaient; mais rien de ce qu'ils pourraient faire n'arriverait à troubler son bonheur.

Quand il vit le couloir et la table avec ses assiettes et ses tasses, il eut soudain la révélation d'un monde où il ne reverrait plus Rachel.

« Rachel! Rachel! » cria-t-il, se débattant pour retourner près d'elle. On le retint, on le poussa vers une chambre à coucher à l'autre bout du couloir. D'en bas, on entendait le bruit sourd de ses pas tandis qu'il essayait de se libérer. Et par deux fois, ce fut un grand cri :

« Rachel! Rachel! »

CHAPITRE XXVI

PENDANT deux ou trois heures encore, la lune continua de verser sa clarté dans une atmosphère vide. Sans l'obstacle d'aucun nuage, cette clarté tombait droit pour s'étendre, telle une gelée blanche, sur la mer et la terre. Au cours de ces heures, le silence demeura ininterrompu et rien ne bougea, sauf les branches des arbres qui se balançaient légèrement, sauf leurs ombres qui se déplaçaient sur la blancheur du sol. Un son unique restait perceptible dans ce silence profond, celui d'une respiration à peine distincte, mais continue, se prolongeant à l'infini, sans monter ni descendre. Cela durait encore quand déjà les oiseaux commencèrent à s'agiter dans les branches; cela s'entendait par-delà les premières notes grêles de leur chant; cela se poursuivit pendant tout le temps où le ciel blanchissait à l'est, puis devenait rouge, puis laissait filtrer une légère teinte bleue; mais dès que le soleil apparut, cela cessa, cédant la place à d'autres sonorités.

Les premières rumeurs que l'on entendit furent de petits cris inarticulés, qui faisaient penser à des plaintes d'enfants ou de gens accablés par leur misère, leur faiblesse, leur souffrance. Mais lorsque le soleil se montra au-dessus de l'horizon, l'air pâle et inconsistant jusque-là se fit de minute en minute plus substantiel, plus chaud, et les bruits de la vie prirent plus de hardiesse, plus de courage et d'autorité. Peu à peu, de tremblantes haleines de fumée commencèrent à s'élever au-dessus des toits, à s'épaissir en colonnes rondes et droites. Le soleil ne se heurtait plus à la pâleur des stores blancs, il attaquait les fenêtres sombres, derrière lesquelles il y avait de la profondeur, de l'espace.

Il était là, le soleil, depuis plusieurs heures; le vaste dôme de l'air, pénétré de ses rayons, était tout scintillant de fils d'or, mais rien ne remuait encore dans l'hôtel qui, blanc et massif dans cette lumière matinale, tardait à s'éveiller derrière ses stores baissés.

Vers neuf heures et demie, Miss Allan descendit très lentement dans le hall, s'avança avec la même lenteur jusqu'à la table où l'on déposait les journaux du matin, mais ne tendit pas la main vers l'un d'eux. Elle resta là, pensive, la tête un peu rentrée dans les épaules, l'air curieusement vieilli. A la voir, massive, ramassée sur elle-même, on pouvait se la représenter telle qu'elle serait dans sa véritable vieillesse, clouée à son fauteuil et fixant devant elle un regard inerte. D'autres personnes arrivaient, mais elle les laissait passer sans leur adresser la parole, sans même les voir. A la fin, comme s'il fallait se décider à faire quelque chose, elle s'assit, fixant devant elle un regard inerte. Elle se sentait ce matin-là très âgée, absolument inutile, comme si toute son existence n'était qu'un échec, un pénible et laborieux effort dépensé en pure perte. Elle n'avait plus envie de vivre et pourtant elle savait que sa vie allait continuer. Solide comme elle l'était, elle vivrait jusqu'à l'extrême vieillesse, jusqu'à quatre-vingts ans probablement; comme elle en avait cinquante, il lui restait encore trente années à vivre. Elle tournait et retournait ses mains sur ses genoux, les examinant avec curiosité – ces vieilles mains qui lui avaient servi à abattre tant de besogne. Tout cela ne semblait guère avoir de sens... continuer, continuer... Levant les yeux, elle vit Mrs. Thornbury debout devant elle, des rides au front et la bouche entrouverte, comme sur le point de poser une question.

Miss Allan répondit sans attendre :

« Oui. Elle est morte ce matin, très tôt, vers trois heures. »

Mrs. Thornbury poussa une légère exclamation, serra les lèvres et ses yeux s'emplirent de larmes. A travers ses larmes elle regarda, dans le hall où s'étalaient maintenant de larges bandes de soleil, les groupes insouciants de gens réunis au hasard parmi les tables et les fauteuils bien solides. Ils lui parurent irréels, étonnants comme des êtres qui restent inconscients devant l'imminence d'une explosion.

Mais il n'y eut pas d'explosion. Ils étaient toujours là, parmi les fauteuils et les tables. Mrs. Thornbury cependant ne les voyait plus, son regard les traversait comme s'ils n'avaient pas de substance; elle voyait une maison et ses habitants, la chambre, le lit dans cette chambre, la forme de la morte, immobile dans l'ombre, sous les draps. C'est tout juste si elle ne voyait pas le corps lui-même. C'est tout juste si elle n'entendait pas les voix éplorées.

« Ils s'y attendaient ? » demanda-t-elle enfin.

Miss Allan ne put que secouer la tête :

« Je ne sais que ce que m'a dit la femme de

chambre de Mrs. Flushing. Elle est morte ce matin de bonne heure. »

Les deux femmes échangèrent en silence un regard significatif. Puis, prise d'un éblouissement insolite et ne sachant pas bien ce qu'elle cherchait, Mrs. Thornbury remonta lentement l'escalier et se mit à parcourir sans bruit les couloirs. Elle touchait des doigts les murs comme pour se guider. Des servantes couraient d'une chambre à l'autre. Mrs. Thornbury s'en écartait; elle les voyait à peine, elles lui semblaient appartenir à un autre monde. Elle resta même un instant sans lever les yeux quand Evelyn l'arrêta.

Il était visible qu'Evelyn venait d'avoir une crise de larmes; elle se mit à pleurer de nouveau. Elles se réfugièrent ensemble dans l'embrasure d'une fenêtre, d'abord en silence. Puis des mots sans suite se mêlèrent aux sanglots d'Evelyn.

« Quelle méchanceté... Quelle cruauté... ils étaient si heureux... »

Mrs. Thornbury lui tapota l'épaule.

« Oui, c'est dur, c'est très dur. »

Elle s'interrompit pour regarder au loin, sur le versant de la colline, la villa des Ambrose, dont le soleil allumait les fenêtres. Elle imagina comment l'âme de la morte était partie par une de ces fenêtres. Quelque chose était parti de ce monde. Le monde lui parut étrangement vide.

« Pourtant, plus on vieillit, reprit-elle – et soudain son regard se ralluma, plus vif même que d'habitude – plus on est convaincu qu'il y a une raison à cela. Comment pourrait-on subsister s'il n'y en avait une? »

Cette question, elle la posait à quelqu'un, mais non pas à Evelyn.

Les sanglots de celle-ci s'apaisaient. Elle dit :

« Il faut qu'il y ait une raison. Il ne suffit pas de dire que c'est un accident. Pourtant il s'agit bien d'un accident. Cela aurait pu ne jamais se produire. »

Mrs. Thornbury poussa un profond soupir.

« Allons, il ne faut pas que nous restions sur cette idée, dit-elle, et j'espère qu'ils ne le feront pas non plus. Cela pouvait arriver même en d'autres circonstances. Ces terribles maladies...

– Non, il n'y a pas de raison ! Je ne puis croire qu'il y ait la moindre raison à cela ! cria Evelyn, tout en tirant et en lâchant le store qui remonta avec un claquement. Pourquoi faut-il que de telles choses arrivent ? Pourquoi est-on obligé de souffrir ? Je crois sincèrement, ajouta-t-elle un peu plus bas, que Rachel est au ciel, mais Terence... A quoi cela sert-il, tout cela ? »

Pour toute réponse, Mrs. Thornbury secoua doucement la tête, serra la main d'Evelyn et repartit dans le couloir. Mue par un intense désir d'apprendre quelque chose – sans savoir quoi exactement – elle se dirigea vers la chambre des Flushing. En ouvrant la porte, elle se rendit compte aussitôt qu'elle interrompait une discussion entre les deux époux. Mrs. Flushing était assise, le dos à la fenêtre, et Mr. Flushing, debout devant elle, avait l'air de chercher des arguments pour la convaincre.

« Ah ! voici Mrs. Thornbury, dit-il avec un accent de soulagement. Vous êtes au courant, bien entendu. Ma femme se croit en quelque sorte responsable. Elle avait insisté pour entraîner la pauvre Miss Vinrace dans cette expédition. Vous conviendrez avec moi, j'en suis sûr, que ce sentiment est des plus absurdes. Rien ne nous dit – et pour ma part je trouve cela tout à fait improbable

– qu'elle ait rapporté cette maladie de là-bas. Les affections de ce genre... Au reste, elle tenait absolument à y aller. Elle n'avait pas besoin que vous le lui demandiez, Alice.

– Assez, Wilfrid, dit Mrs Flushing, sans faire un mouvement et sans quitter des yeux l'endroit du parquet où elle les tenait fixés. A quoi bon en parler ? A quoi bon...

– Je venais vous demander, commença Mrs. Thornbury, s'adressant à Wilfrid, car il eût été vain de parler à sa femme, croyez-vous que nous puissions faire quelque chose ? Le père est-il arrivé ? Peut-on aller voir là-bas ?... »

Ce qu'elle souhaitait le plus ardemment, de tout son être, à ce moment-là, c'était faire quelque chose pour ces gens dans leur malheur : les voir, les rassurer, les aider. Rester si loin d'eux lui paraissait terrible. Mais Mr. Flushing secoua la tête. Il ne pensait pas que pour l'instant... Plus tard, peut-être pourrait-on leur venir en aide. A ce moment Mrs. Flushing se leva tout d'une pièce, leur tourna le dos et se dirigea vers le cabinet de toilette. Tandis qu'elle marchait, on voyait sa poitrine remonter lentement, et lentement redescendre. Mais son chagrin demeurait silencieux. La porte se referma sur elle.

Une fois seule, elle réunit ses deux poings serrés et se mit à marteler le dossier d'une chaise. Elle se sentait comme une bête blessée. Elle exécrait la mort. La mort l'indignait comme peut le faire un être humain; elle l'outrageait, la rendait furieuse. Elle refusait d'abandonner ses amis à la mort. Elle ne consentait pas à plier devant les ténèbres et le néant. Elle se mit à marcher de long en large, les poings serrés, sans faire d'effort pour arrêter les larmes qui tombaient précipitamment le long de ses joues. Enfin elle s'assit, plus calme, mais toujours insoumise. Quand elle eut fini de pleurer, son attitude exprima l'opiniâtreté et la force.

Pendant ce temps, dans la chambre voisine, Wilfrid, en l'absence de sa femme, s'entretenait plus librement avec Mrs. Thornbury.

« Voilà ce qu'il y a de fâcheux dans les endroits comme celui-ci, disait-il. Les gens se figurent qu'ils peuvent s'y comporter comme s'ils étaient en Angleterre. Personnellement, je ne doute pas que Miss Vinrace ait contracté cette maladie infectieuse dans leur villa même, là-haut. Les occasions ne devaient pas lui manquer de se rendre malade. C'est absurde de prétendre qu'elle ait attrapé cela avec nous. »

Il se serait fâché si sa compassion sincère pour ses amis n'avait été la plus forte.

« Pepper raconte, continua-t-il, qu'il a quitté leur maison parce qu'il les trouvait trop imprudents. Il paraît que chez eux on ne lave jamais comme il faut les légumes. Pauvres gens ! De quel prix il leur faut payer cela ! Mais c'est bien ce que j'ai cent fois constaté : on oublie que cela peut se produire, et quand cela arrive, on est tout étonné. »

Mrs. Thornbury se montra d'accord avec lui sur toute la ligne; oui, ils avaient manqué de prudence; non, il n'y avait aucune raison de penser que Rachel avait pris la fièvre pendant l'expédition. Après avoir parlé d'autre chose pendant un moment, elle le quitta et suivit tristement le couloir pour regagner sa chambre.

En refermant sa porte, elle se dit de nouveau qu'il devait y avoir une raison pour que de telles choses puissent se produire. Mais, de prime abord, ce n'était pas facile à comprendre. Cela paraissait si étrange, si incroyable... Quoi? il y avait trois semaines – non, quinze jours seulement – qu'elle avait rencontré Rachel. En fermant les yeux, elle arrivait presque à la voir, cette jeune fille silencieuse et timide qui allait se marier. Elle songea à tout ce qui lui aurait manqué à elle-même si elle était morte à l'âge de Rachel : les enfants, la vie conjugale, les profondeurs inimaginables, les miracles au milieu desquels il lui semblait maintenant avoir vécu de jour en jour et d'année en année. A l'état d'hébétude qui ne lui permettait pas de bien réfléchir succéda peu à peu une disposition d'esprit exactement contraire; sa pensée reprit sa vivacité, sa clarté, cherchant à coordonner rétrospectivement les expériences du passé. Certes, les souffrances et les luttes n'y manquaient pas, mais dans l'ensemble il y avait une part égale de bonheur. Sans aucun doute, l'ordre avait toujours prévalu. Et puis la disparition des êtres jeunes ne comptait pas au fond parmi les plus grandes tristesses de l'existence; il leur était épargné tant de choses; ils emportaient tant de choses avec eux. Les morts – (elle évoqua ceux qui avaient disparu très tôt, accidentellement) – les morts étaient beaux; elle en rêvait souvent. Avec le temps, Terence lui-même arriverait à sentir que...

Elle se leva et se mit à aller et venir avec nervosité dans la chambre. C'était là une agitation inaccoutumée pour une femme de son âge, une perplexité insolite pour un esprit aussi vif et lucide que le sien. Elle ne se décidait à rien et se sentit soulagée en voyant la porte s'ouvrir. Alors elle alla au-devant de son mari, le prit dans ses bras, l'embrassa plus fort que de coutume, puis, quand ils se furent assis côte à côte, elle le caressa et lui posa des questions puériles, comme à un bébé – un vieux bébé fatigué et grincheux. Elle ne lui parla pas de la mort de Miss Vinrace pour ne pas le troubler, car il avait l'air déjà de mauvaise humeur. Elle chercha à savoir ce qui le rendait maussade. La politique, de nouveau ? Qu'avaient-ils fait encore, ces affreux personnages ? La matinée se passa à discuter de politique et Mrs. Thornbury finit par prendre le plus vif intérêt à cette conversation. Parfois cependant ses propres paroles lui paraissaient singulièrement dépourvues de sens.

Au cours du déjeuner, plusieurs personnes soulignèrent le fait que l'hôtel commençait à se vider. Le nombre des convives diminuait de jour en jour. Au lieu de soixante, ils n'étaient plus que quarante à table, calculait la vieille Mrs. Paley s'installant à sa place près de la fenêtre et parcourant l'assistance de son œil incolore. Son petit groupe comprenait en général non seulement Arthur et Susan, mais encore Mr. Perrott, et ce jour-là Evelyn déjeunait aussi avec eux. Elle paraissait éteinte, ce qui ne lui arrivait pas souvent. Devant ses yeux rougis, les autres s'efforcèrent de poursuivre entre eux une conversation qui manquait d'entrain. Les coudes sur la table, dédaignant son potage, elle subit leurs propos pendant quelques minutes, puis s'écria brusquement :

« Je ne sais pas ce que vous pouvez ressentir, mais moi, il m'est impossible de penser à autre chose ! »

Les messieurs, prenant un air grave, firent entendre un murmure de sympathie. Susan répliqua :

« Oui, n'est-ce pas absolument affreux, de penser qu'elle était si gentille et qu'elle venait à peine de se fiancer, et que cela aurait pu ne pas arriver ? Cela semble vraiment trop tragique ! »

Elle regarda Arthur, comme pour voir s'il ne l'aiderait pas à trouver des expressions plus appropriées aux circonstances.

« Un grand malheur, dit Arthur, laconique. Mais aussi quelle folie, cette expédition sur le fleuve ! (Il secoua la tête). Ils auraient dû se méfier. On n'imagine pas une Anglaise supportant une pareille randonnée comme quelqu'un qui est acclimaté au pays. J'avais presque envie de les avertir l'autre jour quand ils en parlaient à ce thé. Mais cela ne sert à rien de dire ces choses-là. Les gens se mettent en boule et c'est tout. »

La vieille Mrs. Paley, jusque-là toute au plaisir d'absorber son potage, porta la main à son oreille, exprimant ainsi le désir d'apprendre ce qu'on disait autour d'elle. Susan l'informa à voix basse, ne pouvant se résoudre à parler de la mort en criant, ni même sur un ton habituel :

« Vous savez, tante Emma, que la pauvre Miss Vinrace vient de mourir de la fièvre. »

Mais Mrs. Paley ne put saisir un mot. Arthur vint à la rescousse et articula très distinctement :

« Miss Vinrace est morte. »

Mrs. Paley se pencha un peu plus vers lui et fit :

« Hein ? »

Il répéta :

« Miss Vinrace est morte. »

Il lui fallut raidir tous les muscles avoisinant sa bouche pour s'empêcher d'éclater de rire et s'obliger à répéter pour la troisième fois :

« Miss Vinrace... Elle est morte. »

Indépendamment de la difficulté qu'éprouvait Mrs. Paley à distinguer les mots précis, les faits mêmes qui restaient en dehors de sa routine quotidienne demandaient un certain temps pour parvenir jusqu'à sa conscience. Un poids semblait comprimer son cerveau et en ralentir l'activité, sans toutefois la compromettre. Elle resta, les yeux vagues, une minute au moins avant de comprendre ce qu'Arthur voulait dire.

« Morte? dit-elle mollement. Miss Vinrace, morte? Ah! mon Dieu... C'est bien triste. Mais je ne me rappelle plus au juste laquelle c'était. Nous avons fait ici tant de nouvelles connaissances. (Elle chercha des yeux l'aide de Susan.) Cette grande fille brune si haute en couleur, à qui il manquait un petit rien pour être belle?

— Non, interrompit Susan. Elle était... »

Mais elle renonça, désespérant de pouvoir expliquer à Mrs. Paley qu'elle se trompait de personne.

« Elle n'aurait pas dû mourir, reprit sa tante; elle avait l'air si solide. Mais les gens s'obstinent à boire de l'eau, je n'ai jamais compris pourquoi. C'est si simple de faire monter un siphon d'eau de Seltz dans sa chambre. C'est la seule précaution que j'aie jamais prise, et j'ai voyagé dans le monde entier; en Italie, une bonne douzaine de fois... Mais les jeunes veulent toujours tout savoir mieux que les autres et ils paient cela un beau jour. La pauvre, je suis navrée pour elle. »

Son attention ne tarda pas cependant à être absorbée par la difficulté de scruter un plat de pommes de terre et d'arriver à s'en servir. Arthur et Susan espéraient secrètement qu'on ne reviendrait plus sur ce sujet : la façon de le discuter avait pour eux quelque chose de déplaisant. Mais Evelyn n'était pas disposée à le laisser tomber. Pourquoi donc les gens se refusaient-ils toujours à parler des seules choses qui comptent?

« Je suis sûre que cela ne vous fait rien du tout!

s'écria-t-elle, se tournant d'un air féroce vers Mr. Perrott qui n'avait pas soufflé mot.

– A moi ? Oh ! si, je vous assure », répondit-il, assez embarrassé, mais avec une sincérité manifeste. Les questions d'Evelyn le mettaient mal à l'aise, lui aussi.

Elle continua :

« Cela me paraît tellement inexplicable ! La mort, je veux dire. Pourquoi est-ce elle qui meurt, et pas vous ou moi ? Il n'y a pas plus de quinze jours, elle était là, avec nous tous. Qu'est-ce que vous croyez ? (Elle interpellait Mr. Perrott.) Croyez-vous que cela continue, qu'elle existe encore quelque part, ou bien pensez-vous qu'il s'agit d'une farce, qu'en s'en va simplement en miettes quand on meurt ? Moi, je suis convaincue que Rachel n'est pas morte. »

Il y avait peu de chose que Mr. Perrott n'eût pas de grand cœur formulé selon le désir d'Evelyn; mais déclarer qu'il croyait à l'immortalité de l'âme dépassait ses possibilités. Silencieux, le front plus ridé que jamais, il mettait en miettes son morceau de pain.

De peur d'être interrogé à son tour sur ses croyances, Arthur marqua un temps qui équivalait à un point final, puis aborda un sujet tout à fait différent.

« Supposez, dit-il, que quelqu'un vous écrive pour vous demander une somme de cinq livres sous prétexte qu'il a connu votre grand-père. Que feriez-vous ? Voici l'histoire : mon grand-père...

– A inventé un poêle, continua Evelyn. Je connais tout cela. Nous avions un poêle comme ça dans la serre, pour chauffer les plantes.

– Je ne me savais pas si célèbre. Eh bien, reprit Arthur, résolu à débiter jusqu'au bout son histoire coûte que coûte : ce bon vieux, un des plus grands inventeurs de son temps et, de plus, excellent juriste, est mort, comme font ces gens-là, sans laisser de testament. Or Fielding, son clerc – à bon droit ou non, je l'ignore – prétend que son patron avait l'intention de lui laisser quelque chose. Ce pauvre vieux-là a perdu le peu qu'il avait à essayer des inventions pour son propre compte; il végète à Penge, au-dessus d'un bureau de tabac. Je suis allé le voir. La question se pose : dois-je m'exécuter ou non? Que réclame l'esprit de justice dans l'abstrait, Perrott? Dis-toi bien que je n'ai tiré aucun avantage du décès de mon grand-père et que je n'ai aucun moyen de savoir si les dires de cet homme correspondent à la vérité.

– Je ne connais pas grand-chose à l'esprit de justice dans l'abstrait, dit Susan, regardant les autres avec un sourire béat, mais ce que je sais bien, c'est que le bonhomme aura ses cinq livres! »

Mr. Perrott commença à exposer son opinion sur l'affaire; Evelyn l'accusa d'être trop pingre et, comme tous les juristes, plus attaché à la lettre qu'à l'esprit; Mrs. Paley, entre les divers services, exigeait des rapports sur ce qui venait d'être dit; grâce à tout cela, le déjeuner se passa sans un instant de silence, et Arthur se félicita du tact avec lequel il avait apaisé les altercations.

Comme on quittait la salle à manger, il advint qu'à la porte, le fauteuil roulant de Mrs. Paley se heurta au ménage Elliot. Cet arrêt forcé permit à Arthur et à Susan de féliciter Hughling Elliot de sa convalescence; il descendait, en effet, pour la première fois, avec une mine assez cadavérique; Mr. Perrott profita de la circonstance pour glisser un mot à Evelyn :

« Aurai-je quelque chance de vous rencontrer cet après-midi, vers trois heures trente, par exemple ? Je serai au jardin, près de la fontaine. »

Elle ne répondit que lorsque le groupe se sépara dans le hall. C'est en s'en allant qu'elle lui jeta, avec un regard allumé :

« Vous avez dit trois heures et demie ? Cela me va. »

Elle monta en courant, avec ce sentiment d'exaltation spirituelle et de vie accélérée qu'elle éprouvait toujours devant la perspective d'une scène émouvante. Qu'il s'agît d'une nouvelle demande en mariage de la part de Mr. Perrott, elle ne pouvait en douter; il fallait donc préparer une réponse définitive, car dans trois jours elle devait quitter le pays. Pourtant, elle ne parvenait pas à fixer son esprit sur cette question. Il lui était toujours difficile de s'arrêter à une décision, à cause de sa répugnance innée à l'égard de tout ce qui avait un caractère final, achevé. Ce qu'elle aimait, c'était continuer, poursuivre sans cesse.

En vue de son prochain départ, elle commença à étaler ses vêtements sur le lit. Quelques-uns lui parurent très défraîchis. Elle prit le cadre avec les photographies de ses parents et le garda un instant à la main avant de le mettre dans la malle. Rachel avait regardé ces portraits; soudain, comme on sent parfois d'une façon aiguë, en présence d'un objet, la personnalité de celui qui avait possédé ou manié cet objet, Evelyn eut l'impression que Rachel était là, dans cette chambre. Ce qui constituait la vie de sa journée lui parut lointain, irréel, comme une terre entrevue du pont d'un bateau. Puis, peu à peu, la présence de Rachel cessa de se faire sentir. Evelyn n'arriva même plus à se la représenter : elle l'avait à peine connue. Cette impression passagère lui laissait néanmoins une certaine lassitude, un découragement. Qu'avait-elle fait de son existence ? Quel avenir pouvait-elle envisager ? Où était le faux ? Où était le vrai ? Y avait-il une réalité dans toutes ces demandes en mariage, ces rapprochements intimes, ces aventures ? Ou bien le contentement dont elle avait lu l'expression sur les visages de Rachel et de Susan était-il plus réel que tout ce qu'elle avait jamais ressenti elle-même ?

Elle fit ses préparatifs pour descendre, l'esprit absent, mais les doigts si rompus à cette besogne qu'ils semblaient agir de leur propre initiative. Quand, enfin, elle se dirigea vers l'escalier, le sang se mit à circuler plus fort dans son organisme – de sa propre initiative également, car son cerveau demeurait inerte.

Mr. Perrott l'attendait. A vrai dire, il s'était rendu au jardin aussitôt après déjeuner et arpentait l'allée depuis plus d'une demi-heure, dans une expectative angoissée.

« Je suis en retard, comme toujours ! s'écria Evelyn en le voyant; mais il faut m'excuser, je dois emballer mes affaires... Ma parole, on dirait qu'il va faire de l'orage ! Et là-bas, n'est-ce pas un nouveau bateau, dans la baie ? »

Mais Mr. Perrott n'avait remarqué ni le bateau ni l'état du ciel.

« Miss Murgatroyd, commença-t-il avec sa solennité habituelle, le mobile qui m'a poussé à vous demander de venir jusqu'ici est, je le crains, bien égoïste. Je ne pense pas qu'il soit nécessaire de vous déclarer une fois de plus mes sentiments. Mais, au moment où vous allez partir, il m'a paru impossible de ne pas vous poser une question : ai-je quelque raison d'espérer qu'un jour vous arriverez à avoir un peu d'affection pour moi ? »

Il était très pâle, hors d'état, semblait-il, de prononcer un mot de plus.

Le petit regain de vitalité qui animait Evelyn tandis qu'elle descendait l'escalier en courant avait disparu, la laissant dépourvue de toute énergie. Elle ne trouvait rien à dire. Elle ne ressentait rien. A l'instant où, positivement, en son langage courtois et suranné, il lui demandait de l'épouser, ses sentiments pour lui devenaient plus inexistants que jamais.

« Asseyons-nous et causons », dit-elle, passablement troublée.

Mr. Perrott la suivit vers un banc arrondi, sous un arbre, en face de la fontaine qui depuis longtemps avait interrompu ses jeux. Au lieu de réfléchir à ce qu'elle disait, Evelyn fixait des yeux cette fontaine qui, privée d'eau, lui apparaissait comme l'image de sa propre personne.

« Mais bien sûr, j'ai de l'affection pour vous, commença-t-elle précipitamment; je manquerais de cœur si je n'en avais pas. Vous êtes un des êtres les plus gentils et les plus fins que je connaisse. Mais je préférerais que vous ne m'aimiez pas de cette façon. Etes-vous sûr de m'aimer ainsi ? »

A ce moment, elle espérait en toute sincérité l'entendre dire non.

« Tout à fait sûr, répondit Mr. Perrott.

– Voyez-vous, je ne suis pas simple comme la plupart des femmes. Je suis sans doute plus exigeante. Je ne sais pas au juste ce que je ressens. »

Il la regardait d'un œil attentif et s'abstenait de parler.

« Il me semble parfois que ce n'est pas dans mon tempérament, de m'attacher très fort à une seule personne. Vous pourriez trouver une femme qui vous conviendrait mieux. Je vous imagine parfaitement heureux avec une autre.

– S'il y a une seule chance pour que vous arriviez à m'aimer, j'attendrai avec joie, dit Mr. Perrott.

– Mais... rien ne presse, n'est-ce pas ? répliqua Evelyn. Disons que je vais réfléchir et que je vous écrirai en rentrant, voulez-vous ? Non, je vais à Moscou. Je vous écrirai de Moscou. »

Mais Mr. Perrott tenait bon.

« Vous ne me ferez pas changer d'idée. Je ne vous demande pas de fixer une date, ce serait tout à fait déraisonnable... »

Il s'arrêta, regardant le gravier de l'allée. Comme elle tardait à répondre, il poursuivit :

« Je sais fort bien que je ne suis pas... que je n'ai pas grand-chose à vous offrir, ni dans ma personne ni par ma situation... Mais j'oublie : pour vous, il ne s'agit pas, comme pour moi, d'un miracle. Avant de vous rencontrer, j'avais un petit train de vie bien tranquille – nous sommes des gens très tranquilles, ma sœur et moi – et j'étais très content de mon sort. Mon amitié pour Arthur représentait ce qu'il y avait de plus important dans mon existence. Maintenant que je vous connais, tout cela est changé. Vous apportez tant d'enthousiasme à la moindre chose ! La vie semble pleine de possibilités que je n'avais jamais soupçonnées.

– Ah ! Voilà qui est splendide ! s'écria Evelyn lui saisissant la main. Maintenant, vous allez rentrer et entreprendre toutes sortes de choses, et conquérir une réputation mondiale; et nous resterons bons amis, quoi qu'il arrive, de grands amis, n'est-ce pas ? »

Soudain, il gémit : « Evelyn ! » et, l'étreignant, se mit à l'embrasser. Elle ne s'en fâcha point, mais cela ne lui faisait pas beaucoup d'effet. En reprenant sa pose du début elle continua :

« Je n'ai jamais compris pourquoi on ne peut pas rester amis. Il y a pourtant des gens qui y arrivent. Une amitié, cela change tout, n'est-ce pas ? C'est une de ces choses qui comptent dans la vie ? »

Il la regardait d'un air hébété comme si, réellement, il ne pouvait pas comprendre de quoi elle parlait. Puis, au prix d'un pénible effort, il se ressaisit, se leva et dit :

« Maintenant que je vous ai exprimé mes sentiments, il ne me reste plus qu'à ajouter ceci : j'attendrai aussi longtemps qu'il vous plaira. »

Restée seule, Evelyn se mit à faire les cent pas dans l'allée. Alors, qu'est-ce donc qui avait de l'importance ? A quoi tout cela rimait-il ?

CHAPITRE XXVII

PENDANT toute la soirée, les nuages continuèrent à s'amasser jusqu'à se refermer complètement sur le bleu du ciel. L'espace entre ciel et terre s'était rétréci et l'air semblait manquer de place pour circuler. Les vagues, elles aussi, avaient baissé la tête, tout en restant rigides, comme retenues dans leur élan. Au jardin, les feuillages des buissons et des arbres pendaient d'une seule pièce; les brèves stridulations des insectes et des oiseaux accentuaient encore l'impression de pesanteur, de contrainte.

A cause de cet éclairage et de cette torpeur insolites, le bourdonnement des voix qui d'habitude emplissait la salle à manger aux heures des repas se trouait parfois de silences. Pendant ces intervalles, on entendait les couteaux cliqueter contre les assiettes. Le premier coup de tonnerre et la première goutte frappant lourdement une vitre provoquèrent une certaine agitation.

« Cela commence ! » entendit-on simultanément en plusieurs langues.

Il se fit un silence profond, comme si le tonnerre s'était retiré en lui-même. On recommençait à manger quand une rafale d'air froid, s'engouffrant par les fenêtres ouvertes, vint soulever les nappes et les jupes; un éclair brilla, le tonnerre éclata juste au-dessus de la maison, la pluie se mit à siffler, puis ce furent des bruits de fenêtres qu'on ferme, de portes qui claquent, accompagnement habituel des orages.

La lumière baissa tout à coup dans la salle, car le vent semblait précipiter sur la terre des vagues d'obscurité. Pendant quelque temps, n'essayant plus de continuer à manger, chacun, la fourchette en l'air, regarda le jardin. Les éclairs, qui se suivaient de près maintenant, illuminaient les visages comme pour une prise de photographies, surprenant des expressions figées et peu naturelles. Aussitôt après, les coups de tonnerre retentissaient brutalement. Les femmes se soulevaient sur leurs sièges, puis se rasseyaient; le dîner se poursuivait tant bien que mal, tous les regards tournés vers le jardin. Dehors, les buissons ébouriffés, livides, se penchaient jusqu'au sol sous la poussée du vent. Le personnel était obligé d'insister pour attirer sur les plats l'attention des dîneurs; ceux-ci, de leur côté, rappelaient à l'ordre le personnel, occupé à contempler l'orage. Comme le tonnerre, loin de s'atténuer, semblait au contraire se masser sur leurs têtes et que les éclairs paraissaient chaque fois viser le jardin, un lugubre malaise remplaça bientôt l'excitation du premier moment. Ecourtant le repas, on passa dans le hall où l'impression de sécurité était plus grande qu'ailleurs, car on pouvait s'y tenir loin des fenêtres, et si l'on y entendait le tonnerre, du moins n'y avait-il rien à voir. Une mère dut emporter dans ses bras son petit garçon, secoué de sanglots.

Tant que durait l'orage, personne ne se décidait

à s'asseoir. On restait debout, par petits groupes, les yeux levés, sous la verrière centrale d'où tombait une lumière jaune. De temps à autre, les visages devenaient blancs quand passait un éclair. A la fin, une secousse terrifiante ébranla dans leurs joints les vitres de la verrière et plusieurs voix firent ensemble :

« Ah ! »

Une voix d'homme ajouta :

« C'est tombé quelque part. »

Les torrents de pluie semblaient éteindre peu à peu les éclairs, le tonnerre. Il faisait presque nuit dans le hall.

Pendant quelque temps, on n'entendit plus que l'eau qui tourbillonnait sur du verre, puis ce bruit s'atténua nettement et l'atmosphère s'éclaircit.

« C'est fini », dit une autre voix.

D'un seul coup, toutes les lampes électriques s'allumèrent et firent apparaître une foule de personnes debout, les yeux au plafond, les traits crispés. Mais dès qu'elles se virent réciproquement dans l'éclairage artificiel, elles se tournèrent le dos et commencèrent à se disperser. La pluie continua quelque temps à taper sur la verrière, le tonnerre roula une ou deux fois encore, mais on sentait que le grand océan d'air tourmenté se déplaçait dans les hauteurs, s'éloignait vers la mer, emportant ses nuages et ses verges de feu. La maison, si petite dans le fracas de la tempête, avait repris ses proportions vastes et bien carrées.

Pendant que les éléments se calmaient, les gens dans le hall de l'hôtel s'installaient et commençaient à se raconter des histoires de tempêtes. Beaucoup d'entre eux préparaient leur passe-temps pour la soirée. On sortit l'échiquier et Mr. Elliot qui, en signe de convalescence, avait remplacé son faux col par une écharpe, mais qui, à part cela, n'avait rien de changé, proposa à Mr. Pepper un combat décisif. Autour d'eux s'assemblèrent des dames avec leurs ouvrages à l'aiguille, ou, à défaut d'ouvrages, des romans. Elles surveillaient le jeu, tout comme s'il s'agissait de garder deux petits garçons qui jouent aux billes. De temps à autre, elles jetaient un coup d'œil sur l'échiquier et adressaient aux messieurs des paroles d'encouragement.

Mrs. Paley, un peu plus loin, avait étalé ses cartes en longues échelles et Susan l'assistait, pour sympathiser avec elle, mais non pour corriger ses erreurs. Les négociants et les personnages divers qui ne semblaient pas avoir de noms se prélassaient dans leurs fauteuils, avec des journaux sur les genoux. Dans une telle ambiance, la conversation languissait, fragmentaire et intermittente, mais la pièce n'en donnait pas moins une impression indéfinissable de vie en mouvement. Parfois, le papillon de nuit, dont les ailes maintenant étaient grises et le corps lustré, bourdonnait audessus des têtes et se cognait bruyamment contre les lampes. Une jeune femme posa son ouvrage et s'écria :

« Pauvre bête ! Il serait plus charitable de la tuer. »

Mais personne ne semblait vouloir se déranger pour tuer le papillon. Ils étaient confortablement installés, ils n'avaient rien à faire, aussi le regardaient-ils voleter de lustre en lustre.

Sur le sofa, près des joueurs d'échecs, Mrs. Elliot expliquait un nouveau point de tricot à Mrs. Thornbury. Leurs têtes rapprochées ne se distinguaient l'une de l'autre que grâce à la coiffe de vieille dentelle que Mrs. Thornbury mettait pour le soir. Mrs. Elliot était une tricoteuse accomplie, et c'est avec une fierté non déguisée qu'elle se défendait contre les compliments à ce propos.

« Chacun de nous, je pense, peut s'enorgueillir de quelque chose. Moi, je suis fière de mes tricots. Cela doit être héréditaire. Chez nous, tout le monde tricote bien. J'avais un oncle qui jusqu'au jour de sa mort s'est toujours tricoté ses chaussettes et même mieux qu'aucune de ses filles, le cher homme. Mais vous, Miss Allan, je m'étonne que vous ne vous mettiez pas à tricoter le soir, vous qui vous fatiguez tant les yeux. C'est une telle détente, je trouve; je devrais même dire : un tel repos pour les yeux; et c'est si précieux pour les ventes de charité. »

Sa voix prit l'accent monotone et semi-conscient de la tricoteuse accomplie. Chaque mot se glissait doucement à la suite de l'autre.

« Tout ce que je fais, j'en ai toujours l'emploi, et cela m'encourage de voir que je ne perds pas mon temps. »

Miss Allan, ainsi interpellée, quitta son roman et fixa sur les autres son regard placide. Au bout de quelque temps, elle dit :

« Cela ne paraît vraiment pas naturel, de se séparer de sa femme sous prétexte qu'elle vous aime. Pourtant, si je comprends bien, c'est ce que fait le monsieur dont on parle dans mon livre.

– Ta-ta-ta, voilà qui n'a pas l'air normal! Non, cela ne semble pas naturel du tout, murmurèrent les tricoteuses de leurs voix absorbées.

– N'empêche que ce genre de livre est considéré comme très intelligent, dit Miss Allan.

– *Maternité,* par Michael Jessop, je suppose,

intervint Mr. Elliot qui ne résistait jamais à la tentation de bavarder pendant une partie d'échecs.

– Vous savez, déclara Mrs. Elliot après une pause – je crois vraiment qu'on n'écrit plus de bons romans aujourd'hui, pas d'aussi bons qu'autrefois, du moins. »

Personne ne prit la peine de l'approuver ni de la contredire. Arthur Venning, qui flânait dans le hall, tantôt regardant le feu, tantôt lisant une page de magazine, s'arrêta devant Miss Allan à moitié assoupie et dit d'un ton plaisant :

« Deux sous pour vos pensées, Miss Allan ! »

Les autres levèrent les yeux; chacun était content que la question ne s'adressât pas à lui. Miss Allan cependant répondit sans hésiter :

« Je pensais à mon oncle imaginaire. Nous avons tous un oncle imaginaire, n'est-ce pas ? Le mien est un vieux monsieur absolument exquis. Il me comble de cadeaux : c'est tantôt une montre en or, tantôt un attelage à deux chevaux, ou bien un ravissant petit cottage dans la New Forest; et quelquefois c'est un billet de chemin de fer pour l'endroit que je tiens le plus à visiter. »

Sous son impulsion, chacun se mit à chercher vaguement ce qu'il désirait lui-même. Mrs. Elliot le savait de façon précise : elle désirait un enfant; et l'éternel petit faisceau de rides s'accusa sur son front.

« Nous sommes vraiment des gens très heureux, déclara-t-elle en regardant son mari, – nous n'avons rien à désirer. »

Elle avait coutume d'affirmer cela autant pour s'en convaincre elle-même que pour en persuader les autres. Mais elle n'eut pas le temps de s'assurer de l'effet produit, car à ce moment Mr. et Mrs.

Flushing, après avoir traversé le hall, s'arrêtèrent devant l'échiquier. Mrs. Flushing avait l'air plus farouche que jamais. Une grande mèche de cheveux noirs lui barrait le front, ses joues étaient violemment colorées de rouge sang et des gouttes de pluie y traçaient des sillons humides. Mr. Flushing expliqua qu'ils étaient montés sur le toit pour voir l'orage.

« Un spectacle inouï, dit-il, les éclairs filaient droit sur la mer, illuminant les vagues et les bateaux jusqu'à l'horizon. Et vous ne pouvez vous imaginer la beauté des montagnes avec ces lumières et ces grandes masses d'ombre. Maintenant, c'est fini. »

Il s'insinua dans un fauteuil, gagné par l'intérêt du combat final des joueurs.

« Alors, vous partez demain? demanda Mrs. Thornbury, regardant Mrs. Flushing.

– Oui, dit celle-ci.

– Du reste, on n'est pas fâché de rentrer chez soi, commenta Mrs. Elliot prenant un air de perplexité sinistre; avec toutes ces maladies...

– Ça vous fait peur, de mourir? interrogea Mrs. Flushing, dédaigneuse.

– Je pense que cela nous fait peur à tous, répondit avec dignité Mrs. Elliot.

– J'imagine que nous sommes tous des lâches au moment critique, dit Mrs. Flushing qui se frottait la joue contre le dossier du fauteuil. Moi, en tout cas.

– Pas le moins du monde! s'écria Mr. Flushing, se détournant du jeu, car Mr. Pepper n'en finissait pas de préparer son coup. Il n'y a rien de lâche dans le fait de vouloir vivre, Alice. C'est tout le contraire de la lâcheté. Personnellement, je vivrais volontiers cent ans encore, à condition de garder l'usage de mes facultés. Songez à tout ce qui va se passer dans le monde !

– C'est bien mon sentiment, corrobora Mrs. Thornbury; tous ces changements, ces progrès, ces inventions, cette beauté ! Vous savez, il me semble parfois que je ne pourrais pas supporter cela : mourir, ne plus voir de belles choses autour de moi.

– Il serait certainement ennuyeux de mourir avant que l'on sache s'il y a de la vie sur la planète Mars », ajouta Miss Allan.

Mrs. Flushing se tourna vers elle, mue pour la première fois par un vif intérêt :

« Vous croyez qu'il y a de la vie sur la planète Mars ? Qui vous l'a dit ? Quelqu'un de compétent ? Connaissez-vous un homme qui s'appelle... »

A ce moment, Mrs. Thornbury posa son tricot sur ses genoux et une expression d'infinie sollicitude anima son regard.

« Voici Mr. Hirst », dit-elle à voix basse.

Saint-John venait en effet de franchir la porte battante. Il avait été passablement malmené par le vent; ses joues étaient extrêmement pâles, caves et mal rasées. Débarrassé de son manteau, il se préparait à monter tout droit dans sa chambre, mais il ne pouvait passer sans rien dire devant tant de personnes de sa connaissance; Mrs. Thornbury, d'ailleurs, s'avança vers lui la main tendue. Lui, cependant, après sa longue marche dans l'obscurité, sous la pluie, après les interminables journées de tension et d'angoisse, il restait interdit devant le spectacle inattendu de cette pièce doucement éclairée, de ces êtres humains réunis dans la paix et la bonne humeur. Il regardait Mrs. Thornbury, interloqué.

Tout le monde se taisait. La main de Mr. Pepper

reposait sur son cavalier. Mrs. Thornbury guida insensiblement Saint-John vers un fauteuil, s'assit près de lui et, les yeux pleins de larmes, lui dit avec douceur :

« Vous avez fait pour votre ami tout ce qu'on pouvait faire.

– Il n'y avait rien à faire, prononça très lentement Saint-John. Cela paraît incroyable... Il se passa la main sur les yeux, comme si une image de rêve, s'interposant entre lui et les autres, l'empêchait de comprendre où il se trouvait.

– Et ce pauvre garçon... dit Mrs. Thornbury, tandis que les larmes recommençaient à couler sur ses joues.

– Incroyable, répéta Saint-John.

– A-t-il eu la consolation de savoir...? » hasarda délicatement Mrs. Thornbury.

Mais Saint-John ne réagit pas. Enfoncé dans son fauteuil, il voyait à peine les autres, entendait à peine ce qui se disait. Dans son affreuse lassitude, la lumière, la tiédeur, les gestes des mains, les voix adoucies, communicatives, exerçaient sur lui une action apaisante, lui donnaient une étrange sensation de repos, de délivrance. Peu à peu, cette sensation de délivrance devint un bonheur sans mélange. Sans manquer à sa loyauté envers Terence ou Rachel, il cessa simplement d'y penser. Les mouvements et les voix provenant de différents côtés de la pièce semblaient se rejoindre, se composer devant ses yeux, en un dessin déterminé. Assis là, en silence, regardant s'ordonner ce dessin, sans rien discerner de précis, il se sentait heureux.

Le jeu devenait vraiment intéressant; Mr. Pepper et Mr. Elliot y mettaient de plus en plus d'acharnement. Voyant que Saint-John n'avait pas envie de parler, Mrs. Thornbury reprit son tricot.

« Encore un éclair ! » s'écria soudain Mrs. Flushing.

Une lueur jaune traversa le bleu de la fenêtre et l'espace d'une seconde, on aperçut dehors les arbres verts. Mrs. Flushing s'avança à grands pas vers la porte, la poussa et sortit sur le seuil.

Mais cette lueur n'était qu'un rappel de la tempête révolue. Il ne pleuvait plus, le vent avait balayé les gros nuages, l'air était transparent et léger, et seuls quelques lambeaux de brume vaporeuse passaient rapidement devant la lune. Le ciel avait repris son bleu profond, solennel; la terre laissait apparaître, dans la perspective de l'air, ses formes volumineuses, obscures et solides, dont la masse s'érigeait en montagne, pointillée au hasard par les lumières minuscules des villas. L'air mouvant, le bruissement des feuillages, les soudaines fulgurations qui, par instants, illuminaient la terre sur de vastes espaces, tout cela exaltait Mrs. Flushing. Ses seins se soulevaient et redescendaient.

« Splendide ! Splendide ! » murmurait-elle pour elle-même. Puis elle se retourna vers le hall et cria, péremptoire :

« Wilfrid, venez ici et regardez ça ! C'est merveilleux ! »

Plusieurs personnes remuèrent un peu, d'autres se levèrent, quelques-unes laissèrent tomber leurs pelotes de laine et se mirent à les chercher en se baissant.

« Au lit ! Au lit ! dit Miss Allan.

– C'est le coup de votre reine qui vous a perdu, Pepper ! » s'écria Mr. Elliot, triomphant.

Il balaya de la main les échecs et se leva. Il avait gagné.

« Quoi ? Pepper enfin battu ? Mes compliments ! » dit Arthur Venning, se préparant à voiturer Mrs. Paley jusqu'à sa chambre.

Toutes ces voix, l'oreille de Saint-John les accueillait avec reconnaissance, tandis qu'il restait dans son fauteuil à moitié endormi, mais percevant avec acuité tout ce qui se passait dans son entourage. Une procession de silhouettes noires, indécises, se mit à défiler devant ses yeux. Elles ramassaient leurs livres, leurs cartes, leurs pelotes, leurs boîtes à ouvrage et s'en allaient, chacune vers son lit.

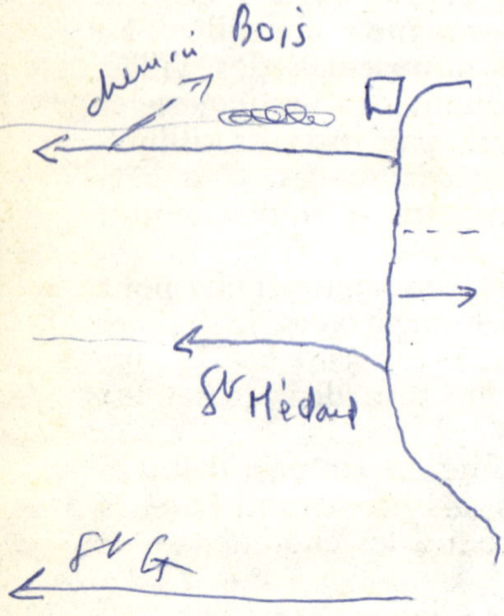

« Composition réalisée en ordinateur par IOTA »

IMPRIMÉ EN FRANCE PAR BRODARD ET TAUPIN
7, bd Romain-Rolland - Montrouge - Usine de La Flèche.
LIBRAIRIE GÉNÉRALE FRANÇAISE - 14, rue de l'Ancienne-Comédie - Paris.

ISBN : 2 - 253 - 03091 - 0

42/3018/1